ŒUVRES COMPLÈTES

DE

FRÉDÉRIC BASTIAT

LA MÊME ÉDITION

EST PUBLIÉE EN SEPT BEAUX VOLUMES IN-8°

Prix des 7 volumes : 35 fr.

CORBEIL typ. et stér. de CRÉTÉ.

ŒUVRES COMPLÈTES

DE

FRÉDÉRIC BASTIAT

MISES EN ORDRE

REVUES ET ANNOTÉES D'APRÈS LES MANUSCRITS DE L'AUTEUR

Deuxième Édition.

TOME PREMIER

CORRESPONDANCE

MÉLANGES

PARIS

GUILLAUMIN ET Cie, LIBRAIRES

Editeurs du Journal des Économistes, de la Collection des principaux Économistes, du Dictionnaire de l'Économie politique, du Dictionnaire universel du Commerce et de la Navigation, etc.

RUE RICHELIEU, 14

1862

PRÉFACE

J'ai exercé le droit de propriété sur les œuvres de Frédéric Bastiat, pour le compte d'une société de ses amis, formée peu de jours après sa mort, et, conformément à l'intention des sociétaires, dont je faisais partie, je l'ai exercé dans le but unique de favoriser la propagation de ses écrits. En 1851, parut la seconde édition des *Harmonies*, comprenant le complément que j'avais rapporté de Rome. En 1855, furent imprimées les œuvres complètes, en six volumes, dont les deux premiers ne sont qu'une réunion d'articles de journaux, d'opuscules et de lettres. Rien de ceci n'eût peut-être figuré dans un volume, du vivant de l'auteur, avec son consentement. Mais on comprend que des amis qui lui survivent ne se soient pas fait une loi d'être aussi modestes ou sévères pour lui qu'il l'eût été lui-même, et qu'au contraire sa disparition de ce monde leur ait imposé le devoir d'utiliser autant que possible ce qu'il y a laissé.

Quoi qu'il en soit, l'événement nous a donné raison : l'édition de 1855 est épuisée, il faut une édition nouvelle.

Dans celle-ci, les amis de Bastiat n'ont plus à intervenir, puisqu'aux termes de la loi, depuis le 24 décembre 1860, leur propriété est tombée dans le domaine public. Cependant comme ils n'avaient vu, dans l'acquisition qu'ils avaient faite, qu'un moyen d'honorer la mémoire de leur ami et s'étaient interdit toute prétention à des avantages matériels, il arrive, en considération du désintéressement de leur zèle, qu'on veut bien admettre encore aujourd'hui leur représentant à se mêler de l'édition nouvelle, à la surveiller et à l'augmenter un peu.

Ma surveillance portera sur tous les volumes, à l'exception du second, qui se trouve déjà réimprimé au moment où j'entre en possession du droit de corriger les épreuves.

Avant de songer à augmenter, je m'étais demandé s'il n'était pas plus prudent de faire quelques retranchements. Je consultai à ce sujet un homme éminent, qui n'était pas de notre petite société — formée à la hâte, elle ne se composait que de compatriotes, — mais qui était, qui est resté un ami de Bastiat dans toute la force du terme. Voici ce que répondit M. Cobden.

« En vue de mon habitation, sur une hauteur qui l'a« voisine, se trouve une plantation d'arbres qui ont be« soin d'être éclaircis. Je m'entretins de cette nécessité, « il y a quelques semaines, avec un voisin qui me dit à la « fin de notre conversation : — Quand vous serez décidé « à l'éclaircie, donnez plein pouvoir à un étranger de la

« faire, car, dans les dispositions où je vous vois, vous « trouveriez de bonnes raisons pour sauver de la hache « chacun de vos arbres. — Eh bien! je suis dans les « mêmes dispositions à l'égard des écrits de Bastiat, et je « ne me résignerais pas aisément à en sacrifier une seule « ligne. »

M. Cobden a raison et il m'ouvre les yeux, me dis-je ; le temps des étrangers n'est pas encore venu. Nous qui avons connu, aimé et admiré Bastiat, donnons-le tout entier; la postérité choisira, s'il y a choix à faire. Et puisque j'ai recueilli, depuis 1855, d'autres fragments, d'autres articles de journaux, d'autres lettres, il faut que la nouvelle édition contienne, non pas un volume de moins, mais un volume de plus.

Ceci résolu, venait la question du classement des pièces inédites. Les distribuer, d'après leur nature, dans les divers volumes fut ma première idée. Je l'abandonnai, dans l'intérêt des acheteurs de l'édition de 1855, et me décidai à comprendre tout ce que j'avais d'inédit dans un volume supplémentaire. En se procurant ce volume, le septième, qui se vendra séparément, tout possesseur de la précédente édition aura Bastiat complet.

J'aurais voulu remercier ici quelques personnes pour l'assistance, les bons conseils et les encouragements qu'elles m'ont prodigués pendant le cours de ma tâche; mais elles ne me le permettent pas, et toutes, M. de Fontenay en tête, me tiennent à peu près ce langage : Nous avons autant que vous le droit d'aimer Bastiat, nous en usons, et vous n'avez pas pour cela de remercîments à nous faire.

Puisqu'il en est ainsi, il ne me reste plus qu'à remercier Bastiat des excellents amis qu'il m'a donnés.

P. Paillottet.

NOTICE

SUR LA VIE ET LES ÉCRITS

DE FRÉDÉRIC BASTIAT.

Frédéric Bastiat est né à Bayonne, le 19 juin 1801, d'une famille honorable et justement considérée dans le pays. Son père était un homme remarquablement doué de tous les avantages du corps et de l'esprit, brave, loyal, généreux. On dit que Frédéric, son fils unique, avait avec lui la plus grande ressemblance. En 1810, F. Bastiat resta orphelin sous la tutelle de son grand-père ; sa tante, mademoiselle Justine Bastiat (qui lui a survécu), lui servit de mère : — c'est cette parente dont les lettres de Bastiat parlent avec une si tendre sollicitude. Après avoir été un an au collége de Saint-Sever, Bastiat fut envoyé à Sorrèze, où il fit de très-bonnes études. C'est là qu'il se lia d'une amitié intime avec M. V. Calmètes, — aujourd'hui conseiller à la Cour de Cassation, — à qui sont adressées les premières lettres de la *Correspondance.*

Quelques particularités de cette liaison d'enfance révèlent déjà la bonté et la délicatesse infinies que Bastiat portait en toutes choses. Robuste, alerte, entreprenant et passionné pour les exercices du corps, il se privait presque toujours de ces plaisirs, pour tenir compagnie à son ami que la faiblesse de sa santé éloignait des jeux violents. Cette amitié remarquable était respectée par les maîtres eux-mêmes; elle avait des priviléges particuliers, et pour que tout fût plus complétement commun entre les deux élèves, on leur permettait de faire leurs devoirs en collaboration et sur la même copie signée des deux noms. C'est ainsi qu'ils obtinrent, en 1818, un prix de poésie. La récompense était une médaille d'or; elle ne pouvait se partager : « Garde-la, dit Bastiat qui était orphelin; puisque tu as encore ton père et ta mère, la médaille leur revient de droit. »

En quittant le collége de Sorrèze, Bastiat, que sa famille destinait au commerce, entra, en 1818, dans la maison de son oncle, à Bayonne. A cette époque, le plaisir tint naturellement plus de place dans sa vie que les affaires. Nous voyons pourtant, dans ses lettres, qu'il prenait sa carrière au sérieux, et qu'il gardait, au milieu des entraînements du monde, un penchant marqué pour la retraite; étudiant, quelquefois jusqu'à se rendre malade, tour à tour ou tout ensemble, les langues étrangères, la musique, la littérature française, anglaise et italienne, la question religieuse, l'économie politique enfin, que depuis l'âge de dix-neuf ans il a toujours travaillée.

Vers l'âge de vingt-deux à vingt-trois ans, après quelques hésitations sur le choix d'un état, il revint, pour obéir aux désirs de sa famille, se fixer à Mugron, sur les bords de l'Adour, dans une terre dont la mort de son grand-père (1825) le mit bientôt en possession. Il paraît qu'il y tenta des améliorations agricoles : le résultat en fut assez médiocre, et ne pouvait guère manquer de l'être dans les conditions de l'entreprise. D'abord, c'était vers 1827, et à ce moment la science agronomique n'existait pas en France. Ensuite, il s'agissait d'un domaine de 250 hectares environ, subdivisé en une douzaine de métairies ; et tous les agriculteurs savent que le régime parcellaire et routinier du métayage oppose à tout progrès sérieux un enchevêtrement presque infranchissable de difficultés matérielles et surtout de résistances morales. Enfin, le caractère de Bastiat était incapable de se plier — on pourrait dire de s'abaisser — aux qualités étroites d'exactitude, d'attention minutieuse de patiente fermeté, de surveillance défiante, dure, âpre au gain, sans lesquelles un propriétaire ne peut diriger fructueusement une exploitation très-morcelée. Il avait bien entrepris, pour chaque culture et chaque espèce d'engrais, de tenir exactement compte des déboursés et des produits, et ses essais durent avoir quelque valeur théorique ; mais, dans la pratique, il était trop indifférent à l'argent, trop accessible à toutes les sollicitations, pour défendre ses intérêts propres, et la condition de ses métayers ou de ses ouvriers dut seule bénéficier de ses améliorations.

L'agriculture ne fut donc guère, pour Bastiat, qu'un goût ou un semblant d'occupation. L'intérêt véritable, le charme sérieux de sa vie campagnarde, ce fut au fond l'étude, et la conversation qui est l'étude à deux, — « la conférence, comme dit Montaigne, qui apprend et exerce en un coup, » quand elle s'établit entre deux esprits distingués. Le bon génie de Bastiat lui fit rencontrer, à côté de lui, cette intelligence-sœur, qui devait, en quelque sorte, doubler la sienne. Ici vient se placer un nom qui fut si profondément mêlé à l'existence intime et à la pensée de Bastiat, qu'il l'en sépare à peine lui-même dans ses derniers écrits : c'est celui de M. Félix Coudroy. Si Calmètes est le camarade du cœur et des jeunes impressions, Coudroy est l'ami de l'intelligence et de la raison virile, comme plus tard R. Cobden sera l'ami politique, le frère d'armes de l'action extérieure et du rude apostolat.

Cette intimité a été trop féconde en grands résultats pour que nous ne nous arrêtions pas un moment à dire la manière dont elle s'engrena : — C'est M. F. Coudroy qui nous l'a racontée. Son éducation, ses opinions de famille, plus encore peut-être sa nature nerveuse, mélancolique et méditative, l'avaient tourné de bonne heure du côté de l'étude de la philosophie religieuse. Un moment séduit par les utopies de Rousseau et de Mably, il s'était rejeté ensuite, par dégoût de ces rêves, vers la *Politique sacrée* et la *Législation primitive*, sous ce dogme absolu de l'Autorité, si éloquemment prêché alors par les de Maistre et les Bonald, — où l'on ne comprend l'ordre que comme résultat de l'abdication complète de toutes les volontés particulières sous une volonté unique et toute-puissante, — où les tendances naturelles de l'humanité sont supposées mauvaises, et par conséquent condamnées à un suicide perpétuel, — où enfin la liberté et le sentiment de la dignité individuelle sont considérés comme des forces insurrectionnelles, des principes de déchéance et de désordre. Quand les deux jeunes gens se retrouvèrent, en sortant l'un de l'école de droit de Toulouse, l'autre des cercles de Bayonne, et qu'on se mit à parler d'opinions et de principes, Bastiat, qui avait déjà entrevu en germe, dans les idées d'Ad. Smith, de Tracy et de J.-B. Say, une solution tout autre du problème humain, Bastiat arrêtait à chaque pas son ami, lui montrant par les faits économiques comment les manifestations libres des intérêts individuels se limitent réciproquement par leur opposition même, et se ramènent mutuellement à une résultante commune d'ordre et d'intérêt général; — comment le mal, au lieu d'être une des tendances positives de la nature humaine, n'est au fond qu'un accident de la recherche même du bien, une erreur que corrigent l'intérêt général qui le surveille et l'expérience qui le poursuit dans les faits; — comment l'humanité a toujours marché d'étape en étape, en brisant à chaque pas quelqu'une des lisières de son enfance; — comment, enfin, la liberté n'est pas seulement le résultat et le but, mais le principe, le moyen, la condition nécessaire de ce grand et incontestable mouvement.....

Il étonna d'abord un peu, puis finit par conquérir à ces idées nouvelles son ami, dont l'esprit était juste et le cœur sincèrement passionné pour le vrai. Toutefois, ce ne fut pas sans recevoir lui-même une certaine impression de ces grandes théories de Bonald et de Maistre : — car les négations puissantes ont le bon effet d'élever forcément à une hauteur égale le point de vue des systèmes qui les combattent. Il y eût sans doute des compromis, des concessions mutuelles ; et c'est peut-être à une sorte de pénétration réciproque des deux principes ou des deux tendances qu'il faudrait attribuer le caractère profondément religieux qui se mêle, dans les écrits de Bastiat, à la fière doctrine du *progrès par la liberté*.

Nous n'avons pas la prétention de chercher quelle put être la *mise de fonds* que chacun des deux associés d'idées versa ainsi à la masse commune. Nous pensons que de part et d'autre l'apport fut considérable. Le seul ouvrage de

M. Coudroy que nous connaissions, sa brochure *sur le duel*, nous a laissé une haute opinion de son talent, et l'on sait que Bastiat a eu un moment la pensée de lui léguer à finir le second volume de ses *Harmonies*. Il semblerait pourtant que dans l'association, l'un apportait plus particulièrement l'esprit d'entreprise et d'initiative, l'autre l'élément de suite et de continuité. Bastiat avait le travail capricieux, comme les natures artistes ; il procédait par intuitions soudaines, et, après avoir franchi d'un élan toute une étape, il s'endormait dans les délices de la flânerie. L'ami Coudroy, comme le volant régulateur de la machine, absorbait de temps en temps cet excès de mouvement, pour le rendre en impulsion féconde à son paresseux et distrait sociétaire. Quand celui-ci recevait quelque ouvrage nouveau, il l'apportait à Coudroy, qui le dégustait, notait avec soin les passages remarquables, puis les lisait à son ami. Très-souvent, Bastiat se contentait de ces fragments ; c'était seulement quand le livre l'intéressait sérieusement, qu'il l'emportait pour le lire de son côté : — ces jours-là, la musique était mise de côté, la romance avait tort, et le violoncelle restait muet.

C'est ainsi qu'ils passaient leur vie ensemble, logés à quatre pas l'un de l'autre, se voyant trois fois par jour, tantôt dans leurs chambres, tantôt à de longues promenades qu'on faisait un livre sous le bras. Ouvrages de philosophie, d'histoire, de politique ou de religion, poésie, voyages, mémoires, économie politique, utopies socialistes... tout passait ainsi au contrôle de cette double intelligence — ou plutôt de cette intelligence doublée, qui portait partout la même méthode et rattachait au moyen du même fil conducteur toutes ces notions éparses à une grande synthèse. C'est dans ces conversations que l'esprit de Bastiat faisait son travail; c'est là que ses idées se développaient, et quand quelqu'une le frappait plus particulièrement, il prenait quelques heures de ses matinées pour la rédiger sans effort; c'est ainsi, raconte M. Coudroy, qu'il a fait l'article sur les *tarifs*, les *sophismes*, etc. Ce commerce intime a duré, nous l'avons dit, plus de vingt ans, presque sans interruption, et chose remarquable, sans dissentiments. On comprend après cela comment de cette longue étude préparatoire, de cette méditation solitaire à deux, a pu s'élancer si sûr de lui-même cet esprit improvisateur, qui à travers les interruptions de la maladie et les pertes de temps énormes d'une vie continuellement publique et extérieure, a jeté au monde, dans l'espace de cinq ans, la masse d'idées si neuves, si variées et pourtant si homogènes que contiennent ces volumes.

Membre du Conseil général des Landes depuis 1832, Bastiat se laissait porter de temps en temps à la députation. Décidé, s'il eût été nommé, à ne jamais accepter une place du gouvernement et à donner immédiatement sa démission des fonctions modestes de juge de paix, il redoutait bien plus qu'il ne désirait un honneur qui eût profondément dérangé sa vie et probablement sa fortune. Mais il profitait, comme il le racontait en riant, de ces rares moments où on lit en province, pour répandre dans ses circulaires électorales, et « distribuer sous le manteau de la candidature » quelques vérités utiles. On voit que son ambition originale intervertissait la marche naturelle des choses; car il est certainement bien plus dans les usages ordinaires de faire de l'économie politique le marchepied d'une candidature, que de faire d'une candidature le prétexte d'un enseignement économique. Quelques écrits plus sérieux trahissaient de loin en loin la profondeur de cette intelligence si bien ordonnée : comme *le Fisc et la Vigne*, en 1841, le *Mémoire sur la question vinicole*, en 1843, qui se rattachent à des intérêts locaux importants, que Bastiat avait tenté un moment de grouper en une association puissante. C'est aussi à cette époque de ses travaux qu'il faut rapporter, quoiqu'il n'ait été fini qu'en 1844, le *Mémoire sur la répartition de l'impôt foncier dans le département des Landes*, un petit chef-d'œuvre que tous les statisticiens doivent étudier pour apprendre comment il faut manier les chiffres.

La force des choses allait jeter bientôt Bastiat sur un théâtre plus vaste. Depuis longtemps (dès 1825) il s'était préoccupé de la réforme douanière. En 1829 il avait commencé un ouvrage *sur le régime restrictif* dont nous avons deux chapitres manuscrits et que les événements de 1830 l'empêchèrent sans doute de faire imprimer (1). En 1834 il publia *sur les pétitions des ports* des réflexions d'une vigueur de logique que les *Sophismes* n'ont pas surpassée. Mais la liberté du commerce ne lui était apparue encore que comme une vague espérance de l'avenir. Une circonstance insignifiante vint lui apprendre tout à coup que son rêve prenait un corps, que son utopie se réalisait dans un pays voisin.

Il y avait un *cercle* à Mugron, un cercle même où il se faisait beaucoup d'esprit : « deux langues, dit Bastiat, y suffisaient à peine. » Il s'y faisait aussi de la politique, et naturellement le fond en était une haine féroce contre l'Angleterre. Bastiat, porté vers les idées anglaises et cultivant

(1) Voir la lettre à M. Calmètes, p. 10.

la littérature anglaise, avait souvent des lances à rompre à ce propos. Un jour le plus *anglophobe* des habitués l'aborde en lui présentant d'un air furieux un des deux journaux que recevait le cercle : « Lisez, dit-il, et voyez comment vos amis nous traitent !..... » C'était la traduction d'un discours de R. Peel à la Chambre des communes ; elle se terminait ainsi : « Si nous adoptions ce parti, nous tomberions, *comme la France*, au dernier rang des nations. » L'insulte était écrasante, il n'y avait pas un mot à répondre. Cependant à la réflexion, il sembla étrange à Bastiat qu'un premier ministre d'Angleterre eût de la France une opinion semblable, et plus étrange encore qu'il l'exprimât en pleine Chambre. Il voulut en avoir le cœur net, et sur-le-champ il écrivit à Paris pour se faire abonner à un journal anglais, en demandant qu'on lui envoyât tous les numéros du dernier mois écoulé. Quelques jours après, *the Globe and Traveller* arrivait à Mugron ; on pouvait lire le discours de R. Peel en anglais ; les mots malencontreux *comme la France* n'y étaient pas, ils n'avaient jamais été prononcés.

Mais la lecture du *Globe* fit faire à Bastiat une découverte bien autrement importante. Ce n'était pas seulement en traduisant mal que la presse française égarait l'opinion, c'était surtout en ne traduisant pas. Une immense agitation se propageait sur toute l'Angleterre, et personne n'en parlait chez nous. La ligue pour la liberté du commerce faisait trembler sur sa base la vieille législation. Pendant deux ans, Bastiat put suivre avec admiration la marche et les progrès de ce beau mouvement ; et l'idée de faire connaître et peut-être imiter en France cette magnifique réforme vint le mordre au cœur vaguement. C'est sous cette impression qu'il se décida à envoyer au *Journal des Économistes* son premier article: *Sur l'influence des tarifs anglais et français*. L'article parut en octobre 1844. L'impression en fut profonde dans le petit monde économiste ; les compliments et les encouragements arrivèrent en foule de Paris à Mugron. La glace était rompue. Tout en faisant paraître des articles dans les journaux, et surtout cette charmante première série des *Sophismes économiques*, Bastiat commence à écrire l'histoire de la Ligue anglaise, et pour avoir quelques renseignements qui lui manquent, se met en rapport avec R. Cobden.

Au mois de mai 1845, il vient à Paris pour faire imprimer son livre de *Cobden*, — qui lui valut neuf mois plus tard le titre de membre correspondant de l'Institut. On l'accueille à bras ouverts, on veut qu'il dirige le *Journal des Économistes*, on lui trouvera une chaire d'économie politique, on se serre autour de cet homme étrange qui semble porter au milieu du groupe un peu hésitant des économistes le feu communicatif de ses hardies convictions. De Paris, Bastiat passe en Angleterre, serre la main à Cobden et aux chefs des Ligueurs, puis il va se réfugier à Mugron. Comme ces grands oiseaux qui essayent deux ou trois fois leurs ailes avant de se lancer dans l'espace, Bastiat revenait s'abattre encore une fois dans ce nid tranquille de ses pensées ; et déjà trop bien averti des agitations et des luttes qui allaient envahir sa vie livrée désormais à tous les vents, donner un dernier baiser d'adieu à son bonheur passé, à son repos, à sa liberté perdue. Il n'était pas homme à se griser du bruit subit fait autour de son nom, il se débattait contre les entraînements de l'action extérieure, il eût voulu rester dans sa retraite, — ses lettres le prouvent à chaque page. Vaine résistance à la destinée ! L'épée était sortie du fourreau pour n'y plus rentrer.

Au mois de février 1846, l'étincelle part de Bordeaux. Bastiat y organise l'association pour la liberté des échanges. De là il va à Paris, où s'agitaient, sans parvenir à se constituer, les éléments d'un noyau puissant par le nom, le rang et la fortune de ses principaux membres. Bastiat se trouve en face d'obstacles sans nombre. « Je perds tout mon temps, l'association marche à pas de tortue, » écrivait-il à M. Coudroy. A Cobden : « Je souffre de ma pauvreté ; si, au lieu de courir de l'un à l'autre à pied, crotté jusqu'au dos, pour n'en rencontrer qu'un ou deux par jour et n'obtenir que des réponses évasives ou dilatoires, je pouvais les réunir à ma table, dans un riche salon, que de difficultés seraient levées ! Ah ! ce n'est ni la tête ni le cœur qui me manquent ; mais je sens que cette superbe Babylone n'est pas ma place et qu'il faut que je me hâte de rentrer dans ma solitude... » Rien n'était plus original en effet que l'extérieur du nouvel agitateur. « Il n'avait pas eu encore le temps de prendre un tailleur et un chapelier parisiens, raconte M. de Molinari, — d'ailleurs il y songeait bien en vérité ! Avec ses cheveux longs et son petit chapeau, son ample redingote et son parapluie de famille, on l'aurait pris volontiers pour un bon paysan en train de visiter les merveilles de la capitale. Mais la physionomie de ce campagnard était malicieuse et spirituelle, son grand œil noir était lumineux, et son front taillé carrément portait l'empreinte de la pensée. » *Sancta simplicitas !* Qu'on ne s'y trompe pas, du reste : il n'y a rien d'actif comme ces solitaires lancés au milieu du grand monde, rien d'intrépide comme ces natures repliées et délicates, une fois qu'elles ont mis le respect humain sous leurs pieds, rien d'irrésistible comme ces timidités devenues effrontées à force de conviction.

Mais quelle entreprise pour un homme qui tombe du fond des Landes sur le pavé inconnu de Paris! Il fallait voir les journalistes, parler aux ministres, réunir les commerçants, obtenir des autorisations de s'assembler, faire et défaire des manifestes, composer et décomposer des bureaux, encourager les noms marquants, contenir l'ardeur des recrues plus obscures, quêter des souscriptions... Tout cela à travers les discussions intérieures des voies et moyens, les divergences d'opinions, les froissements des amours-propres. Bastiat est à tout : sous cette impulsion communicative, le mouvement prend peu à peu un corps et l'opinion s'ébranle à Paris. La Commission centrale s'organise, il en est le secrétaire; on fonde un journal hebdomadaire, il le dirige; il parle dans les *meetings*, il se met en rapport avec les étudiants et les ouvriers, il correspond avec les associations naissantes des grandes villes de la province, il va faire des tournées et des discours à Lyon, à Marseille, au Havre, etc.; il ouvre, salle Taranne, un cours à la jeunesse des écoles; et il ne cesse pas d'écrire pour cela : « Il donnait à la fois, dit un de ses collaborateurs, M. de Molinari, des lettres, des articles de polémique et des variétés à trois journaux, sans compter des travaux plus sérieux pour le *Journal des Économistes*. Voyait-il le matin poindre un sophisme protectionniste dans un journal un peu accrédité, aussitôt il prenait la plume, démolissait le sophisme avant même d'avoir songé à déjeuner, et notre langue comptait un petit chef-d'œuvre de plus. » Il faut voir dans les lettres de Bastiat le complément de ce tableau : les tiraillements intérieurs, les découragements, les soucis de famille ou la maladie qui viennent tout interrompre, les menées électorales, la froideur ou l'hostilité soldée de la presse, les calomnies qui vont l'assaillir jusque dans ses foyers. On lui écrit de Mugron « qu'on n'ose plus parler de lui *qu'en famille*, tant l'esprit public y est monté contre leur entreprise... » Hélas! qu'étaient devenus les lectures avec l'ami Coudroy et les bons mots gascons du petit *cercle!*

Nous n'avons pas à apprécier ici le mérite ou les fautes des tentatives libre-échangistes de 1846-47. Personne ne peut dire ce que fût devenu ce mouvement, s'il n'eût été brusquement arrêté par la révolution de 1848. Depuis ce moment-là, l'idée a fait à petit bruit son chemin dans l'opinion qu'elle a de plus en plus pénétrée. Et quand est arrivé le Traité avec l'Angleterre, il a trouvé le terrain débarrassé des fausses théories, et les esprits tout prêts pour la pratique. Cette initiation, il faut le dire, manquait totalement alors : aussi, à l'exception de quelques villes de grand commerce, l'agitation ne s'est guère exercée que dans un milieu restreint d'écrivains et de journalistes. Les populations vinicoles, si nombreuses en France et si directement intéressées à la liberté des échanges, ne s'en sont même pas occupées! Bastiat, du reste, ne s'est jamais abusé sur le succès immédiat; il ne voyait ni les masses préparées, ni même les instigateurs du mouvement assez solidement ancrés sur les principes. Il comptait « sur l'agitation même pour éclairer ceux qui la faisaient. » Il déclarait à Cobden qu'il aimait mieux « l'esprit du libre-échange que le libre-échange lui-même. » Et c'est pour cela que tout en se plaignant un peu d'être « garrotté dans une spécialité, » il avait toujours soin, en réalité, d'élargir les discussions spéciales, de les rattacher aux grands principes, d'accoutumer ses collègues à faire de la doctrine, et d'en faire lui-même à tout propos — comme il est facile de le voir dans les deux séries des *sophismes économiques* et dans les articles où il commençait déjà à discuter les systèmes socialistes.

En cela Bastiat ne s'est pas trompé. Il a rendu un immense service à notre génération, qui s'amusait à écouter les utopies de toute espèce comme une innocente diversion aux romans-feuilletons. Il a accoutumé le public à entendre traiter sérieusement les questions sérieuses ; il a réuni autour d'un drapeau, exercé par une lutte de tous les jours, excité par son exemple, dirigé par ses conseils et sa vive conversation une phalange jeune et vigoureuse d'économistes, qui s'est trouvée à son poste de combat et sous les armes, aussitôt que la révolution de Février a déchaîné l'arrière-ban du socialisme. Quand le mouvement du libre-échange n'aurait servi qu'à cela, il me semble que les hommes qui, à différents titres, l'ont provoqué et soutenu auraient encore suffisamment bien mérité de leur pays.

Après la révolution de Février, Bastiat se rallia franchement à la République, tout en comprenant que personne n'y était préparé. Comme dans l'agitation du libre-échange, il comptait sur la pratique même des institutions pour y mûrir et façonner les esprits. Le département des Landes l'envoya comme député à l'Assemblée constituante, puis à la Législative. Il y siégea à la gauche, dans une attitude pleine de modération et de fermeté qui, tout en restant un peu isolée, fut entourée du respect de tous les partis. Membre du comité des finances, dont il fut nommé huit fois de suite vice-président, il y eut une influence très-marquée, mais tout intérieure et à huis clos. La faiblesse croissante de ses poumons lui interdisait à peu près la tribune ; ce fut souvent pour lui une dure épreuve d'être ainsi cloué sur son banc. Mais ces discours *rentrés* sont devenus les *Pamphlets*, et nous avons gagné à ce mutisme forcé, des chefs-d'œuvre de logique et de style. Il lui manquait beaucoup des qualités matérielles de l'orateur ; et pourtant sa puissance de persuasion était remarquable. Dans une des rares occasions où il prit la parole, — à propos des incompatibilités parlementaires, — au commencement de son discours il n'avait pas dix personnes de son opinion, en descendant de la tribune il avait entraîné la majorité ; l'amendement était voté, sans M. Billault et la commission qui demandèrent à le reprendre, et en suspendant le vote pendant deux jours, donnèrent le temps de travailler les votes. Bastiat a défini lui-même sa ligne de conduite dans une lettre à ses électeurs : « J'ai voté, dit-il, avec la droite contre la gauche, quand il s'est agi de résister au débordement des fausses idées populaires. — J'ai voté avec la gauche contre la droite, quand les griefs légitimes de la classe pauvre et souffrante ont été méconnus. »

Mais la grande œuvre de Bastiat, à cette époque, ce fut la guerre ouverte, incessante, qu'il déclara à tous ces systèmes faux, à toute cette effervescence désordonnée d'idées, de plans, de formules creuses, de prédications bruyantes, dont le tohu-bohu nous rappela pendant quelques mois ce pays Rabelaisien où les paroles dégèlent toutes à la fois. Le socialisme, longtemps caressé par une grande partie de la littérature, se dessinait avec une effrayante audace ; il y avait table rase absolue ; les bases sociales étaient remises en question comme les bases politiques. Devant la phraséologie énergique et brillante de ces hommes habitués sinon à résoudre, du moins à remuer profondément les grands problèmes, les avocats-orateurs, les légistes du droit écrit, les hommes d'État des bureaux, les fortes têtes du comptoir et de la fabrique, les grands administrateurs de la routine se trouvaient impuissants, déroutés par une tactique nouvelle, interdits comme les Mexicains en face de l'artillerie de Fernand Cortès. D'autre part, les catholiques criaient à la fin du monde, enveloppant dans un même anathème l'agression et la défense, le socialisme et l'économie politique, « le vipereau et la vipère [1]. » Mais Bastiat était prêt depuis longtemps. Comme un savant ingénieur, il avait d'avance étudié les plans des ennemis, et contre-miné les approches en creusant plus profondément qu'eux le terrain des lois sociales. A chaque erreur, de quelque côté qu'elle vienne, il oppose un de ses petits livres : — à la doctrine Louis Blanc, *Propriété et loi ;* à la doctrine Considérant, *Propriété et spoliation ;* à la doctrine Leroux, *Justice et fraternité ;* à la doctrine Proudhon, *Capital et rente ;* au comité Mimerel, *Protectionnisme et communisme ;* au papier-monnaie, *Maudit argent ;* au manifeste montagnard, *l'État*, etc. Partout on le trouve sur la brèche, partout il éclaire et foudroie. Quel malheur et quelle honte qu'une association intelligente des défenseurs de l'ordre n'ait pas alors répandu par milliers ces petits livres à la fois si profonds et si intelligibles pour tous !

Dans cette lutte — où il faut dire, pour être juste, que notre écrivain se trouva entouré et soutenu dignement par ses collègues du libre-échange, — Bastiat apporta dans la polémique une sérénité et un calme bien remarquables à

(1) Donoso Cortès.

cette époque de colère et d'injures. Il s'irritait bien un peu contre l'outrecuidance de ces despotiques organisateurs, de ces « pétrisseurs de l'argile humaine; » il s'attristait profondément de cet entraînement vers les réformes sociales qui compromettait les réformes politiques encore si mal assises; mais d'un autre côté il ne méconnaissait pas le côté élevé de ces aspirations égarées : Toutes les grandes écoles socialistes, disait-il, ont à leur base une puissante vérité... Le tort de leurs adeptes, c'est de ne pas savoir assez, et de ne pas voir que le développement naturel de la société tend bien mieux que toutes leurs organisations artificielles à la réalisation de chacune de leurs formules... — Magnifique programme qui indique aux économistes le vrai terrain de la pacification des esprits. Sa correspondance avec R. Cobden nous a révélé l'action pleine de grandeur que Bastiat cherchait à exercer en même temps sur la politique extérieure. Mais une autre préoccupation l'obsédait, toujours plus vive à mesure que sa santé s'affaiblissait. Il avait dans la tête, depuis longtemps, « un exposé nouveau de la science » et il craignait de mourir sans l'avoir formulé. Il se recueillit enfin pendant trois mois pour écrire le premier volume des *Harmonies*. Puisque cette œuvre, tout incomplète qu'elle soit, est le dernier mot de Bastiat, qu'on nous permette de chercher à définir l'esprit et la tendance de sa doctrine.

L'économie politique, en France, a eu, dès son origine, le caractère d'une sorte de morale supérieure. Les physiocrates lui donnaient pour objet le *bonheur des hommes;* ils la nommaient la *science du droit naturel*. Le génie anglais, essentiellement positif et pratique, commença tout de suite par restreindre ce vol ambitieux : en substituant la considération de la *richesse* à celle du *bien-être*, et l'analyse des *faits* à la recherche des *droits*. Ad. Smith renferma la science économique dans des limites plus précises sans doute, mais incontestablement plus étroites. Seulement, Ad. Smith, en homme de génie qu'il était, ne s'est pas cru obligé de respecter servilement les bornes qu'il avait posées lui-même ; et à chaque pas sa pensée s'élève du fait à l'idée de l'utile général ou du juste, aux considérations morales et politiques. Mais sous ses successeurs, esprits plus ordinaires, on voit la science se restreindre et se matérialiser de plus en plus. Dans Ricardo surtout et ses disciples immédiats, l'idée de justice n'apparaît pour ainsi dire plus. — C'est de cette phase de l'école qu'on a pu dire qu'elle subordonnait le producteur à la production, et l'homme à la chose. Aussi faut-il voir avec quelle vivacité le vieux Dupont de Nemours protestait contre cet abaissement de l'économie politique : « Pourquoi, disait-il à J.-B. Say, restreignez-vous la science à celle des richesses ? Sortez du comptoir... ne vous emprisonnez pas dans les idées et la langue des Anglais, peuple sordide qui croit qu'un homme ne *vaut* que par l'argent... qui parlent de leur *contrée* (country) et n'ont pas dit encore qu'ils eussent une *patrie*... » Dupont de Nemours était un peu sévère pour J.-B. Say, dont l'enseignement économique a été beaucoup plus large et plus élevé que les systèmes qui avaient de son temps la vogue en Angleterre. Mais tout en abordant, quand le sujet l'y conduit, les aperçus philosophiques et moraux, Say n'en persiste pas moins à les considérer, en principe, comme étrangers à l'économie politique. L'économie politique est, selon lui, une *science de faits* et uniquement de faits :

elle dit *ce qui est*, elle n'a pas à chercher *ce qui devrait être*. Un savant a parfaitement le droit de se renfermer dans les limites qui conviennent le mieux à ses forces ; mais il ne faut pas qu'il rende la science elle-même solidaire de sa modestie, et qu'il l'entraîne à une abdication. La science doit être ambitieuse ; si elle craint d'empiéter sur ses voisins, elle risque de laisser inoccupée une partie de ses domaines. Il ne nous est nullement démontré qu'il soit possible ou utile de séparer les études sociales en deux branches distinctes, — l'une qui serait la simple analyse des résultats de la pratique établie, — l'autre qui en discuterait les causes théoriques, le but final, la légitimité ; mais quand même on admettrait ainsi une science du *fait* et une science du *droit*, il n'en est pas moins vrai que, puisqu'à côté de l'enseignement économique aucune science classée, aucun groupe d'hommes spéciaux ne s'occupait de rechercher la raison et le droit des faits sociaux, c'était à l'économie politique à prendre — ne fût-ce que provisoirement — cette position importante. Du moment qu'elle la laissait vide, il était évident qu'une rivale viendrait s'y établir, et qu'une protestation dangereuse battrait le fait avec l'idée du droit. Conformément au génie comme aux traditions nationales, cette protestation devait éclater surtout en France. Ce fut le *socialisme*. La fin de non-recevoir qu'il opposait à l'économie politique était spécieuse. « Le mal, disait-il, est dans les faits humains à côté du bien ; votre science se borne à catégoriser ces faits, sans les soumettre au contrôle préalable du droit ; par conséquent vos formules contiennent le mal comme le bien ; elles ne sont, à nos yeux, que le mal mis en théories, érigé en axiomes absolus et immuables. » Si le socialisme eût ajouté : « Nous allons vérifier vos formules à la lumière du juste, » il n'y aurait pas eu un mot à lui répondre, et l'économie politique lui eût tendu la main. Mais, passionné et exclusif comme toutes les réactions, le socialisme nia au lieu de contrôler. On s'était contenté d'étudier, au point de vue de l'utile, les résultats de la propriété, de l'intérêt, de l'hérédité, de la concurrence, etc., en les prenant comme faits acceptés et sans discuter leur raison d'être et leur justice ; — le socialisme nia au point de vue du juste et attaqua comme illégitimes la propriété, l'intérêt, l'héritage, la concurrence, etc. On s'était un peu trop borné à décrire ce qui est ; — il se borna à décrire ce qui, dans ses rêves d'organisation nouvelle, devait être. On avait, disait-on, écrasé l'homme sous les choses et les faits ; — par une sorte de vengeance, il écrasa sous ses pieds les faits et les choses pour remettre l'homme à son rang.

Dans cette situation, qu'y avait-il à faire, pour opérer la réconciliation des esprits ? Évidemment, il fallait réunir et fondre ensemble les deux aspects distincts du *fait* et du *droit ;* revenir à la formule des physiocrates, à *la science des faits au point de vue du droit naturel ;* soumettre la pratique au contrôle du juste ; faire du socialisme savant et consciencieux ; prouver que *ce qui est*, dans son ensemble actuel et surtout dans sa tendance progressive, est conforme à *ce qui doit être* selon les aspirations de la conscience universelle.

Voilà ce qu'a voulu faire Bastiat, et ce qu'il a fait, autant du moins qu'il l'a pu dans un livre inachevé. Il a passé en revue les phénomènes économiques et les formes fondamentales de nos sociétés modernes : en les examinant au triple point de vue de l'intérêt particulier, de l'intérêt général, et de la justice, il a montré que les trois aspects concordaient. Au-dessus des divergences d'intérêts qu'on aperçoit d'abord entre le producteur et le consommateur, le capitaliste et le salarié, celui qui possède et celui qui ne possède pas, etc., il a fait voir qu'il existe des lois prédominantes d'équilibre et d'unité qui associent ces intérêts et englobent ces oppositions secondaires dans une harmonie supérieure. En sorte que « le bien de chacun favorise le bien de tous, comme le bien de tous favorise le bien de chacun ; » et que « le résultat naturel du mécanisme social est une élévation constante du niveau physique, intellectuel et moral pour toutes les classes, avec une tendance à l'égalisation, » — développement qui n'a d'autre condition que le champ laissé à la recherche et à l'action, c'est-à-dire *la liberté.*

Pour caractériser plus nettement la grande et belle position prise par Bastiat, nous avons supprimé des transitions et des nuances. Il est essentiel de les rétablir ; sans quoi il semblerait que Bastiat a créé une science nouvelle, tandis qu'il n'a prétendu, comme il le dit, que présenter un exposé nouveau d'une science déjà formée. Il faut donc faire remarquer que ses devanciers avaient déjà bien préparé son terrain, soit par leurs savantes analyses des phénomènes qu'il n'a eu le plus souvent qu'à rappeler, soit en s'élevant eux-mêmes aux considérations de l'*intérêt général*, — notion beaucoup moins éloignée qu'on ne pense de celle du *juste*. Il faut dire que, sans être aussi hautement formulée, l'idée des grandes lois sociales a été de tout temps en germe dans la pensée des économistes, et que la fameuse devise du *laisser passer* n'est au fond qu'une affirmation de la gravitation naturelle des intérêts vers l'ordre et le progrès. Enfin il faut ajouter, pour rendre justice à deux hommes que Bastiat a reconnus comme ses maîtres, que Ch. Comte et M. Dunoyer avaient, avant lui, déjà ramené très-sensiblement la science vers le point de vue élevé des physiocrates : — le premier, en soumettant au contrôle du droit naturel les formes diverses de la législation et de la propriété ; — le second, en introduisant hardiment les fonctions de l'ordre intellectuel et moral dans le champ des études économiques.

C'est là précisément l'excellence du point de vue de Bastiat, qu'il se rattache aux meilleures traditions, tout en ouvrant des perspectives nouvelles. « Les sciences, pour employer une de ses expressions, ont une croissance comme les plantes ; » il n'y a pas d'idées neuves, il n'y a que des idées développées ; et l'initiateur est celui qui formule en un principe net et absolu des traditions hésitantes et incomplètes, celui qui fait un système d'une tendance. Bastiat, d'ailleurs, ne s'est pas borné à affirmer son principe dans toute sa généralité, sans exceptions ni réserves, — chose neuve déjà et hardie. Pour proclamer l'harmonie parfaite des lois économiques, il a fallu qu'il la fît en quelque sorte lui-même, en supprimant des dissonances, en rectifiant des erreurs appuyées de noms célèbres. Il a fallu dissiper la confusion établie entre la valeur et l'utilité, — l'utilité qui est le but et le bien, — la valeur, qui représente l'obstacle et le mal ; asseoir solidement ce beau principe de la gratuité absolue du concours de la nature ; attaquer toute cette théorie qui entachait la propriété foncière d'une accusation de monopole aggravateur du prix ; débarrasser la loi du Progrès de cette effrayante perspective du renchérissement de la subsistance et de l'épuisement du sol, etc., etc. ; — toutes choses qui peuvent paraître simples maintenant, mais qui alors ont été critiquées pour leur hardiesse extraordinaire.

Du reste, à notre sens, ce qu'il y a de plus grand encore dans le livre de Bastiat, c'est l'idée de l'*harmonie* elle-même : idée qui répond éminemment au travail secret d'unité dans les sciences que poursuit notre époque, et qui a plutôt le caractère d'une intuition et d'un acte de foi que d'une déduction scientifique. C'est comme un cadre immense dans lequel chaque étude partielle des lois sociales peut et doit venir se classer infailliblement. Bastiat aurait manqué son livre, qu'il nous semble qu'avec sa donnée seule, ce livre se serait fait tôt ou tard. Il est permis de croire qu'en le commençant il n'en voyait pas toute la portée. Il avait sans doute rassemblé d'abord quelques aperçus principaux ; puis les vérités se sont attirées l'une l'autre ; chaque rapport nouveau ouvrait de nouvelles équations, chaque groupe *harmonisé* ou identifié se résolvait en une synthèse supérieure. De sorte que les points de vue allaient en s'agrandissant toujours, et que Bastiat, à la fin, a dû se sentir écrasé, comme il le dit lui-même, par la masse des harmonies qui s'offraient à lui. Une note posthume très-précieuse nous indique comment cette extension de son sujet l'avait conduit à l'idée de refondre complétement tout l'ouvrage. « J'avais d'abord pensé, dit-il, à commencer par l'exposition des *Harmonies économiques*, et par conséquent ne traiter que des sujets purement économiques : valeur, propriété, richesse, concurrence, salaire, population, monnaie, crédit, etc. Plus tard, si j'en avais eu le temps et la force, j'aurais appelé l'attention du lecteur sur un sujet plus vaste : les *Harmonies sociales*. C'est là que j'aurais parlé de la *constitution hu-*

maine, du *moteur social*, de la *responsabilité*, de la *solidarité*, etc... L'œuvre ainsi conçue était commencée quand je me suis aperçu qu'il était mieux de fondre ensemble que de séparer ces deux ordres de considérations. Mais alors la logique voulait que l'étude de l'homme précédât les recherches économiques. Il n'était plus temps... »

Il n'était plus temps en effet ! Bastiat ne s'était décidé à écrire les *Harmonies* que parce qu'il commençait à sentir que ses jours étaient comptés. On le devine à l'entassement tumultueux d'idées du dernier chapitre [1] et aux plaintes qui lui échappent sur le temps qui lui manque. Tout en continuant à jeter au courant des discussions du jour quelques-unes de ses belles pages, — comme la polémique avec Proudhon dans la *Voix du Peuple*, la *Loi*, *Ce qu'on voit et ce qu'on ne voit pas*, l'article *Abondance*, pour le *Dictionnaire de l'économie politique*, il préparait avec une ardeur fébrile les ébauches du second volume des *Harmonies*. Il ne voulut pas s'attarder à réparer dans le repos ses forces épuisées ; il mit tout son enjeu sur un dé, il crut qu'il pourrait peut-être gagner de vitesse sur les progrès du mal, et arriver par un élan suprême à ne tomber qu'au but... Dans ce steeple-chase désespéré contre la mort, il a perdu.

Quand un homme, à l'âge de quarante-cinq ans, brise d'un seul coup tous les liens de son passé, comme l'a fait Bastiat, et, sans l'ombre d'ambition, se jette d'une solitude méditative dans l'ardente atmosphère de l'action, vous pouvez être sûr que cet homme ne s'arrêtera plus que dans

[1] Le chapitre X. Le reste de l'ouvrage se compose de fragments recueillis après sa mort et réunis dans l'ordre indiqué par Bastiat lui-même.

la tombe. Il y a quelque chose de plus terrible cent fois, de plus implacable au repos que l'ambition même : c'est le fanatisme de l'idée, c'est le sentiment d'une mission. Chez l'ambitieux, l'égoïsme veille et ménage ses ressources ; chez l'homme que domine l'idée, le moi est foudroyé ; il n'avertit plus par sa résistance de l'épuisement des forces. Une volonté supérieure s'installe en souveraine dans sa volonté, une sorte de conscience étrangère dans sa conscience : c'est le *devoir*. Il se dresse sur la dernière marche de sa vie passée, comme l'ange au glaive de feu sur le seuil de l'Éden ; il ferme la porte sur les rêves de bonheur et de paix. Désormais, proscrit, tu n'as plus de chez toi ; tu ne rentreras plus dans l'indépendance intime de ta pensée ; tu ne reviendras plus te délasser dans l'asile de ton cœur ; tu ne t'appartiens pas, tu es la chose de ton idée ; — vivant ou mourant, ta mission te traînera.

Or la mission que Bastiat s'était donnée, ou plutôt que les événements lui imposèrent, était au-dessus des forces humaines. Bastiat, par le malheur d'une organisation trop riche, était à la fois homme de théories avancées, génie créateur, — et homme d'action extérieure, esprit éminemment vulgarisateur et propagandiste. Il eût fallu opter entre les deux rôles. On peut être à la rigueur Ad. Smith et R. Cobden tour à tour ; mais à la fois et en même temps, non. Ad. Smith n'a pas essayé de jeter aux masses les vérités nouvelles qu'il creusait lentement dans sa retraite, et R. Cobden n'a fait passer dans l'opinion publique et les faits que des axiomes anciens et acceptés de longue date par la science. Bastiat, lui, a jeté dans le tumulte des discussions publiques les lambeaux de sa doctrine propre, et c'est au milieu de l'action qu'il a eu l'air d'improviser un système. Défricher les terrains vierges de la science pure, porter en même temps la hache au milieu de la forêt des préjugés gouvernementaux, et labourer en pleine révolution l'opinion publique, le sol le plus ingrat, le plus tourmenté, le plus impropre à une moisson prochaine, c'était faire triplement le métier de pionnier; — et l'on sait que ce métier-là est mortel.

Tant qu'on ne s'agita qu'autour du libre-échange, comme il y avait là un symbole commun et un drapeau reconnu, Bastiat se trouva aidé et soutenu vigoureusement; et contre la résistance de l'ignorance, des préjugés et des intérêts égoïstes, la lutte, en dépit de quelques tiraillements, fut possible. Mais quand arriva le socialisme et la grande bataille où l'on n'avait plus le temps de s'entendre d'avance, quand Bastiat fut entraîné par l'urgence du péril à combattre à sa manière, et à jeter de plus en plus dans la mêlée ses idées à lui, — idées presque aussi neuves pour ses alliés que pour ses adversaires, — il se trouva dans la position d'un chef qui, au milieu du feu, changerait l'armement et la tactique de son parti : tout en admirant sa nouvelle manière de faire, on se contenta de le regarder; et plus il s'avançait ainsi, plus il se trouvait seul. Or la collectivité est indispensable aux succès d'opinion et à l'effet sur les masses : un homme qui combat isolé ne peut que mourir admirablement. Quand les *Harmonies* parurent et mirent plus au jour les vues nouvelles que les *Sophismes* et les *Pamphlets* avaient seulement fait pressentir, il se fit un silence froid dans l'école déroutée, et la plupart des économistes se prononcèrent contre les idées de Bastiat.

Cet abandon lui fut très-sensible, mais il ne s'en étonna ni ne s'en plaignit : il se sentait trop près de sa fin pour laisser un adieu de reproche à ses anciens compagnons de travaux, restés unis à lui par le cœur, sinon par les idées. D'autres chagrins se joignaient à la pensée de son œuvre incomprise et inachevée ; la mort avait fauché dans sa famille pendant son absence, la politique amoncelait de sombres nuages, et de ce côté-là encore il voyait l'opinion égarée tourner contre lui. Il n'avait plus la force ni le désir de lutter. Son esprit commençait à entrer dans cette région plus haute de suprême bienveillance, dans ce jour crépusculaire triste et doux qui assouplit les contours heurtés et adoucit les oppositions de couleur. « Nous autres souffreteux, écrivit-il à un de ses amis, nous avons, comme les enfants, besoin d'indulgence : car plus le corps est faible, plus l'âme s'amollit, et il semble que la vie à son premier, comme à son dernier crépuscule, souffle au cœur le besoin de chercher partout des attaches. Ces attendrissements involontaires sont l'effet de tous les déclins : fin du jour, fin de l'année, demi-jour des basiliques, etc. Je l'éprouvais hier, sous les sombres allées des Tuileries... Ne vous alarmez cependant pas de ce diapason élégiaque. Je ne suis pas Millevoye, et les feuilles, qui s'ouvrent à peine, ne sont pas près de tomber. Bref, je ne me trouve pas plus mal, mais seulement plus faible, et je ne puis plus guère reculer devant la demande d'un congé. C'est en perspective une solitude encore plus solitaire. Autrefois je l'aimais ; je savais la peupler de lectures, de travaux capricieux, de rêves politiques, avec intermèdes de violoncelle. Maintenant, tous ces vieux amis me délaissent, même la fidèle compagne de l'isolement, la méditation. Ce n'est pas que ma pensée sommeille. Elle n'a jamais été plus active ; à chaque instant elle saisit de nouvelles harmonies, et il semble que le livre de l'humanité s'ouvre devant elle. Mais c'est un tourment de plus, puisque je ne puis transcrire aucune page de ce livre mystérieux sur un livre plus palpable... »

Dès le printemps de 1850, en effet, la maladie de poitrine contre laquelle il se débattait depuis longtemps avait fait des progrès graves. Les eaux des Pyrénées, qui l'avaient sauvé plusieurs fois, aggravèrent son mal. L'affection se porta au larynx et à la gorge : la voix s'éteignit, l'alimentation, la respiration même devinrent excessivement douloureuses. Au commencement de l'automne, les médecins l'envoyèrent en Italie. Au moment où il y arrivait, le bruit prématuré de sa mort s'était répandu, et il put lire dans les journaux les phrases banales de regret sur la perte du « grand économiste » et de « l'illustre écrivain. » Il languit quelque temps encore à Pise, puis à Rome. Ce fut de là qu'il envoya sa dernière lettre au *Journal des Économistes* (1). M. Paillottet, qui avait quitté Paris pour aller recueillir les dernières instructions de son ami, nous a conservé un journal intéressant de la fin de sa vie (2). Cette fin fut d'un calme et d'une sérénité antiques. Bastiat sembla y assister en spectateur indifférent, causant, en l'attendant, d'économie politique, de philosophie et de religion. Il voulut mourir en chrétien : « J'ai pris, disait-il simplement, la chose par le bon bout et en toute humilité. Je ne discute pas le dogme, je l'accepte. En regardant autour de moi, je vois que sur cette terre les nations les plus éclairées sont dans la foi chrétienne ; je suis bien aise de me trouver en communion avec cette portion du genre humain. » Son in-

(1) Page 209.

(2) On trouvera quelques extraits de ce journal à la suite de cette notice.

telligence conserva jusqu'au bout toute sa lucidité. Un instant avant d'expirer, il fit approcher, comme pour leur dire quelque chose d'important, son cousin l'abbé de Monclar et M. Paillottet. « Son œil, dit ce dernier, brillait de cette expression particulière que j'avais souvent remarquée dans nos entretiens, et qui annonçait la solution d'un problème. » Il murmura à deux fois : *La vérité...* Mais le souffle lui manqua, et il ne put achever d'expliquer sa pensée. Goëthe, en mourant, demandait *la pleine lumière*, Bastiat saluait *la vérité*. Chacun d'eux, à ce moment suprême, résumait-il l'aspiration de sa vie, — ou proclamait-il sa prise de possession du but? Était-ce le dernier mot de la question — ou le premier de la réponse? l'adieu au rêve qui s'en va — ou le salut à la réalité qui arrive?...

Bastiat mourut le 24 décembre 1850, âgé de quarante-neuf ans et six mois. On lui fit, à l'église de Saint-Louis des Français, de pompeuses funérailles. C'est en 1845 qu'il était venu à Paris; sa carrière active d'économiste n'a donc embrassé guère plus de cinq ans.

F. Bastiat était de taille moyenne; mince et maigre, il était doué d'une force physique que son extérieur ne semblait pas annoncer; dans sa jeunesse, il passait pour le meilleur coureur du pays basque. Sa figure était agréable, la bouche extrêmement fine, l'œil doux et plein de feu sous un sourcil épais, le front carré largement encadré d'une forêt de longs cheveux noirs. Sa conversation était celle d'un homme qui comprend tout et qui s'intéresse à tout, vive, variée, sans prétention, colorée de l'accent comme de l'esprit méridional. Jamais il ne causait d'économie politique le premier, jamais non plus il n'affectait d'éviter ce sujet, quel que fût le rang ou l'éducation de son interlocuteur. Dans les discussions sérieuses, il était modeste, conciliant, plein d'aménité dans sa fermeté de convictions. Rien dans sa parole ne sentait le discours ou la leçon. En général, son opinion finissait par entraîner l'assentiment général ; mais il n'avait pas l'air de s'apercevoir de son influence. Ses manières et ses habitudes étaient d'une extrême simplicité. Comme les hommes qui vivent dans leur pensée, il avait quelque chose souvent de naïf et de distrait : L. Leclerc l'appelait *le La Fontaine de l'économie politique.* Il convenait en riant qu'il n'avait jamais été de la rue de Choiseul au Palais-Royal sans se tromper de chemin. Un jour qu'il était parti pour aller faire un discours à Lyon, il se trouvait débarqué dans un cabaret au fond des Vosges. Pour tout ce qui s'appelle affaires, il était d'un laisser-aller d'enfant. Sa bourse était ouverte à tout venant, quand il était en fonds; il n'y a pas d'auteur qui ait moins tiré parti de ses livres. Le détail matériel des choses lui était antipathique ; jamais il n'a su prendre une précaution pour sa santé ; jamais il n'a voulu s'occuper d'une annonce ou d'un compte-rendu pour ses ouvrages. Il était si ennemi du charlatanisme en tout, il craignait tellement d'engager son indépendance dans l'engrenage des coteries, qu'après cinq ans de séjour à Paris, il ne connaissait pas un des écrivains de la presse quotidienne. Aussi les *comptes-rendus* de journaux sur les livres de Bastiat sont-ils extrêmement rares. Le *Journal des économistes*, lui-même, attendit six mois avant de parler des *Harmonies*, et son article ne fut qu'une réfutation.

Nous avons déjà dit, je crois, que Bastiat écrivait avec une extrême facilité. On le devine à la netteté remarquable de ses manuscrits, où la plume semble, la plupart du temps, avoir couru de toute sa vitesse. Peut-être le travail préalable qui se faisait dans sa tête était-il long et pénible; mais je crois plutôt que c'était une de ces intelligences saines qui tournent naturellement du côté de la lumière, comme certaines fleurs vers le soleil, et que la vérité lui était facile, comme aux natures honnêtes la vertu. Il est certain cependant que Bastiat se préoccupait de la forme... à sa manière. Nous avons vu, dans ses cahiers, un de ses *Sophismes*, entre autres, refondu entièrement trois fois, — trois morceaux aussi finis l'un que l'autre, mais très-différents de ton. La première manière, la plus belle à mon avis, c'était la déduction scientifique, ferme, précise, magistrale; — la seconde offrait déjà quelque chose de plus effacé dans la tournure et de plus bourgeois, une causerie terre à terre, débarrassée des mots techniques et à la portée du commun des lecteurs; — la troisième, enfin, encadrait tout cela dans une forme un peu légère, un dialogue ou une petite scène demi-plaisante. La première, c'était Bastiat écrivant pour lui, se parlant ses idées; — la dernière, c'était Bastiat écrivant pour le public ignorant ou distrait, émiettant le pain des forts pour le faire avaler aux faibles. Un écrivain ordinaire ne se donne pas tant de peine pour s'amoindrir et ne s'efface pas ainsi volontairement pour faire passer son idée : il faut pour cela cette souveraine préoccupation du but qui caractérise l'apôtre.

Il ne nous appartient pas de préjuger le rang que la postérité assignera à Bastiat. M. M. Chevalier a placé hautement les *Harmonies* à côté du livre immortel d'Ad. Smith. Tout récemment, R. Cobden a exprimé la même opinion. Pour nous, en cherchant à mettre cette simple et noble figure sur un piédestal, nous craindrions de faire quelque maladresse. Et puis, nous l'avouons, il nous semble qu'un éloge trop cru blesserait encore cet homme que nous avons connu si désintéressé de lui-même, qui ne s'est jamais mis en avant que pour être utile et n'a brillé que pour éclairer. Tout ce que nous pouvons dire, c'est que les idées neuves et d'abord contestées de son système ont fait leur chemin depuis sa mort, et que, sans parler de l'école américaine, des économistes marquants, en Angleterre, en Écosse, en Italie, en Espagne et ailleurs, professent hautement et enseignent ses opinions. Et s'il est certain que le caractère matériel, en quelque sorte, de la vérité, dans une doctrine comme dans une religion, est la puissance du prosélytisme qu'elle possède, on peut dire que la doctrine de Bastiat est vraie : car les nombreux convertis qui passent aujourd'hui à l'économie politique, y vont à peu près tous par Bastiat et sous son patronage. Son œuvre de propagande se poursuit et se poursuivra longtemps encore après lui : — c'est la seule espèce d'immortalité qu'il ait ambitionnée.

Bastiat était tout simplement une belle intelligence éclairée par un admirable cœur, un de ces grands *pacifiques* auxquels, selon la parole sacrée, le monde finit toujours par appartenir. Nous préférons hautement ces hommes-là aux génies solitaires et aux penseurs sibyllins. Ce ne sont, en effet, ni les idées ni les systèmes qui nous manquent aujourd'hui, mais le trait d'union et le lien d'harmonie. La masse incohérente des matériaux épars de l'avenir ressemble à ces gangues où le métal précieux abonde, mais disséminé dans la boue. Ce qu'il faut à notre siècle, c'est l'aimant qui rassemblera le fer autour de lui, c'est la goutte de mercure, qui, promenée à travers le mélange, s'assimilera les parcelles d'or et d'argent. Or, ce rôle assimilateur nous paraît éminemment réservé aux natures sympathiques qui ont soif du bien et du vrai et vont le cherchant partout, aux hommes de foi plutôt encore que de science.

Voilà pourquoi nous souhaitons à notre pays des hommes comme Bastiat, et des vérités comme la doctrine de *l'Harmonie*, de ces vérités simples et fécondes qu'on ne découvre et qu'on ne perçoit qu'avec *l'esprit de son cœur*, comme a dit de Maistre — *mente cordis sui*.

R. DE FONTENAY.

Voici quelques extraits du journal de M. Paillottet, qui sont le complément naturel de cette notice :

NEUF JOURS PRÈS D'UN MOURANT.

Le 16 décembre, vers midi, j'arrive chez lui, je le vois. Nous nous embrassons, mais à son premier mouvement tout affectueux succède une impression chagrine. Sa figure s'attriste, et il murmure, en élevant les mains : « Est-il possible que vous ayez fait un si long voyage ? Quelle folie ! »

Pendant cette première entrevue je le trouvai, à ma grande surprise, impatient, irritable... Comme je voulais lui éviter la peine de monter un étage, à l'aide d'une précaution que j'aurais prise, il me dit : « Je ne puis pas souffrir qu'on s'occupe de moi. » Il lui répugne d'être vu pendant qu'il boit et mange, à cause des efforts pénibles qu'exige de lui l'inglutition. Toutefois cette répugnance ne paraît pas exister vis-à-vis des étrangers. Ainsi à 2 heures 1/2 il entre au café prendre un verre de sirop et ne veut pas que je l'accompagne.

17 DÉCEMBRE 1850

... En rentrant chez lui, il me parle de la seconde édition du premier volume des *Harmonies*, puis du second volume qu'il lui est impossible d'achever. Sur le chapitre des salaires, qui était déjà fort avancé quand il a quitté Paris, il me dit : « Si jamais on publie cela, il faudra bien expliquer que ce n'est qu'un premier jet. J'aurais voulu refaire en entier ce chapitre. »

Il trouve un éclair de gaieté en me racontant les singulières conventions qu'il avait faites avec son hôtesse. Celle-ci avait par rapport à lui la double qualité de propriétaire et de domestique. Le mobilier et la batterie de cuisine étaient à elle. Lorsqu'elle brisait un ustensile quelconque dans ses fonctions de domestique, comme propriétaire elle en réclamait aussitôt le prix et se faisait payer par lui. Elle avait aussi l'art de maintenir le chiffre de la dépense quotidienne au même taux, bien que les consommations du malade allassent toujours diminuant...

... Ce second jour les impatiences furent moins marquées... « A quelle heure viendrez-vous demain? » me demanda-t-il lorsque je le quittai...

Je suis convenu avec l'abbé de Monclar que je tiendrai compagnie à notre malade depuis onze heures du matin jusqu'à l'heure du dîner ; l'abbé lui consacre le commencement et la fin de la journée.

18 DÉCEMBRE.

En arrivant près de lui, je lui remets quelques exemplaires de la réimpression des *Incompatibilités parlementaires*, et lui explique que je viens de les retirer du ministère de l'Intérieur des États Romains.

Voici ce qui m'était arrivé pour ces brochures. Les douaniers de Civita-Vecchia les avaient extraites de mon sac de voyage et envoyées à la police. Je les croyais perdues, quand, passant ce matin devant le magasin du libraire Merle,... je vois exposés en vente plusieurs pamphlets de Bastiat. J'entre et demande à Merle s'il a les *Incompatibilités parlementaires* : « Pas encore, répond-il, mais je ne tarderai sans doute pas ; car cet écrit vient d'être réimprimé ! Je le sais, à telles enseignes que les douaniers de Civita-Vecchia ont été assez stupides, ces jours-ci, pour en saisir une demi-douzaine d'exemplaires à un voyageur français. » — « Comment donc êtes-vous si bien informé ? repris-je ; je suis le voyageur dont vous faites mention. » Alors Merle m'apprend qu'il tenait la nouvelle de ma mésaventure du comte Z..., attaché au ministère de l'Intérieur. Le comte Z... avait blâmé le procédé des douaniers, et ajouté que, si le propriétaire se présentait pour réclamer ces brochures, elles lui seraient immédiatement rendues. Sur ces explications, je m'étais empressé d'aller à Monte-Cavallo, où un employé fort poli, après m'avoir adressé beaucoup d'excuses sur ce qui s'était passé, m'avait remis toutes mes brochures, moins une. Cette dernière ne pouvait m'être rendue qu'un peu plus tard, parce que Monseigneur, qui était alors absent, en avait commencé la lecture, curieux de connaître cette production d'un auteur qu'il avait en grande estime. Le même employé, me montrant sur la couverture d'un pamphlet la liste imprimée des divers écrits de Bastiat, posa l'index sur les mots *Harmonies économiques*, et dit : « Voilà un bien bel ouvrage. »

J'informai de cette particularité mon cher malade, en ajoutant que très-certainement en France, au ministère de l'Intérieur, ses œuvres étaient moins connues que dans les bureaux de Monte-Cavallo.

Par un fort beau temps, nous prenons une voiture.... Il veut me servir de cicerone, et m'expliquer les monuments antiques ; mais j'obtiens qu'il se taise jusqu'à ce que nous descendions de voiture... Il m'entretient beaucoup de son projet de rentrer en France, d'un domestique, nommé Dargeau, qu'il fait venir de son pays, pour s'assurer ses soins éprouvés, et m'interroge sur la durée probable de mon séjour à Rome. Je me garde bien de lui dire que je m'en irai probablement le lendemain de son départ.

... Quand nous sommes rentrés chez lui, il me parle de mettre en ordre ses ébauches. Il voudrait bien me dicter quelques indications importantes et notamment sur le sujet de la population... L'article qu'il a publié, il y a quatre ans environ, dans le *Journal des Économistes*, lui paraît incomplet et à refaire. La principale objection contre la théorie de Malthus n'y est pas exposée.

Les impatiences ont disparu.

19 DÉCEMBRE.

Je le trouve bien fatigué !.... Nous sortons un peu tard, et rentrons bientôt après....

Il monte son escalier plus péniblement que de coutume. Quand enfin il est assis sur son canapé, je remarque que sa respiration est plus difficile que la veille. Des bruits sourds et de mauvais augure grondent dans sa poitrine oppressée. Il se remet cependant un peu, et entame le chapitre de l'Économie politique.

« Un travail bien important à faire pour l'Économie politique, me dit-il, c'est d'écrire l'histoire de la spoliation. C'est une longue histoire, dans laquelle, dès l'origine, apparaissent les conquêtes, les migrations de peuples, les invasions, et tous les funestes excès de la force aux prises avec la justice. »

« De tout cela il reste aujourd'hui encore des traces vivantes, et c'est une grande difficulté pour la solution des questions posées dans notre siècle. On n'arrivera pas à cette solution tant qu'on n'aura pas bien constaté en quoi et comment l'injustice, faisant sa part au milieu de nous, s'est impatronisée dans nos mœurs et dans nos lois. »

..... Il m'entretient de plusieurs de nos amis de Paris, sujet sur lequel il s'arrête volontiers ; puis, se préoccupant de mon dîner, il me renvoie après m'avoir dit : « Puisque vous avez fait ce long voyage, je suis bien aise maintenant que vous soyez ici. »

20 DÉCEMBRE.

En arrivant près de lui à l'heure accoutumée, je lui demande la permission de le quitter pour aller à l'ambassade où je me suis déjà rendu en vain ce matin. J'ai trois lettres pour la France à remettre à une personne que je n'ai pas rencontrée. Cette demande le contrarie, et l'abbé de Monclar, qui était sur le point de sortir, se charge de faire tenir mes lettres à l'ambassade.

Dès que nous sommes seuls, il me dit : « Vous ne devineriez jamais ce que j'ai fait ce matin. » Inquiet et le soupçonnant d'une imprudence, je conjecturai qu'il avait écrit. « Non, reprit-il, cela m'eût été, cela m'est impossible. Voici ce que j'ai fait, je me suis confessé. Je veux *vivre* et mourir dans la religion de mes pères. Je l'ai toujours aimée, quoique je n'en suivisse pas les pratiques extérieures. » Ce mot de *vivre* n'était employé là que par ménagement pour moi. Je lui rappelai qu'en 1848 il m'avait dit, en parlant de Jésus-Christ : « Il est impossible d'admettre qu'un mortel ait pu avoir, de l'humanité et des lois qui la régissent, une connaissance aussi profonde que celle qui est dans l'Évangile. »

Il me propose de prendre ses ébauches économiques dans sa malle ; car le temps menaçait, et il n'eût pas été prudent de sortir. Je savais, d'ailleurs, dès la veille au soir, qu'aux yeux du docteur Lacauchie il déclinait d'une manière rapide.

Je pris les papiers, et commençai à les compulser, assis près de lui, interrompant ma tâche au moindre signe pour prêter l'oreille à ce qu'il voulait me dire.

..... Voici une recommandation... sur laquelle il a beaucoup insisté. « Il faut traiter l'économie politique au point de vue du *consommateur*. Tous les phénomènes économiques, que leurs effets soient bons ou qu'ils soient mauvais, se résolvent, à la fin de leur évolution, par des avantages ou des préjudices pour les consommateurs. Ces mêmes effets ne font que glisser sur les producteurs, dont ils ne peuvent affecter les intérêts d'une manière durable. »

« Le progrès de la civilisation doit amener les hommes à se placer à ce point de vue et à calculer leur intérêt de consommateurs plutôt que leur intérêt de producteurs. On voit déjà ce progrès s'opérer en Angleterre, et des ouvriers s'y occuper moins de l'élévation de leur salaire que de l'avantage d'obtenir à bas prix tous les objets qu'ils consomment. »

Il m'a répété que c'était là un point capital, et j'étais étonné de la profondeur comme de la lucidité de ses explications.

Vers la nuit, il m'a parlé de Rome considérée au point de vue religieux. « Ce qui m'a le plus frappé, dit-il, c'est la solidité de la tradition des martyrs. Ils sont là, on les voit, on les touche dans les catacombes ; il est impossible de les nier. » Son langage était plein d'onction.

Demain je continuerai le dépouillement de ses papiers scientifiques. Cette journée a été bien triste. La mort se montre à nous dans tous nos entretiens. Nous ne prononçons pas son nom, lui par un sentiment délicat, afin de m'éviter une affliction, et moi pour ne pas me laisser aller à un attendrissement qui le gagnerait peut-être et lui serait douloureux. C'est lui qui me donne l'exemple du courage...

21 DÉCEMBRE (SAMEDI).

L'affaiblissement continue. A 11 h. 1/2, par un temps superbe, il sent le besoin de se coucher quelques instants avant d'essayer une promenade. Nous sortons à 1 h. 1/4, mais quelques nuages menacent d'intercepter les rayons du soleil... Les nuages se dispersent, et nous jouissons d'un soleil magnifique, qui fait mieux ressortir la beauté des sites dont nous sommes entourés. La sérénité du ciel semble se communiquer à son âme, et il répète fréquemment : « Quelle délicieuse promenade ! Comme nous avons bien réussi ! » Il m'indique une haute colline couronnée d'ifs, au sommet de laquelle il s'est fait conduire quelques jours avant mon arrivée. Quand je cherche à me rendre compte de ses impressions, il me paraît heureux de voir une dernière fois les splendeurs de la nature et s'applaudir de les rencontrer pour leur faire ses adieux. Car il ne se fait pas d'illusion sur son état. Plus explicite avec l'abbé de Monclar qu'avec moi sur ce triste sujet, il lui disait hier : « Je trouve depuis trois jours que le déclin de mes forces est bien rapide. Si cela continuait ainsi, Dieu me ferait une grande grâce et m'épargnerait bien des souffrances. »

..... Il prend un livre de prières, et moi je continue le classement de ses papiers...

Il me fait quitter mon classement pour m'asseoir tout près de lui. Après un instant d'assoupissement, comme s'il venait d'y puiser une force nouvelle, il me donne une explication pour corroborer sa théorie de la valeur.

« Avez-vous trouvé dans mes notes, me demanda-t-il, un passage sur ce sujet ? C'est un fragment auquel j'attache quelque importance. Vous le reconnaîtrez à cette formule que j'y ai employée : *Do ut des, facio ut facias*, etc. »

Je n'ai pas encore découvert ce fragment...

Avant de nous quitter, qui s'y serait attendu ? nous nous sommes livrés à un mouvement d'hilarité. Il m'a raconté qu'ayant vu dans un magasin de librairie son *Cobden et la Ligue*, il avait marchandé cet ouvrage. Comme on lui en demandait le prix de 7 fr. 50, il s'était récrié, avait qualifié ce livre de vieux bouquin, et en avait offert seulement 4 fr. C'est, je crois, la seule fois de sa vie qu'il ait réclamé un rabais, et le moyen qu'il employait pour l'obtenir est fort plaisant. Décrier un de ses écrits pour l'obtenir à meilleur marché, c'est ce que peu d'auteurs se seraient avisés de faire.

22 DÉCEMBRE 1850 (DIMANCHE).

Ce matin il a communié. La cérémonie a eu lieu de bonne heure, et cependant, en entrant chez lui, je vois qu'il n'a pas encore déjeuné. Pour qu'il s'acquittât de cette pénible tâche sans être gêné de ma présence, j'allai me promener jusqu'à 11 h. 1/2.

..... Avez-vous un crayon ? me demanda-t-il. Je lui remis aussitôt celui que contient mon portefeuille, et le vis tracer les lignes suivantes sur son livre de prières :

« Les 20 et 21 décembre je me suis confessé à M. l'abbé Ducreux. Le 22, j'ai reçu la communion des mains de mon cousin Eugène de Monclar. »

Il me parla aussitôt après du sacrement qu'il avait reçu le matin, et à ce propos il m'expliqua ses idées religieuses.

« Le déiste, dit-il, n'a de Dieu qu'une idée trop vague. Son Dieu, il l'oublie souvent, ou bien il l'appelle une cause première et ne se croit plus obligé d'y penser. Il faut que l'homme s'appuie sur une révélation pour être véritablement en communication avec Dieu. Quant à moi, j'ai pris la chose par le bon bout et en toute humilité. Je ne discute pas le dogme, je l'accepte. En regardant autour de moi, je vois que sur cette terre les nations les plus éclairées sont dans la foi chrétienne. Je suis bien aise de me trouver en communion avec cette portion du genre humain. »

Un peu plus tard, il s'enquit de nouveau du fragment sur la valeur. Je venais de le découvrir. Il désira que je lui en donnasse lecture, puis m'arrêta à la 6me page en me disant de ne continuer que pour moi seul. Quand j'eus achevé et déclaré que la démonstration me paraissait complète, il dit que, si l'état de sa santé l'eût permis, il eût fondu ce fragment dans le chapitre *De la valeur* au premier volume des *Harmonies* ; mais qu'il suffisait de l'introduire en forme de note dans la 2me édition... Il me recommanda en même temps, à l'égard des chapitres inachevés, de les faire suivre de points suspensifs.....

Comme je lui demandais à emporter dans ma chambre quelques liasses pour les lire attentivement et à loisir, il me répondit en ces termes : « Prenez tout ; il faut que vous emportiez tout à Paris. Si je ressuscite, vous me les rendrez. »

..... Le docteur Lacauchie le trouve dans un état tel qu'il serait imprudent de ne pas lui donner de garde pendant la nuit.

Après notre dîner, l'abbé et moi nous revînmes pour le décider à recevoir une garde qui allait lui être envoyée. Il résista et ne voulut pas qu'elle commençât son service, au moins pour cette nuit.

23 DÉCEMBRE 1850 (LUNDI).

Le temps est beau, mais frais. Le pauvre malade est encore plus faible que la veille. Il me parle de la seconde édition de ses *Harmonies*, et pense qu'il faudrait comprendre dans le premier volume, comme se rattachant intimement au chapitre de la *Concurrence*, un autre chapitre intitulé *Production et Consommation*... Après l'avoir dissuadé de sortir, à cause de la vivacité du vent qui souffle du nord, l'abbé et moi, voyant que le soleil échauffe l'atmosphère de ses rayons, nous nous rendons à son désir et entreprenons avec lui une promenade en voiture fermée.

..... La durée de notre promenade avait été de 2 heures 1/2. Au seuil de la porte, l'abbé et moi voulûmes le prendre sur nos bras, pour lui éviter la fatigue de l'ascension. Mais il s'y refusa avec opiniâtreté, et, pendant que je payais le cocher, se mit à grimper au premier étage. Arrivé sur le palier, il s'assit un instant sur une chaise que lui présentait son hôtesse, puis, ayant repris haleine, il monta le second étage. « Je suis bien aise, nous dit-il en manière de justification de son imprudence, d'avoir pu constater que je pouvais faire aujourd'hui ce que j'ai fait hier. » A partir de ce moment, je pus observer qu'il s'attachait de plus en plus à l'idée d'un retour en France. Ce voyage devint sa constante préoccupation.

Vers quatre heures arriva l'ambassadeur, M. de Rayneval.

Cette visite tira notre ami d'un état prononcé d'accablement. Il se leva, fit asseoir l'ambassadeur sur le canapé et s'assit à côté de lui. Son premier soin fut de parler de son départ d'Italie. Il s'enquit du nom du navire sur lequel M. de Rayneval se chargeait de lui procurer une chambre d'officier. M. de Rayneval l'entretint dans son illusion. Ensuite la conversation se porta sur les monuments de Rome, et Bastiat exprima son admiration pour Saint-Pierre. Ses éloges comprenaient cependant des réserves et étaient entremêlés de critiques.

...... Je me mis en quête d'une garde... Il me fut impossible d'en trouver une disponible. Alors l'abbé de Monclar se décida à passer la nuit... Le médecin était venu... Il n'estimait pas que le malade pût vivre encore trente-six heures, et même en comptant les pulsations de son pouls, il s'étonnait qu'il fût au nombre des vivants.

24 DÉCEMBRE 1850 (MARDI).

J'arrive chez lui à 5 h. du matin, comme j'en étais convenu avec M. de Monclar, que je devais remplacer. Le cher malade avait passé une nuit plus calme, grâce sans doute à l'effet de la potion calmante ; toutefois il se plaignait de n'avoir pas dormi. Quand il me vit si matin, il me dit : « Mes amis sont mes victimes. » Il m'entretint de l'effet de la potion à laquelle il attribuait une action sur son cerveau. « Je sens là deux pensées, disait-il en posant le doigt sur son front ; ma pensée ordinaire et une autre. » Ce même matin, il voulut se lever un peu plus tôt que de coutume. A 8 h. 1/2 il quitta son lit. Mais il se sentit faible, et n'essaya pas de se laver les mains et le visage, ce qu'il avait fait encore debout, la veille.

Assis sur son canapé, il m'interrogea de nouveau sur la durée de mon séjour à Rome. Ensuite il me parla de son retour en France, s'inquiétant beaucoup de savoir s'il serait possible de lui procurer des moyens de transport commodes de Marseille à Mugron, de l'installer dans chaque hôtel, au rez-de-chaussée, dans une pièce bien chaude, etc. Quand je le vis s'arrêter sur ces détails et en prendre souci, je crus devoir, pour soulager son esprit, lui proposer de l'accompagner dans son voyage... Il accepta de suite mon offre, et me dit que nous ne nous séparerions qu'à Mugron. Puis, un instant après, comme s'il se fût fait un cas de conscience de son acceptation, il ajouta : « Vous vous sacrifiez pour moi seul, attendez-vous à toutes sortes de déceptions. »

Ces déceptions qui m'attendaient entre Marseille et Mugron, le scrupule exagéré qui les lui faisait entrevoir, m'eussent égayé dans tout autre moment.

La veille au soir il avait dit à son cousin qu'il désirait faire son testament et se servir du ministère du chancelier de l'ambassade. Cette résolution étant bien arrêtée dans son esprit, j'allai, un peu avant onze heures, chercher M. de Gérando, chancelier. Celui-ci ne put venir aussi promptement que nous l'eussions désiré. Il n'arriva qu'à 1 h. Notre malade s'était remis au lit. C'est de son lit qu'il déclara lentement ses intentions à M. de Gérando, s'inquiétant beaucoup, non-seulement de les énoncer, mais de les motiver, ce qui était superflu.

..... Pendant que le chancelier s'occupait de la rédaction définitive du testament, il me témoignait encore la crainte de n'avoir pas été compris. Pour le rassurer, je lui répétai, non ses propres paroles, mais le sens qu'elles exprimaient, et qui était fort clair. Alors il étendit son bras, posa sa main sur mon cou, attira ma tête près de la sienne, mon oreille près de ses lèvres, et dit en donnant à son faible souffle un accent inimitable : « Voyez-vous, Paillottet, ma tante, c'est ma mère ! C'est elle qui m'a élevé, qui a veillé sur mon enfance ! »

Le testament allait s'achever. Pour savoir s'il était en état de le signer, je lui remis une plume et une feuille de papier blanc sur laquelle il traça ces lettres : *Frede....* Nous vîmes qu'il pouvait signer, et en effet, il signa lisiblement.

Un instant après il me dit : « Je fais une réflexion. Mon oncle jouit actuellement de ma maison de Sengresse : je voudrais qu'il ne fût pas troublé dans cette jouissance, et j'aurais dû insérer une disposition à ce sujet dans mes dernières volontés. Il est trop tard. » Je lui promis de faire connaître ce vœu, et, d'après ce que j'avais ouï dire de Mlle sa tante, j'ajoutai que de son propre mouvement elle ferait pour son frère ce que son neveu désirait qu'elle fît.

A 2 h. 1/2, malgré la fatigue qu'il venait d'éprouver, il voulut quitter son lit. L'abbé venait de rentrer. Nous aidâmes le malade à se lever, et vîmes que ses forces diminuaient sensiblement. Il resta silencieux, et vers 4 h. demanda à se recoucher. Quand il fut près de son lit, ses jambes fléchirent. Nous le soulevâmes ; mais à raison de la position qu'il avait prise, nous fûmes obligés de le coucher à rebours, ses pieds se trouvant à la tête du lit. Pour lui éviter des secousses, nous changeâmes de place les oreillers, et le laissâmes se reposer un instant, enveloppé de sa robe de chambre. Sa respiration devenait de plus en plus pénible, et les bouillonnements à l'intérieur de sa poitrine étaient de plus en plus sonores. Il eut un court assoupissement, à la suite duquel il trouva la force de changer de position et de se mettre au lit comme de coutume. Puis un nouvel accablement survint. J'étais assis près de lui, les yeux fixés sur son visage, écoutant cette respiration qui rencontrait tant d'obstacles. L'impression que je ressentais devint si poignante que je dus me retirer dans la pièce voisine. L'abbé de Monclar, que j'avais laissé en prières auprès de la fenêtre, vint bientôt me chercher. Le malade me demandait. Quand je fus près de lui, assis à son chevet, il désigna du geste son cousin, et fit entendre ces mots : « *tous deux*. » C'était à nous deux qu'il voulait s'adresser.

Il souleva un peu sa tête, l'appuya sur sa main droite, et se disposa à parler. L'intelligence brillait encore dans ses yeux. Son regard avait une expression que j'avais souvent remarquée au milieu de nos entretiens. Il semblait annoncer la solution d'un problème. La première phrase qu'il prononça sortit si faible de ses lèvres que l'abbé, placé debout à la tête du lit, n'en pût rien entendre, et que je n'en recueillis que le dernier mot. C'était l'adjectif *philosophique*. Après une courte pause, il prononça distinctement : LA VÉRITÉ ; puis s'arrêta, redit le même mot, et le répéta encore, en s'efforçant de compléter sa pensée. Émus à ce spectacle, nous le conjurâmes de suspendre son explication et de se reposer un peu ; l'abbé se pencha pour l'aider à replacer sa tête sur l'oreiller. Dans cette situation le souffle de ses lèvres ne pouvait plus m'arriver. Il dit alors, sans que je les entendisse, ces mots que l'abbé me transmit immédiatement et me répéta le jour suivant : « *Je suis heureux de ce que mon esprit m'appartient.* » L'abbé ayant changé de position, je pus entendre le mourant articuler encore ceci : « *Je ne puis pas m'expliquer.* » Ce furent les derniers mots qui sortirent de sa bouche.

A ce moment arriva le docteur Lacauchie. Pendant qu'il se trouvait avec l'abbé, je crus pouvoir m'absenter un instant, et sortis à 5 h. Quand je revins, mon ami n'existait plus. Cinq minutes après ma sortie il avait rendu le dernier soupir...

Voici ce que m'apprirent MM. de Monclar et Lacauchie, tous deux témoins de sa fin. Au moment où je m'éloignais, ils s'approchèrent de son lit et virent aussitôt que la mort allait frapper. M. de Monclar se mit en devoir d'administrer au mourant l'Extrême-Onction, et pour s'assurer de ses dispositions à recevoir ce dernier sacrement, il lui dit : « Mon ami, baise le crucifix. » Les lèvres du mourant s'avancèrent, et obéirent complétement à l'exhortation. A cette vue le docteur fit un geste d'étonnement ; il ne s'expliquait pas que l'intelligence et la volonté fussent encore là quand la vie se retirait.

Je contemplai longtemps cette tête chérie que l'âme venait d'abandonner, et vis que la mort n'y avait laissé aucune trace de souffrance.

Deux jours après, dans l'Église de Saint-Louis des Français, on fit à l'homme éminent, qui avait vécu si simple et si modeste, de pompeuses funérailles. C'était un premier acte de justice envers sa mémoire.

Le surlendemain, 28 décembre, je quittais Rome pour revenir en France. Quelques heures avant de partir, je lus dans l'Église de Santa Maria degli Angeli une belle et courte épitaphe latine qui semblait faite pour lui. Je la traduis de cette manière :

Il vécut par le cœur et la pensée,
Il vit dans nos souvenirs,
Il vivra dans la postérité.

CORRESPONDANCE [1]

LETTRES DE F. BASTIAT A M. VICTOR CALMÈTES.

Bayonne, 12 septembre 1819.

. . . .

Nous nous trouvons, mon ami, dans le même cas : tous les deux nous sommes portés par goût à une étude autre que celle que le devoir nous ordonne ; à la différence que la philosophie, vers laquelle notre penchant nous entraîne, tient de plus près à l'état d'avocat qu'à celui de négociant.

Tu sais que je me destine au commerce. En entrant dans un comptoir, je m'imaginais que l'art du négociant était tout mécanique et que six mois suffisaient pour faire de moi un négociant. Dans ces dispositions, je ne crus pas néces-

(1) Parmi les lettres de F. Bastiat que nous publions ici, beaucoup — surtout des premières — n'ont qu'un intérêt autobiographique. D'autres se rattachent aux questions économiques et à l'histoire du mouvement libre-échangiste, dont Bastiat fut, en France, le promoteur et le chef réel. Sa correspondance avec R. Cobden, en nous révélant l'accord intime des vues de ces deux hommes illustres et l'influence réciproque de l'un sur l'autre, nous semble avoir toute l'importance d'une collection de documents historiques. (*Note de l'éditeur.*)

saire de travailler beaucoup, et je me livrai particulièrement à l'étude de la philosophie et de la politique.

Depuis je me suis bien désabusé. J'ai reconnu que la science du commerce n'était pas renfermée dans les bornes de la routine. J'ai su que le bon négociant, outre la nature des marchandises sur lesquelles il trafique, le lieu d'où on les tire, les valeurs qu'il peut échanger, la tenue des livres, toutes choses que l'expérience et la routine peuvent en partie faire connaître, le bon négociant, dis-je, doit étudier les lois et approfondir l'*économie politique*, ce qui sort du domaine de la routine et exige une étude constante.

Ces réflexions me jetèrent dans une cruelle incertitude. Continuerais-je l'étude de la philosophie qui me plaît, ou m'enfoncerais-je dans les finances que je redoute? Sacrifierais-je mon devoir à mon goût ou mon goût à mon devoir?

Décidé à faire passer mon devoir avant tout, j'allais commencer mes études, quand je m'avisai de jeter un regard sur l'avenir. Je pesai la fortune que je pouvais espérer et, la mettant en balance avec mes besoins, je m'assurai que, pour peu que je fusse heureux au commerce, je pourrais, très-jeune encore, me décharger du joug d'un travail inutile à mon bonheur. Tu connais mes goûts ; tu sais si, pouvant vivre heureux et tranquille, pour peu que ma fortune excède mes besoins, tu sais si, pendant les trois quarts de ma vie, j'irai m'imposer le fardeau d'un ennuyeux travail, pour posséder, le reste de ma vie, un superflu inutile.

... Te voilà donc bien convaincu que, dès que je pourrai avoir une certaine aisance, ce qui, j'espère, sera bientôt, j'abandonne les affaires.

Bayonne, 5 mars 1820.

..... J'avais lu le *Traité d'économie politique* de J. B. Say, excellent ouvrage très-méthodique. Tout découle de ce principe que *les richesses sont les valeurs et que les valeurs se mesurent sur l'utilité*. De ce principe fécond, il vous mène naturellement aux conséquences les plus éloignées, en sorte qu'en lisant cet ouvrage on est surpris, comme en lisant Laromiguière, de la facilité avec laquelle on va d'une idée à une idée nouvelle. Tout le système passe sous vos yeux avec des formes variées et vous procure tout le plaisir qui naît du sentiment de l'évidence.

Un jour que je me trouvais dans une société assez nombreuse, on traita, en manière de conversation, une question d'économie politique; tout le monde déraisonnait. Je n'osais pas trop émettre mes opinions, tant je les trouvais opposées aux idées reçues; cependant me trouvant, par chaque objection, obligé de remonter d'un échelon pour en venir à mes preuves, on me poussa bientôt jusqu'au principe. Ce fut alors que M. Say me donna beau jeu. Nous partîmes du principe de l'économie politique, que mes adversaires reconnaissaient être juste; il nous fut bien facile de descendre aux conséquences et d'arriver à celle qui était l'objet de la discussion. Ce fut à cette occasion que je sentis tout le mérite de la méthode, et je voudrais qu'on l'appliquât à tout. N'es-tu pas de mon avis là-dessus?

18 mars 1820.

.... Je suis entré pas à pas dans le monde, mais je ne m'y suis pas jeté; et, au milieu de ses plaisirs et de ses peines, quand les autres, étourdis par tant de bruit, s'oublient, si je puis m'exprimer ainsi, dans le cercle étroit du présent, mon âme vigilante avait toujours un œil en arrière, et la réflexion l'a empêchée de se laisser dominer. D'ailleurs mon goût pour l'étude a pris beaucoup de mes instants. Je m'y suis tellement livré, l'année dernière, que cette année on me l'a défendue, à la suite d'une incommodité douloureuse qu'elle m'a occasionnée.......

Bayonne, 10 septembre 1820.

. . . .

Une chose qui m'occupe plus sérieusement, c'est la philosophie et la religion. Mon âme est pleine d'incertitude et je ne puis plus supporter cet état. Mon esprit se refuse à *la foi* et mon cœur soupire après elle. En effet, comment mon esprit saurait-il allier les grandes idées de la Divinité avec la puérilité de certains dogmes, et, d'un autre côté, comment mon cœur pourrait-il ne pas désirer de trouver dans la sublime morale du christianisme des règles de conduite? Oui, si le paganisme est la mythologie de l'imagination, le catholicisme est la mythologie du sentiment. — Quoi de plus propre à intéresser un cœur sensible que cette vie de Jésus, que cette morale évangélique, que cette médiation de Marie! que tout cela est touchant.......

Bayonne, octobre 1820.

Je t'avoue, mon cher ami, que le chapitre de la religion me tient dans une hésitation, une incertitude qui commencent à me devenir à charge. Comment ne pas voir une mythologie dans les dogmes de notre catholicisme? Et cependant cette mythologie est si belle, si consolante, si sublime, que l'erreur est presque préférable à la vérité. Je pressens que si j'avais dans mon cœur une étincelle de foi, il deviendrait bientôt un foyer. Ne sois pas surpris de ce que je te dis là. Je crois à la Divinité, à l'immortalité de l'âme, aux récompenses de la vertu et au châtiment du vice. Dès lors, quelle immense différence entre l'homme religieux et l'incrédule! mon état est insupportable. Mon cœur brûle d'amour et de reconnaissance pour mon Dieu, et j'ignore le moyen de lui payer le tribut d'hommages que je lui dois. Il n'occupe que vaguement ma pensée, tandis que l'homme religieux a devant lui une carrière tracée à parcourir. Il prie. Toutes les cérémonies du culte le tiennent sans cesse occupé de son Créateur. Et puis ce sublime rapprochement de Dieu et de l'homme, cette rédemption, qu'il doit être doux d'y croire! quelle invention, Calmètes, si c'en est une!

Outre ces avantages, il en est un autre qui n'est pas moindre : l'incrédule est dans la nécessité de se faire une morale, puis de la suivre. Quelle perfection dans l'entendement, quelle force dans la volonté lui sont indispensables! et qui lui répond qu'il ne devra pas changer demain son système d'aujourd'hui? L'homme religieux au contraire a sa route tracée. Il se nourrit d'une morale toujours divine.

Bayonne, 29 avril 1821.

.... Pour moi, je crois que je vais me fixer irrévocablement à la religion. Je suis las de recherches qui n'aboutissent et ne peuvent aboutir à rien. Là, je suis sûr de la paix, et je ne serai pas tourmenté de craintes, même quand je me tromperais. D'ailleurs, c'est une religion si belle, que je conçois qu'on la puisse aimer au point d'en recevoir le bonheur dès cette vie.

Si je parviens à me déterminer, je reprendrai mes anciens goûts. La littérature, l'anglais, l'italien, m'occuperont comme autrefois ; mon esprit s'était engourdi sur les livres de controverse, de théologie et de philosophie. J'ai déjà relu quelques tragédies d'Alfieri....

Bayonne, 10 septembre 1821.

Je veux te dire un mot de ma santé. Je change de genre de vie, j'ai abandonné mes livres, ma philosophie, ma dévotion, ma mélancolie, mon spleen enfin, et je m'en trouve bien. Je vais dans le monde, cela me distrait singulièrement.

Je sens le besoin d'argent, ce qui me donne envie d'en gagner, ce qui me donne du goût pour le travail, ce qui me fait passer la journée assez agréablement au comptoir, ce qui, en dernière analyse, est extrêmement favorable à mon humeur et à ma santé. Cependant je regrette parfois ces jouissances sentimentales auxquelles on ne peut rien comparer ; cet amour de la pauvreté, ce goût pour la vie retirée et paisible, et je crois qu'en me livrant un peu au plaisir, je n'ai voulu qu'attendre le moment de l'abandonner. Porter la solitude dans la société est un contre-sens, et je suis bien aise de m'en être aperçu à temps.....

Bayonne, 8 décembre 1821.

J'étais absent, mon cher ami, quand ta lettre est parvenue à Bayonne, ce qui retarde un peu ma réponse. Que j'ai eu de plaisir à la recevoir cette chère lettre ! A mesure que l'époque de notre séparation s'éloigne de nous, je pense à toi avec plus d'attendrissement ; je sens mieux le prix d'un bon ami. Je n'ai pas trouvé ici qui pût te remplacer dans mon cœur. Comme nous nous aimions ! pendant quatre ans nous ne nous sommes pas quittés un instant. Souvent l'uniformité de notre manière de vivre, la parfaite conformité de nos sentiments et de nos pensées ne nous permettait pas de beaucoup causer. Avec tout autre, de silencieuses promenades aussi longues m'auraient été insupportables ; avec toi, je n'y trouvais rien de fatigant ; elles ne me laissaient rien à désirer. J'en vois qui ne s'aiment que pour faire parade de leur amitié, et nous, nous nous aimions obscurément, bonnement ; nous ne nous aperçûmes que notre attachement était remarquable que lorsqu'on nous l'eut fait remarquer. Ici, mon cher, tout le monde m'aime, mais je n'ai pas d'ami.....

. . . .

.... Te voilà donc, mon ami, en robe et en bonnet

carré ! Je suis en peine de savoir si tu as des dispositions pour l'état que tu embrasses. Je te connais beaucoup de justesse et de rectitude dans le jugement ; mais c'est la moindre des choses. Tu dois avoir l'élocution facile, mais l'as-tu aussi pure? ton accent n'a pas dû s'améliorer à Toulouse, ni se perfectionner à Perpignan. Le mien est toujours détestable et probablement ne changera jamais. Tu aimes l'étude, assez la discussion. Je crois donc que tu dois à présent t'attacher surtout à l'étude des lois, car ce sont des notions que l'on n'apprend que par le travail, comme l'histoire et la géographie, — et ensuite à la partie physique de ta profession. Les grâces, les manières nobles et aisées, ce vernis, ce coup d'œil, cet avant-main, ce je ne sais quoi qui plaît, qui prévient, qui entraîne. C'est là la moitié du succès. Lis à ce sujet les Lettres de lord Chesterfield à son fils. C'est un livre dont je suis loin d'approuver la morale, toute séduisante qu'elle est ; mais un esprit juste comme le tien saura facilement laisser le mauvais et faire son profit du bon.

Pour moi, ce n'est pas Thémis, c'est l'aveugle Fortune que j'ai choisie, ou qu'on m'a choisie pour amante. Cependant, je dois l'avouer, mes idées sur cette déesse ont beaucoup changé. Ce *vil métal* n'est plus aussi vil à mes yeux. Sans doute il était beau de voir les Fabricius et les Curius demeurer pauvres, lorsque les richesses n'étaient le fruit que du brigandage et de l'usure ; sans doute Cincinnatus faisait bien de manger des fèves et des raves, puisqu'il aurait dû vendre sa patrie et son honneur pour manger des mets plus délicats ; mais les temps sont changés. — A Rome la fortune était le fruit du hasard, de la naissance, de la conquête ; aujourd'hui elle n'est que le prix du travail, de l'industrie, de l'économie. Dans ce cas elle n'a rien que d'honorable. C'est un fort sot préjugé qu'on puise dans les colléges, que celui qui fait mépriser l'homme qui sait acquérir avec probité et user avec discernement. Je ne crois pas que le monde ait tort, dans ce sens, d'honorer le riche; son tort est d'honorer indistinctement le riche honnête homme et le riche fripon...

Bayonne, 20 octobre 1821.

Tout le monde court après le bonheur, tout le monde le place dans une certaine situation de la vie et y aspire; celui que tu attaches à la vie retirée n'a peut-être d'autre mérite que d'être aperçu de loin. J'ai plus aimé que toi la solitude, je l'ai cherchée avec passion, j'en ai joui; et, quelques mois encore, elle me conduisait au tombeau. L'homme, le jeune homme surtout, ne peut vivre seul; il saisit avec trop d'ardeur, et si sa pensée ne se partage pas sur mille objets divers, celui qui l'absorbe le tue.

J'aimerais bien la solitude; mais j'y voudrais des livres, des amis, une famille, des intérêts; *des intérêts*, oui, mon ami, ne ris pas de ce mot; il attache, il occupe. Le philosophe même, ami de l'agriculture, s'ennuierait bientôt, n'en doute pas, s'il devait cultiver gratis la terre d'autrui. C'est l'intérêt qui embellit un domaine aux yeux du propriétaire, qui donne du prix aux détails, rend heureux Orgon et fait dire à l'Optimiste :

Le château de Plainville est le plus beau du monde.

Tu sens bien que, par intérêt, je ne veux point parler de ce sentiment qui approche de l'égoïsme.

Pour être heureux, je voudrais donc posséder un domaine dans un pays gai, surtout dans un pays où d'anciens souvenirs et une longue habitude m'auraient mis en rapport avec tous les objets. C'est alors qu'on jouit de tout, c'est là le *vita vitalis*. Je voudrais avoir pour voisins, ou même pour cohabitants, des amis tels que toi, Carrière et quelques autres. Je voudrais un *bien* qui ne fût ni assez grand pour que j'eusse la faculté de le négliger, ni assez petit pour m'occasionner des soucis et des privations. Je voudrais une femme..... je n'en ferai pas le portrait, je le sens mieux que je ne saurais l'exprimer; je serais moi-même (je ne suis pas modeste avec toi) l'instituteur de mes enfants. Ils ne seraient pas effrontés comme en ville, ni sauvages comme dans un désert. Il serait trop long d'entrer dans tous les détails, mais je t'assure que mon plan a le premier de tous les mérites, celui de n'être pas romanesque. . . . .

Bayonne, décembre 1822.

. . . .

Je lisais hier une tragédie de Casimir Delavigne intitulée *le Paria*. Je n'ai plus l'habitude des analyses critiques; aussi je ne t'entretiendrai pas de ce poëme. D'ailleurs j'ai renoncé à cette disposition générale des lecteurs français, qui cherchent, dans leurs lectures, bien plus des fautes contre les règles que du plaisir. Si je jouis en lisant, je suis très-peu sévère sur l'ouvrage, car l'intérêt est la plus grande de toutes les beautés. J'ai remarqué que tous les modernes tragédiens échouent au dialogue. M. Casimir Delavigne, qui est en cela supérieur, selon moi, à Arnault et Jouy, est bien loin de la perfection. Son dialogue n'est pas assez coupé ni surtout assez suivi, ce sont des tirades et des discours, qui même ne s'enchaînent pas toujours; et c'est un des défauts que le lecteur pardonne le moins, parce que l'ouvrage est sans vraisemblance ni vérité. Je crois plutôt assister à la conférence de deux prédicateurs, ou aux plaidoyers de deux avocats, qu'à la conversation sincère, animée et naturelle de deux personnes. — Alfieri excelle, je crois, dans le dialogue, celui de Racine est aussi très-simple et naturel. Du reste, entraîné par un vif intérêt (qui n'est peut-être pas assez souvent suspendu), j'ai plutôt parcouru que lu *le Paria*. La versification m'en a paru belle, trop métaphorique, si ce n'étaient des Orientaux. — Mais la catastrophe est trop facile à prévoir, et dès le début le lecteur est sans espérance.

Mugron, 12 mars 1829.

. . . .

A propos, sais-tu que je suis dans l'intention de me faire imprimer tout vif? — Quoi ! vas-tu dire, Bastiat auteur? que va-t-il nous donner? sera-ce un recueil de dix à douze tragédies? ou bien une épopée? ou bien des madrigaux? Suit-il les traces de Walter Scott ou de lord Byron? Rien de tout cela, mon ami; je me suis borné à accumuler les plus lourds raisonnements sur la plus lourde des questions. En un mot, je traite du *régime prohibitif*. Vois si cela te tente, et je t'enverrai *mes œuvres complètes*, bien entendu lorsqu'elles auront reçu les honneurs de l'impression. — Je voulais t'en parler plus au long, mais j'ai trop d'autres choses à te dire..... (Cet écrit ne fut pas imprimé. — *Note de l'édit.*)

Mugron, juillet 1829.

.... Je vois avec plaisir que nous avons à peu près la même opinion. Oui, tant que nos députés voudront faire leurs affaires et non celles du public, le public ne sera que le *grand côlon* des gens du pouvoir. Mais, selon moi, le mal vient de plus loin. Nous nous figurons aisément (car notre amour-propre y trouve son compte) que tout le mal vient du pouvoir; je suis au contraire convaincu qu'il a sa source dans l'ignorance et l'inertie des masses. Quel usage faisons-nous des attributions qui nous sont dévolues? La constitution nous dit que nous payerons ce que nous jugerons à propos; elle nous autorise à envoyer des fondés de pouvoirs à Paris, pour fixer la quotité que nous voulons accorder pour être gouvernés; et nous donnons notre procuration à des gens qui sont parties prenantes dans l'impôt. Ceux qui se plaignent des préfets, se font représenter par des préfets ; ceux qui déplorent les guerres sentimentales que nous faisons en Orient et en Occident, tantôt pour la liberté d'un peuple, tantôt pour la servitude d'un autre, se font représenter par des généraux d'armée ; et l'on veut que les préfets votent la suppression des préfectures ; que les hommes de guerre soient imbus d'idées pacifiques ([1]) ! C'est une contradiction choquante. — Mais, dira-t-on, on demande aux députés du *dévouement*, du *renoncement à soi-même*, vertus antiques que l'on voudrait voir renaître parmi nous. Puérile illusion ! qu'est-ce qu'une politique fondée sur un principe qui répugne à l'organisation humaine ? Dans aucun temps les hommes n'ont eu du renoncement à eux-mêmes ; et selon moi ce serait un grand malheur que cette vertu prît la place de l'intérêt personnel. Généralise par la pensée le renoncement à soi-même, et tu verras que c'est la destruction de la société. L'intérêt personnel, au contraire, tend à la perfectibilité des individus et par conséquent des masses, qui ne se composent que d'individus. Vainement dira-t-on que l'intérêt d'un homme est en opposition avec celui d'un autre ; selon moi c'est une erreur grave et antisociale ([2]). Et, pour descendre des généralités à l'application, que les contribuables se fissent représenter par des hommes qui eussent les mêmes intérêts qu'eux, et les réformes arriveraient d'elles-mêmes. Il en est qui craignent que le gouvernement ne fût détruit par esprit d'économie, comme si chacun ne sentait pas qu'il est de *son intérêt* de payer une force chargée de la répression des malfaiteurs.

Je t'embrasse tendrement.

([1]) V. au présent volume, la lettre à M. Larnac ; — au t. IV, les pp. 198 à 203 ; — et au t. V, les pp. 518 à 561. (*Note de l'éditeur.*)

([2]) On reconnait dans ce passage l'idée fondamentale que Bastiat devait si magistralement développer vingt ans plus tard, *l'Harmonie des intérêts.* (*Note de l'éditeur.*)

Bayonne, 22 avril 1831.

.......Je suis fâché que le cens d'éligibilité soit un obstacle à ton élection ou du moins à ta candidature. J'ai toujours pensé que c'était assez d'exiger des garanties des électeurs, et que celle qu'on demande aux éligibles est une funeste redondance. Il est vrai qu'il faudrait indemniser les députés; mais cela est trop juste; et il est ridicule que la France, qui paye tout le monde, n'indemnise pas *ses hommes d'affaires*.

Dans l'arrondissement que j'habite, le général Lamarque sera élu d'emblée toute sa vie. Il a du talent, de la probité et une immense fortune. C'est plus qu'il n'en faut. — Dans le troisième arrondissement des Landes, quelques jeunes gens qui partagent les opinions de la gauche m'ont offert la candidature. Privé de talents remarquables, de fortune, d'influence et de rapports, il est très-certain que je n'aurais aucune chance, d'autant que le mouvement n'est pas ici très-populaire. Cependant ayant adopté pour principe que la députation ne doit ni se solliciter ni se refuser, j'ai répondu que je ne m'en mêlerais pas et qu'à quelque poste que mes concitoyens m'appelassent, j'étais prêt à leur consacrer ma fortune et ma vie. Dans quelques jours, ils doivent avoir une réunion dans laquelle ils se fixeront sur le choix de leur candidat. Si le choix tombe sur moi, j'avoue que j'en éprouverai une vive joie, non pour moi, car outre que ma nomination définitive est impossible, si elle avait lieu, elle me ruinerait; mais parce que je ne soupire aujourd'hui qu'après le triomphe des principes, qui font partie de mon être, et que si je ne suis pas sûr de mes moyens, je le suis de mon vote et de mon ardent patriotisme. Je te tiendrai au courant.....

Ton bien dévoué.

Bayonne, 4 mars 1846.

Mon bon et vieil ami, ta lettre m'a réjoui le cœur, et il me semblait en la lisant que vingt-cinq ans de moins pesaient sur ma tête. Je me reportais à ces jours heureux où nos bras toujours entrelacés étaient l'image de notre cordiale union. Vingt-cinq ans ! hélas ! ils sont bien vite revenus faire sentir leur poids.

. . . .

Je crois qu'en elle-même la nomination de membre correspondant de l'Institut a peu d'importance; et je crains bien que beaucoup de médiocrités n'aient pu se parer de ce titre; mais les circonstances particulières qui ont précédé ma nomination ne me permettent pas de repousser tes amicales félicitations. — Je n'avais publié qu'un livre et, dans ce livre, la préface seule était mon œuvre. Rentré dans ma solitude, cette préface a travaillé pour moi, et à mon insu; car la même lettre qui m'a appris mon élection m'a annoncé ma candidature. — Jamais de la vie je n'avais pensé à cet honneur.

Ce livre est intitulé : *Cobden et la Ligue*. Je te l'envoie par ce courrier, ce qui me dispense de t'en parler. — En 1842 et 1843, je m'efforçai d'attirer l'attention sur le sujet qui y est traité. J'adressai des articles à la *Presse*, au *Mémorial Bordelais* et à d'autres journaux. Ils furent refusés. Je vis que ma cause venait se briser contre la *conspiration du silence*, et je n'avais d'autre ressource que de faire un livre. — Voilà comment je me suis trouvé auteur sans le savoir. Maintenant je me trouve engagé dans la carrière, et je le regrette sincèrement; bien que j'aie toujours aimé l'*économie politique*, il m'en coûte d'y donner exclusivement mon attention, que j'aimais à laisser errer librement sur tous les objets des connaissances humaines. Encore, dans cette science, une seule question m'entraîne et va m'absorber :

La liberté des relations internationales ; car peut-être auras-tu vu qu'on m'a assigné un rôle dans l'association qui vient de se former à Bordeaux. Tel est le siècle ; on ne peut s'y mêler sans être garrotté dans les liens d'une spécialité.

. . . .

.... J'oubliais de te parler d'élections. Les électeurs de mon pays songent à moi, mais nous nous boudons. Je prétends que leur choix est leur affaire et non la mienne, et que par conséquent je n'ai rien à leur demander. Ils veulent absolument que j'aille solliciter leurs suffrages, sans doute pour acquérir des droits sur mon temps et mes services, dans des vues personnelles. Tu vois que nous ne nous entendons pas ; aussi ne serai-je pas nommé !....

Adieu, cher Calmètes : ton ami dévoué.

LETTRES A M. FÉLIX COUDROY (1).

Bayonne, 15 décembre 1824.

Je vois avec plaisir que tu étudies ardemment l'anglais, mon cher Félix. Dès que tu auras surmonté les premières difficultés, tu trouveras dans cette langue beaucoup de ressources, à cause de la quantité de bons ouvrages qu'elle possède. Applique-toi surtout à traduire et à remplir ton magasin de mots, le reste vient ensuite. Au collége, j'avais un cahier, j'en partageais les pages par un pli ; d'un côté j'écrivais tous les mots anglais que je ne savais pas, et de

(1) C'est avec M. Coudroy que, pendant vingt ans d'études et de conversations, Bastiat s'était préparé au rôle brillant et trop court des six dernières années de sa vie. En lui envoyant de Paris les *Harmonies économiques*, Bastiat avait écrit sur la première page du volume : « Mon cher Félix, je ne puis pas dire que ce livre t'est offert par *l'auteur ;* il est autant à toi qu'à moi. » — Ce mot est un bel éloge. — V. la notice biographique. (*Note de l'éditeur.*)

l'autre les mots français correspondants. Cette méthode me servit à graver beaucoup mieux les mots dans ma tête. Quand tu auras fini *Paul et Virginie*, je t'enverrai quelque autre chose ; en attendant je transcris ici quelques vers de Pope pour voir si tu sauras les traduire. Je t'avoue que j'en doute, parce qu'il m'a fallu longtemps avant d'en venir là.

Je ne suis pas surpris que l'étude ait pour toi tant de charmes. Je l'aimerais aussi beaucoup si d'autres incertitudes ne venaient me tourmenter. Je suis toujours comme l'oiseau sur la branche, parce que je ne veux rien faire qui puisse déplaire à mes parents ; mais pour peu que ceci continue, je jette de côté tout projet d'ambition et je me renferme dans l'étude solitaire.

Let us (since life can little more supply
Than just to look about us to die)
Expatiate free over all this scene of man.

Je ne dois pas craindre que l'étude ne suffise pas à mon ardeur, puisque je ne tiendrais à rien moins qu'à savoir la politique, l'histoire, la géographie, les mathématiques, la mécanique, l'histoire naturelle, la botanique, quatre ou cinq langues, etc., etc.

Il faut te dire que, depuis que mon grand-père est sujet à ses fièvres, il a l'imagination frappée; et par suite il ne voudrait voir aucun membre de sa famille s'éloigner. Je sais que je lui ferais beaucoup de peine en allant à Paris, et dès lors je prévois que j'y renoncerai, parce que je ne voudrais pas pour tout au monde lui causer du chagrin. Je sais bien que ce sacrifice n'est pas celui d'un plaisir passager, c'est celui de l'utilité de toute ma vie ; mais enfin je suis résolu à le faire pour éviter du chagrin à mon grand-père. D'un autre côté, je ne veux pas continuer, par quelques raisons qui tiennent aux affaires, le genre de vie que je mène ici ; et par conséquent je vais proposer à mon grand-père de m'aller définitivement fixer à Mugron. — Là je crains encore un écueil, c'est qu'on ne veuille me charger d'une partie de l'administration des biens, ce qui fait que je trouverais à Mugron tous les inconvénients de Bayonne. Je ne suis nullement propre à partager les affaires. Je veux tout supporter ou rien. Je suis trop doux pour dominer et trop vain pour être dominé. Mais enfin je ferai mes conditions. Si je vais à Mugron, ce sera pour ne me mêler que de mes études. Je traînerai après moi le plus de livres que je pourrai, et je ne doute pas qu'au bout de quelque temps ce genre de vie ne finisse par me plaire beaucoup.

8 janvier 1825.

Je t'envoie ce qui précède, mon cher Félix ; ça te sera toujours une preuve que je ne néglige pas de te répondre, mais seulement de plier ma lettre. J'ai ce malheureux défaut, qui tient à mes habitudes désordonnées, de me croire quitte envers mes amis quand j'ai écrit, sans songer qu'il faut encore que la lettre parte.

Tu me parles de l'économie politique, comme si j'en savais là-dessus plus que toi. Si tu as lu Say attentivement, comme il me paraît que tu l'as fait, je puis t'assurer que tu m'auras laissé derrière, car je n'ai jamais lu sur ces matières que ces quatre ouvrages, Smith, Say, Destutt, et *le Censeur ;* encore n'ai-je jamais approfondi M. Say, surtout le second volume, que je n'ai que lisotté. Tu désespères que jamais des idées saines sur ce sujet pénètrent dans l'opinion publique ; je ne partage pas ce désespoir. Je crois au contraire que la paix qui règne sur l'Europe, depuis dix ans, les a beaucoup répandues ; et c'est un bonheur peut-être que ces progrès soient lents et insensibles. Les Américains des États-Unis ont des idées très-saines sur ces matières, quoiqu'ils aient établi des douanes par représailles. L'Angleterre, qui marche toujours à la tête de la civilisation européenne, donne aujourd'hui un grand exemple en renonçant graduellement au système qui l'entrave ([1]). En France, le commerce est éclairé, mais les propriétaires le sont peu, et les manufacturiers travaillent aussi vigoureusement pour retenir le monopole. Malheureusement nous n'avons pas de chambre qui puisse constater le véritable état des connaissances nationales. La septennalité nuit aussi beaucoup à ce mouvement lent et progressif d'instruction, qui, de l'opinion, passait à la législature avec le renouvellement partiel. Enfin quelques circonstances et surtout ce caractère français indécrottable, enthousiaste de nouveauté et toujours prêt à se payer de quelques mots heureux, empêchera quelque temps le triomphe de la vérité. Mais je n'en désespère pas; la presse, le besoin et l'intérêt finiront par faire ce que la raison ne peut encore effectuer. Si tu lis le *Journal du commerce*, tu auras vu comment le gouvernement anglais cherche à s'éclairer en consultant *officiellement* les négociants et les fabricants les plus éclairés. Il est enfin convenu que la prospérité de la Grande-Bretagne n'est pas le produit du système qu'elle a suivi, mais de beaucoup d'autres causes. Il ne suffit pas que deux faits existent ensemble pour en conclure que l'un est cause et l'autre effet. En Angleterre, le système de prohibition et la prospérité ont bien des rapports de coexistence, de contiguïté, mais non de génération. L'Angleterre a prospéré non à cause, mais malgré un milliard d'impôts. C'est là la raison qui me fait trouver si ridicule le langage des ministres, qui viennent nous dire chaque année d'un air triomphant : *Voyez comme l'Angleterre est riche, elle paye un milliard !*

Je crois que si j'avais eu plus de papier, j'aurais continué cet obscur bavardage. Adieu, je t'aime bien tendrement.

([1]) Ainsi, vingt ans avant son premier ouvrage, Bastiat s'occupait déjà du commencement de réforme douanière inauguré, chez nos voisins, par Huskisson. (*Note de l'éditeur.*)

Bordeaux, 9 avril 1827.

Mon cher Félix, n'étant pas encore fixé sur l'époque de mon retour à Mugron, je veux rompre la monotonie de mon éloignement par le plaisir de t'écrire, et je commence par te donner quelques nouvelles littéraires.

D'abord je t'annonce que MM. Lamennais et Dunoyer (noms qui ne sont pas ainsi accouplés) en sont toujours au même point, c'est-à-dire l'un à son quatrième et l'autre à son premier volume.

Dans un journal intitulé *Revue encyclopédique*, j'ai lu quelques articles qui m'ont intéressé, entre autres un examen très-court de l'ouvrage de Comte (examen qui se borne à un court éloge), des considérations sur les assurances et en général sur les applications du calcul des probabilités, un discours de M. Charles Dupin sur l'influence de l'éducation populaire, enfin, un article de Dunoyer, intitulé : Examen de l'opinion, à laquelle on a donné le nom d'*industrialisme*. Dans cet article, M. Dunoyer ne remonte pas plus haut qu'à MM. B. Constant et J. B. Say, qu'il cite comme les premiers publicistes qui aient observé que le but de l'activité de la société est l'industrie. A la vérité, ces auteurs n'ont pas vu le parti qu'on pouvait tirer de cette observation. Le dernier n'a considéré l'industrie que sous le rapport de la production, de la distribution et de la consommation des richesses ; et même, dans son introduction, il définit la politique la *science de l'organisation de la société*, ce qui semble prouver que, comme les auteurs du XVIIIe siècle, il ne voit dans la politique que les formes du gouvernement, et non le fond et le but de la société. Quant à M. B. Constant, après avoir le premier proclamé cette vérité, que le but de l'activité de la société est l'industrie, il est si loin d'en faire le fondement de sa doctrine, que son grand ouvrage ne traite que de formes de gouvernement, d'équilibre, de pondération de pouvoirs, etc., etc. Dunoyer passe ensuite à l'examen du *Censeur Européen*, dont les auteurs, après s'être emparés des observations isolées de leurs devanciers, en ont fait un corps entier de doctrine, qui, dans cet article, est discuté avec soin. Je ne puis t'analyser un article qui n'est lui-même qu'une analyse. Mais je te dirai que Dunoyer me paraît avoir réformé quelques-unes des opinions qui dominaient dans le *Censeur*. Par exemple, il me semble qu'il donne aujourd'hui au mot industrie une plus grande extension qu'autrefois, puisqu'il comprend, sous ce mot, tout travail qui tend à perfectionner nos facultés ; ainsi tout travail utile et juste est industrie, et tout homme qui s'y livre, depuis le chef du gouvernement jusqu'à l'artisan, est industrieux. Il suit de là que, quoique Dunoyer persiste à penser comme autrefois que, de même que les peuples chasseurs choisissent pour chef le chasseur le plus adroit, et les peuples guerriers, le guerrier le plus intrépide, les peuples industrieux doivent aussi appeler au timon des affaires publiques les hommes qui se sont le plus distingués dans l'industrie; cependant il pense qu'il a eu tort de désigner nominativement les industries où devait se faire le choix des gouvernants, et particulièrement l'agriculture, le commerce, la fabrication et la banque; car quoique ces quatre professions forment sans doute la plus grande partie du cercle immense de l'industrie, cependant ce ne sont pas les seules par lesquelles l'homme perfectionne ses facultés par le travail, et plusieurs autres semblent même plus propres à former des législateurs, comme sont celles de jurisconsulte, homme de lettres.

J'ai fait la trouvaille d'un vrai trésor, c'est un petit volume contenant des mélanges de morale et de politique par Franklin. J'en suis tellement enthousiaste que je me suis mis à prendre les mêmes moyens que lui pour devenir aussi bon et aussi heureux; cependant il est des vertus que je ne chercherai pas même à acquérir, tant je les trouve inabordables pour moi. Je te porterai cet opuscule.

Le hasard m'a fait aussi trouver un article bien détaillé sur le sucre de betterave; les auteurs calculent qu'il reviendrait au fabricant à 90 centimes la livre, celui de la canne se vend à 1 franc 10 centimes. Tu vois qu'à supposer qu'on réussît parfaitement dans une pareille entreprise, elle laisserait encore bien peu de marge. D'ailleurs, pour se livrer avec plaisir à un travail de ce genre et pour le perfectionner, il faudrait connaître la chimie, et malheureusement j'y suis tout à fait étranger; quoi qu'il en soit, j'ai eu la hardiesse de pousser une lettre à M. Clément. Dieu sait s'il y répondra.

Pour la somme de 3 francs par mois, j'assiste à un cours de botanique qui se fait trois fois par semaine. On ne peut y apprendre grand'chose, comme tu vois; mais outre que cela me fait passer le temps, cela m'est utile en me mettant en rapport avec les hommes qui s'occupent de science.

Voilà du babil; s'il ne t'en coûtait pas autant d'écrire, je te prierais de me *payer de retour*.

Mugron, 3 décembre 1827.

... Tu m'encourages à exécuter mon projet, je crois que je n'ai jamais pris de ma vie une résolution aussi ferme. Dès le commencement de 1828, je vais m'occuper de lever les obstacles; les plus considérables seront pécuniaires. Aller en Angleterre, mettre mon habitation en état, acheter les bestiaux, les instruments, les livres qui me sont nécessaires, faire les avances des gages, des semences, tout cela pour une petite métairie (car je ne veux commencer que par une), je sens que ça me mènera un peu loin. Il est clair pour moi que, les deux ou trois premières années, mon agriculture sera peu productive, tant à cause de mon inexpérience que parce que ce n'est qu'à son tour que l'assolement que je me propose d'adopter fera tout son effet. Mais je me trouve fort heureux de ma situation, car si je n'avais pas de quoi vivre et au delà de mon petit bien, il me serait impossible de faire une pareille entreprise; tandis que, pouvant au besoin sacrifier la rente de mon bien, rien ne m'empêche de me livrer à mes goûts. — Je lis des livres d'agriculture; rien n'égale la beauté de cette carrière, elle réunit tout; mais elle exige des connaissances auxquelles je suis étranger : l'histoire naturelle, la chimie, la minéralogie, les mathématiques et bien d'autres.

Adieu, mon cher Félix, réussis et reviens.

Bayonne, le 4 août 1830.

Mon cher Félix, l'ivresse de la joie m'empêche de tenir la plume. Ce n'est pas ici une révolution d'esclaves, se livrant à plus d'excès, s'il est possible, que leurs oppresseurs; ce sont des hommes éclairés, riches, prudents, qui sacrifient leurs intérêts et leur vie pour acquérir l'ordre et sa compagne inséparable, la liberté. Qu'on vienne nous dire après cela que les richesses énervent le courage, que les lumières mènent à la désorganisation, etc., etc. Je voudrais que tu visses Bayonne. Des jeunes gens font tous les services dans l'ordre le plus parfait, ils reçoivent et expédient les courriers, montent la garde, sont à la fois autorités communales, administratives et militaires. Tous se mêlent, bourgeois, magistrats, avocats, militaires. C'est un spectacle admirable pour qui sait le voir; et je n'eusse été qu'à demi de la secte écossaise (1), j'en serais doublement aujourd'hui.

Un gouvernement provisoire est établi à Paris, ce sont

(1) Dans la pensée de Bastiat, l'économie politique et la politique étaient inséparables. Il rattache ici les idées libérales aux enseignements de l'illustre professeur à l'université de Glasgow, Adam Smith.

(*Note de l'éditeur.*)

MM. Laffitte, Audry-Puiraveau, Casimir Périer, Odier, Lobeau, Gérard, Schonen, Mauguin, Lafayette, commandant de la garde nationale, qui est de plus de quarante mille hommes. Ces gens-là pourraient se faire dictateurs ; tu verras qu'ils n'en feront rien pour faire enrager ceux qui ne croient ni au bon sens ni à la vertu.

Je ne m'étendrai pas sur les malheurs qu'ont déversés sur Paris ces horribles gardes prétoriennes, qu'on nomme gardes royales ; ces hommes avides de priviléges parcouraient les rues au nombre de seize régiments, égorgeant hommes, enfants et vieillards. On dit que deux mille étudiants y ont perdu la vie. Bayonne déplore la perte de plusieurs de ses enfants ; en revanche la gendarmerie, les Suisses et les gardes du corps ont été écrasés le lendemain. Cette fois l'infanterie de ligne, loin de rester neutre, s'est battue avec acharnement, et pour la nation. Mais nous n'avons pas moins à déplorer la perte de vingt mille frères, qui sont morts pour nous procurer la liberté et des bienfaits dont ils ne jouiront jamais. J'ai entendu à notre cercle (1) exprimer le vœu de ces affreux massacres ; celui qui les faisait doit être satisfait.

La nation était dirigée par une foule de députés et pairs de France, entre autres les généraux Sémélé, Gérard, Lafayette, Lobeau, etc., etc. Le despotisme avait confié sa cause à Marmont, qui, dit-on, a été tué.

L'École polytechnique a beaucoup souffert et bravement combattu.

Enfin, le calme est rétabli, il n'y a plus un seul soldat dans Paris; et cette grande ville, après *trois jours et trois nuits consécutives* de massacres et d'horreurs, se gouverne elle-même et gouverne la France, comme si elle était aux mains d'*hommes d'État*...

(1) C'est du cercle de Mugron qu'il s'agit. (*Note de l'éditeur.*)

Il est juste de proclamer que la troupe de ligne a partout secondé le vœu national. Ici, les officiers, au nombre de cent quarante-neuf, se sont réunis pour délibérer ; cent quarante-huit ont juré qu'ils briseraient leurs épées et leurs épaulettes, avant de massacrer un peuple uniquement parce qu'il ne veut pas qu'on l'opprime. A Bordeaux, à Rennes, leur conduite a été la même ; cela me réconcilie un peu avec la loi du recrutement.

On organise partout la garde nationale, on en attend trois grands avantages : le premier, de prévenir les désordres, le second, de maintenir ce que nous venons d'acquérir, le troisième, de faire voir aux nations que nous ne voulons pas conquérir, mais que nous sommes inexpugnables.

On croit que, pour satisfaire aux vœux de ceux qui pensent que la France ne peut exister que sous une monarchie, la couronne sera offerte au duc d'Orléans.

Pour ce qui me regarde personnellement, mon cher Félix, j'ai été bien agréablement désappointé, je venais chercher des dangers, je voulais vaincre avec mes frères ou mourir avec eux ; mais je n'ai trouvé que des figures riantes et, au lieu du fracas des canons, je n'entends que les éclats de la joie. La population de Bayonne est admirable par son calme, son énergie, son patriotisme et son unanimité ; mais je crois te l'avoir déjà dit...

Bordeaux n'a pas été si heureux. Il y a eu quelques excès. M. Curzay s'empara des lettres. Le 29 ou le 30 quatre jeunes gens ayant été envoyés pour les réclamer comme une propriété sacrée, il passa à l'un d'eux son épée au travers du corps et en blessa un autre ; les deux autres le jetèrent au peuple, qui l'aurait massacré, sans les supplications des constitutionnels.

Adieu, je suis fatigué d'écrire, je dois oublier bien des choses ; il est minuit, et depuis huit jours je n'ai pas fermé l'œil. Aujourd'hui au moins nous pouvons nous livrer au sommeil.

..... On parle d'un mouvement fait par quatre régiments espagnols sur notre frontière. Ils seront bien reçus.

Adieu.

Bayonne, le 5 août 1830.

Mon cher Félix, je ne te parlerai plus de Paris, les journaux t'apprennent tout ce qui s'y passe. Notre cause triomphe, la nation est admirable, le peuple va être heureux.

Ici l'avenir paraît plus sombre, heureusement la question se décidera aujourd'hui même. Je te dirai le résultat par apostille.

Voici la situation des choses. — Le 3 au soir, des groupes nombreux couvraient la place publique et agitaient, avec une exaltation extraordinaire, la question de savoir si nous ne prendrions pas sur-le-champ l'initiative d'arborer le drapeau tricolore. Je circulais sans prendre part à la discussion, ce que j'aurais dit n'aurait eu aucun résultat. Comme il arrive toujours, quand tout le monde parle à la fois, personne n'agit ; et le drapeau ne fut pas arboré.

Le lendemain matin, la même question fut soulevée, les militaires étaient toujours bien disposés à nous laisser faire ; mais, pendant cette hésitation, des dépêches arrivaient aux colonels et refroidissaient évidemment leur zèle pour la cause. L'un d'eux s'écria même devant moi que nous avions un roi et une charte, et qu'il fallait lui être fidèles, que le roi ne pouvait mal faire, que ses ministres étaient seuls coupables, etc., etc. On lui répondit solidement... mais tous ces retours à l'inertie me firent concevoir une idée, qu'à force de remuer dans ma tête, j'y gravai si fixement, que depuis je n'ai pensé et ne pense encore qu'à cela.

Il me parut évident que nous étions trahis. Le roi, me disais-je, ne peut avoir qu'un espoir, celui de conserver Bayonne et Perpignan ; de ces deux points, soulever le Midi et l'Ouest et s'appuyer sur l'Espagne et les Pyrénées. Il pourrait allumer une guerre civile dans un triangle dont la base serait les Pyrénées et le sommet Toulouse ; les deux angles sont des places fortes. Le pays qu'il comprend est la patrie de l'ignorance et du fanatisme ; il touche par un des côtés à l'Espagne, par le second à la Vendée, par le troisième à la Provence. Plus j'y pensai, plus je vis clairement ce projet. J'en fis part aux amis les plus influents qui, par une faute inexcusable, ont été appelés par le vœu des citoyens à s'occuper des diverses organisations et n'ont plus le temps de penser aux choses graves.

D'autres que moi avaient eu la même idée, et à force de crier et de répéter, elle est devenue générale. Mais que faire, surtout quand on ne peut délibérer et s'entendre, ni se faire entendre ? Je me retirai pour réfléchir et je conçus plusieurs projets.

Le premier, qui était déjà celui de toute la population bayonnaise, était d'arborer le drapeau et de tâcher, par ce mouvement, d'entraîner la garnison du château et de la citadelle. Il fut exécuté hier, à deux heures de l'après-midi, mais par des vieux qui n'y attachaient pas la même idée que Soustra, moi et bien d'autres ; en sorte que ce coup a manqué.

Je pris alors mon passe-port pour aller en poste chercher le général Lamarque. Je comptais sur sa réputation, son grade, son caractère de député, son éloquence pour entraîner les deux colonels ; au besoin sur sa vigueur, pour les arrêter pendant deux heures et se présenter à la citadelle, en grand costume, suivi de la garde nationale avec le drapeau en tête. J'allais monter à cheval quand on vint m'assurer que le général est parti pour Paris, ce qui fit manquer ce projet, qui était assurément le plus sûr et le moins dangereux.

Aussitôt je délibérai avec Soustra, qui malheureusement est absorbé par d'autres soins, dépêches télégraphiques, poste, garde nationale, etc., etc. Nous fûmes trouver les officiers du 9me, qui sont d'un esprit excellent, nous leur proposâmes de faire un coup de main sur la citadelle, nous nous engageâmes à mener six cents jeunes gens bien résolus; ils nous promirent le concours de tout leur régiment, après avoir cependant déposé leur colonel.

Ne dis pas, mon cher Félix, que notre conduite fut imprudente ou légère. Après ce qui s'est passé à Paris, ce qu'il y a de plus important c'est que le drapeau national flotte sur la citadelle de Bayonne. Sans cela, je vois d'ici dix ans de guerre civile ; et quoique je ne doute pas du succès de la cause, je sacrifierais volontiers jusqu'à la vie, et tous les amis sont dans les mêmes sentiments, pour épargner ce funeste fléau à nos misérables provinces.

Hier soir, je rédigeai la proclamation ci-jointe au 7me léger, qui garde la citadelle ; nous avions l'intention de l'y faire parvenir avant l'action.

Ce matin, en me levant, j'ai cru que tout était fini, tous les officiers du 9me avaient la cocarde tricolore, les soldats ne se contenaient pas de joie, on disait même qu'on avait vu des officiers du 7me parés de ces belles couleurs. Un adjudant m'a montré à moi-même l'ordre positif, donné à toute la 11me division, d'arborer notre drapeau. Cependant les heures s'écoulent et la bannière de la liberté ne s'aperçoit pas encore sur la citadelle. On dit que le traître J..... s'avance de Bordeaux avec le 55me de ligne ; quatre régiments espagnols sont à la frontière, il n'y a pas un moment à perdre. Il faut que la citadelle soit à nous ce soir, ou la guerre civile s'allume. Nous agirons avec vigueur, s'il le faut ; mais moi que l'enthousiasme entraîne sans m'aveugler, je vois l'impossibilité de réussir, si la garnison, qu'on dit être animée d'un bon esprit, n'abandonne pas le gouvernement. Nous aurons peut-être des coups et point de succès. Mais il ne faudra pas pour cela se décourager, car il faut tout tenter pour écarter la guerre civile. Je suis résolu à partir de suite, après l'action, si elle échoue, pour essayer de soulever la Chalosse. Je proposerai à d'autres d'en faire autant dans la Lande, dans le Béarn, dans le pays Basque ; et par famine, par ruse, ou par force, nous aurons la garnison.

Je réserve le papier qui me reste pour t'apprendre la fin.

Le 5, à minuit.

Je m'attendais à du sang, c'est du vin seul qui a été répandu. La citadelle a arboré le drapeau tricolore. La bonne contenance du Midi et de Toulouse a décidé celle de Bayonne, les régiments y ont arboré le drapeau. Le traître J..... a vu alors le plan manqué, d'autant mieux que partout les troupes faisaient défection ; il s'est alors décidé à remettre les ordres qu'il avait depuis trois jours dans sa poche. Ainsi tout est terminé. Je me propose de repartir sur-le-champ. Je t'embrasserai demain.

Ce soir nous avons fraternisé avec les officiers de la garnison. Punch, vins, liqueurs et surtout Béranger, ont fait les frais de la fête. La cordialité la plus parfaite régnait dans cette réunion vraiment patriotique. Les officiers étaient plus chauds que nous, comme des chevaux échappés sont plus gais que des chevaux libres.

Adieu, tout est fini. La proclamation est inutile, elle ne vaut pas les deux sous qu'elle te coûterait.

Bordeaux, le 2 mars 1834.

... Je me suis un peu occupé de faire quelques connaissances, j'y réussirai, j'espère. Mais ici vous voyez écrit sur chaque visage auquel vous faites politesse : *Qu'y a-t-il à gagner avec toi ?* Cela décourage. — On fonde, il est vrai, un nouveau journal. Le prospectus n'apprend pas grand' chose, et le rédacteur encore moins; car l'un est rédigé avec le pathos à la mode, et l'autre, me supposant un homme de parti, s'est borné à me faire sentir combien le *Mémorial* et l'*Indicateur* étaient insuffisants pour les patriotes. Tout ce que j'ai pu en obtenir, c'est beaucoup d'insistance pour que je prenne un abonnement.

Fonfrède est tout à fait dans les principes de Say. Il fait de longs articles qui seraient très-bons dans un ouvrage de longue haleine. A tout risque, je lui pousserai ma visite.

Je crois qu'un cours réussirait ici, et je me sens tenté. Il me semble que j'aurais la force de le faire, surtout si l'on pouvait commencer par la seconde séance; car j'avoue que je ne répondrais pas, à la première, même de pouvoir lire couramment : mais je ne puis quitter ainsi toutes mes affaires. Nous verrons pourtant cet hiver.

Il s'est établi déjà un professeur de chimie. J'ai dîné avec lui sans savoir qu'il faisait un cours. Si je l'avais su, j'aurais pris des renseignements sur le nombre d'élèves, la cotisation, etc. J'aurais su si, avec un professeur d'histoire, un professeur de mécanique, un professeur d'économie politique, on pourrait former une sorte d'*Athénée*. Si j'habitais Bordeaux, il y aurait bien du malheur si je ne parvenais à l'instituer, dussé-je en faire tous les frais; car j'ai la conviction qu'en y adjoignant une bibliothèque, cet établissement réussirait. Apprends donc l'histoire, et nous essayerons peut-être un jour.

Je te quitte; trente tambours s'exercent sous mes fenêtres, je ne sais plus ce que je dis.

Adieu.

Bayonne, le 16 juin 1840.

Mon cher Félix, je suis toujours à la veille de mon départ, voilà trois fois que nous commandons nos places; enfin elles sont prises et payées pour vendredi. Nous avons joué de malheur, car quand nous étions prêts, le général carliste Balmaceda a intercepté les routes; il est à craindre que nous n'ayons de la peine à passer. Mais il ne faut rien dire de cela pour ne pas effrayer ma tante, qui est déjà trop disposée à redouter les Espagnols. Pour moi, je trouve que l'affaire qui nous pousse vers Madrid vaut la peine de courir quelques chances. Jusqu'à présent elle se présente sous un point de vue très-favorable. Nous trouverions ici les capitaux nécessaires, si nous ne tenions par-dessus tout à ne fonder qu'une compagnie espagnole (1). Serons-nous arrêtés par l'inertie de cette nation? En ce cas j'en serai pour mes frais de route, et je trouverai une compensation dans le plaisir d'avoir vu de près un peuple qui a des qualités et des défauts qui le distinguent de tous les autres.

Si je fais quelques observations intéressantes, j'aurai soin de les consigner dans mon portefeuille pour te les communiquer.

Adieu, mon cher Félix.

Madrid, le 6 juillet 1840.

Mon cher Félix, je reçois ta lettre du 6. D'après ce que tu me dis de ma chère tante, je vois que pour le moment sa santé est bonne, mais qu'elle avait été un peu souffrante; c'est là pour moi le revers de la médaille. Madrid est au-

(1) Il s'agissait de fonder une compagnie d'assurance.
(*Note de l'éditeur.*)

jourd'hui un théâtre peut-être unique au monde, que la paresse et le désintéressement espagnols livrent aux étrangers qui, comme moi, connaissent un peu les mœurs et la langue du pays. J'ai la certitude que je pourrais y faire d'excellentes affaires; mais l'idée de l'isolement de ma tante, à un âge où la santé commence à devenir précaire, m'empêche de songer à proclamer mon exil.

Depuis que j'ai mis le pied dans ce singulier pays, j'ai formé cent fois le projet de t'écrire. Mais tu m'excuseras de n'avoir pas eu le courage de l'accomplir, quand tu sauras que nous consacrons le matin à nos affaires, le soir à une promenade indispensable, et le jour à dormir et haleter sous le poids d'une chaleur plus pénible par sa continuité que par son intensité. Je ne sais plus ce que c'est que les nuages, toujours un ciel pur et un soleil dévorant. Tu peux compter, mon cher Félix, que ce n'est pas par négligence que j'ai tant tardé à t'écrire; mais réellement je ne suis pas fait à ce climat, et je commence à regretter que nous n'ayons pas retardé de deux mois notre départ.....

Je suis surpris que le but de mon voyage soit encore un secret à Mugron. Ce n'en est plus un à Bayonne, et j'en ai écrit, avant mon départ, à Domenger pour l'engager à prendre un intérêt dans notre entreprise. Elle est réellement excellente, mais réussirons-nous à la fonder? C'est ce que je ne puis dire encore; les banquiers de Madrid sont à mille lieues de l'esprit d'association, toute idée importée de l'étranger est accueillie par eux avec méfiance, ils sont aussi très-difficiles sur les questions de personnes, chacun vous disant : Je n'entre pas dans l'affaire si telle maison y entre; enfin ils gagnent tant d'argent avec les fournitures, emprunts, monopoles, etc., qu'ils ne se soucient guère d'autre chose. Voilà bien des obstacles à vaincre, et cela est d'autant plus difficile qu'ils ne vous donnent pas occasion de les voir un peu familièrement. Leurs maisons sont barricadées comme des châteaux forts. Nous avons trouvé ici deux classes de banquiers, les uns, Espagnols de vieille roche, sont les plus difficiles à amener, mais aussi ceux qui peuvent donner plus de consistance à l'entreprise ; les autres, plus hardis, plus européens, sont plus abordables mais moins accrédités : c'est la vieille et la jeune Espagne. Nous avions à opter, nous avons frappé à la porte de l'Espagne pure, et il est à craindre qu'elle ne refuse et que de plus nous ne nous soyons fermé, par ce seul fait, la porte de l'Espagne moderne. Nous ne quitterons la partie qu'après avoir épuisé tous les moyens de succès, nous avons quelque raison de penser que la solution ne se fera pas attendre.

Cette affaire et la chaleur m'absorbent tellement, que je n'ai vraiment pas le courage d'appliquer à autre chose mon esprit d'observation. Je ne prends aucune note, et cependant les sujets ne me manqueraient pas. Je me trouve placé de manière à voir bien des rouages, et si j'avais la force et le talent d'écrire, je crois que je serais en mesure de faire des lettres tout aussi intéressantes que celles de *Custine*, et peut-être plus vraies.

Pour te donner une idée de la facilité que je trouverais à vivre ici, indépendamment des affaires qui s'y traitent et auxquelles je pourrais prendre part, on m'a offert d'y suivre des procès de maisons italiennes contre des grands d'Espagne, ce qui me donnerait suffisamment de quoi vivre sans aucun travail suivi ; mais l'idée de ma tante m'a fait repousser cette proposition. Elle me souriait comme un moyen de prolonger mon séjour et d'étudier ce théâtre, mais mon devoir m'oblige à y renoncer.

Mon ami, je crains bien que le catholicisme ne subisse ici le même sort qu'en France. Rien de plus beau, de plus digne, de plus solennel et de plus imposant que les cérémonies religieuses en Espagne ; mais hors de là je ne puis voir en quoi ce peuple est plus spiritualiste que les autres. C'est, du reste, une matière que nous traiterons au long à mon retour et quand j'aurai pu mieux observer.

Adieu, mon cher Félix, fais une visite à ma tante, donne-lui de mes nouvelles, et reçois l'assurance de ma tendre amitié.

Madrid, le 16 juillet 1840.

Mon cher Félix, je te remercie de tes bonnes lettres des 1er et 6 juillet; ma tante aussi a eu soin de m'écrire, en sorte que jusqu'à présent j'ai souvent des nouvelles, et elles me sont bien nécessaires. Je ne puis pas dire que je m'ennuie, mais j'ai si peu l'habitude de vivre loin de chez moi que je ne suis heureux que les jours où je reçois des lettres.

Tu es sans doute curieux de savoir où nous en sommes avec notre compagnie d'assurance. J'ai maintenant comme la certitude que nous réussirons. Il faut beaucoup de temps pour attirer à nous les Espagnols dont le nom nous est nécessaire ; il en faudra beaucoup ensuite pour faire fonctionner une aussi vaste machine avec des gens inexpérimentés. Mais je suis convaincu que nous y parviendrons. La part que Soustra et moi devons avoir dans les bénéfices, comme créateurs, n'est pas réglée ; c'est une matière délicate que nous n'abordons pas, n'ayant ni l'un ni l'autre beaucoup d'audace sur ce chapitre. Aussi, nous nous en remettons à la décision du conseil d'administration. Ce sera pour moi un sujet d'expérience et d'observations. Voyons si ces Espagnols si méfiants, si réservés, si inabordables, sont justes et grands quand ils connaissent les gens. A cet article près, nos affaires marchent lentement, mais bien. Nous avons aujourd'hui ce qui est la clef de tout, neuf noms pour former un conseil, et des noms tellement connus et honorables qu'il ne paraît pas possible que l'on puisse songer à nous faire concurrence. Ce soir, il y a une junte pour étudier les statuts et conditions ; j'espère qu'au premier jour l'acte de société sera signé. Cela fait, peut-être rentrerai-je en France pour voir ma tante et assister à la session du conseil général. Si je le puis en quelque manière, je n'y manquerai pas. Mais j'aurai à revenir ensuite en Espagne, parce que la compagnie me fournira une occasion de faire un voyage complet et *gratis*. Jusqu'à présent, je ne puis pas dire que j'aie voyagé. Toujours avec mes deux compagnons, je ne suis entré, sauf les comptoirs, dans aucune maison espagnole. La chaleur a suspendu toutes les réunions publiques, bals, théâtres, courses. — Notre chambre et quelques bureaux, le restaurant français et la promenade au *Prado*, voilà le cercle dont nous ne sortons pas. Je voudrais prendre ma revanche plus tôt. Soustra part le 26 ; sa présence est nécessaire à Bayonne. Lis tout ceci à ma tante que j'embrasse bien tendrement.

Le trait le plus saillant du caractère espagnol, c'est sa haine et sa méfiance envers les étrangers. Je pense que c'est un véritable vice, mais il faut avouer qu'il est alimenté par la fatuité et la rouerie de beaucoup d'étrangers. Ceux-ci blâment et tournent tout en ridicule ; ils critiquent la cuisine, les meubles, les chambres et tous les usages du pays, parce qu'en effet les Espagnols tiennent très-peu au confortable de la vie ; mais nous qui savons, mon cher Félix, combien les individus, les familles, les nations peuvent être heureuses sans connaître ces sortes de jouissances matérielles, nous ne nous presserions pas de condamner l'Espagne. Ceux-là arriveront avec leurs poches pleines de plans et de projets absurdes, et parce qu'on ne s'arrache pas leurs actions, ils se dépitent et crient à l'ignorance, à la stupidité. Cette affluence de *floueurs* nous a fait d'abord beaucoup de tort, et en fera à toute bonne entreprise. Pour moi, je pense avec plaisir que la méfiance espagnole l'empêchera de tomber dans l'abîme ; car les étrangers, après avoir apporté leurs plans, seront forcés, pour les faire réussir, de faire venir des capitaux et souvent des ouvriers français.

Donne-moi de temps en temps des nouvelles de Mugron, mon cher Félix, tu sais combien le patriotisme du clocher nous gagne quand nous en sommes éloignés.

Adieu, mon cher Félix, mes souvenirs à ta sœur.

Madrid, le 17 août 1840.

..... Tu me fais une question à laquelle je ne puis répondre : Comment le peuple espagnol a-t-il pu laisser chasser et tuer les moines ? Moi-même je me le demande souvent; mais je ne connais pas assez le pays pour m'expliquer ce phénomène. Ce qu'il y a de probable, c'est que le temps des moines est fini partout. Leur inutilité, à tort ou à raison, est une croyance généralement établie. A supposer qu'il y eût en Espagne 40,000 moines, intéressant autant de familles composées de 5 personnes, cela ne ferait que 200,000 habitants contre 10 millions. Leurs immenses richesses ont pu tenter beaucoup de gens de la classe aisée ; l'affranchissement d'une foule de redevances a pu tenter beaucoup de gens de la classe du peuple. Le fait est qu'on en a fini avec cette puissance ; mais, à coup sûr, jamais mesure, à la supposer nécessaire, n'a été conduite avec autant de barbarie, d'imprévoyance et d'impolitique.

Le gouvernement était aux mains des modérés, qui désiraient l'abolition des couvents, mais n'osaient y procéder. Financièrement, on espérait avec le produit des biens nationaux payer les dettes de l'Espagne, éteindre la guerre civile et rétablir les finances. Politiquement, on voulait, par la division des terres, rattacher une partie considérable du peuple à la révolution. Je crois que ce but a été manqué.

N'osant agir légalement, on s'entendit avec les exaltés. Une nuit, ceux-ci firent irruption dans les couvents. A Barcelone, Malaga, Séville, Madrid, Valladolid, ils égorgèrent et chassèrent les moines. Le gouvernement et la force publique restèrent trois jours témoins impassibles de ces atrocités. Quand l'aliment manqua au désordre, le gouvernement intervint, et le ministère Mendizabal décréta la confiscation des couvents et des propriétés monacales. Maintenant on les vend; mais tu vas juger de cette administration. Un individu quelconque déclare vouloir soumissionner un bien national, l'État le fait estimer, et cette estimation est toujours très-modique, parce que l'acquéreur s'entend avec l'expert. Cela fait, la vente se fait publiquement; on s'est entendu aussi avec le notaire pour écarter la publicité, et le bien vous reste à bas prix. Il faut payer un cinquième comptant, et les quatre autres cinquièmes en huit ans, par huitièmes. L'État reçoit en payement des rentes de différentes origines, qui s'achètent à la Bourse depuis 75 jusqu'à 95 de perte; c'est-à-dire qu'avec 25 fr. et même avec 5 on paye 100 fr.

Il résulte de là trois choses : 1° l'État ne reçoit presque rien, on peut même dire rien; 2° ce n'est pas le peuple des provinces qui achète, puisqu'il n'est pas à la Bourse pour brocanter le papier; 3° cette masse de terres vendues à la fois et à vil prix, a déprécié toutes les autres propriétés. Ainsi le gouvernement, qui s'est procuré à peine de quoi payer l'armée, ne remboursera pas la dette.

La propriété ne se divisera que lorsque les spéculateurs revendront en seconde main.

Les fermiers n'ont fait que changer de maîtres; et au lieu de payer le fermage aux moines, qui, dit-on, étaient des propriétaires fort accommodants, peu rigoureux sur les termes, prêtant des semences, renonçant même au revenu dans les années malheureuses, ils payeront très-rigoureusement aux compagnies belges et anglaises qui, incertaines de l'avenir, aspirent à rembourser l'État avec le produit des terres.

Le simple paysan, dans les années calamiteuses, n'aura plus la soupe à la porte des couvents.

Enfin les simples propriétaires ne peuvent plus vendre leurs terres qu'à vil prix. — Voilà, ce me semble, les conséquences de cette désastreuse opération.

Des hommes plus capables avaient proposé de profiter d'un usage qui existe ici : ce sont des baux de 50 et même 100 ans. Ils voulaient qu'on affermât aux paysans, à des taux modérés, pour 50 ans. Avec le produit, on aurait payé l'intérêt annuel de la dette et relevé le crédit de l'Espagne ; et au bout de 50 ans, on aurait un capital déjà immense, plus que doublé probablement par la sécurité et le travail. Tu vois d'un coup d'œil la supériorité politique et financière de ce système.

Quoi qu'il en soit, il n'y a plus de moines. Que sont-ils devenus ? Probablement les uns sont morts dans les montagnes, au service de don Carlos ; les autres auront succombé d'inanition dans les rues et greniers des villes ; quelques-uns auront pu se réfugier dans leurs familles.

Quant aux couvents, ils sont convertis en cafés, en maisons publiques, en théâtres et surtout en casernes, pour une autre espèce de *dévorants* plus prosaïque que l'autre. Plusieurs ont été démolis pour élargir les rues, faire des places ; sur l'emplacement du plus beau de tous, et qui passait pour un chef-d'œuvre d'architecture, on a construit un passage et une halle qui se font tort mutuellement.

Les religieuses ne sont guère moins à plaindre. Après avoir donné la volée à toutes celles qui ont voulu rentrer dans le monde, on a enfermé les autres dans deux ou trois couvents, et comme on s'est emparé de leurs propriétés, qui représentaient les dots qu'elles apportaient à leur ordre, on est censé leur faire une pension ; mais, comme on ne la paye pas, on voit souvent sur la porte des couvents cette simple inscription : *Pan para las pobres monjas.*

Je commence à croire, mon cher Félix, que notre M. Custine avait bien mal vu l'Espagne. La haine d'une autre civilisation lui avait fait chercher ici des vertus qui n'y sont pas. Peut-être a-t-il, en sens inverse, commis la même faute que les Espagnols qui ne voient rien à blâmer dans la civilisation anglaise. Il est bien difficile que nos préjugés nous laissent, je ne dis pas bien juger, mais bien voir les faits.

Je rentre, mon cher Félix, et j'ai appris que demain on proclame la loi des *ayuntamientos.* Je ne sais pas si je t'ai parlé de cette affaire, en tout cas en voici le résumé.

Le ministère modéré, qui vient de tomber, avait senti que, pour administrer l'Espagne, il fallait donner au pouvoir central une certaine autorité sur les provinces ; ici, de temps immémorial, chaque province, chaque ville, chaque bourgade s'administre elle-même. Tant que le principe monarchique et l'influence du clergé ont compensé cette extrême diffusion de l'autorité, les choses ont marché tant bien que mal ; mais aujourd'hui cet état de choses ne peut durer. En Espagne, chaque localité nomme son *ayuntamiento* (conseil municipal), alcades, régidors, etc. Ces ayuntamientos, outre leurs fonctions municipales, sont chargés du recouvrement de l'impôt et de la levée des troupes. Il résulte de là que, lorsqu'une ville a quelque sujet de mécontentement, fondé ou non, elle se borne à ne pas recouvrer l'impôt ou à refuser le contingent. En outre, il paraît que ces ayuntamientos sont le foyer de grands abus, et qu'ils ne rendent pas à l'État la moitié des contributions qu'ils prélèvent. Le parti modéré a donc voulu saper cette puissance. Une loi a été présentée par le ministère, adoptée par les chambres, et sanctionnée par la reine, qui dispose que la reine choisira les alcades parmi trois candidats nommés par le peuple. Les exaltés ont jeté de hauts cris; de là la révolution de Barcelone et l'intervention du sabre d'Espartero. Mais, chose qui ne se voit qu'ici, la reine, qnoique contrainte à changer de ministère, en a nommé un autre qui maintient la loi déjà votée et sanctionnée. Sans doute que, parvenu au pouvoir par une violation de la constitution, il a cru devoir manifester qu'il la respectait en laissant promulguer une loi qui avait reçu la sanction des trois pouvoirs. C'est donc demain qu'on proclame cette loi : cela se passera-t-il sans trouble ? je ne l'espère guère. En outre, comme on attribue à la France et à notre nouvel ambassadeur une mystification aussi peu attendue, après les événements de Barcelone, il est à craindre que la rage des exaltés ne se dirige contre nos compatriotes ; aussi j'aurai soin d'écrire à ma tante après-demain, parce que les journaux ne manqueront pas de faire bruit de l'insurrection qui se prépare. Elle ne laisse pas que d'être effrayante, quand on songe qu'il n'y a ici, pour maintenir l'ordre, que quelques soldats dévoués à Espartero, qui doit être mortellement blessé de la manière dont son coup d'État a été déjoué. . . . . . .

Mais quel sujet de réflexions que cette Espagne qui, pour arriver à la liberté, perd la monarchie et la religion qui lui étaient si chères; et, pour arriver à l'unité, est menacée dans ses franchises locales qui faisaient le fond même de son existence! . . . . .

Adieu! ton ami dévoué. Je n'ai pas le temps de relire ce fatras, tire-t'en comme tu pourras.

P. S. Mon cher Félix, la tranquillité de Madrid n'a pas été un moment troublée. Ce matin, les membres de l'*ayuntamiento* se sont réunis en séance publique pour promulguer la nouvelle loi qui ruine leur institution. Ils ont fait suivre cette cérémonie d'une énergique protestation, où ils disent qu'ils se feront tous tuer plutôt que d'obéir à la loi nouvelle. On dit aussi qu'ils ont payé quelques hommes pour crier les *vivas* et les *mueras* d'usage, mais le peuple ne s'est pas plus ému que ne s'en émouvraient les paysans de Mugron ; et l'*ayuntamiento* n'a réussi qu'à démontrer de plus en plus la nécessité de la loi. Car enfin, ne serait-ce point un bien triste spectacle que de voir une ville troublée et la sûreté des citoyens compromise par ceux-là mêmes qui sont chargés de maintenir l'ordre ?

On m'a assuré que les exaltés n'étaient pas d'accord entre eux ; les plus avancés (je ne sais pas pourquoi on a donné du crédit à cette expression en s'accordant à l'adopter) disaient :

« Il est absurde de faire un mouvement qui n'ait pas de « résultat. Un mouvement ne peut être décisif qu'autant « que le peuple s'en mêle ; or le peuple ne veut pas inter- « venir pour des idées ; il faut donc lui montrer le pillage « en perspective. »

Et malgré cette terrible logique, l'*ayuntamiento* n'a pas reculé devant la première provocation ! Du reste, je te parle là de bruits publics, car, quant à moi, j'étais à la Bibliothèque royale, et je ne me suis aperçu de rien.

Lisbonne, le 24 octobre 1840.

Mon cher Félix, voilà bien longtemps que je ne t'ai écrit. C'est que nous sommes si éloignés et qu'il faut si longtemps pour avoir une réponse de Mugron, que je ne suis jamais sûr de la recevoir ici. Enfin me voilà à peu près décidé, et sauf circonstances imprévues, à dire adieu à la Péninsule de lundi en huit. Mon intention est d'aller à Londres ; je ne puis, selon le conseil que tu me transmets, de la part de ma tante, aller d'abord à Plymouth. Le steamboat va directement à Londres. J'avais d'abord pensé à m'embarquer pour Liverpool. Je satisferais ainsi à l'économie et à mon goût pour la marine, parce que la navigation à voiles est moins chère et plus fertile en émotions que la monotone vapeur. Mais la saison est si avancée que ce serait imprudence, et je courrais le risque de passer un mois en mer.

Je me suis un peu ennuyé à Lisbonne les premiers jours. Maintenant, à part le désir bien naturel de revenir chez moi, je me plais ici, quoique j'y mène une vie uniforme. Mais ce climat est si doux, si beau, cette nature si riche, et je me sens un bien-être, une plénitude de santé si inaccoutumée, que j'attribue à cela l'absence d'ennui.

Voici un pays qui, je crois, te conviendrait bien : ni chaud, ni froid, ni brouillards, ni humidité ; s'il pleut, ce sont des torrents pendant un jour ou deux, puis le ciel reprend sa sérénité, et l'atmosphère sa douce tiédeur. Partout on peut disposer d'un peu d'eau ; ce sont des bosquets de myrtes, d'orangers, des treilles touffues, des héliotropes qui rampent le long des murs, comme chez nous les convolvulus. Maintenant je comprends la vie des Maures. Malheureusement les hommes ici ne valent pas la nature, ils ne veulent pas se donner la peine par laquelle les Arabes se donnaient tant de jouissances. Peut-être penses-tu que ces fervents catholiques dédaignent la fraîcheur et les parfums de l'oranger, et qu'ils se renferment dans les sévères plaisirs de la pensée et de la contemplation. Hélas ! je reviendrai bien désabusé de la bonne opinion de Custine ; il a cru voir ce qu'il désirait voir.

Ce sera pour moi une étude fort curieuse que celle de l'Angleterre succédant à celle de la Péninsule. La comparaison serait plus intéressante encore, si le catholicisme était aussi vivace ici qu'on se le représente. Mais enfin je verrai un peuple dont la religion réside dans l'intelligence, après en avoir vu un pour qui elle est toute dans les sens. Ici les pompes du culte : des flambeaux, des parfums, des habits magnifiques, des statues ; mais la démoralisation la plus complète. Là, au contraire, des liens de famille, l'homme et la femme chacun aux devoirs de son sexe, le travail ennobli par un but patriotique, la fidélité aux traditions des ancêtres, l'étude constante de la morale biblique et évangélique; mais un culte simple, grave, se rapprochant du pur déisme. Quel contraste! que d'oppositions! quelle source de réflexions!

Ce voyage aura aussi produit un effet auquel je ne me serais pas attendu. Il n'a pu effacer cette habitude que nous avons contractée de nous observer nous-mêmes, de nous écouter penser et sentir, de suivre toutes les modifications de nos opinions. Cette étude de soi a bien des charmes, et l'amour-propre lui communique un intérêt qui ne saurait s'affaiblir. Mais à Mugron, toujours dans un milieu uniforme, nous ne pouvions que tourner dans un même cercle; en voyage, des situations excentriques donnent lieu à de nouvelles observations. Par exemple, il est probable que les événéments actuels m'affectent bien différemment que si j'étais à Mugron; un patriotisme plus ardent donne plus d'activité à ma pensée. En même temps, le champ où elle s'exerce est plus étendu, comme un homme placé sur une hauteur embrasse un plus vaste horizon. Mais la puissance du regard est pour chacun de nous une quantité donnée, et il n'en est pas de même de la faculté de penser et de sentir.

Ma tante, à l'occasion de la guerre, me recommande la prudence; je n'ai absolument aucun danger à courir. Si je voyageais dans un bâtiment français et que la guerre fût déclarée, je pourrais craindre les corsaires; mais dans un navire anglais je ne cours pas ce danger, à moins de tomber sous la serre d'un croiseur français, ce qui ne serait pas bien dangereux d'ailleurs. D'après les nouvelles reçues aujourd'hui, je vois que la France a pris le parti d'une résignation sentimentale, qui devient grotesque. D'ici elle me paraît toute *décontenancée;* elle met son honneur à *prouver sa modération*, et, à chaque insulte, elle répond par des arguments en forme pour démontrer qu'elle a été insultée. Elle a l'air de croire que le remords va s'emparer des Anglais, et que, les larmes aux yeux, ils vont cesser de poursuivre leur but et nous demander pardon. Cela me rappelle ce mot : *Il m'a souffleté, mais je lui ai bien dit son fait.*

Adressez-moi vos lettres à Londres, sous couvert de MM. A. A. Gower neveux et compagnie.

Lisbonne, le 7 novembre 1810.

Mon cher Félix, malgré le vif désir de me rapprocher de la France, j'ai été forcé de prolonger mon séjour à Lisbonne. Un rhume m'a décidé à remettre mon départ de huit jours, et, dans cet intervalle, on a trouvé des papiers qu'il faut dépouiller, ce qui me force à rester encore ; mais il faudra de bien puissants motifs pour me retenir au delà du 17 de ce mois. Enfin ce retard a servi à me guérir, ce qui eût été plus difficile en mer ou à Londres.

J'ai joué de malheur de me trouver loin de la France dans un moment aussi intéressant ; tu ne peux te faire l'idée du patriotisme qui nous brûle quand nous sommes en pays étranger. A distance, ce n'est plus le bonheur, ni même la liberté de notre pays qui nous occupe le plus, c'est sa grandeur, sa gloire, son influence. Malheureusement, je crains bien que la France ne jouisse guère des premiers de ces biens ni des derniers.

Je me désole d'être sans nouvelles et de ne pouvoir préciser l'époque où j'en recevrai ; au moins, à Londres, j'espère trouver une rame de lettres.

Adieu, l'heure du courrier va sonner.

Paris, 2 janvier 1841.

Mon cher Félix, je m'occupais d'un *plan d'association pour la défense des intérêts vinicoles*. Mais, selon mon habitude, j'hésitais à en faire part à quelques amis, parce que je ne voyais guère de milieu entre le succès et le ridicule, quand M. Humann est venu présenter aux chambres le budget des dépenses et recettes pour 1842. Ainsi que tu l'auras vu, le ministre ne trouve rien de mieux, pour combler le déficit qu'a occasionné notre politique, que de frapper les boissons de quatre nouvelles contributions. Cela m'a donné de l'audace, et j'ai couru chez plusieurs députés pour leur communiquer mon projet. Ils ne peuvent pas s'en mêler directement, parce que ce serait aliéner d'avance l'indépendance de leur vote. C'est une raison pour les uns, un prétexte pour les autres ; mais ce n'est pas un motif pour que les propriétaires de vignes se croisent les bras, en présence du danger qui les menace.

Il n'y a qu'un moyen non-seulement de résister à cette nouvelle levée de boucliers, mais encore d'obtenir justice des griefs antérieurs, c'est de *s'organiser*. L'*organisation* pour un but *utile* est un moyen assuré de succès. Il faut que chaque département vinicole ait un comité central, et chaque comité un délégué.

Je ne sais pas encore dans quelle mesure je vais prendre part à cette organisation. Cela dépendra de mes conférences avec mes amis. Peut-être faudra-t-il que je m'arrête en passant à Orléans, Angoulême, Bordeaux, pour travailler à y fonder l'association. Peut-être devrai-je me borner à notre département ; en tout cas, comme le temps presse, tu ferais bien de voir Domenger, Despouys, Labeyrie, Batistant, et de les engager à parcourir le canton, pour y préparer les esprits à la résistance légale, mais forte et organisée. (V. ci-après : *Le fisc et la vigne*. — *Note de l'édit.*)

Je n'ai pas besoin, mon cher Félix, de te dérouler la puissance de l'association ! Fais passer les convictions dans tous les esprits. J'espère être à Mugron dans une quinzaine, et nous agirons de concert.

Adieu, ton dévoué.

Paris, 11 janvier 1841.

Que n'es-tu auprès de moi, mon cher Félix ! cela ferait cesser bien des incertitudes. Je t'ai entretenu du nouveau projet que j'ai conçu ; mais seul, abandonné à moi-même, les difficultés de l'exécution m'effrayent. Je sens que le succès est à peu près infaillible ; mais il exige une force morale que ta présence me donnerait, et des ressources matérielles que je ne sais pas prendre sur moi de demander. J'ai tâté le pouls à plusieurs députés, et je les ai trouvés froids. Ils ont presque tous des *ménagements* à garder ; tu sais que nos hommes du Midi sont presque tous quêteurs de places. — Quant à l'opposition, il serait dangereux de lui donner la haute main dans l'association, elle s'en ferait un instrument, ce qu'il faut éviter. Ainsi, tout bien pesé, il faut renoncer à fonder l'association par le *haut*, ce qui eût été plus prompt et plus facile. C'est la base qu'il faut fonder. — Si elle se constitue fortement, elle entraînera tout. Que les vignerons ne se fassent pas illusion, s'ils demeurent dans l'inertie, ils seront ici faiblement défendus. Je tâcherai de partir d'ici dimanche prochain ; j'aurai dans une poche le projet des statuts de l'association, dans l'autre le prospectus d'un petit journal destiné à être d'abord le propagateur et plus tard l'organe de l'association. Avec cela je m'assurerai si ce projet rencontre de la sympathie dans Orléans, la Charente et le bassin de la Garonne. La suite dépendra de mes observations. Une brusque initiative eût été plus de mon goût. Il y a quelques années que je l'aurais peut-être tentée ; maintenant une avance de six à huit mille francs me fait reculer, et j'en ai vraiment honte, car quelques centaines d'abonnés m'eussent relevé de tous risques. Le courage m'a manqué, n'en parlons plus.

Je suis obligé, mon cher Félix, d'invoquer sans cesse mon impartialité et ma philosophie pour ne pas tomber dans le découragement, à la vue de toutes les misères dont je suis témoin. Pauvre France! — Je vois tous les jours des députés qui, dans le tête-à-tête, sont opposés aux fortifications de Paris et qui cependant vont les appuyer à la chambre, l'un pour soutenir Guizot, l'autre pour ne pas abandonner Thiers, un troisième de peur qu'on ne le traite de Russe ou d'Autrichien; l'opinion, la presse, la mode les entraîne, et beaucoup cèdent à des motifs plus honteux encore. Le maréchal Soult lui-même est personnellement opposé à cette mesure, et tout ce qu'il ose faire, c'est de proposer une exécution lente, dans l'espoir qu'un revirement d'opinion lui viendra en aide, quand il n'y aura encore qu'une centaine de millions engloutis. C'est bien pis dans les questions extérieures. Il semble qu'un bandeau couvre tous les yeux, et on court risque d'être maltraité si l'on énonce seulement un fait qui contrarie le préjugé dominant.

Adieu, mon cher Félix, il me tarde bien de causer avec toi; les sujets ne nous manqueront pas.

Adieu, ton ami.

Bagnères, le 10 juillet 1841.

Mon cher Félix, j'ai reçu, il y a quelques jours, une lettre de M. Laffitte, d'Aire, membre du conseil général, qui m'embarrasse beaucoup. Il m'annonce que le général Durrieu va être élevé à la pairie; que le gouvernement veut le faire remplacer, à la chambre, par un secrétaire des commandements de M. le duc de Nemours. Il ajoute que les électeurs d'Aire ne sont pas disposés à subir cette candidature ; et enfin il me demande si je me présenterai, auquel cas il pense que j'aurai beaucoup de voix dans ce canton, où je n'eus que la sienne aux élections dernières.

Comme la législature n'a plus que trois sessions à faire, et qu'ainsi je serai libre de me retirer au bout de ce terme sans occasionner une réunion extraordinaire du collége de Saint-Sever, je serais assez disposé à entrer encore une fois en lice, si je pouvais compter sur quelques chances; mais je ne dois pas m'aveugler sur le tort que me fera la scission qui s'est introduite dans le parti libéral. Si en outre je dois avoir encore contre moi l'aristocratie de l'argent et le barreau, j'aime mieux rester tranquille dans mon coin. Je le regretterais un peu; parce qu'il me semble que j'aurais pu me rendre utile à la cause de la liberté du commerce, qui intéresse à un si haut degré la France et surtout notre pays.

Mais cela n'est pas un motif pour que je me mette en avant en étourdi : je suis donc résolu à attendre qu'il me soit fait, par les électeurs influents, des ouvertures sérieuses; il me semble que l'affaire les touche d'assez près pour qu'ils ne laissent pas aux candidats le soin de s'en occuper seuls.

Je voulais envoyer mon article au *Journal des Économistes*, mais je n'ai pas d'occasion; je profiterai de la première qui se présentera. Il a le défaut, comme toute œuvre de commençant, de vouloir trop dire; tel qu'il est, il me paraît offrir quelque intérêt. Je profiterai de l'occasion pour essayer d'engager une correspondance avec Dunoyer.

Eaux-Bonnes, le 26 juillet 1844.

Ta lettre m'a fait une pénible impression, mon cher Félix, non point par les nouvelles que tu me donnes des perspectives électorales, mais à cause de ce que tu me dis de toi, de ta santé, et de la lutte terrible que se livrent ton âme et ton corps. J'espère pourtant que tu as voulu parler de l'état habituel de ta santé, et non pas d'une recrudescence qui se serait manifestée depuis mon départ. Je comprends bien tes peines, d'autant plus qu'à un moindre degré je les éprouve aussi. Ces misérables obstacles, que la santé, la fortune, la timidité élèvent comme un mur d'airain entre nos désirs et le théâtre où ils pourraient se satisfaire, est un tourment inexprimable. Quelquefois je regrette d'avoir bu à la coupe de la science, ou du moins de ne pas m'en être tenu à la philosophie synthétique et mieux encore à la philosophie religieuse. On y puise au moins des consolations pour toutes les situations de la vie, et nous pourrions encore arranger tolérablement ce qui nous reste de temps à passer ici-bas. Mais l'existence retirée, solitaire, est incompatible avec nos doctrines (qui pourtant agissent sur nous avec toute la force de vérités mathématiques) ; car nous savons que la vérité n'a de puissance que par sa diffusion. De là l'irrésistible besoin de la communiquer, de la répandre, de la proclamer. De plus, tout est tellement lié, dans notre système, que l'occasion et la facilité d'en montrer un chaînon ne peuvent nous contenter ; et pour en exposer l'ensemble il faut des conditions de talent, de santé et de position qui nous feront toujours défaut. Que faire, mon ami ? attendre que quelques années encore aient passé sur nos têtes. Je les compte souvent, et je prends une sorte de plaisir à remarquer que plus elles s'accumulent, plus leur marche paraît rapide :

.... Vires acquirit eundo.

Quoique nous ayons la conscience de connaître la vérité, en ce qui concerne le mécanisme de la société et au point de vue purement humain, nous savons aussi qu'elle nous échappe quant aux rapports de cette vie avec la vie future ; et, ce qu'il y a de pire, nous croyons qu'à cet égard on ne peut rien savoir avec certitude.

Nous avons ici plusieurs prêtres très-distingués. Ils font, de deux jours l'un, des instructions de l'ordre le plus relevé; je les suis régulièrement. C'est à peu près la répétition du fameux ouvrage de Dabadie. Hier le prédicateur disait qu'il y a dans l'homme deux ordres de penchants qui se rattachent, les uns à la chute, les autres à la réhabilitation. Selon les seconds, l'homme se fait à l'image de Dieu ; les premiers le conduisent à faire Dieu à son image. Il expliquait ainsi l'idolâtrie, le paganisme, il montrait leur effrayante convenance avec la nature corrompue. Ensuite il disait que la déchéance avait enfoncé si avant la corruption dans le cœur de l'homme, qu'il conservait toujours une pente vers l'idolâtrie, qui s'était ainsi insinuée jusque dans le catholicisme. Il me semble qu'il faisait allusion à une foule de pratiques et de dévotions qui sont un si grand obstacle à l'adhésion de l'intelligence. — Mais s'ils comprennent les choses ainsi, pourquoi n'attaquent-ils pas ouvertement ces doctrines idolâtres? pourquoi ne les réforment-ils pas? Pourquoi, au contraire, les voit-on s'empresser de les multiplier? Je regrette de n'avoir pas de relations avec cet ecclésiastique qui, je crois, professe la théologie à la faculté de Bordeaux, pour m'en expliquer avec lui.

Nous voilà bien loin des élections. D'après ce que tu m'apprends, je ne doute pas de la nomination de l'homme du château. Je suis surpris que notre roi, qui a la vue longue, ne comprenne pas qu'en peuplant la chambre de créatures, il sacrifie à quelques avantages immédiats le principe même de la constitution. Il s'assure un vote, mais il place tout un arrondissement en dehors de nos institutions ; et cette manœuvre, s'étendant à toute la France, doit aboutir à corrompre nos mœurs politiques déjà si peu avancées. D'un autre côté, les abus se multiplieront, puisqu'ils ne rencontreront pas de résistance ; et quand la mesure sera pleine, quel est le remède que cherchera une nation qui n'a pas appris à faire de ses droits un usage éclairé?

Pour moi, mon cher Félix, je ne me sens pas de force à disputer quelques suffrages. S'ils ne viennent pas d'eux-mêmes, laissons-les suivre leur cours. Il me faudrait aller de canton en canton organiser les moyens de soutenir la lutte. C'est plus que je ne puis faire. Après tout, M. Durrieu n'est pas encore pair.

J'ai profité d'une occasion pour envoyer au *Journal des Économistes* mon article sur les tarifs anglais et français. Il me paraît renfermer des points de vue d'autant plus importants qu'ils ne paraissent préoccuper personne. J'ai rencontré ici des hommes politiques qui ne savent pas le premier mot de ce qui se passe en Angleterre; et, quand je leur parle de la réforme douanière qui s'accomplit dans ce pays, ils n'y veulent pas croire. — J'ai du temps devant moi pour faire la lettre à Dunoyer. Quant à mon travail sur la répartition de l'impôt, je n'ai pas les matériaux pour y mettre la dernière main. La session du conseil général sera une bonne occasion pour cette publication.

Adieu, mon cher Félix, si tu apprends quelque chose de nouveau, fais-m'en part; mais de toutes les nouvelles la plus agréable que tu puisses me donner, c'est que le découragement dont ta lettre est empreinte n'était dû qu'à une souffrance passagère. Après tout, mon ami, et au milieu des épaisses ténèbres qui nous environnent, attachons-nous à cette idée qu'une cause première, intelligente et miséricordieuse, nous a soumis, par des raisons que nous ne pouvons comprendre, aux dures épreuves de la vie: que ce soit là notre foi. Attendons le jour où elle jugera à propos de nous en délivrer, et de nous admettre à une vie meilleure: que ce soit là notre espérance. Avec ces sentiments au cœur, nous supporterons nos afflictions et nos douleurs...

Paris, mai 1845.

Mon cher Félix, je suis persuadé qu'il te tarde de recevoir de mes nouvelles. J'aurais aussi bien des choses à te dire, mais je serai forcé d'être court. Quoique à la fin de chaque jour il se rencontre que je n'ai rien fait, je suis toujours affairé. Dans ce Paris, jusqu'à ce qu'on soit au courant, il faut perdre un demi-jour pour utiliser un quart d'heure.

J'ai été très-bien accueilli par M. Guillaumin, qui est le premier *économiste* que j'ai vu. Il m'annonça qu'il donnerait un dîner, suivi d'une soirée, pour me mettre en rapport avec les hommes de notre école ; en conséquence je ne suis allé voir aucun de ces messieurs. — Hier a eu lieu ce dîner. J'étais à la droite de l'amphitryon, ce qui prouve bien que le dîner était à mon occasion ; à la gauche était Dunoyer. A côté de madame Guillaumin, MM. Passy et Say. Il y avait en outre MM. Dussard et Reybaud. Béranger avait été invité, mais il avait d'autres engagements. Le soir, arrivèrent une foule d'autres économistes : MM. Renouard, Daire, Monjean, Garnier, etc., etc. Mon ami, entre toi et moi, je puis te dire que j'ai éprouvé une satisfaction bien vive. Il n'y a aucun de ces messieurs qui n'ait lu, relu et parfaitement compris mes trois articles. Je pourrais écrire mille ans dans la *Chalosse*, la *Sentinelle*, le *Mémorial*, sans trouver, toi excepté, un vrai lecteur. Ici on est lu, étudié, et compris. Je n'en puis pas douter, parce que tous ou presque tous sont entrés dans des détails minutieux, qui attestent que la politesse ne faisait pas seule les frais de cet accueil ; je n'ai trouvé un peu froid que M. X... Te dire les caresses dont j'ai été comblé, l'espoir qu'on a paru fonder sur ma coopération, c'est te faire comprendre que j'étais honteux de mon rôle. Mon ami, j'en suis aujourd'hui bien convaincu, si notre isolement nous a empêchés de meubler beaucoup notre esprit, il lui a donné, du moins sur une question spéciale, une force et une justesse, que des hommes plus instruits et mieux doués ne possèdent peut-être pas.

Ce qui m'a fait le plus de plaisir, parce que cela prouve qu'on m'a réellement lu avec soin, c'est que le dernier article, intitulé *Sophismes*, a été mis au-dessus des autres. C'est en effet celui où les principes sont scrutés avec le plus de profondeur; et je m'attendais à ce qu'il ne serait pas goûté. Dunoyer m'a prié de faire un article sur son ouvrage pour être inséré aux *Débats*. Il a bien voulu dire qu'il me croyait éminemment propre à faire apprécier son travail. Hélas! je sens déjà que je ne me tiendrai pas à la hauteur exagérée où ces hommes bienveillants me placent.

Après dîner, on a parlé du duel. J'ai rendu un compte succinct de ta brochure. Demain nous avons encore un dîner de corps chez Véfour; je l'y porterai, et comme elle n'est pas longue, j'espère qu'on la lira. Si tu pouvais la refondre ou du moins la retoucher, je crois qu'on la mettrait dans le journal; mais le règlement s'oppose à ce qu'on la transcrive textuellement. — Du reste le *Journal des Économistes* n'est pas aussi délaissé que je le craignais. Il a cinq à six cents abonnés; il gagne tous les jours en autorité.

Te rapporter la conversation m'entraînerait trop loin. Quel monde, mon ami, et qu'on peut bien dire : On ne vit qu'à Paris et l'on végète ailleurs!... Malgré cela je soupire déjà après nos promenades et nos entretiens intimes. Le papier me manque ; adieu, cher Félix, ton ami.

P. S. Je m'étais trompé; un dîner, même d'économistes, n'est pas une occasion favorable pour la lecture d'une brochure. J'ai remis la tienne à M. Dunoyer, je ne connaîtrai son sentiment que dans quelques jours. Tu trouveras dans le *Moniteur* du 27 mars, qui doit être dans la bibliothèque de ma chambre, le réquisitoire de Dupin sur le duel. Peut-être cela te fournira-t-il l'occasion d'étendre ta brochure. Ce soir je passe la soirée chez Y... Il m'a fait le plus cordial accueil, et nous avons parlé de tout, même de religion. Il m'a paru faible sur ce chapitre, parce qu'il la respecte sans y croire.

Ce n'est qu'aujourd'hui que je me suis présenté chez Lamartine. Je n'ai pas été admis, il partait pour Argenteuil; mais avec sa grâce ordinaire, il m'a fait dire qu'il veut que nous causions à l'aise et m'a donné rendez-vous pour demain. Comment m'en tirerai-je?

Dans notre dîner, ou pour mieux dire après, on a agité une grande question : *de la propriété intellectuelle*. Un Belge, M. Jobard, a émis des idées neuves et qui t'étonneront. Il me tarde que nous puissions causer de toutes ces choses; car malgré ces succès éphémères je sens que je ne suis plus *amusable* de ce côté. A peine si cela touche l'épiderme; et, tout bien balancé, la vie de province pourrait être rendue plus douce que celle-ci pour peu que l'on y eût le goût de l'étude et des arts.

Adieu, mon cher Félix, à une autre fois. Écris-moi de temps en temps et occupe-toi de ton écrit sur le duel. Puisque la cour est revenue à sa singulière jurisprudence, la chose en vaut la peine.

Paris, le 23 mai 1845.

Tu t'attends à beaucoup de détails, mon cher Félix, mais tu vas être bien désappointé; depuis ma dernière lettre que j'envoyai par Bordeaux et dont je n'ai pas encore l'accusé de réception, nous avons un temps qui me dégoûte des visites. Je passe les matinées à perdre mon temps à quelques bagatelles, commissions, affaires obligées, et le soir à le regretter. Ma lettre sera donc bien aride; cependant j'espère qu'elle te sera agréable à cause de celle de Dunoyer que j'y joins. Tu verras qu'il a apprécié ton écrit sur le duel. Je le quitte à l'instant ; il m'a répété de vive voix ce qu'il a consigné dans sa lettre ; il a vanté le fond et le style de la brochure, et a dit qu'elle supposait des études faites dans la bonne voie ; il m'a exprimé le regret de ne pouvoir en causer plus longtemps, et le désir de venir chez moi pour traiter plus à fond le sujet. Demain je la communiquerai à M. Say, qui est un homme vraiment séduisant par sa douceur, sa grâce, jointe à une grande fermeté de principes. C'est l'ancre du parti économiste. Sans lui, sans son esprit conciliant, le troupeau serait bientôt dispersé. Beaucoup de *mes collaborateurs* sont engagés dans des journaux qui les rétribuent beaucoup mieux que l'économiste. D'autres ont des ménagements politiques à garder ; en un mot, il y a une réunion accidentelle d'hommes bienveillants, qui s'aiment quoique différant d'opinions à beaucoup d'égards ; il n'y a pas de parti ferme, organisé et homogène. Pour moi, si j'avais le temps de rester ici et une fortune à recevoir chez moi, je tenterais de fonder une sorte de Ligue. Mais quand on ne fait que passer, il est inutile d'essayer une aussi grande entreprise.

D'ailleurs je suis arrivé trop tôt ; ma traduction ne s'imprime que lentement. Si j'avais pu disposer de quelques exemplaires, ils m'auraient peut-être ouvert des portes.

Je n'ai pas vu M. de Lamartine, il est absent de Paris ; j'ignore l'époque de son retour.

Un homme aimable aussi, c'est M. Reybaud ; ce qui prouve en lui une vigueur d'intelligence remarquable, c'est qu'il est devenu économiste en se livrant à l'étude des réformateurs du XIXe siècle. Il en tenait aussi quand il commença son ouvrage, mais son bon sens a triomphé.

Je suis en peine de savoir si M. Guizot t'a écrit. Il est à craindre que ses nombreuses préoccupations ne l'empêchent de lire la brochure. S'il n'était qu'homme de lettres, certainement il te répondrait ; mais il est ministre et ministre dirigeant. En tout cas, s'il arrive quelque chose de ce côté, ne manque pas de m'en faire part.

Je me suis un peu occupé d'affaires publiques, je veux dire départementales. Ce serait trop long à raconter. Mais je crois que l'Adour, c'est-à-dire le bas Adour, de Hourquet au Gave, obtiendra 1,500,000 fr. Le hasard m'a placé de manière à y donner un petit coup d'épaule : ce sera toujours quelque chose si les bateaux à vapeur arrivent jusqu'à Pontons. Quant à la partie comprise entre Mugron et Hourquet, c'est pitoyable de savoir à quoi son exclusion a tenu ; mais que faire? Il n'y a qu'une chose dont le public ne veut pas s'occuper, c'est des affaires publiques.

Je ne sais si j'écrirai aujourd'hui à ma tante, en tout cas fais-lui dire que nous nous portons tous bien ici. Adieu, mon cher Félix, mes souvenirs à ta sœur.

Paris, le 5 juin 1845.

Mon cher Félix, une occasion se présente pour Bordeaux, et je ne veux pas la laisser partir sans répondre quelques mots à ta lettre. Pardonne-moi si j'abrége beaucoup, j'ai honte de dire que je suis occupé, car les jours se passent sans que je les utilise. C'est une chose qu'on ne peut s'expliquer qu'ici. D'ailleurs nous causerons bientôt de tout ce qui nous intéresse tant, et qui n'intéresse guère que nous.

Tu ne m'accuses pas réception de la lettre de Dunoyer, je pense que tu ne l'as reçue qu'après le départ de Calon. Tu as vu son opinion sur ta brochure, il me tarde bien de savoir celle de M. Guizot, — s'il te la communique, — car on assure que les hommes du pouvoir ne s'occupent absolument que de le conserver. Je ne l'ai pas encore communiquée à M. Say, il est à la campagne, je ne le verrai que vendredi. C'est un homme charmant et celui que je préfère ; je dois dîner avec lui chez Dunoyer, et le 10 chez Véfour au banquet des Économistes. On doit y agiter la question d'inviter le gouvernement (toujours le gouvernement!) à instituer des chaires d'économie politique. J'ai été chargé de préparer là-dessus quelques idées, c'est un sujet qui me plairait; mais je me bornerai à ruminer mon opinion, parce que, là comme ailleurs, il y a des amours-propres et des *possesseurs* qu'il faut ménager. Quant à une association qui me plairait bien mieux, j'attendrai pour en parler que ma traduction ait paru, parce qu'elle pourra y préparer les esprits. Mais, pour s'associer, il faut un principe reconnu ; et je crains bien qu'il ne nous fasse défaut. Je n'ai jamais vu tant de peur de l'*absolu*, comme si nous ne devions pas laisser à nos adversaires le soin de modérer au besoin notre marche.

A Mugron, je t'expliquerai les raisons qui ne permettent pas de modifier le journal. Au reste, la presse parisienne est maintenant fondée sur les annonces et constituée, sous le rapport financier, sur des bases telles que *rien de nouveau n'est possible*. Dès lors, il n'y a que l'association et les sacrifices qu'elle seule peut faire qui puissent nous tirer de cette impasse. — Je viens aux choses qui me sont personnelles et t'en parle ouvertement, comme à un ami de cœur, sans fausse modestie. Je crois que l'absence d'aveuglement est un trait qui nous est commun, et je ne crains pas que tu me trouves trop présomptueux.

Mon livre aura trente feuilles, il y en a vingt d'imprimées ; tout sera prêt, j'espère, à la fin du mois. Je n'ai rien changé ou peu de chose à l'introduction que je t'ai lue. La moitié environ paraîtra dans le prochain numéro du *Journal des Économistes*. L'ignorance des affaires d'Angleterre est telle, même ici, que cet écrit doit, ce me semble, faire quelque impression sur les hommes studieux. Je t'en dirai franchement l'effet.

J'acquiers chaque jour la preuve que les précédents articles ont fait quelque effet. L'éditeur a reçu plusieurs demandes d'abonnement *motivées*, entre autres une lettre de Nevers qui disait : « Il nous est parvenu deux articles du « *Moniteur Industriel*, qui réfute un article du *Journal des* « *Économistes*, intitulé : *Sophismes*. Nous ne connaissons « cet écrit que par les citations du *Moniteur*, mais cela « nous suffit pour en avoir une haute opinion ; veuillez « nous l'envoyer et nous abonner. » Deux abonnements ont été demandés de Bordeaux. Mais ce qui me fait le plus de plaisir, c'est une conversation que j'ai eue avec M. Raoul-Duval, conseiller à la cour de Reims, ville essentiellement prohibitionniste. Il m'a assuré qu'on avait lu à haute voix l'article des tarifs, et qu'à chaque instant les manufacturiers disaient : Mais c'est cela, c'est bien cela, voilà ce qui va nous arriver, il n'y a rien à répondre. Cette scène, mon cher Félix, me signale la route que je devrais suivre. Si je pouvais, je devrais maintenant étudier la situation réelle de nos industries protégées, au flambeau des principes, et pénétrer dans le domaine des faits. M. Guillaumin veut que je passe en revue une douzaine d'autres *Sophismes* pour les réunir et en faire, *à ses frais*, une brochure à bon marché qui pourra se répandre.

Il faut que ce soit toi, mon cher Félix, pour que je relate ces faits qui, du reste, me laissent aussi froid que si cela regardait un tiers. J'étais déjà fixé sur mes articles, et ton jugement me servait de garantie suffisante ; seulement je me réjouis qu'il y ait encore quelques autres lecteurs, ce dont je désespérais.

Je te dirai que je suis à peu près décidé à aller toucher la main à Cobden, Fox et Thompson ; la connaissance personnelle de ces hommes pourra nous être utile. J'ai quelque espoir qu'ils me donneront des documents ; en tout cas, je ferai provision de quelques bons ouvrages, et, entre autres, de discours de Fox et Thompson sur d'autres sujets que la liberté commerciale. Si je restais à Paris, je sentirais le besoin de m'adonner à cette spécialité : ce serait bien assez pour mes faibles épaules. Mais, dans notre douce retraite, cela ne nous suffirait pas. D'ailleurs, l'économie paraît bien plus belle quand on l'embrasse dans son ensemble. C'est cet ensemble harmonieux que je voudrais pouvoir un jour saisir. Tu devrais bien t'occuper d'en montrer quelques traits.

Si mon petit traité, *Sophismes économiques*, réussit, nous pourrions le faire suivre d'un autre intitulé : *Harmonies sociales*. Il aurait la plus grande utilité, parce qu'il satisferait le penchant de notre époque à rechercher des organisations, des harmonies artificielles, en lui montrant la beauté, l'ordre et le principe progressif dans les harmonies naturelles et providentielles.

J'emporterai quelques ouvrages d'ici. Mon voyage aura du moins servi à nous donner des aliments, et à nous faire connaître un peu l'esprit du siècle.

Adieu, mon cher Félix. Je n'ai pas écrit aujourd'hui à ma tante, dis-lui que j'ai reçu sa lettre qui m'a fait bien plaisir, en ayant été privé longtemps.

16 juin 1845.

Mon cher Félix, je t'annonce que ma *Ligue* est imprimée; on est maintenant après l'introduction, et cela ne peut durer plus de huit jours. Il y a donc apparence qu'à la fin du mois, je serai libre de partir pour Londres, et que, le 15 juillet, j'aurai le plaisir de t'embrasser. Demain, je dîne chez Dunoyer avec toute notre secte, Dussard, Reybaud, Fix, Rossi, Say. Je ne fermerai ma lettre qu'après, au cas que j'aie quelque chose à te conter. Dimanche, on me fit une ouverture ; peut-être en sera-t-il question demain. Il y a tant de pour et de contre que je ne saurai jamais me décider sans toi. C'est d'être le directeur du *Journal des Économistes*. Au point de vue pécuniaire, c'est une misérable affaire; il s'agit de cent louis par an, rédaction comprise. Mais tu comprendras facilement combien cette position doit aller à mes goûts. D'abord ce journal, bien dirigé, peut exercer sur la chambre, et par contre-coup sur la presse, une grande influence. Si l'économiste qui sera là établit sa réputation de supériorité dans sa spécialité, il est impossible qu'il ne se fasse pas quelque peu redouter des protectionnistes, des réformateurs, en un mot, des ignorants de toute espèce. Par la parole, je n'irai jamais bien loin, parce que je manque de confiance, de mémoire et de présence d'esprit; mais ma plume a assez de dialectique pour faire honte à certains de nos hommes d'État.

Ensuite, si je dirige le journal, cette direction finira par être exclusive, parce que je serai entouré de paresseux; et, autant que les actionnaires me le permettront, je parviendrai à lui donner une homogénéité qui lui manque.

Je serai en rapports naturels et nécessaires avec tous les hommes éminents, au moins dans la sphère de l'économie politique et des affaires financières et douanières; et en définitive je serai à leur égard l'organe de l'opinion publique, de l'opinion consciencieuse et éclairée. Il me semble qu'un pareil rôle peut s'agrandir indéfiniment, suivant la portée de celui qui l'occupe.

Quant au travail, il n'est pas de nature, comme le journalisme quotidien, à me détourner de continuer mes études. Enfin (ceci n'est qu'une perspective éloignée), le directeur du journal, s'il est à la hauteur de sa mission, peut avec avantage se mettre sur les rangs pour une chaire d'économie politique qui deviendrait vacante.

Voilà le pour. — Mais il faut quitter Mugron. Il faut me séparer de ceux que j'aime, il faut que je laisse ma pauvre tante s'acheminer vers la vieillesse dans la solitude, il faut que je mène ici une vie sévère, que je voie s'agiter les passions sans les partager; que j'aie sans cesse sous les yeux le spectacle des ambitions satisfaites sans permettre à ce sentiment de s'approcher de mon cœur ; car toute notre force est dans nos principes, et dans la confiance que nous savons inspirer. Aussi ce n'est pas ce que je redoute. La simplicité des habitudes est loin de m'effrayer.

Le 18...

Je me suis retiré ce matin à une heure de chez Dunoyer; les convives étaient ceux que je t'ai nommés, plus M. de Tracy. A peine a-t-on effleuré l'économie politique ; ces messieurs en font en amateurs. Pendant le dîner cependant, on a parlé quelque peu liberté de commerce. M. X... a dit que les Anglais *jouaient la comédie*. Il ne me convenait pas de relever ce mot ; mais j'étais bien tenté de lui demander s'il croyait ou non au principe de la liberté. Car enfin, s'il y croit, pourquoi ne veut-il pas que les Anglais y croient ? Parce qu'ils y ont intérêt ? Je me rappelais ton argument : Si l'on formait une société de tempérance, faudrait-il la déprécier, parce que les hommes ont intérêt à être tempérants ? Si je fais un *sophisme* sur ce sujet, j'y glisserai cette réfutation. Après dîner on m'a cloué à un whist : soirée perdue. Toute la rédaction du journal y était : Wolowski, Villermé, Blaise, Monjean, etc., etc. — Z... — autre déception, je le crains. Il s'est engoué d'agriculture, et partant d'idées prohibitives. Vraiment je vois les choses de près, et je sens que je pourrais faire du bien et payer ma dette à l'humanité.

Je reviens au journal. On ne m'a pas demandé de résolution actuelle, maintenant j'attendrai. J'en parle à ma tante, il faut voir ce qu'elle en pense. Elle me laisserait certainement suivre mon penchant, si elle voyait en même temps un avenir pécuniaire, et humainement parlant elle a raison, elle ne peut pas comprendre la portée de la position que je puis prendre. Si elle t'en parle, dis-moi l'effet que ma lettre aura produit. De mon côté je te dirai celui que va produire ma *Ligue :* la lira-t-on ? J'en doute. On est ici accablé de lecture. Si je te disais que, sauf Dunoyer et Say, aucun de mes collaborateurs n'a lu Comte ! Tu sais déjà que *** n'a pas lu Malthus. A dîner, Tracy a dit que la misère de l'Irlande infirmait la doctrine de Malthus !! J'ai entendu dire à quelqu'un qu'il y avait *du bon* dans le *Traité de législation*, et surtout dans le *Traité de la propriété*. Pauvre Comte ! Say m'a conté sa triste histoire, la persécution et sa probité l'ont tué.

Il est bien entendu que tu ne souffleras pas un mot de ce que je te dis sur la direction du journal. Tu sens que cette nouvelle ferait un éclat inopportun.

Je crois t'avoir dit que l'éditeur de la *Ligue* va éditer aussi les *Sophismes*. Ce sera un petit livre à bon marché, mais le titre n'en est pas attrayant. J'en cherche un autre ; aide-moi. Le petit livre de Mathieu de Dombasle était intitulé : *Un rayon de bon sens*, etc.

Comme je ne pourrai pas épuiser tous les sophismes en un petit volume, s'il se vend, j'en ferai un autre. Il serait bon que, de ton côté, tu en traitasses quelques-uns ; je les intercalerais avec les miens, cela te ferait connaître au moins de mes confrères, et tu pourrais alors, si le cœur t'en disait, te faire éditer sans bourse délier, ce qui n'est pas une petite affaire.

Adieu, mon cher Félix, écris-moi.

Paris, le 3 juillet 1845 (11 heures du soir).

..... Comme toi, mon cher Félix, j'envisage l'avenir avec effroi. Laisser ma tante, me séparer de ceux que j'aime, te laisser à Mugron seul, sans ami, sans livres, cela est affreux. Et, pour moi-même, je ne sais si des travaux solitaires, médités à loisir, discutés avec toi, ne vaudraient pas mieux. D'un autre côté, il est certain qu'il y a ici une place à conquérir, la seule que je pouvais ambitionner, la seule qui me convient et à qui je conviens. Il est maintenant certain que je puis avoir la direction du journal, et je ne doute pas qu'on ne m'accorde 6 fr. par abonnement. Il y a 500 abonnés, ce qui fait 3,000 fr. Ce n'est absolument rien, pécuniairement parlant ; mais il faut bien croire qu'une forte direction imprimée au journal augmenterait sa clientèle; et si nous parvenions au chiffre 1,000, je serais satisfait. — Puis vient la perspective d'un cours ; je ne sais si je t'ai dit qu'à notre dernier dîner, nous avions décidé qu'une démarche serait faite auprès du ministère pour qu'il fondât des chaires d'économie politique à la Faculté. MM. Guizot, Salvandy, Duchâtel se sont montrés favorables à ce projet. M. Guizot a dit : « Je suis si bien disposé, que « c'est moi qui ai fondé la chaire qu'occupe M. Chevalier. « Évidemment, nous faisons fausse route, et il est indis- « pensable de répandre les saines doctrines économiques. « Mais la grande difficulté, c'est le choix des personnes. » Sur cette réponse, MM. Say, Dussard, Daire et quelques autres m'ont assuré que, si on les consultait, ils me désigneraient. M. Dunoyer sera certainement pour moi. J'ai su que le ministre des finances avait été frappé de mon introduction, et lui-même m'a fait demander l'ouvrage. J'aurais donc bien des chances, sinon d'être appelé à la Faculté, du moins, si l'on y nommait Blanqui, Rossi ou Chevalier, de remplacer un de ces messieurs au Collége de France ou au Conservatoire. D'une manière ou d'une autre, je serais lancé, avec une existence assurée, et c'est tout ce qu'il me faut.

Mais quitter Mugron ! mais quitter ma tante ! mais ma poitrine ! mais le cercle peu étendu de mes connaissances ! enfin le long chapitre des objections.... Oh ! que n'ai-je dix ans de moins et une bonne santé ! Du reste, tu comprends que cette perspective est encore éloignée ; mais tu comprends aussi que la direction du journal mettrait bien des chances de mon côté. Donc, au lieu de donner deux *sophismes*, dans le prochain numéro, choisis parmi ceux d'un genre populaire et anecdotique, je sens l'*opportunité de faire de la doctrine*, et je vais consacrer la journée de demain à en refondre deux ou trois plus importants. Voilà pourquoi je ne puis t'écrire aussi longuement que je voudrais et me vois forcé de parler de moi au lieu de répondre à tes affectueuses lettres.

M. Say veut me confier tous les papiers de son père ; il y a des choses assez curieuses. C'est d'ailleurs un témoignage de confiance qui m'a touché. Hippolyte Comte, le fils de Charles, me laissera aussi fouiller dans les notes de notre auteur favori, lequel est entièrement inconnu ici même... Mais je ne veux pas manquer à ce que je dois aux hommes qui m'accablent de preuves d'amitié.

Tu vois, cher Félix, que de motifs pour et contre : il faudra pourtant que je me décide bientôt. Oh ! j'ai bien besoin de tes conseils, et surtout que tu me dises ce que pense ma pauvre tante.

Quoique je réponde à peine à tes lettres, il faut pourtant que je te dise que l'ouvrage de *Simon* est très-rare et très-cher ; il n'y en a que quatre exemplaires, dont deux dans les bibliothèques publiques. Bossuet avait fait détruire toute l'édition.

Adieu, mon cher Félix, excuse la hâte avec laquelle j'écris.

Londres, juillet 1845.

Mon cher Félix, j'arrivai ici hier soir. Sachant combien tu t'intéresses à notre cause, et au rôle que le hasard m'y a donné, je te raconterai tout ce qui se passe, d'autant que je n'ai pas le temps de prendre des notes, et dès lors mes lettres me serviront plus tard à rappeler mes souvenirs, afin que de vive voix je puisse te donner plus de détails.

Après m'être installé à l'hôtel (à 10 sh. par jour), je me suis mis à écrire six lettres pour Cobden, Bright, Fox, Thompson, Wilson et le secrétaire qui m'envoie la *Ligue*. Puis j'ai écrit six dédicaces sur autant d'exemplaires de mon livre, et sur ce, je me suis mis au lit. Ce matin j'ai porté mes six exemplaires au bureau de la *Ligue*, avec prière de les remettre à qui de droit. L'on m'a dit que Cobden partait le jour même pour Manchester, et que probablement je le trouverais en train de faire ses préparatifs (les préparatifs d'un Anglais consistent à avaler un beefteak et à fourrer deux chemises dans un sac). J'ai couru chez Cobden ; je l'ai en effet rencontré, et nous avons causé pendant deux heures. Il comprend bien le français, le parle un peu, et d'ailleurs j'entends son anglais. Je lui ai exposé l'état des esprits en France, l'effet que j'attends de ce livre, etc., etc. Il m'a témoigné sa peine de quitter Londres, et je l'ai vu sur le point de renoncer à son voyage. Ensuite il m'a dit : La Ligue est une franc-maçonnerie, à cela près que tout est public. Voici une maison que nous avons louée pour recevoir nos amis pendant le Bazar, maintenant elle est vide, il faut vous y installer. — J'ai fait des façons. — Alors il a repris : Cela peut ne pas vous être agréable, mais c'est utile à la cause, parce que MM. Bright, Moore et autres ligueurs y passent leurs soirées, et il faut que vous soyez toujours au milieu d'eux. Cependant, comme dans la suite il a été décidé que j'irai le joindre à Manchester après-demain, je n'ai pas jugé à propos de déménager pour deux jours. Ensuite il m'a mené au *Reform-Club*, magnifique établissement, et m'a laissé à la bibliothèque pendant qu'il prenait le bain. Cela fait, il a écrit deux lettres, à Bright et à Moore, et je l'ai accompagné au rail-way. Le soir, je suis allé voir Bright, toujours au même hôtel, quoique ces messieurs ne l'habitent pas ;

l'accueil de Bright n'a pas tout à fait été aussi cordial. Je me suis aperçu qu'il n'approuvait pas que j'eusse mis le nom de Cobden sur le titre de mon livre ; de plus, il parut surpris que je n'eusse rien traduit de M. Villiers ; et quant à lui, sa part est petite, quoique assurément il en méritât une plus grande, car il est doué d'une éloquence entraînante. Cependant la conversation a arrangé tout cela. Obligé de parler lentement pour me faire comprendre, et traitant toujours des sujets qui me sont familiers, avec des hommes qui ont toutes nos idées, je me trouvais certainement dans les circonstances les plus favorables. Il m'a mené au parlement, où je suis resté jusqu'à présent, parce qu'on traitait une question qui embrasse l'éducation et la religion. Sorti à onze heures, je me suis mis à t'écrire. Demain, j'ai rendez-vous avec lui, et après-demain je vais voir Manchester et retrouver mon Cobden. Il doit faire mon logement et me laisser entre les mains de M. Ashworth, ce riche manufacturier qui a fait un si bon argument pour démontrer aux fermiers que l'exportation des objets manufacturés impliquait l'exportation des choses qui s'y sont incorporées, et que, par conséquent, la restriction du commerce leur retombait sur le nez. Ce brusque départ, je le crains, m'empêchera de voir Fox et Thompson jusqu'à mon retour, ainsi que Mill et Senior, pour qui j'ai des lettres.

Voilà ma première journée, fort en abrégé. Je vais donc pénétrer dans Manchester et Liverpool, dans des circonstances que peu de Français peuvent espérer. J'y serai un dimanche. Cobden me mènera chez les quakers, les wesleyens. Nous saurons enfin quelque chose ; et quant aux fabriques, rien ne me sera caché. De plus, toutes les opérations de la Ligue me seront dévoilées. Il a été vaguement question d'une seconde édition de mon ouvrage sur une plus grande échelle. Nous verrons.

N'oublions pas Paris. Avant de le quitter, j'ai passé une

heure avec Hippolyte, le fils de Charles Comte ; il m'a montré tous les manuscrits de son père. Il y a deux ou trois cours faits à Genève, à Londres, à Paris ; tout cela, sans doute, a servi au *Traité de législation ;* mais quelle mine à mettre au jour !

Adieu, je te quitte. J'ai encore trois lettres à écrire à Paris, et nous sommes déjà à demain, car il est plus de minuit.

Bordeaux, le 19 février 1846.

Mon cher Félix, je t'avais promis de t'écrire les événements de Bordeaux. Je suis si interrompu par les visites, les assemblées et autres incidents fâcheux, que l'heure du courrier arrive toujours avant que j'aie pu réaliser ma promesse ; d'ailleurs je n'ai pas grand'chose à te dire. Les choses se passent fort doucement. On a beaucoup pataugé dans les préliminaires d'une *constitution.* Enfin elle est sortie telle quelle de la discussion, et aujourd'hui elle est offerte à la sanction de soixante-dix à quatre-vingts membres fondateurs ; le bureau définitif va être installé, avec le maire en tête pour président, et, dans deux ou trois jours, aura lieu une grande réunion pour ouvrir la souscription. On croit que Bordeaux ira à 100,000 fr. Il me tarde de le voir. Tu comprends que ce n'est qu'à partir d'aujourd'hui, de l'installation du bureau, qu'on peut s'occuper d'un plan, puisque c'est lui qui doit avoir l'initiative. Quel sera ce plan ? Je l'ignore.

Quant à mon concours personnel, il se borne à assister aux séances, à faire quelques articles de journaux, à faire et recevoir des visites et à essuyer des objections économiques de toutes sortes. Il m'est bien démontré que l'état de l'instruction en ce genre ne suffit pas pour faire marcher l'institution, et je me retirerais sans espoir si je ne comptais un peu sur l'institution même pour éclairer ses propres membres.

J'ai trouvé ici mon pauvre *Cobden* tout à fait en vogue. Il y a un mois, il n'y en avait que deux exemplaires, celui que j'ai donné à Eugène et l'échantillon du libraire; aujourd'hui on le trouve partout. J'aurais honte, mon cher Félix, de te dire l'opinion qu'on s'est formée de l'auteur. Les uns supposent que je suis un savant du premier ordre ; les autres, que j'ai passé ma vie en Angleterre à étudier les institutions et l'histoire de ce pays. Bref, je suis tout honteux de ma position, sachant fort bien distinguer ce qu'il y a de vrai et ce qu'il y a d'exagéré dans cette opinion du moment. Je ne sais si tu verras le *Mémorial* d'aujourd'hui (18) ; tu comprendras que je n'aurais pas pris ce ton, si je n'avais bien vu ce que je puis faire.

Il est à peu près résolu que, lorsque cette organisation sera en train, je me rendrai à Paris pour essayer de mettre en mouvement l'industrie parisienne, que je sais être bien disposée. Si cela réussit, je prévois une difficulté, c'est celle de décider les Bordelais à envoyer leur argent à Paris. Il est certain, cependant, que c'est le centre d'où tout doit partir ; car, à dépense égale, la presse parisienne a dix fois plus d'influence que la presse départementale.

Quand tu m'écriras (que ce soit le plus tôt possible), dis-moi quelque chose de tes affaires.

Paris, le 22 mars 1846.

Mon cher Félix, j'espère que tu ne tarderas pas à me donner de tes nouvelles. Dieu veuille qu'un arrangement soit intervenu : je ne l'espère guère et le désire beaucoup. — Une fois délivré de cette pénible préoccupation, tu pourrais consacrer ton temps à des choses utiles, comme par exemple ton article du *Mémorial*, que je n'ai eu le temps que de lire très-rapidement, mais que je relirai demain chez mon oncle. Il est plein de vivacité et offre, sous des formes saisissantes, d'excellentes démonstrations. Lundi je le lirai à l'assemblée, qui sera assez nombreuse. Quand je me serai un peu mieux posé, je t'indiquerai le journal de Paris auquel il faudra t'adresser; mais alors il faudra, autant que possible, t'abstenir de parler de vins. Je viens de dire que nous avions une assemblée lundi. Le but est de constituer le bureau de l'association. Nous avons pour président le duc d'Harcourt qui a accepté avec une résolution qui m'a plu. Les autres membres seront MM. Say, Blanqui et Dunoyer. Mais ce dernier n'aimerait guère à se mettre en évidence, et je proposerai à sa place M. Anisson-Duperron, pair de France, qui m'a charmé en ce qu'il est ferme sur *le principe*. Pour trésorier, nous aurons le baron d'Eichthal, riche banquier. Enfin l'état-major se complétera d'un secrétaire, qui évidemment est appelé à supporter le poids de la besogne. Tu pressens peut-être que ces fonctions me sont destinées. Comme toujours j'hésite. Il m'en coûte de m'enchaîner ainsi à un travail ingrat et assidu. D'un autre côté, je sens bien que je puis être utile en m'occupant exclusivement de cette affaire. D'ici à lundi il faudra bien que ma détermination soit irrévocablement prise. Au reste, j'espère que les adhésions ne nous manqueront pas. Pairs, députés, banquiers, hommes de lettres viendront à nous en bon nombre, et même quelques fabricants considérables. Il me paraît évident qu'il s'est opéré un grand changement dans l'opinion, et le triomphe n'est peut-être pas aussi éloigné que nous le supposions d'abord.

Ici on voudrait beaucoup que je fusse nommé député; tu ne peux te figurer combien l'espèce de prophétie que contient mon *introduction* m'a donné de crédit. J'en suis confus et embarrassé, sentant fort bien que je suis au-dessous de ma réputation; mais il ne m'est permis de conserver aucun espoir, relativement à la députation, car ce qui se passe à Bordeaux et à Paris n'a que peu de retentissement à Saint-Sever. Et d'ailleurs, ce serait peut-être un motif de plus pour qu'on me tînt à l'écart. Cette chère Chalosse ne semble pas comprendre la portée de l'entreprise à laquelle j'ai consacré mes efforts ; sans cela il est probable qu'elle voudrait s'y associer, en accroissant mon influence dans son intérêt. Je ne lui en veux pas ; je l'aime et la servirai jusqu'au bout, quelle que soit son indifférence.

Aujourd'hui j'ai fait mon entrée à l'Institut, on y a discuté la question de l'enseignement. Des universitaires, Cousin en tête, ont accaparé la discussion. Je regrette bien d'avoir laissé à Mugron mon travail sur ce sujet, car je ne vois pas que personne l'envisage à notre point de vue.

Tâche de faire de temps en temps des articles pour entretenir à Bordeaux le feu sacré ; plus tard on en fera sans doute une collection qui sera distribuée à grand nombre d'exemplaires. Dans la prochaine lettre que j'écrirai à ma tante, je mettrai un mot pour te dire ce qu'on a pensé de ton dernier article, à l'assemblée.

J'attends notre ami Daguerre pour être présenté à M. de Lamennais ; j'espère le convertir au *free-trade*. M. de Lamartine a annoncé son adhésion, ainsi que le bon Béranger ; on fera arriver aussi M. Berryer dès que l'association sera assez fortement constituée pour ne pouvoir pas être détournée par les passions politiques. De même pour Arago ; tu vois que toutes les fortes intelligences de l'époque seront pour nous. On m'a assuré que M. de Broglie accepterait la présidence. J'avoue que je redoute un peu les allures diplomatiques qui doivent être dans ses habitudes. Sa présence ferait sans doute, dès l'abord, un effet prodigieux ; mais il faut voir l'avenir et ne pas se laisser séduire par un éclat momentané.

Paris, le 18 avril 1846.

Mon cher Félix, je suis entièrement privé de tes lettres, il est vrai que je suis moi-même bien négligent. Tu ne pourn'as pas croire que le temps me manque, et c'est pourtant la vérité; quand on est comme campé à Paris, la distribution des heures est si mauvaise qu'on n'arrive à rien.

Je ne te dirai pas grand'chose de moi, j'ai tant de personnes à voir que je ne vois personne; cela semble un paradoxe, et c'est la vérité. Je n'ai été qu'une fois chez Dunoyer, une fois chez Comte, une fois chez Mignet, et ainsi du reste. Je puis avoir des relations avec les journaux; la *Patrie*, le *Courrier français*, le *Siècle* et le *National* m'ont ouvert leurs colonnes. Je n'ai pas encore d'aboutissant aux *Débats*. M. Michel Chevalier m'a bien offert d'y faire admettre mes articles; mais je voudrais avoir entrée dans les bureaux pour éviter les coupures et les altérations.

L'association marche à pas de tortue, ce n'est que dimanche en huit que je serai fixé, ce jour-là il y aura une réunion. Voici les noms de quelques-uns des membres : d'Harcourt, Pavée de Vendeuvre, amiral Grivel, Anisson-Duperron, Vincens Saint-Laurent, pairs.

Lamartine, Lafarelle, Bussières, Lherbette, de Corcelles et quelques autres députés (1).

Michel Chevalier, Blanqui, Wolowski, Léon Faucher et autres économistes; d'Eichthal, Cheuvreux, Say et autres banquiers négociants.

La difficulté est de réunir ces personnages emportés par le tourbillon politique. Derrière, il y a des jeunes gens plus ardents, et qu'il faut contenir, au moins provisoirement, pour ne pas perdre l'avantage de nous appuyer sur ces noms connus et populaires.

En attendant, nous avons eu un meeting composé de négociants et fabricants de Paris. Notre but était de les préparer, j'étais très-peu *préparé* moi-même et je n'avais pas consacré plus d'une heure à méditer ce que j'aurais à dire.

(1) La coopération de plusieurs de ces personnages ne fut pas obtenue (*Note de l'éditeur.*)

Je me suis fait un plan très-simple dans lequel je ne pouvais m'égarer ; j'ai été heureux de m'assurer que cette méthode n'était pas au-dessus de mes facultés. En débutant très-simplement et sur le ton de la conversation, sans rechercher l'esprit ni l'éloquence, mais seulement la clarté et le ton de la conviction, j'ai pu parler une demi-heure, sans fatigue ni timidité. D'autres ont été plus brillants. Nous aurons un autre meeting plus nombreux dans huit jours, puis j'essayerai d'aller agiter le quartier latin.

J'ai vu ces jours-ci le ministre des finances ; il a approuvé tout ce que je fais, et ne demande pas mieux que de voir se former une opinion publique.

Adieu, l'heure me presse, je crains même d'être en retard.

3 mai 1846.

Mon cher Félix, j'apprends qu'une occasion se présente pour cette lettre, et quoique je sois abîmé (car il y a sept heures que j'ai la plume à la main), je ne veux pas la laisser partir sans te donner de mes nouvelles.

Je t'ai parlé d'une réunion pour demain, en voici l'objet. L'adjonction des personnages a enterré notre modeste association. Ces messieurs ont voulu tout reprendre *ab ovo*, nous en sommes donc à faire un programme, un manifeste, c'est à cela que j'ai travaillé tout aujourd'hui. Mais il y en a quatre autres qui font la même besogne. Qu'on veuille choisir ou fondre, je m'attends à une longue discussion sans dénoûment, parce qu'il y a beaucoup d'hommes de lettres, beaucoup de théoriciens, puis le chapitre des amours-propres ! Je ne serais donc pas surpris qu'on renvoyât à une autre commission où les mêmes difficultés se présenteront, car chacun, excepté moi, défendra son œuvre, et l'on viendra se faire juger par l'assemblée. C'est dommage ; après le manifeste viendront les statuts, l'organisation conforme, les souscriptions, et ce n'est qu'après tout cela que je serai fixé. Quelquefois il me prend envie de déserter, mais quand je songe au bon effet que produira le simple manifeste avec ses quarante signatures, je n'en ai pas le courage. Peut-être, une fois le manifeste lancé, irai-je à Mugron attendre qu'on me rappelle, car je suis effrayé de passer les mois entiers à travers de simples formalités, et sans rien faire d'utile. D'ailleurs la lutte électorale pourra réclamer ma présence. M. Dupérier m'a fait dire qu'il s'était formellement désisté, il a même ajouté qu'il avait brûlé ses vaisseaux et écrit à tous ses amis qu'il renonçait à la candidature. Puisqu'il en est ainsi, si d'autres candidats ne se présentent pas, je pourrai me trouver en présence de M. de Larnac tout seul; et cette lutte ne m'effraye pas, parce que c'est une lutte de doctrines et d'opinions. Ce qui m'étonne, c'est de ne recevoir aucune lettre de Saint-Sever. Il semble que la communication de Dupérier aurait dû m'attirer quelques ouvertures. Si tu apprends quelque chose, fais-le-moi savoir.

4 mai.

Hier soir on a discuté et adopté un manifeste, la discussion a été sérieuse, intéressante, approfondie, et cela seul est un grand bien, car beaucoup de gens qui entreprennent d'éclairer les autres s'éclairent eux-mêmes. On a remis tous les pouvoirs exécutifs à une commission composée de MM. d'Harcourt, Say, Dunoyer, Renouard, Blanqui, Léon Faucher, Anisson-Duperron et moi. D'un autre côté, cette commission me transmettra, au moins de fait, l'autorité qu'elle a reçue et se bornera à un contrôle; dans ces circonstances, puis-je abandonner un rôle qui peut tomber en d'autres mains, et compromettre la cause tout entière? Je souffre de quitter Mugron et mes habitudes, et mon travail capricieux et nos causeries. C'est un déchirement affreux; mais m'est-il permis de reculer?

Adieu, mon cher Félix, ton ami.

Paris, le 24 mai 1846.

Mon cher Félix, j'ai tant couru ce matin que je ne puis tenir la plume, et mon écriture est toute tremblante. Ce que tu me dis de l'utilité de ma présence à Mugron me préoccupe tous les jours. Mais, mon ami, j'ai presque la certitude que, si je quitte Paris, notre association tombera dans l'eau et tout sera à recommencer. Tu en jugeras; voici où nous en sommes : je crois t'avoir dit qu'une commission avait été nommée, réunissant pleins pouvoirs; au moment de lancer notre *manifeste*, plusieurs des commissaires ont voulu que nous fussions pourvus de *l'autorisation préalable*. Elle a été demandée, le ministre l'a promise; mais les jours se passent et je ne vois rien arriver. En attendant, le manifeste est dans nos cartons. C'est certainement une faute d'exiger *l'autorisation*, nous devions nous borner à une simple *déclaration*. Les peureux ont cru être agréables au ministre, et je crois qu'ils l'embarrassent, parce que, surtout à l'approche des élections, il craindra de se mettre à dos les manufacturiers.

Cependant M. Guizot a déclaré qu'il donnerait l'autorisation, M. de Broglie a laissé entendre qu'il viendrait à nous aussitôt après, c'est pourquoi je patiente encore; mais pour peu qu'on retarde, je casserai les vitres, au risque de tout dissoudre, sauf à recommencer sur un autre plan, et avec d'autres personnes.

Tu vois combien il est difficile de déserter le terrain en ce moment; ce n'est pas l'envie qui me manque, car, mon cher Félix, Paris et moi nous ne sommes pas faits l'un pour l'autre. Il y aurait trop à dire là-dessus, ce sera pour une autre fois...

Ton article du *Mémorial* était excellent, peu de personnes l'ont lu, car il n'est arrivé précisément que quand nos réunions ont cessé, par la cause que je t'ai dite; mais je l'ai communiqué à Dunoyer et à Say, ainsi qu'à quelques autres, et tous y ont trouvé une vivacité et une clarté qui entraînent le lecteur et forcent la conviction. Le *je ne m'en mêle plus* ne pouvait que plaire beaucoup à Dunoyer ; malheureusement les idées du jour sont portées à un point effrayant vers l'autre sens : *Mêler à tout l'État*. Bientôt on fera une seconde édition de mes *Sophismes*. Nous pourrons y joindre cet article et quelques autres, si tu en fais. Je puis bien te dire à toi que ce petit livre est destiné à une grande circulation. En Amérique, on se propose de le propager à profusion ; les journaux anglais et italiens l'ont traduit presque en entier. Mais ce qui me vexe un peu, c'est de voir que les trois à quatre plaisanteries que j'ai glissées dans ce volume ont fait fortune, tandis que la partie sérieuse est fort négligée. Tâche donc de faire aussi du *Buffa*.

Je te quitte ; je viens d'apprendre qu'une occasion se présente pour Bordeaux, et je veux en profiter.

Bordeaux, le 22 juillet 1846.

Mon cher Félix, je t'écrivais avant-hier, et je ne serais pas surpris que ma lettre se fût égarée ; car depuis un mois je marche de malentendu en malentendu. Il faudrait une rame de papier pour te raconter tout ce qui m'arrive ; ce ne sont pas choses aimables, mais elles ont ce bon côté, qu'elles me font faire de grands progrès dans la connaissance du cœur humain. Hélas ! il vaudrait mieux peut-être conserver le peu d'illusions qu'on peut avoir à notre âge.

D'abord je me suis assuré que le retard qu'on a mis à expédier ma brochure tient à une intrigue. Ma lettre à M. Duchâtel l'a outré ; mais elle lui a arraché l'autorisation que tant de hauts personnages poursuivaient, depuis trois mois. Et, tu penses que l'association bordelaise m'en a su gré ? point du tout. Il y a ici un revirement complet d'opinion contre moi, et je suis *flétri* du titre de *radical ;* ma brochure m'a achevé. M. Duchâtel a écrit au préfet, le préfet a fait venir le directeur du *Mémorial*, et lui a lavé la tête; le directeur a racheté sa faute en retardant ma brochure. Cependant en ce moment les quatre cents exemplaires doivent t'être parvenus (1).

Quant à ce qui se passe en fait d'élections, ce serait trop long, je te le dirai verbalement. En résultat, je ne serai porté nulle part, excepté peut-être à Nérac. Mais je ne puis voir là qu'une démonstration de l'opposition et non une candidature sérieuse, sauf l'*imprévu* d'une journée électorale.

Hier il y a eu séance de l'association bordelaise. La manière dont on m'a engagé à prendre la parole m'a *engagé* à refuser.

Je présume qu'à l'heure qu'il est, tous les électeurs de Saint-Sever ont ma brochure. C'est tout ce que j'ai à leur offrir avec mon dévouement. Cette distribution doit te donner bien de la peine. Entre quatre pourtant, la besogne n'est pas lourde. J'espère être rentré à Mugron vers le 28 ou 29, tout juste pour aller voter.

Adieu, mon cher Félix, je ne fermerai ma lettre que ce soir, en cas que j'aie quelque chose à ajouter.

P. S. Je viens d'avoir une entrevue importante, je te conterai cela. Mais le résultat est que Bordeaux ne me portera pas, on veut un *Économiste* qui soit du juste milieu. Le ministère a recommandé *Blanqui*.

Paris, le 1er octobre 1846.

Mon cher Félix, je n'ai pas de tes nouvelles et ne sais par conséquent où tu en es de ton procès. Puisses-tu être près de l'issue et du succès! Donne-moi des nouvelles de ta bonne sœur; les bains de Biarritz lui ont-ils été favorables? Je regrette que tu n'aies pas été l'accompagner; il me semble

(1) V. ci-après l'écrit intitulé : *A MM. les électeurs de l'arrondissement de Saint-Sever.* (*Note de l'éditeur.*)

que Mugron doit devenir tous les jours plus triste et plus monotone pour toi.

On m'écrit de Bordeaux qu'on fait réimprimer en brochure plusieurs de nos articles. C'est ce qui fait que je ne me presse pas de faire un second volume des *Sophismes ;* cela ferait un double emploi. La correspondance seule me prend autant de temps que j'en puis consacrer à écrire. Mon ami, je ne suis pas seulement de l'association, je suis l'association tout entière ; non que je n'aie de zélés et dévoués collaborateurs, mais seulement pour parler et écrire. Quant à organiser et à administrer cette vaste machine, je suis seul, et combien cela durera-t-il ? Le 15 de ce mois, je prends possession de mes appartements. J'aurai alors un personnel ; jusque-là, il n'y a pas pour moi de travail intellectuel possible.

Je t'envoie un numéro du journal qui relate notre séance publique d'hier soir. J'ai débuté sur la scène parisienne et dans des circonstances vraiment défavorables. Le public était nombreux et les dames avaient pour la première fois fait apparition aux tribunes. Il avait été arrêté qu'on entendrait cinq orateurs, et que chacun ne parlerait qu'une demi-heure. — C'était déjà une séance de deux heures et demie. — Je devais parler le dernier ; sur mes quatre prédécesseurs, deux ont été fidèles aux engagements pris, et deux autres ont parlé une grande heure, c'étaient deux professeurs. Je me suis donc présenté devant un auditoire harassé par trois heures d'économie politique et fort pressé de décamper. Moi-même j'avais été très-fatigué par une attente si prolongée. Je me suis levé avec un pressentiment terrible que ma tête ne me fournirait rien. J'avais bien préparé mon discours, mais sans l'écrire. Juge de mon effroi. — Comment se fait-il que je n'aie pas eu un moment d'hésitation ; que je n'aie éprouvé aucun trouble, aucune émotion, si ce n'est aux *jarrets ?* C'est inexplicable. Je dois tout au ton modeste que j'ai pris en commençant. Après avoir averti le public qu'il ne devait pas attendre une pièce d'éloquence, je me suis trouvé parfaitement à l'aise, et je dois avoir réussi, puisque les journaux ne donnent que ce discours. Voilà une grande épreuve surmontée. Je te dis tout cela bien franchement, comme tu vois, convaincu que tu en seras charmé pour mon compte et pour la cause. Mon cher Félix, nous vaincrons, j'en suis sûr. Dans quelque temps, mes compatriotes pourront échanger leurs vins contre ce qu'ils désireront. La Chalosse renaîtra à la vie. Cette pensée me soutient. Je n'aurai pas été tout à fait inutile à mon pays.

Je présume que j'irai au Havre dans deux ou trois mois pour organiser un comité. Le préfet de Rouen avertit M. Anisson « qu'il ait soin de passer de nuit, s'il ne veut pas être lapidé. »

On assure qu'hier soir, il y eut un grand meeting protectionniste à Rouen. Si je l'avais su, j'y serais allé *incognito*. Je me féliciterais que ces Messieurs fissent comme nous; cela nous aiguillonnerait. Et d'ailleurs, c'est une soupape de sûreté ; tant qu'ils se défendront par les voies légales, il n'y aura pas à craindre de collision.

Adieu, mon cher Félix, écris-moi de temps en temps, mets ta solitude à profit, et fais quelque chose de sérieux. Je regrette bien de ne pouvoir plus rien entreprendre pour la vraie gloire. S'il te vient en tête quelque bonne démonstration, fournis-la-moi. Je me suis assuré que la parabole et la plaisanterie ont plus de succès et opèrent plus que les meilleurs traités.

Paris, le 11 mars 1847.

Mon cher Félix, ta lettre est venue bien à propos pour détruire l'inquiétude où m'avait jeté celle de la veille. Pourtant j'avais le pressentiment que tu me donnerais de meilleures nouvelles, et ma confiance venait précisément de cet assoupissement de ma tante qui te donnait des craintes ; car, à deux reprises, j'ai pu m'assurer que c'est plutôt un bon signe chez elle. Mais la constitution de notre machine est si bizarre, que cela ne pouvait me rassurer beaucoup. Aussi j'attendais le courrier avec impatience, et le malheur a voulu qu'il fût retardé aujourd'hui de plusieurs heures à cause de la neige. Enfin, j'ai ta lettre et je suis tranquille. Quel supplice pour nous, mon cher Félix, lorsque l'incertitude des circonstances vient s'ajouter à l'incertitude de notre caractère ! Abandonner ma pauvre tante dans ce moment, malade, n'ayant pas un parent auprès d'elle ! Cette pensée est affreuse. D'un autre côté, tous les fils de notre entreprise sont dans ma main : journal, correspondance, comptabilité, puis-je laisser s'écrouler tout l'édifice? Il y avait comité, je parlai de la nécessité que je prévoyais de faire une absence, et j'ai pu comprendre à quel point je suis engagé. Pourtant un ami m'a offert de faire le journal en mon absence. C'est beaucoup, mais que d'autres obstacles ! Enfin, ma tante est bien. — Ceci me servira de leçon, et je vais manœuvrer de manière à pouvoir au moins, au besoin, disposer de quelques jours. Pour toi, mon cher Félix, aie soin de me tenir bien au courant.

Ta blanche chaumière me sourit. Je t'admire et te félicite de ne placer ton château en Espagne qu'à un point où tu puisses atteindre. Deux métairies en ligne, de justes proportions de champs, de vignes, de prés, quelques vaches, deux familles patriarcales de métayers, deux domestiques qui à la campagne ne coûtent pas cher, la proximité du presbytère, et surtout ta bonne sœur et tes livres. Vraiment, il y a là de quoi varier, occuper et adoucir les jours d'automne. Peut-être un jour j'aurai aussi ma chaumière près de la tienne. Pauvre Félix ! tu crois que je poursuis la gloire. Si elle m'était destinée, comme tu le dis, elle m'échapperait ici, où je ne fais rien de sérieux. J'ai, je le sens, une nouvelle exposition de la science économique dans la tête, et elle n'en sortira jamais ! — Adieu, il est déjà peut-être trop tard pour le courrier.

Août 1847.

... Je t'envoie le dernier numéro du journal. Tu verras que je me suis lancé devant l'École de droit. La brèche est faite. Si ma santé ne s'y oppose pas, je persisterai certainement; et à partir de novembre prochain, je ferai à cette jeunesse un cours, non d'économie politique pure, mais d'économie sociale, en prenant ce mot dans l'acception que nous lui donnons, *Harmonie des lois sociales*. Quelque chose me dit que ce cours, adressé à des jeunes gens, qui ont de la logique dans l'esprit et de la chaleur dans l'âme, ne sera pas sans utilité. Il me semble que je produirai la conviction, et puis j'indiquerai au moins les bonnes sources. Enfin, que le bon Dieu me donne encore un an de force, et mon passage sur cette terre n'aura pas été inutile : diriger le journal, faire un cours à la jeunesse des écoles, cela ne vaut-il pas mieux que d'être député ?

Adieu, mon cher Félix, ton ami.

5 janvier 1848.

Mon cher Félix, écrivant à Domenger, je profite de l'occasion uniquement pour te souhaiter une meilleure année que les précédentes.

J'ai honte de faire paraître mon second volume des *Sophismes ;* ce n'est qu'un ramassis de ce qui a paru déjà dans les journaux. Il faudra un troisième volume pour me relever ; j'en ai les matériaux informes.

Mais je tiendrais bien autrement à publier le cours que je fais à la jeunesse des écoles. Malheureusement je n'ai que le temps de jeter quelques notes sur le papier. J'en enrage, car je puis te le dire à toi, et d'ailleurs tu le sais, nous voyons l'économie politique sous un jour un peu nouveau. Quelque chose me dit qu'elle peut être simplifiée et plus rattachée à la politique et à la morale.

Adieu, je te quitte, je suis réduit à compter les minutes.

24 janvier 1848.

Je ne puis t'écrire que peu de mots, car je me trouve atteint de la même maladie que j'ai eue à Mugron, et qui, entre autres désagréments, a celui de priver de toutes forces. Il m'est impossible de penser, encore plus d'écrire.

Mon ami, je voudrais bien te parler de notre agitation, mais je ne le puis pas. Je ne suis pas du tout content de notre journal, il est faible et pâle comme tout ce qui émane d'une association. Je vais demander le pouvoir absolu, mais hélas! avec le pouvoir on ne me donnera pas la santé.

Je ne reçois pas le *Mémorial* (bordelais), et par conséquent je n'ai pas vu ton article *Anglophobie ;* je le regrette. J'y aurais peut-être puisé quelques idées, ou nous l'aurions reproduit.

13 février 1848.

Mon cher Félix, je n'ai aucune de tes nouvelles, je ne sais où tu en es de ton procès ; je présume que l'arrêt n'est pas rendu, car tu me l'aurais fait savoir. Dieu veuille que la cour soit bien inspirée ! Plus je pense à cette affaire, plus il me semble que les juges ne peuvent *conjecturer* contre le droit commun; dans le doute, l'éternelle loi de la justice (et même le Code) doit prévaloir.

La politique étouffe un peu notre affaire ; d'ailleurs il y a une conspiration du silence bien flagrante, elle a commencé avec notre journal. Si j'avais pu prévoir cela, je ne l'aurais pas fondé. Des raisons de santé m'ont forcé d'abandonner la direction de cette feuille. Je ne m'en occupais pas d'ailleurs avec plaisir, vu que le petit nombre de nos lecteurs, et la divergence des opinions politiques de nos collègues, ne me permettaient pas d'imprimer au journal une direction suffisamment démocratique; il fallait laisser dans l'ombre les plus beaux aspects de la question.

Si le nombre des abonnés eût été plus grand, j'aurais pu faire de cette feuille ma propriété; mais l'état de l'opinion s'y oppose, et puis ma santé est un obstacle invincible. Maintenant je pourrai travailler un peu plus capricieusement.

Je fais mon cours aux élèves de droit. Les auditeurs ne sont pas très-nombreux, mais ils viennent assidûment, et prennent des notes; la semence tombe en bon terrain. J'aurais voulu pouvoir écrire ce cours, mais je ne laisserai probablement que des notes confuses.

Adieu, mon cher Félix, écris-moi, dis-moi où tu en es de tes affaires et de ta santé, il n'est pas impossible que j'aille vous voir avant longtemps; mes souvenirs affectueux à ta bonne sœur.

29 février 1848.

Mon cher Félix, malgré les conditions mesquines et ridicules qui te sont faites, je te féliciterai de bon cœur si tu arrives à un arrangement. Nous nous faisons vieux; un peu de paix et de calme, dans l'arrière-saison, voilà le bien auquel il faut prétendre.

Puisque aussi bien, mon bon ami, je ne puis te donner ni conseils ni consolations sur ce triste dénoûment, tu ne seras pas surpris que je te parle de suite des grands événements qui viennent de s'accomplir.

La révolution de février a été certainement plus héroïque que celle de juillet; rien d'admirable comme le courage, l'ordre, le calme, la modération de la population parisienne. Mais quelles en seront les suites? Depuis dix ans, de fausses doctrines, fort en vogue, nourrissent les classes laborieuses d'absurdes illusions. Elles sont maintenant convaincues que l'État est obligé de donner du pain, du travail, de l'instruction à tout le monde. Le gouvernement provisoire en a fait la promesse solennelle ; il sera donc forcé de renforcer tous les impôts pour essayer de tenir cette promesse, et, malgré cela, il ne la tiendra pas. Je n'ai pas besoin de te dire l'avenir que cela nous prépare.

Il y aurait une ressource, ce serait de combattre l'erreur elle-même, mais cette tâche est si impopulaire qu'on ne peut la remplir sans danger ; je suis pourtant résolu de m'y dévouer si le pays m'envoie à l'assemblée nationale.

Il est évident que toutes ces promesses aboutiront à ruiner la province pour satisfaire la population de Paris ; car le gouvernement n'entreprendra jamais de nourrir tous les métayers, ouvriers et artisans des départements, et surtout des campagnes. Si notre pays comprend la situation, il me nommera, je le dis franchement, sinon je remplirai mon devoir avec plus de sécurité comme simple écrivain.

La *curée* des places est commencée, plusieurs de mes amis sont tout-puissants ; quelques-uns devraient comprendre que mes études spéciales pourraient être utilisées ; mais je n'entends pas parler d'eux. Quant à moi, je ne mettrai les pieds à l'Hôtel de ville que comme curieux ; je regarderai le mât de cocagne, je n'y monterai pas. Pauvre peuple ! que de déceptions on lui a préparées ! Il était si simple et si juste de le soulager par la diminution des taxes ; on veut le faire par la profusion, et il ne voit pas que tout le mécanisme consiste à lui prendre dix pour lui donner huit, sans compter la liberté réelle qui succombera à l'opération !

J'ai essayé de jeter ces idées dans la rue par un journal éphémère qui est né de la circonstance ; croirais-tu que les ouvriers imprimeurs eux-mêmes discutent et désapprouvent l'entreprise ! ils la disent *contre-révolutionnaire*.

Comment, comment lutter contre une école qui a la force en main et qui promet le bonheur parfait à tout le monde?

Ami, si l'on me disait : Tu vas faire prévaloir ton idée aujourd'hui, et demain tu mourras dans l'obscurité, j'accepterais de suite; mais lutter sans chance, sans être même écouté, quelle rude tâche!

Il y a plus, l'ordre et la confiance étant l'intérêt suprême du moment, il faut s'abstenir de toute critique et appuyer le gouvernement provisoire à tout prix, en le ménageant même dans ses erreurs. C'est un devoir qui me force à des ménagements infinis.

Adieu, les élections sont prochaines, nous nous verrons alors; en attendant, dis-moi si tu remarques quelques bonnes dispositions en ma faveur.

Paris, 9 juin 1848.

Mon cher Félix, j'ai été en effet bien longtemps sans t'écrire, et il faut me le pardonner, car je ne sais plus où donner de la tête. Voici ma vie : je me lève à six heures; s'habiller, se raser, déjeuner, parcourir les journaux, cela tient jusqu'à sept heures et sept heures et demie. Vers neuf heures, il faut que je parte, car à dix heures commence la séance du comité des finances auquel j'appartiens; il dure jusqu'à une heure, et alors c'est la séance publique qui commence et se prolonge jusqu'à sept. Je rentre pour dîner, et il est bien rare qu'après dîner il n'y ait pas réunion des sous-commissions chargées de questions spéciales.

La seule heure à ma disposition, c'est donc de huit à neuf heures du matin, c'est aussi celle où les visites m'arrivent; de tout cela il résulte que non-seulement je ne puis faire face à ma correspondance, mais que je ne puis rien étudier, quand, mis enfin en contact avec la pratique des affaires, je m'aperçois que j'ai tout à apprendre.

Aussi je suis profondément dégoûté de ce métier, et ce

qui se passe n'est pas propre à me relever. L'assemblée est certainement excellente sous le rapport des intentions, elle a bonne volonté, elle veut faire le bien ; mais elle ne le peut pas, d'abord parce que les principes ne sont pas sus, ensuite parce qu'il n'y a d'initiative nulle part. La commission exécutive s'efface complétement, nul ne sait si les membres qui la composent sont d'accord entre eux, ils ne sortent de leur inertie que pour manifester la plus étrange incohérence de vues. La chambre a beau leur réitérer des preuves de confiance pour les encourager à agir, il semble qu'ils ont le parti pris de nous abandonner à nous-mêmes. Juge ce que peut être une assemblée de neuf cents personnes chargées de délibérer et d'agir, ajoute à cela une salle immense où on ne s'entend pas. Pour avoir voulu dire quelques mots aujourd'hui, je me suis retiré avec un rhume ; c'est ce qui fait que je ne sors pas et que j'écris.

Mais d'autres symptômes sont bien plus effrayants ; l'idée dominante, celle qui a envahi toutes les classes de la société, c'est que l'État est chargé de faire vivre tout le monde. C'est une curée générale à laquelle les ouvriers sont enfin appelés ; on les blâme, on les craint, que font-ils? Ce qu'ont fait jusqu'ici toutes les classes. Les ouvriers sont mieux fondés ; ils disent : « Du pain contre du travail. » Les monopoleurs étaient et sont encore plus exigeants. Mais enfin où cela nous mènera-t-il? je tremble d'y penser.

Le comité des finances résiste naturellement, sa mission le rend économe et économiste ; aussi il est déjà tombé dans l'impopularité. « Vous défendez le capital ! » avec ce mot on nous tue, car il faut savoir que le capital passe ici pour un monstre dévorant.

Duprat, loin d'être mort, n'est pas malade.

« Les gens que vous tuez se portent assez bien. »

Dans l'émeute du 15, je n'ai été ni frappé ni menacé ;

j'ajouterai même que je n'ai pas éprouvé la plus légère émotion, si ce n'est quand j'ai cru qu'une tribune publique allait s'écrouler sous les pieds des factieux. Le sang aurait ruisselé dans la salle, et alors.....

Adieu, mon cher Félix.

24 juin 1848.

Mon cher Félix, les journaux te disent l'état affreux de notre triste capitale. Le canon, la fusillade, voilà le bruit qui domine; la guerre civile a commencé et avec un tel acharnement que nul ne peut prédire les suites. Si ce spectacle m'afflige comme homme, tu dois penser que j'en souffre aussi comme économiste; la vraie cause du mal c'est bien le faux socialisme.

Tu t'étonneras peut-être, et beaucoup de personnes s'étonnent ici, de ce que je n'aie pas encore exposé notre doctrine à la tribune. Elles me pardonneraient sans doute si elles jetaient un coup d'œil sur cette immense salle où l'on ne peut pas se faire entendre. Et puis notre assemblée est indisciplinée; si un seul mot choque quelques membres, même avant que la phrase ne soit finie, un orage éclate. Dans ces conditions tu comprends ma répugnance à parler. J'ai concentré ma faible action dans le comité dont je fais partie (celui des finances), et jusqu'ici ce n'est pas tout à fait sans succès.

Je voudrais pouvoir te fixer sur le dénoûment de la terrible bataille qui se livre autour de nous. Si le parti de l'ordre l'emporte, jusqu'où ira la réaction? Si c'est le parti de l'émeute, jusqu'où iront ses prétentions? On frémit d'y penser. S'il s'agissait d'une lutte accidentelle, je ne serais pas découragé. Mais ce qui travaille la société, c'est une erreur manifeste qui ira jusqu'au bout, car elle est plus ou moins partagée par ceux-là mêmes qui en combattent les manifestations exagérées. Puisse la France ne pas devenir une Turquie!

26 août 1848.

Mon cher Félix, j'éprouve une bien vive peine de voir, malgré mon désir, notre correspondance aussi languissante. Il me serait bien doux de continuer par lettres cet échange de sentiments et d'idées qui, pendant tant d'années, a suffi à notre bonheur. Tes lettres d'ailleurs me seraient bien nécessaires. Ici, au milieu des faits, dans le tumulte des passions, je sens que la netteté des principes s'efface, parce que la vie se passe à transiger. Je demeure aujourd'hui convaincu que la pratique des affaires exclut la possibilité de produire une œuvre vraiment scientifique; et pourtant, je ne te le cache pas, je conserve toujours cette ancienne chimère de mes *Harmonies sociales*, et je ne puis me défendre de l'idée que, si j'étais resté auprès de toi, je serais parvenu à jeter une idée utile dans le monde. Aussi il me tarde bien de prendre ma retraite.

Nous avons terminé ce matin cette grande affaire de l'enquête, qui pesait si lourdement sur l'assemblée et sur le pays. Un vote de la chambre autorise des poursuites contre L. Blanc et Caussidière, pour la part qu'ils ont pu prendre à l'attentat du 15 mai. On sera peut-être un peu surpris, dans le pays, que j'aie voté en cette circonstance contre le gouvernement. C'était autrefois mon projet de faire connaître à mes commettants le motif de mes votes. Le défaut de temps et de force peut seul me faire manquer à ce devoir ; mais ce vote est si grave que je voudrais faire savoir ce qui l'a déterminé. Le gouvernement croyait les poursuites contre ces deux collègues nécessaires ; on allait jusqu'à dire qu'on ne pouvait compter qu'à cette condition sur l'appui de la garde nationale. Je ne me suis pas cru le droit, même pour ce motif, de faire taire la voix de ma conscience. Tu sais que les doctrines de L. Blanc n'ont pas, peut-être dans toute la France, un adversaire plus décidé que moi.

Je ne doute pas que ces doctrines n'aient eu une influence funeste sur les idées des ouvriers et, par suite, sur leurs actes. Mais étions-nous appelés à nous prononcer sur des doctrines? Quiconque a une croyance doit considérer comme funeste la doctrine contraire à cette croyance. Quand les catholiques faisaient brûler les protestants, ce n'était pas parce que ceux-ci étaient dans l'erreur, mais parce que cette erreur était réputée dangereuse. Sur ce principe, nous nous tuerions les uns les autres.

Il y avait donc à examiner si L. Blanc s'était rendu vraiment coupable *des faits* de conspiration et insurrection. Je ne l'ai pas cru, et quiconque lira sa défense ne pourra le croire. En attendant, je ne puis oublier les circonstances où nous sommes : l'état de siége est en vigueur, la justice ordinaire est suspendue, la presse est bâillonnée. Pouvais-je livrer deux collègues à des adversaires politiques au moment où il n'y a plus aucune garantie? C'est un acte auquel je ne pouvais m'associer, un premier pas que je n'ai pas voulu faire.

Je ne blâme pas Cavaignac d'avoir suspendu momentanément toutes les libertés, je crois que cette triste nécessité lui a été aussi douloureuse qu'à nous ; et elle peut être justifiée par ce qui justifie tout, le salut public. Mais le salut public exigeait-il que deux de nos collègues fussent livrés? Je ne l'ai pas pensé. Bien au contraire, j'ai cru qu'un tel acte ne pouvait que semer parmi nous le désordre, envenimer les haines, creuser l'abîme entre les partis, non-seulement dans l'assemblée, mais dans la France entière; j'ai pensé qu'en présence des circonstances intérieures et extérieures, quand le pays souffre, quand il a besoin d'ordre, de confiance, d'institutions, d'union, le moment était mal choisi de jeter dans la représentation nationale un brandon de discorde. Il me semble que nous ferions mieux d'oublier nos griefs, nos rancunes, pour travailler au bien du pays ; et je m'estimais heureux qu'il n'y eût pas de *faits précis* à la charge de nos collègues, puisque par là j'étais dispensé de les livrer.

La majorité a pensé autrement. Puisse-t-elle ne s'être pas trompée ! puisse ce vote n'être pas fatal à la république !

Si tu le juges à propos, je t'autorise à envoyer un extrait de cette lettre au journal du pays.

7 septembre 1848.

Mon cher Félix, ta lettre ne me laissait pas le choix du parti que j'avais à prendre. Je viens d'envoyer ma démission de membre du conseil général ; je ne donne pas celle de représentant, et tu en comprends les motifs. En définitive, ce n'est pas quelques Mugronnais qui m'ont conféré ce titre.

Je voudrais savoir combien il y en a, parmi ceux qui me blâment, qui ont lu dans le *Moniteur* la défense de L. Blanc ; et, s'ils ne l'ont pas lue, il faut avouer que leur audace est grande à se prononcer.

On dit que j'ai cédé à la peur ; la peur était toute de l'autre côté. Ces messieurs pensent-ils qu'il faut moins de courage à Paris que dans les départements pour heurter les passions du jour? On nous menaçait de la colère de la garde nationale, si nous repoussions le projet de poursuites. Cette menace venait du quartier qui dispose de la force militaire.

La peur a donc pu influencer les boules noires, mais non les boules blanches. Il faut un degré peu commun d'absurdité et de sottise pour croire que c'est un acte de courage que de voter du côté de la force, de l'armée, de la garde nationale, de la majorité, de la passion du moment, de l'autorité.

As-tu lu l'enquête ? as-tu lu la déposition d'un ex-ministre, Trélat ? Elle dit : « Je suis allé à Clichy, je n'y ai pas « vu L. Blanc, je n'ai pas appris qu'il y soit allé ; mais j'ai

« reconnu des traces de son passage à l'attitude, aux gestes, « à la physionomie et jusqu'aux articulations des ouvriers. » A-t-on jamais vu la passion se manifester par des tendances plus dangereuses ? Et les trois quarts de l'enquête sont dans cet esprit !

Bref, en conscience, je crois que L. Blanc a fait beaucoup de mal, complice en cela de tous les socialistes, et il y en a beaucoup qui le sont, sans le savoir, même parmi ceux qui crient contre lui ; mais je ne crois pas qu'il ait pris part aux attentats de mai et juin, et je n'ai pas d'autres raisons à donner de ma conduite.

Je te remercie de m'avoir tenu au courant de l'état des esprits. Je connais trop le cœur humain pour en vouloir à personne. A leur point de vue, ceux qui me blâment ont raison. Puissent-ils se préserver longtemps de cette peste du socialisme ! Je me sens soulagé d'un grand poids depuis que ma lettre au préfet est à la poste. Le pays verra que j'entends qu'il se fasse représenter à son gré. Quand viendra la réélection, prie instamment M. Domenger de ne point appuyer ma candidature. En l'acceptant, je m'étais laissé entraîner par le désir de revoir mon pays ; c'était un sentiment tout personnel ; j'en ai été puni. Maintenant je ne désire autre chose que de me débarrasser d'un mandat plus pénible.

Paris, 26 novembre 1848.

Mon cher Félix, vous avez dû m'attendre à Mugron. Mon projet était d'abord d'y aller ; quand j'ai accepté d'être du conseil général, je dois avouer, à ma honte, que j'ai un peu été déterminé par la perspective de ce voyage. L'air natal a toujours tant d'attraits ! et puis j'aurais été heureux de te serrer la main. A cette époque, c'était une chose comme arrêtée que l'assemblée se prorogerait pendant la session du conseil. Depuis les choses ont changé ; on a vu un danger à dissoudre la seule autorité debout dans notre pays, et, partageant ce sentiment, j'ai dû rester à mon poste. Il est vrai que j'ai été malade et retenu souvent dans ma chambre, quelquefois dans mon lit, mais enfin j'étais à Paris, prêt à faire, dans la mesure de mes forces, ce que les circonstances auraient exigé.

Cette détérioration de ma santé, qui se traduit surtout en faiblesse et en apathie, est venue dans un mauvais moment. En vérité, mon ami, je crois que j'aurais pu être utile. Je remarque toujours que nos doctrines nous font trouver la solution des difficultés qui se présentent, et de plus, que ces solutions exposées avec simplicité sont toujours bien accueillies. Si l'économie politique, un peu élargie et spiritualisée, eût trouvé un organe à l'assemblée, elle y eût été une puissance ; car, on a beau dire, cette assemblée peut manquer de lumières, mais jamais il n'y en eut une qui eût meilleure volonté. Les erreurs, les systèmes les plus étranges et les plus menaçants sont venus s'étaler à la tribune, comme pour dresser un piédestal à l'économie politique et faire ombre à sa lumière. J'étais là, témoin cloué sur mon banc, je sentais en moi ce qu'il fallait pour rallier les intelligences et même les cœurs sincères, et ma misérable santé me condamnait au silence. Bien plus, dans les comités, dans les commissions, dans les bureaux, j'ai dû mettre une grande attention à m'annuler, sentant que si une fois j'étais poussé sur la scène, je ne pourrais y remplir mon rôle. C'est une cruelle épreuve. Aussi il faudra que je renonce à la vie publique, et toute mon ambition est maintenant d'avoir trois ou quatre mois de tranquillité devant moi, pour écrire mes pauvres *Harmonies économiques*. Elles sont dans ma tête, mais j'ai peur qu'elles n'en sortent jamais.

Les journaux d'aujourd'hui vous porteront la séance d'hier. Elle s'est prolongée jusqu'à minuit. Elle était attendue avec anxiété et même avec inquiétude. J'espère qu'elle produira un bon effet sur l'opinion publique.

Tu me demandes mon opinion sur les prochaines élections. Je ne puis comprendre comment, avec des principes identiques, le milieu où nous vivons suffit pour nous faire voir les choses à un point de vue si différent. Quels journaux, quelles informations recevez-vous, pour dire que Cavaignac penche du côté de la Montagne? Cavaignac a été mis où il est pour soutenir la république, et il le fera consciencieusement. L'aimerait-on mieux s'il la trahissait? En même temps qu'il veut la république, il comprend les conditions de sa durée. Reportons-nous à l'époque des élections générales. Quel était alors le sentiment à peu près universel? Il y avait un certain nombre *de vrais et honnêtes républicains*, ensuite une multitude immense jusque-là divisée, qui n'avait ni demandé ni désiré la république, mais à qui la révolution de février avait ouvert les yeux. Elle comprit que la monarchie avait fait son temps, elle voulait se rallier à l'ordre nouveau et le soumettre à l'expérience. J'ose dire que ce fut là l'esprit dominant, comme l'atteste le résultat électoral. La masse choisit ses représentants parmi les républicains dont j'ai parlé; en sorte qu'on peut considérer ces deux catégories comme composant la nation. Cependant, au-dessus et au-dessous de ce corps immense, il y a deux partis. Celui de dessus s'appelle *république rouge* et se compose d'hommes qui font assaut d'exagération quand il s'agit de flatter les passions populaires; celui de dessous s'appelle *réaction*. Il reçoit tous ceux qui aspirent à renverser la république, à lui tendre des piéges et à embarrasser sa marche.

Voilà la situation des premiers jours de mai; et pour comprendre la suite, il ne faut pas oublier que le pouvoir était alors aux mains de la république rouge, dominée encore par des partis plus extrêmes et plus violents.

Où en sommes-nous venus à force de temps, de patience, à travers bien des périls? à rendre le pouvoir homogène avec cette masse immense qui forme la nation même. En effet, où Cavaignac a-t-il pris son ministère? en partie parmi les républicains honnêtes de la veille, en partie parmi les hommes sincèrement ralliés. Remarque qu'il ne pouvait négliger aucun de ces éléments, ni monter jusqu'à la Montagne, ni descendre jusqu'à la réaction. C'eût été manquer de sincérité et de bonne politique. Il a pris assez de francs républicains pour qu'on ne pût douter de la république, et, parmi les hommes d'une autre époque, il a choisi ceux que leur loyauté notoire ne permet pas de tenir pour suspects, comme Vivien et Dufaure.

Dans cette marche descendante vers le point précis qui coïncide avec l'opinion et avec la stabilité de la république, nous avons froissé le parti exagéré, qui nous a fait sentir tout son mécontentement par les 15 mai et 23 juin ; nous avons déçu les réactionnaires, qui se vengent par leur choix...

Maintenant, si cette multitude immense, qui s'était montrée franchement ralliée, oubliant les difficultés qu'a rencontrées l'assemblée, se dissout et renonce au but qu'elle s'était proposé, je ne sais plus où nous allons. Si elle persiste, elle doit le prouver en nommant Cavaignac.

Les rouges, qui ont au moins le mérite d'être conséquents et sincères, portent leurs voix sur Ledru-Rollin et Raspail... Que devons-nous faire, nous ? Je m'en rapporte à ta sagacité.

Sauf aux journées de juin, où, comme tous mes collègues, j'allais, en revenant des barricades, dire au chef du pouvoir exécutif ce que j'avais vu, je n'ai jamais parlé à Cavaignac, je n'ai jamais été dans ses salons, et très-probablement il ne sait pas si j'existe. Mais j'ai écouté ses paroles, j'ai observé ses actes, et si je ne les ai pas tous approuvés, si j'ai souvent voté contre lui, notamment chaque fois qu'il m'a paru que les mesures exceptionnelles, nées des nécessités de juin, se prolongeaient trop longtemps, je puis le dire, du moins en mon âme et conscience, je crois Cavaignac honnête.....

5 décembre 1848.

Mon cher Félix, je profite d'une réponse que j'adresse à Hiard pour t'écrire deux lignes.

Les élections approchent. J'ai écrit une lettre aux journaux des *Landes*. J'ignore si elle a paru. Dans mon intérêt, il eût été plus prudent de me taire ; mais il m'a semblé que je devais faire connaître mon opinion. Si je ne suis pas renommé, je m'en consolerai aisément.

Jusqu'ici on n'a aucune nouvelle du pape. Voilà une grande question soulevée. Si le pape veut consentir à devenir le premier des évêques, le catholicisme peut avoir un grand avenir. Quoi qu'en dise Montalembert, la puissance temporelle est une grande difficulté. Nous ne sommes plus dans un temps où il soit possible de dire : « Tous les peuples seront libres et se donneront le gouvernement qu'ils veulent, excepté les Romains, parce que cela nous arrange. »

Adieu.

1er janvier 1849.

Mon cher Félix, je veux me donner le plaisir de profiter de la réforme postale, puisque aussi bien j'y ai contribué. Je la voulais radicale, nous n'en avons que la préface ; telle qu'elle est, elle permettra au moins les épanchements de l'amitié.

Depuis février, nous avons traversé des jours difficiles, mais je crois que jamais l'avenir ne s'est montré aussi sombre, et je crains bien que l'élection de Bonaparte ne résolve pas les difficultés. Au premier moment, je me félicitais de la majorité qui l'a porté à la présidence. J'ai nommé Cavaignac, parce que je suis sûr de sa parfaite loyauté et de son intelligence; mais tout en le nommant, je sentais que le pouvoir lui serait lourd. Il a fait tête à un orage terrible, il s'est attiré des haines inextinguibles, le parti du désordre ne lui pardonnera jamais. Si c'était un avantage, un homme dont le républicanisme fût assuré et qui en même temps ne pût plus pactiser avec les rouges, d'un autre côté, ce passé même lui créait de grandes difficultés. Un moment j'ai espéré que l'apparition sur la scène d'un personnage nouveau, sans relations avec les partis, pouvait inaugurer une ère nouvelle... Quoi qu'il en soit, moi et tous les républicains sincères avons pris le parti de nous rattacher à ce produit du suffrage universel. Je n'ai pas vu dans la chambre l'ombre d'une opposition systématique...

D'un autre côté, les partisans des dynasties déchues, sauf à se battre entre eux plus tard, commencent par démolir la république. Ils savent bien que l'assemblée est notre ancre de salut; aussi ils s'ingénient à la faire dissoudre, et provoquent des pétitions dans ce sens. Un coup d'État est imminent. D'où viendra-t-il? qu'amènera-t-il? Ce qu'il y a de pis, c'est que les masses préfèrent le président à l'assemblée.

Pour moi, mon cher Félix, je me tiens en dehors de toutes ces intrigues. Autant que mes forces me le permettent, je m'occupe de faire prévaloir mon programme. Tu le connais dans sa généralité. Voici le plan pratique : réformer la poste, le sel et les boissons; de là déficit dans le budget des recettes, qui sera réduit à 12 ou 1,300 millions; — *exiger* du pouvoir qu'il y conforme le budget des dépenses; lui déclarer que nous n'entendons pas qu'il dépense une obole de plus; le forcer ainsi à renoncer, au dehors, à toute *intervention*, au dedans, à toutes les *utopies socialistes;* en un mot exiger ces deux principes, les obtenir de la *nécessité*, puisque nous n'avons pu les obtenir de la *raison* publique.

Ce projet, je le pousse partout. J'en ai parlé aux ministres qui sont mes amis ; ils ne m'ont guère écouté. Je le prêche dans les réunions de députés. J'espère qu'il prévaudra. Déjà les deux premiers actes sont accomplis ; restent les boissons. Le crédit en souffrira pendant quelque temps, la Bourse est en émoi; mais il n'y a pas à reculer. Nous sommes devant un gouffre qui s'élargit sans cesse ; il ne faut pas espérer de le fermer sans que personne en souffre. Le temps des ménagements est passé. Nous prêterons appui au président, à tous les ministres, mais nous voulons les *trois réformes*, non pas tant pour elles-mêmes, que comme infaillible et seul moyen de réaliser notre devise : *Paix et liberté.*

Adieu, mon ami, reçois mes vœux de nouvelle année.

15 mars 1849.

Mon cher Félix, tes lettres sont en effet bien rares, mais elles me sont douces comme cette sensation qu'on éprouve quand on revoit après longtemps le clocher de son village.

C'est une tâche pénible que d'être et de vouloir rester patriote et conséquent. Par je ne sais quelle illusion d'optique, on vous attribue les changements qui s'opèrent autour de vous. J'ai rempli mon mandat dans l'esprit où je l'avais reçu; mon pays a le droit de changer et par conséquent de changer ses mandataires; mais il n'a pas le droit de dire que c'est moi qui ai changé.

Tu as vu par les journaux que j'avais présenté ma motion. *Que les représentants restent représentants*, ai-je dit, car si la loi fait briller à leurs yeux d'autres perspectives, à l'instant le mandat est vicié, exploité; et comme il constitue l'essence même du régime représentatif, c'est ce régime tout entier qui est faussé dans sa source et dans son principe.

Chose extraordinaire ! Quand je suis monté à la tribune, je n'avais pas dix adhérents, quand j'en suis descendu, j'avais la majorité. Ce n'est certainement pas la puissance oratoire qui avait opéré ce phénomène, mais la puissance du sens commun. Les ministres et tous ceux qui aspirent à le devenir étaient dans les transes; on allait voter, quand la commission, M. Billault en tête, a évoqué l'amendement. Il a été renvoyé *de droit* à cette commission. Dimanche et lundi il y a eu une réaction de l'opinion d'ailleurs fort peu préparée, si bien que mardi chacun disait : *Les représentants rester représentants !* mais c'est un danger effroyable, c'est pire que la Terreur ! — Tous les journaux avaient tronqué, altéré, supprimé mes paroles, mis des absurdités dans ma bouche. Toutes les réunions, rue de *Poitiers*, etc., avaient jeté le cri d'alarme... enfin les moyens ordinaires.

Bref, je suis resté avec une minorité, composée de quelques exaltés, qui ne m'ont pas mieux compris que les autres; mais il est certain que l'impression a été vive et ne s'effacera pas de sitôt. Plus de cent membres m'ont dit qu'ils penchaient pour ma proposition, mais qu'ils votaient contre, craignant de se tromper sur une innovation de cette importance, à laquelle ils n'avaient pas assez réfléchi.

Tu me connais assez pour penser que je n'aurais pas voulu réussir par surprise. Plus tard, l'opinion aurait attribué à mon amendement toutes les calamités que le temps peut nous réserver.

Au point de vue personnel, ce qu'il y a de triste c'est le charlatanisme qui règne ici dans les journaux. C'est un parti pris d'exalter certains hommes et d'en rabaisser certains autres. Que faire? il me serait facile d'avoir aussi un grand nombre d'amis dans la presse; mais il faudrait pour cela se donner un soin que je ne prendrai pas, la chaîne est trop lourde.

Quant aux élections, j'ignore si je pourrai y assister, je n'irai qu'autant que l'assemblée se dissoudra : membre de la commission du budget, il faut bien que je reste à mon poste : que le pays m'en punisse s'il le veut, j'ai fait mon devoir. Je n'ai qu'une chose à me reprocher, c'est de n'avoir pas assez travaillé, encore j'ai pour excuse ma santé fort délabrée, et l'impossibilité de lutter avec mes faibles poumons contre les orages parlementaires. Ne pouvant parler, j'ai pris le parti d'écrire. Il n'est pas une question brûlante qui n'ait donné lieu à une brochure de moi. Il est vrai que j'y traitais moins la question pratique que celle de principe ; en cela j'obéissais à la nature de mon esprit qui est de remonter à la source des erreurs, chacun se rend utile à sa manière. Au milieu des passions déchaînées, je ne pouvais exercer d'action sur les effets, j'ai signalé les causes ; suis-je resté inactif?

A la doctrine de L. Blanc, j'ai opposé mon écrit *Individualisme et Fraternité.* — La propriété est attaquée, je fais la brochure *Propriété et Loi.* — On se rejette sur la rente des terres, je fais les cinq articles des *Débats : Propriété et Spoliation.* — La source *pratique* du communisme se montre, je fais la brochure *Protectionnisme et Communisme.* — Proudhon et ses adhérents prêchent la *gratuité du crédit*, doctrine qui gagne comme un incendie, je fais la brochure *Capital et Rente.* — Il est clair qu'on va chercher l'équilibre par de nouveaux impôts, je fais la brochure *Paix et Liberté.* — Nous sommes en présence d'une loi qui favorise les coalitions parlementaires, je fais la brochure des *Incompatibilités.* On nous menace du papier-monnaie, je fais la brochure *Maudit argent.* — Toutes ces brochures distribuées gratuitement, en grand nombre, m'ont beaucoup coûté ; sous ce rapport, les électeurs n'ont rien à me reprocher.

Sous le rapport de l'action, je n'ai pas non plus trahi leur confiance. Au 15 mai, dans les journées de juin, j'ai pris part au péril. Après cela, que leur verdict me condamne, je le ressentirai peut-être dans mon cœur, mais non dans ma conscience.

Adieu.

25 avril 1849.

Mon cher Félix, les élections ont beau approcher, je ne reçois aucune nouvelle directe. Une bonne et affectueuse lettre de Domenger, voilà toute ma pitance. Je puis présumer que je suis le seul représentant à ce régime, qui me fait pressentir mon sort. D'ailleurs j'ai quelques information indirectes par Dampierre. Il ne m'a pas laissé ignorer que le pays a fait un mouvement, qui implique le retrait de cette confiance qu'il avait mise en moi. Je n'en suis ni surpris ni guère contrarié, *en ce qui me concerne*. Nous sommes dans un temps où il faut se jeter dans un des partis extrêmes si l'on veut réussir. Quiconque voit d'un œil froid les exagérations des partis et les combat, reste délaissé et écrasé au milieu. Je crains que nous ne marchions vers une guerre sociale, vers la guerre des pauvres contre les riches, qui pourrait bien être le fait dominant de la fin du siècle. Les pauvres sont ignorants, violents, travaillés d'idées chimériques, absurdes, et le mouvement qui les emporte est malheureusement justifié, dans une certaine mesure, par des *griefs réels*, car les contributions indirectes sont pour eux l'*impôt progressif* pris à rebours. — Cela étant ainsi, je ne pouvais avoir qu'un plan : combattre les erreurs du peuple et aller au-devant des *griefs fondés*, afin de ne jamais laisser la justice de son côté. De là mes huit ou dix brochures, et mes votes pour toutes les réformes financières.

Mais il s'est rencontré que les riches, profitant du besoin

de sécurité, qui est le trait saillant de l'opinion publique, exploitent ce besoin au profit de leur injustice. Ils restent froids, égoïstes, ils flétrissent tout effort qu'on fait pour les sauver, et ne rêvent que la restauration du petit nombre d'abus que la révolution a ébranlés.

Dans cette situation, le choc me semble inévitable, et il sera terrible. Les riches comptent beaucoup sur l'armée ; l'expérience du passé devrait les rendre un peu moins confiants à cet égard.

Quant à moi, je devais déplaire aux deux partis, par cela même que je m'occupais plus de les combattre dans leurs torts que de m'enrôler sous leur bannière ; moi et tous les autres hommes de conciliation *scientifique*, je veux dire fondée sur la justice expliquée par la science, nous resterons sur le carreau. La chambre prochaine, qui aurait dû être la même que celle-ci, sans les extrêmes, sera au contraire formée des deux camps exagérés ; la prudence intermédiaire en sera bannie. S'il en est ainsi, il ne me reste qu'une chose à dire : Dieu protége la France ! Mon ami, en restant dans l'obscurité, j'aurai des motifs de me consoler, si du moins mes tristes prévisions ne se réalisent pas. J'ai ma théorie à rédiger ; de puissants encouragements m'arrivent fort à propos. Hier, je lisais dans une revue anglaise ces mots : En économie politique, l'école française a eu trois phases, exprimées par ces trois noms : Quesnay, Say, Bastiat.

Certes, c'est prématurément qu'on m'assigne ce rang et ce rôle; mais il est certain que j'ai une idée neuve, féconde et que je crois vraie. Cette idée, je ne l'ai jamais développée méthodiquement. Elle a percé presque accidentellement dans quelques-uns de mes articles ; et puisque cela a suffi pour qu'elle attirât l'attention des savants, puisqu'on lui fait déjà l'honneur de la considérer comme une *époque* dans la science, je suis maintenant sûr que lorsque j'en donnerai la théorie complète elle sera au moins examinée. N'est-ce pas tout ce que je pouvais désirer? Avec quelle ardeur je vais mettre à profit ma retraite pour élaborer cette doctrine, ayant la certitude d'avoir des juges qui comprennent et qui attendent!

D'un autre côté, les professeurs d'économie politique belges essayent d'enseigner ma *Théorie de la valeur*, mais ils tâtonnent. Aux États-Unis, elle a fait impression, et hier à l'assemblée, une députation d'Américains m'a remis une traduction de mes ouvrages. La préface prouve qu'on attend l'*idée* fondamentale jusqu'ici plutôt indiquée que formulée. Il en est de même en Allemagne et en Italie. Tout cela se passe, il est vrai, dans le cercle étroit des professeurs; mais c'est par là que les idées font leur entrée dans le monde.

Je suis donc prêt à accepter résolûment la vie naturellement fort dure qui va m'être faite. Ce qui me donne du cœur, ce n'est pas le *non omnis moriar* d'Horace, mais la pensée que peut-être ma vie n'aura pas été inutile à l'humanité.

Maintenant, où me fixerai-je pour accomplir ma tâche? Sera-ce à Paris? sera-ce à Mugron? Je n'ai encore rien résolu, mais je sens qu'auprès de toi l'œuvre serait mieux élaborée. N'avoir qu'une pensée et la soumettre à un ami éclairé, c'est certainement la meilleure condition du succès.

30 juillet 1849.

Mon cher Félix, tu as vu que la prorogation, pour six semaines, a passé à une majorité assez faible. Je compte partir le 12 ou le 13. Je te laisse à penser avec quel bonheur je reverrai Mugron et mes parents et mes amis. Dieu veuille que l'on me laisse tout ce temps dans ma solitude! Avec ton concours, j'achèverai peut-être la première partie de mon ouvrage. J'y tiens beaucoup. Il est mal engagé, contient trop de controverse, sent trop le métier, etc., etc.; malgré cela il me tarde de le lancer dans le monde, parce que je suis résolu à ne jouer aucun rôle parlementaire avant de pouvoir m'appuyer sur cette base. M. Thiers provoquait l'autre jour ceux qui croient tenir la solution du problème social. Je grillais sur mon banc, mais je m'y sentais cloué par l'impossibilité de me faire comprendre. Une fois le livre publié, j'aurai la ressource d'y renvoyer les hommes de peu de foi.

Puisque nous devons avoir le bonheur de nous voir et de reprendre nos délicieuses conversations, il est inutile que je réponde à la partie politique de ta lettre. Nous ne pouvons nous séparer sur les principes ; il est impossible que nous ne portions pas le même jugement sur les faits actuels et sur les hommes.

Je porterai les livres que tu me demandes et aussi peut-être ceux des ouvrages qui me seront nécessaires. Rends-moi le service de faire dire à ma tante que je me porte à merveille et que je vais commencer mes préparatifs de départ.

Paris, 13 décembre 1849.

Mon cher Félix, c'est une chose triste que notre correspondance se soit ainsi ralentie. Ne va pas en conclure, je t'en prie, que ma vieille amitié pour toi se soit refroidie ; au contraire, il semble que le temps et la distance, ces deux grands poëtes, prêtent un charme au souvenir de nos promenades et de nos conversations. Bien souvent je regrette Mugron, et son calme philosophique, et ses loisirs féconds. Ici, la vie s'use à ne rien faire, ou du moins à ne rien produire.

Hier, j'ai parlé dans la discussion des boissons. Comme j'use rarement de la tribune, j'ai voulu y poser nos idées. Avec un peu de persévérance, on les ferait triompher. Il faut bien qu'on les ait jugées dignes d'examen, puisque l'assemblée tout entière les a écoutées avec recueillement. sans qu'on puisse attribuer ce rare phénomène au talent ou à la renommée de l'orateur. Mais ce qui est affligeant, c'est que ces efforts sont perdus pour le public, grâce à la mauvaise constitution de la presse périodique. Chaque journal m'endosse ses propres pensées. S'ils se bornaient à défigurer, ridiculiser, j'en prendrais mon parti ; mais ils me prêtent les hérésies mêmes que je combats. Que faire ? — Au reste, je t'envoie le *Moniteur* ; amuse-toi à comparer.

Je n'ai pas dit tout ce que je voulais dire, ni comme je voulais le dire : notre volubilité méridionale est un fléau oratoire. Quand la phrase est finie, on pense à la manière dont la phrase eût dû être tournée. Cependant le geste, l'intonation et l'action aidant, on se fait comprendre des *auditeurs*. Mais cette parole sténographiée n'est plus qu'un tissu lâche ; moi-même je n'en puis supporter la lecture.

Nous sommes vraiment ici *over-worked*, comme disent les Anglais. Ces longues séances, bureaux, commissions, tout cela assomme sans profit. Ce sont dix heures perdues qui font perdre le reste de la journée ; car (au moins aux têtes faibles) elles suffisent pour ôter la faculté du travail. Aussi quand pourrai-je faire mon second volume, sur lequel je compte bien plus pour la propagande que sur le premier ? Je ne sais si on reçoit à Mugron la *Voix du Peuple*. Le *socialisme* s'est renfermé aujourd'hui dans une formule, la *gratuité du crédit*. Il dit de lui-même : Je suis cela où je ne suis rien. Donc, c'est sur ce terrain que je l'ai attaqué dans une série de lettres auxquelles répond Proudhon. Je crois qu'elles ont fait un grand bien en désillusionnant beaucoup d'adeptes égarés. Mais voici qui t'étonnera : la classe bourgeoise est si aveugle, si passionnée, si confiante dans sa force naturelle, qu'elle juge à propos de ne pas m'aider. Mes lettres sont dans la *Voix du peuple*, cela suffit pour qu'elles soient dédaignées de ces messieurs ; comme si elles pouvaient faire du bien ailleurs. Eh ! quand il s'agit de ramener les ouvriers, ne vaut-il pas mieux dire la vérité dans le journal qu'ils lisent?

Mardi, je commence mon cours à la jeunesse des écoles. Tu vois que la besogne ne manque pas ; et, pour m'arranger, ma poitrine subit un traitement qui me prend deux heures tous les jours. Il est vrai que je m'en trouve à merveille.

Je ne te parle que de moi, mon cher Félix, imite cet exemple; et parle-moi beaucoup de toi. Si tu voulais suivre mon conseil, je t'engagerais fortement à faire quelque chose d'utile ; par exemple, une série de petits pamphlets. Ils sont longs à pénétrer dans les masses, mais ils finissent par faire leur œuvre.

Commencement de 1850.

Il n'y a pas de jour, mon cher Félix, où je ne pense à te répondre. Toujours par la même cause, j'ai la tête si faible que le moindre travail m'assomme. Pour peu que je sois engagé dans quelques-unes de ces affaires qui commandent, le peu de temps que je puis consacrer à tenir une plume est absorbé; et me voilà forcé de renvoyer de jour en jour ma correspondance. Mais enfin, si je dois trouver de l'indulgence quelque part, c'est bien dans mes amis.

Tu me disais, dans une lettre précédente, que tu avais un projet et que tu me le communiquerais. J'attends, très-disposé à te seconder ; mais s'il s'agit de journaux, je dois te prévenir que j'ai très-peu de relations avec eux, et tu devines pourquoi. Il serait impossible de se lier avec eux sans y laisser son indépendance. Je suis décidé, quoi qu'il arrive, à n'être pas un homme de parti. Avec nos idées, c'est un rôle impossible. Je sais bien qu'en ce temps s'isoler c'est s'annuler, mais j'aime mieux cela. Si j'avais la force que j'avais autrefois, le moment serait venu d'exercer une véritable action sur l'opinion publique, et mon éloignement de toute faction me viendrait en aide. Mais je vois l'occasion m'échapper, et c'est bien triste. Il n'y a pas de jour où l'on ne me fournisse l'occasion de dire ou écrire quelque vérité utile. La concordance entre tous les points de notre doctrine finirait par frapper les esprits, qui y sont d'ailleurs préparés par les nombreuses déceptions dont ils ont été dupes. Je vois cela, beaucoup d'amis me pressent de me jeter dans la mêlée, et je ne puis pas. — Je t'assure que j'apprends la résignation ; et, quand j'en aurai besoin, je m'en trouverai bien pourvu.

Les *Harmonies* passent inaperçues ici, si ce n'est d'une douzaine de connaisseurs. Je m'y attendais ; il ne pouvait en être autrement. Je n'ai pas même pour moi le zèle accoutumé de notre petite église, qui m'accuse d'hétérodoxie ; malgré cela j'ai la confiance que ce livre se fera faire place petit à petit. En Allemagne, il a été bien autrement reçu. On le creuse, on le pioche, on le laboure, on y cherche ce qui y est et ce qui n'y est pas. Pouvais-je souhaiter mieux ?

Maintenant je demanderais au ciel de m'accorder un an pour faire le second volume, qui n'est pas même commencé, après quoi je chanterais le *Nunc dimittis*.

Le socialisme se propage d'une manière effrayante ; mais, comme toutes les contagions, en s'étendant il s'affaiblit et même se transforme. Il périra par là. Le nom pourra rester, mais non la chose. Aujourd'hui, *socialisme* est devenu synonyme de *progrès ;* est socialiste quiconque veut un changement *quelconque*. Vous réfutez *L. Blanc*, *Proudhon*, *Leroux*, *Considérant ;* vous n'en êtes pas moins socialiste, si vous ne demandez pas le *statu quo* en toutes choses. Ceci aboutit à une mystification. Un jour tous les hommes se rencontreront avec cette étiquette sur leur chapeau ; et comme, pour cela, ils ne seront pas plus d'accord sur les réformes à faire, il faudra inventer d'autres noms, la guerre s'introduira parmi les socialistes. Elle y est déjà, et c'est ce qui sauve la France.

Adieu, mon cher Félix, fais dire à ma tante que je me porte bien.

Paris, le 9 septembre 1850.

Mon cher Félix, je t'écris au moment de me lancer dans un grand voyage. La maladie, que j'avais quand je t'ai vu, s'est fixée au larynx et à la gorge. Par la continuité de la douleur, et l'affaiblissement qu'elle occasionne, elle devient un véritable supplice. J'espère pourtant que la résignation ne me fera pas défaut. Les médecins m'ont ordonné de passer l'hiver à Pise ; j'obéis, encore que ces messieurs ne m'aient pas habitué à avoir foi en eux.

Adieu, je te quitte parce que ma tête ne me permet plus guère d'écrire. J'espère être plus vigoureux en route.

Rome, le 11 novembre 1850.

Si je renvoie de jour en jour à t'écrire, mon cher Félix, c'est qu'il me semble toujours que sous peu j'aurai la force de me livrer à une longue causerie. Au lieu de cela, je suis forcé de restreindre toujours davantage mes lettres, soit que ma faiblesse augmente, soit que je me déshabitue de la plume. — Me voici dans la ville éternelle, mon ami, malheureusement fort peu disposé à en visiter les merveilles. J'y suis infiniment mieux qu'à Pise, entouré d'excellents amis qui m'enveloppent de la sollicitude la plus affectueuse. De plus, j'y ai retrouvé Eugène, qui vient passer avec moi une partie de la journée. Enfin, si je sors, je puis toujours donner à mes promenades un but intéressant. Je ne demanderais qu'une chose, être soulagé de ce que mon mal au larynx a d'aigu ; cette continuité de souffrance me désole. Les repas sont pour moi de vrais supplices. Parler, boire, manger, avaler la salive, tousser, tout cela sont des opérations douloureuses. Une promenade à pied me fatigue, la promenade en voiture m'irrite la gorge, je ne puis pas travailler ni même lire sérieusement. Tu vois où j'en suis réduit. Vraiment, je ne serai bientôt plus qu'un cadavre qui a retenu la faculté de souffrir : j'espère que les soins que je suis décidé à prendre, les remèdes qu'on me fait, et la douceur du climat, adouciront bientôt un peu ma situation si déplorable.

Mon ami, je ne te parlerai que vaguement d'un des objets dont tu m'entretiens. J'y avais déjà songé, et il doit y avoir, parmi mes papiers, quelque ébauche d'articles sous forme de lettres à toi adressées. Si la santé me revient et que je puisse faire le second volume des *Harmonies*, je te le dédierai. Sinon, je mettrai une courte dédicace à la seconde édition du premier volume. Dans cette dernière hypothèse, qui implique la fin de ma carrière, je pourrai t'exposer mon plan et te léguer la mission de le remplir.

Ici on a de la peine à trouver des journaux. Il m'en est tombé un vieux sous la main, du temps où l'engouement était à l'amélioration du sort des classes ouvrières. L'avenir des ouvriers, la condition des ouvriers, les éternelles vertus des ouvriers, c'était le texte de tout livre, brochure, revue ou journal. Et penser que ce sont *les mêmes écrivains*, qui accablent le peuple d'injures, enrôlés qu'ils sont à l'une des trois dynasties qui, se disputant notre pauvre France, font tout le mal de la situation. Sais-tu rien de plus triste ?

Je te remercie d'avoir bien voulu envoyer quelques renseignements biographiques à M. Paillottet. Ma vie n'offre aucun intérêt au public, si ce n'est la circonstance qui m'a tiré de Mugron. Si j'avais su qu'on s'occupait de cette notice, j'aurais raconté ce fait curieux.

Adieu, mon cher Félix, à moins d'être tout à fait hors d'état de voyager ou *tout à fait guéri*, je compte passer le mois d'avril à Mugron, puisqu'il m'est défendu de rentrer à

Paris avant le mois de mai. Je gémis de ne pouvoir remplir mes devoirs de représentant, mais il est malheureusement certain que ce n'est pas ma faute. — En Italie, ainsi qu'en Espagne, on est souvent témoin du peu d'influence de la dévotion extérieure sur la morale.

Mes souvenirs à tous les amis ; donne de mes nouvelles à ma tante ; présente mes amitiés à ta sœur.

LETTRES DE FRÉDÉRIC BASTIAT A RICHARD COBDEN.

Mugron, 24 novembre 1844.

Monsieur,

Nourri à l'école de votre Adam Smith et de notre J. B. Say je commençais à croire que cette doctrine si simple et si claire n'avait aucune chance de se populariser, du moins de bien longtemps, car, chez nous, elle est complétement étouffée par les spécieuses *fallacies* que vous avez si bien réfutées, — par les sectes fouriéristes, communistes, etc., dont le pays s'est momentanément engoué, — et aussi par l'alliance funeste des *journaux de parti* avec les journaux payés par les comités manufacturiers.

C'est dans l'état de découragement complet où m'avaient jeté ces tristes circonstances, que m'étant par hasard abonné au *Globe and Traveller*, j'appris, et l'existence de la *Ligue*, et la lutte que se livrent en Angleterre la liberté commerciale et le monopole. Admirateur passionné de votre si puissante et si morale association, et particulièrement de l'homme qui paraît lui donner, au milieu de difficultés sans nombre, une impulsion à la fois si énergique et si sage, je n'ai pu contempler ce spectacle sans désirer faire aussi quelque chose pour la noble cause de l'affranchissement du travail et du commerce. Votre honorable secrétaire M. Hickin a eu la bonté de me faire parvenir *la Ligue*, à dater de janvier 1844, et beaucoup de documents relatifs à l'*agitation*.

Muni de ces pièces, j'ai essayé d'appeler l'attention du public sur vos *proceedings*, sur lesquels les journaux français gardaient un silence calculé et systématique. J'ai écrit dans les journaux de Bayonne et de Bordeaux, deux villes naturellement placées pour être le berceau du mouvement. Récemment encore, j'ai fait insérer dans le *Journal des Économistes* (n° 35, Paris, octobre 1844) un article que je recommande à votre attention. Qu'est-il arrivé? c'est que les journaux parisiens, à qui nos lois donnent le monopole de l'opinion, ont jugé la discussion plus dangereuse que le silence. Ils font donc le *silence* autour de moi, bien sûrs, par ce système, de me réduire à l'impuissance.

J'ai essayé d'organiser à Bordeaux une association pour l'*affranchissement des échanges*; mais j'ai échoué parce que si l'on rencontre quelques esprits qui souhaitent *instinctivement* la liberté *dans une certaine mesure*, il ne s'en trouve pas qui la comprennent en principe.

D'ailleurs une association n'opère que par la publicité, et il lui faut de l'argent. Je ne suis pas assez riche pour la doter à moi seul; et demander des fonds, c'eût été créer l'insurmontable obstacle de la méfiance...

J'ai songé à établir à Paris un journal quotidien fondé sur ces deux données : *Liberté commerciale; exclusion d'esprit de parti.* — Là, encore, je suis venu me heurter contre des obstacles pécuniaires et autres, qu'il est inutile de vous exposer. Je le regretterai tous les jours de ma vie, car j'ai la conviction qu'un tel journal, répondant à un besoin de l'opinion, aurait eu des chances de succès. — (Je n'y renonce pas.)

Enfin, j'ai voulu savoir si je pouvais avoir quelques chances d'être nommé député, et j'ai acquis la certitude que mes concitoyens m'accorderaient leurs suffrages; car j'atteignis presque la majorité aux dernières élections. Mais des considérations personnelles m'empêchent d'aspirer à cette position, que j'aurais pu faire tourner à l'avantage de notre cause.

Forcé de restreindre mon action, je me suis mis à traduire vos séances de *Drury-Lane* et de *Covent-Garden.* — Au mois de mai prochain, je livrerai cette traduction à la publicité. J'en attends de bons effets.

1° Il faudra bien que l'on reconnaisse, en France, l'existence de l'*agitation* anglaise contre les monopoles.

2° Il faudra bien qu'on cesse de croire que la liberté n'est qu'un piége que l'Angleterre tend aux autres nations.

3° Les arguments en faveur de la liberté du commerce auront peut-être plus d'effet, sous la forme vive, variée, populaire de vos *speeches*, que dans les ouvrages méthodiques des économistes.

4° Votre *tactique* si bien dirigée, en bas sur l'opinion, en haut sur le parlement, nous apprendra à agir de même et nous éclairera sur le parti qu'on peut tirer des institutions constitutionnelles.

5° Cette publication sera un coup vigoureux porté à ces deux grands fléaux de notre époque : L'*esprit de parti* et les *haines nationales*.

6° La France verra qu'il y a en Angleterre deux opinions entièrement opposées, et qu'il est par conséquent absurde et contradictoire d'embrasser toute l'Angleterre dans la même haine.

Pour que cette œuvre fût complète, j'aurais désiré avoir quelques documents sur *l'origine et le commencement de la Ligue.* Un court historique de cette association aurait convenablement précédé la traduction de vos discours. J'ai demandé ces pièces à M. Hickin ; mais ses occupations ne lui ont sans doute pas permis de me répondre. Mes documents ne remontent qu'à janvier 1843. — Il me faudrait au moins la discussion au parlement sur le tarif de 1842, et spécialement le discours où M. Peel proclama la vérité économique, sous cette forme devenue si populaire : *We must be allowed to buy in the cheapest market, etc.*

Je voudrais aussi que vous me disiez quels sont ceux de vos discours; soit aux meetings, soit au parlement, que vous jugez le plus à propos de faire traduire. — Enfin je désire que mon livre contienne une ou deux *free-trade discussions* de la chambre des communes, et que vous ayez la bonté de me les désigner.

Je m'estimerai heureux si j'obtiens une lettre de l'homme de notre époque à qui j'ai voué la plus vive et la plus sincère admiration.

Mugron, 8 avril 1845.

Monsieur,

Puisque vous me permettez de vous écrire, je vais répondre à votre bienveillante lettre du 12 décembre dernier. J'ai traité avec M. Guillaumin, libraire à Paris, pour l'impression de la traduction dont je vous ai entretenu.

Le livre est intitulé : *Cobden et la Ligue, ou l'Agitation anglaise pour la liberté des échanges*. Je me suis permis de m'emparer de votre nom, et voici mes motifs : je ne pouvais intituler cet ouvrage *Anti-corn-Law-league*. Indépendamment de ce qu'il est un peu barbare pour les oreilles françaises, il n'aurait porté à l'esprit qu'une idée restreinte. Il aurait présenté la question comme purement *anglaise*, tandis qu'elle est humanitaire, et la plus humanitaire de toutes celles qui s'agitent dans notre siècle. Le titre plus simple : *la Ligue*, eût été trop vague et eût porté la pensée sur un épisode de notre histoire nationale. J'ai donc cru devoir le préciser, en le faisant précéder du nom de celui qui est reconnu pour être « l'âme de cette agitation. » Vous avez vous-même reconnu que les noms propres étaient quelquefois nécessaires « *to give point, to direct attention.* » — C'est là ma justification.

Les noms propres, les réputations faites, la *mode*, en un mot, a tant d'influence chez nous, que j'ai cru devoir faire un autre effort pour l'attirer de notre côté. J'ai écrit dans le *Journal des Économistes* (numéro de février 1845), une lettre à M. de Lamartine. Cet illustre écrivain, cédant à ce tyran *Fashion*, avait assailli les économistes de la manière la plus injuste et la plus irréfléchie, puisque, dans le même écrit, il adoptait leurs principes. J'ai lieu de croire, d'après la réponse qu'il a bien voulu m'adresser, qu'il n'est pas éloigné de se ranger parmi nous, et cela suffirait peut-être pour déterminer chez nous un revirement inattendu de l'opinion. Sans doute, un tel revirement serait bien précaire, mais enfin on aurait, au moins provisoirement, un public, et c'est ce qui nous manque. Pour moi, je ne demande qu'une chose, qu'on ne se bouche pas volontairement les oreilles.

Permettez-moi de vous recommander, si vous en avez l'occasion, *the perusal* de la lettre à laquelle je fais allusion.

Je suis, Monsieur, votre respectueux serviteur.

Londres, 8 juillet 1845.

MONSIEUR,

J'ai enfin le plaisir de vous présenter un exemplaire de la traduction dont je vous ai plusieurs fois entretenu. En me livrant à ce travail, j'avais la conviction que je rendais à mon pays un véritable service, tant en popularisant les saines doctrines économiques, qu'en démasquant les hommes coupables qui s'appliquent à entretenir de funestes préventions nationales. Mon espérance n'a pas été trompée. J'en ai distribué à Paris une centaine d'exemplaires, et ils ont produit la meilleure impression. Des hommes qui, par leur position et l'objet de leurs études, devraient savoir ce qui se passe chez vous, ont été surpris à cette lecture. Ils ne pouvaient en croire leurs yeux. La vérité est que tout le monde en France ignore l'importance de votre *agitation*, et l'on en est encore à soupçonner que quelques manufacturiers cherchent à propager *au dehors* des idées de liberté par pur machiavélisme britannique. — Si j'avais combattu directement le préjugé, je ne l'aurais pas vaincu. En laissant agir les *free-traders*, en les laissant parler, en un mot, en vous *traduisant*, j'espère lui avoir porté un coup auquel il ne résistera pas, pourvu que le livre soit lu : *That is the question*.

J'espère, Monsieur, que vous voudrez bien m'admettre à l'honneur de m'entretenir un moment avec vous et de vous témoigner personnellement ma reconnaissance, ma sympathie et ma profonde admiration.

Votre très-humble serviteur.

Mugron, 2 octobre 1845.

Quel que soit le charme, mon cher Monsieur, que vos lettres viennent répandre sur ma solitude, je ne me permettrais pas de les provoquer par des importunités si fréquentes ; mais une circonstance imprévue me fait un devoir de vous écrire.

J'ai rencontré dans les cercles de Paris un jeune homme qui m'a paru plein de cœur et de talent, nommé Fonteyraud, rédacteur de la *Revue britannique*. Il m'écrit qu'il se propose de continuer mon œuvre, en insérant dans le recueil qu'il rédige la suite des opérations de la Ligue ; à cet effet, il veut aller en Angleterre pour voir par lui-même votre belle organisation, et il me demande des lettres pour vous, pour MM. Bright et Wilson. L'objet qu'il a en vue est trop utile pour que je ne m'empresse pas d'y consentir, et j'espère que, de votre côté, vous voudrez bien satisfaire la noble curiosité de M. Fonteyraud.

Mais, par une seconde lettre, il m'apprend qu'il a encore un autre but qui, selon lui, exigerait de la part de la Ligue un appui effectif, et, pour tout dire, pécuniaire. Je me suis empressé de répondre à M. Fonteyraud que je ne pouvais pas vous entretenir d'un projet que je ne connais que très-imparfaitement. Je ne lui ai pas laissé ignorer d'ailleurs que, selon moi, toute action exercée sur l'opinion publique, en France, et qui paraîtrait dirigée par le doigt et l'or de l'Angleterre, irait contre son but, en renforçant des préventions enracinées et que beaucoup d'habiles gens ont intérêt à exploiter. Si donc M. Fonteyraud exécute son voyage, veuillez, ainsi que MM. Bright et Wilson, juger par vous-même de ses projets et me considérer comme totalement étranger aux entreprises qu'il médite. Je me hâte de quitter ce sujet, pour répondre à votre si affectueuse lettre du 23 septembre.

J'apprends avec peine que votre santé se ressent de vos immenses travaux tant privés que publics. On ne saurait, certes, la compromettre dans une plus belle cause ; chacune de vos souffrances vous rappellera de nobles actions ; mais c'est là une triste consolation, et je n'oserais pas la présenter à tout autre qu'à vous ; car, pour la comprendre, il faut avoir votre abnégation, votre dévouement au bien public. Mais enfin votre œuvre touche à son terme, les ouvriers ne manquent plus autour de vous, et j'espère que vous allez enfin chercher des forces au sein du repos.

Depuis ma dernière lettre, un mouvement que je n'espérais pas s'est manifesté dans la presse française. Tous les journaux de Paris et un grand nombre des journaux de province ont rendu compte, à l'occasion de mon livre, de l'agitation contre les lois-céréales. Ils n'en ont pas, il est vrai, saisi toute la portée ; mais enfin l'opinion publique est éveillée. C'était le point essentiel, celui auquel j'aspirais de toute mon âme ; il s'agit maintenant de ne pas la laisser retomber dans son indifférence, et si j'y puis quelque chose, cela n'arrivera pas.

Votre lettre m'est parvenue le lendemain du jour où nous avons eu une élection. C'est un homme de la cour qui a été nommé. Je n'étais pas même candidat. Les électeurs sont imbus de l'idée que leurs suffrages sont un don précieux, un service important et personnel. Dès lors ils exigent qu'on le leur demande. Ils ne veulent pas comprendre que le mandat parlementaire est leur propre affaire ; que c'est sur eux que retombent les conséquences d'une confiance bien ou mal placée, et que c'est par conséquent à eux à l'accorder avec discernement sans attendre qu'on la sollicite, qu'on la leur arrache. — Pour moi, j'avais pris mon parti de rester dans mon coin, et, comme je m'y attendais, on m'y a laissé. Il est probable que, dans un an, nous aurons en France les élections générales. Je doute que d'ici là les électeurs soient revenus à des idées plus justes. Cependant un grand nombre d'entre eux paraissent décidés à me porter. Mes efforts en faveur de notre industrie vinicole seront pour moi un titre efficace et que je puis avouer. Aussi, j'ai vu avec plaisir que vous étiez disposé à seconder les vues que j'ai exposées dans la lettre que la *League* a reproduite [1]. Si vous pouvez obtenir que ce journal appuie le principe du droit *ad valorem* appliqué aux vins, cela donnerait à ma candidature une base solide et honorable. Au fait, dans ma position, la députation est une lourde charge ; mais l'espoir de contribuer à former, au sein de notre parlement, un noyau de *free-traders* me fait passer par-dessus toutes les considérations personnelles. Quand je viens à penser qu'il n'y a pas, dans nos deux chambres, un homme qui ose avouer le principe de la liberté des échanges, qui en comprenne toute la portée, ou qui sache le sou-

[1] V. ci-après l'écrit intitulé : *De l'avenir du commerce des vins entre la France et la Grande-Bretagne.* (*Note de l'éditeur.*)

tenir contre les sophismes du monopole, j'avoue que je désire au fond du cœur m'emparer de cette place vide, que j'aperçois dans notre enceinte législative, quoique je ne veuille rien faire pour cela qui tende à fausser de plus en plus les idées dominantes en fait d'élections. Essayons de mériter la confiance, et non de la surprendre.

Je vous remercie des conseils judicieux que vous me donnez, en m'indiquant la marche qui vous semble le mieux adaptée aux circonstances de notre pays, pour la propagation des doctrines économiques. Oui, vous avez raison, je conçois que chez nous la diffusion des lumières doit procéder de haut en bas. Instruire les masses est une tâche impossible, puisqu'elles n'ont ni le droit, ni l'habitude, ni le goût des grandes assemblées et de la discussion publique. C'est un motif de plus pour que j'aspire à me mettre en contact avec les classes les plus éclairées et les plus influentes, *through* la députation.

Vous me faites bien plaisir en m'annonçant que vous avez de bonnes nouvelles des États-Unis. Je ne m'y attendais pas. L'Amérique est heureuse de parler la même langue que la Ligue. Il ne sera pas possible à ses monopoleurs de soustraire à la connaissance du public vos arguments et vos travaux. Je désirerais que vous me dissiez, quand vous aurez l'occasion de m'écrire, quel est le journal américain qui représente le plus fidèlement l'école économiste. Les circonstances de ce pays ont de l'analogie avec les nôtres, et le mouvement *free-trader* des États-Unis ne pourrait manquer de produire en France une forte et bonne impression, s'il était connu. — Pour épargner du temps, vous pourriez faire prendre pour moi un abonnement d'un an, et prier M. Fonteyraud de vous rembourser. Il me sera plus facile de lui faire remettre le prix que de vous l'envoyer.

J'accepte avec grand plaisir votre offre d'*échanger* une de vos lettres contre deux des miennes. Je trouve que vous sacrifiez encore ici la *fallacy* de la *réciprocité:* car assurément c'est moi qui gagnerai le plus, et vous ne recevrez pas *valeur* contre *valeur*. Vu vos importantes occupations, j'aurais bien souscrit à vous écrire trois fois. Si jamais je suis député, nous renouvellerons les bases du contrat.

Mugron, 13 décembre 1845.

Mon cher Monsieur, me voilà bien redevable envers vous, car vous avez bien voulu, au milieu de vos nobles et rudes travaux, vous relâcher de cette convention que j'avais acceptée avec reconnaissance, « une lettre pour deux ; » mais je n'ai malheureusement que trop d'excuses à invoquer, et pendant que tous vos moments sont si utilement consacrés au bien public, les miens ont été absorbés par la plus grande et la plus intime douleur qui pût me frapper ici-bas (1).

J'attendais pour vous écrire d'avoir des nouvelles de M. Fonteyraud. Il fallait bien que je susse en quels termes vous remercier de l'accueil que vous lui avez fait, à ma recommandation. J'étais bien tranquille à cet égard ; car j'avais appris indirectement qu'il était enchanté de son voyage et enthousiasmé des ligueurs. J'apprends avec plaisir que les ligueurs n'ont pas été moins satisfaits de lui. Quoique je l'aie peu connu, j'avais jugé qu'il avait en lui de quoi se recommander lui-même. Il n'a pas eu, sans doute, le loisir de m'écrire encore.

A ce sujet, vous revenez sur mon séjour auprès de vous, et les excuses que vous m'adressez me rendent tout confus. A l'exception des deux premiers jours, où, par des circonstances fortuites, je me trouvai isolé à Manchester, et où mon moral subit sans doute la triste influence de votre étrange climat (influence que je laissai trop percer dans ce billet inconvenant auquel vous faites allusion), à l'excep-

(1) La mort d'une parente. (*Note de l'éditeur.*)

tion de ces deux jours, dis-je, j'ai été accablé de soins et de bontés par vous et vos amis, MM. John et Thomas Bright, Paulton, Wilson, Smith, Ashworth, Evans et bien d'autres; et je serais bien ingrat si, parce qu'il y avait élection à Cambridge pendant ces deux jours, je ne me souvenais que de ce moment de *spleen* pour oublier ceux que vous avez entourés de bienveillance et de charme. Croyez, mon cher Monsieur, que notre dîner de Chorley, votre entretien si instructif avec M. Dyer, chez M. Thomas Bright, ont laissé dans ma mémoire et dans mon cœur des souvenirs ineffaçables. — Vous voulez m'inviter à renouveler ma visite. Cela n'est pas tout à fait irréalisable; voici comment les choses pourraient s'arranger. Il est probable que cet été la grande question sera décidée; et, comme un vaillant combattant, vous aurez besoin de prendre quelque repos et de panser vos blessures. Comme la parole a été votre arme principale, c'est son organe qui aura le plus souffert en vous; et vous avez fait quelque allusion à l'état de votre santé dans votre lettre précédente. Or, nous avons dans nos Pyrénées des sources merveilleuses pour guérir les poitrines et les larynx fatigués. Venez donc passer en famille une saison aux Pyrénées. Je vous promets, soit d'aller vous chercher, soit de vous reconduire, à votre choix. — Ce voyage ne sera pas perdu pour la cause. Vous verrez notre population vinicole; vous vous ferez une idée de l'esprit qui l'anime, ou plutôt ne l'anime pas. En passant à Paris, je vous mettrai en relations avec tous nos frères en économie politique et en philanthropie rationnelle. Je me plais à croire que ce voyage laisserait d'heureuses traces dans votre santé, dans vos souvenirs, et aussi dans le mouvement des esprits en France, relativement à l'affranchissement du commerce. Bordeaux est aussi une ville que vous verrez avec intérêt. Les esprits y sont prompts et ardents; il suffit d'une étincelle pour les enflammer, et elle pourrait bien partir de votre bouche.

Je vous remercie, mon cher Monsieur, de l'offre que vous me faites relativement à ma traduction. Permettez-moi cependant de ne pas l'accepter. C'est un sacrifice personnel que vous voulez ajouter à tant d'autres, et je ne dois pas m'y prêter.

Je sens que le titre de mon livre ne vous permet pas de réclamer l'intervention de la *Ligue*. Dès lors, laissons mon pauvre volume vivre ou mourir tout seul. — Mais je ne puis me repentir d'avoir attaché votre nom, en France, à l'histoire de ce grand mouvement. En cela j'ai peut-être froissé un peu vos dignes collaborateurs, et cette injustice involontaire me laisse quelques remords. Mais véritablement, pour exciter et fixer l'attention, il faut chez nous qu'une doctrine s'incarne dans une individualité, et qu'un grand mouvement soit représenté et résumé dans un nom propre. Sans la grande figure d'O'Connell, l'agitation irlandaise passerait inaperçue de nos journaux. — Et voyez ce qui est arrivé. La presse française se sert aujourd'hui de votre nom pour désigner, en économie politique, le principe orthodoxe. C'est une ellipse, une manière abrégée de parler. Il est vrai que ce principe est encore l'objet de beaucoup de contestations et même de sarcasmes. Mais il grandira, et à mesure votre nom grandira avec lui. L'esprit humain est ainsi fait. Il a besoin de drapeaux, de bannières, d'incarnations, de noms propres; et en France plus qu'ailleurs. Qui sait si votre destinée n'excitera pas chez nous l'émulation de quelque homme de génie?

Je n'ai pas besoin de vous dire avec quel intérêt, quelle anxiété, je suis le progrès de votre *agitation*. Je regrette que M. Peel se soit laissé devancer. Sa supériorité personnelle et sa position le mettent à même de rendre à la cause des services plus immédiatement réalisables, peut-être, que ceux qu'elle peut attendre de Russell; et je crains que l'avénement d'un ministère whig n'ait pour résultat de recomposer une opposition aristocratique formidable, qui vous prépare de nouveaux combats.

Vous voulez bien me demander ce que je fais dans ma solitude. Hélas, cher Monsieur, je suis fâché d'avoir à vous répondre par ce honteux monosyllabe : *Rien.* — La plume me fatigue, la parole davantage, en sorte que si quelques pensées utiles fermentent dans ma tête, je n'ai plus aucun moyen de les manifester au dehors. Je pense quelquefois à notre infortuné André Chénier. Quand il fut sur l'échafaud, il se tourna vers le peuple et dit en se frappant le front : « C'est dommage, j'avais quelque chose là. » Et moi aussi, il me semble que « j'ai quelque chose là. » — Mais qui me souffle cette pensée? Est-ce la conscience d'une valeur réelle ? est-ce la fatuité de l'orgueil?... Car quel est le sot barbouilleur qui de nos jours ne croie avoir aussi « quelque chose là ? »

Adieu, mon cher Monsieur, permettez-moi, à travers la distance qui nous sépare, de vous serrer la main bien affectueusement.

P.-S. J'ai des relations fréquentes avec Madrid, et il me sera facile d'y envoyer un exemplaire de ma traduction.

Mugron, 13 janvier 1846.

Mon cher Monsieur, quelle reconnaissance ne vous dois-je pas pour vouloir bien songer à moi, au milieu d'occupations si pressantes et si propres à exciter au plus haut point votre intérêt! C'est le 23 que vous m'avez écrit, le jour même de cet étonnant meeting de Manchester, qui n'a certes pas de précédent dans l'histoire. Honneur aux hommes du Lancastre! Ce n'est pas seulement la *liberté du commerce* que le monde leur devra, mais encore l'art éclairé, moral et dévoué de l'agitation. L'humanité connaît enfin l'*instrument* de toutes les réformes. — En même temps que votre lettre, m'est parvenu le numéro du *Manchester Guar-*

dian où se trouve la relation de cette séance. Comme j'avais vu, quelques jours avant, le compte rendu de votre première réunion à Manchester, dans le *Courrier français*, j'ai pensé que l'opinion publique était maintenant éveillée en France, et je n'ai pas cru nécessaire de traduire *the report of your proceeding*. J'en suis fâché maintenant, car je vois que ce *grand fait* n'a pas produit ici une impression proportionnée à son importance.

Que je vous félicite mille fois, mon cher Monsieur, d'avoir refusé une position officielle dans le cabinet whig. — Ce n'est pas que vous ne soyez bien capable et bien digne du pouvoir. Ce n'est pas même que vous n'y puissiez rendre de grands services. Mais, au siècle où nous sommes, on est si imbu de l'idée que quiconque paraît se consacrer au bien public, travaille en effet pour soi ; on comprend si peu le dévouement à un principe, que l'on ne peut croire au désintéressement ; et certes, vous aurez fait plus de bien par cet exemple d'abnégation et par l'effet moral qu'il produira sur les esprits, que vous n'en eussiez pu faire au banc ministériel. J'aurais voulu vous embrasser, mon cher Monsieur, quand vous m'avez appris, par cette conduite, que votre cœur est à la hauteur de votre intelligence. — Vos procédés ne resteront pas sans récompense ; vous êtes dans un pays où l'on ne décourage pas la probité politique par le ridicule.

Puisqu'il s'agit de dévouement, cela me servira de transition pour passer à l'autre partie de votre bonne lettre. Vous me conseillez d'aller à Paris. Je sens moi-même que, dans ce moment décisif, je devrais être à mon poste. Mon propre intérêt l'ordonne autant que le bien de la cause. — Depuis deux mois, nos journaux débitent sur la *Ligue* un tas d'absurdités, ce qu'ils ne pourraient faire si j'étais à Paris, parce que je n'en laisserais pas échapper une sans la combattre. — D'un autre côté, mieux instruit que bien d'autres sur la portée de votre mouvement, j'acquerrais dans le public une certaine autorité.—Je vois tout cela, et cependant je languis dans une bourgade du département des Landes. — Pourquoi? Je crois vous en avoir dit quelques mots dans une de mes lettres. —Je suis ici dans une position honorable et tranquille, quoique modeste. A Paris, je ne pourrais me suffire qu'en tirant parti de ma plume, chose que je ne blâme pas chez les autres, mais pour laquelle j'éprouve une répugnance invincible. —Il faut donc vivre et mourir dans mon coin, comme Prométhée sur son rocher.

Vous aurez peut-être une idée de la souffrance morale que j'éprouve, quand je vous dirai qu'on a essayé d'organiser une *Ligue* à Paris. Cette tentative a échoué et devait échouer. La proposition en a été faite dans un dîner de vingt personnes où assistaient deux ex-ministres. Jugez comme cela pouvait réussir! Parmi les convives, l'un veut 1/2 liberté, l'autre 1/4 liberté, l'autre 1/8 liberté, trois ou quatre peut-être sont prêts à demander la liberté en *principe*. Allez-moi faire avec cela une association unie, ardente, dévouée. Si j'eusse été à Paris, une telle faute n'eût pas été commise. J'ai trop étudié ce qui fait la force et le succès de votre organisation. — Ce n'est pas du milieu d'hommes fortuitement assemblés que peut surgir une ligue vivace. Ainsi que je l'écrivais à M. Fonteyraud, ne soyons que dix, que cinq, que deux s'il le faut, mais élevons le drapeau de la liberté absolue, du principe absolu ; et attendons que ceux qui ont la même foi se joignent à nous. Si le hasard m'avait fait naître avec une fortune plus assurée, avec dix à douze mille francs de rente, il y aurait en ce moment une ligue en France, bien faible sans doute, mais portant dans son sein les deux principes de toute force, la vérité et le dévouement.

Sur votre recommandation, j'ai offert mes services à M. Buloz. S'il m'avait chargé de l'article à insérer dans la

Revue des deux Mondes, j'aurais continué l'histoire si intéressante de la *Ligue* jusqu'à la fin de la crise ministérielle. Mais il ne m'a pas même répondu.—Je crains bien que ces directeurs de journaux ne voient, dans les événements les plus importants, qu'une occasion de satisfaire la curiosité de *l'abonné*, prêts à crier, selon l'occurrence : Vive le roi, vive la Ligue ! . . . .

La chambre de commerce de Bordeaux vient d'élever la bannière de la liberté commerciale. Malheureusement elle prend selon moi un texte trop restreint : *l'Union douanière entre la France et la Belgique*. Je vais lui adresser une lettre où je m'efforcerai de lui faire voir qu'elle aurait bien plus de puissance si elle se vouait à la cause du *principe*, et non à celle d'une application spéciale à tel ou tel traité. — C'est la *fallacy* de la réciprocité qui paralyse les efforts de cette chambre. — Les traités lui sourient parce qu'elle y voit la stipulation possible d'*avantages réciproques*, de *concessions réciproques*, et même de *sacrifices réciproques*. Sous ces apparences libérales, se cache toujours la pensée funeste que l'importation en elle-même est un mal, et qu'on ne le doit tolérer qu'après avoir amené l'étranger à tolérer de son côté notre *exportation*. Comme modèle à suivre, j'accompagnerai ma lettre d'une copie de la fameuse délibération de la *chambre de commerce* de Manchester des 13 et 20 décembre 1838. — Pourquoi la chambre de commerce de Bordeaux ne prendrait-elle pas en France la généreuse initiative qu'a prise en Angleterre la chambre de commerce de Manchester ?

Connaissant vos engagements si étendus, j'ose à peine vous demander de m'écrire. Cependant, veuillez vous rappeler, de temps en temps, que vos lettres sont le baume le plus efficace pour calmer les ennuis de ma solitude et les tourments qui naissent du sentiment de mon inutilité.

Mugron, 9 février 1846.

Mon cher Monsieur, au moment où vous recevrez cette lettre vous serez dans le *coup de feu* de la discussion. J'espère pourtant que vous trouverez un moment pour notre France ; car, malgré ce que vous me dites d'intéressant sur l'état des choses chez vous, je ne vous en parlerai pas. Je n'aurais rien à vous dire, et il me faudrait perdre un temps précieux à exprimer des sentiments d'admiration et de bonheur dont vous ne doutez pas. Parlons donc de la France. Mais avant je veux en finir avec la question anglaise. Je n'ai rien vu, dans votre *Peel's measure*, concernant les vins. C'est certainement une grande faute contre l'économie politique et contre la politique. — Un dernier vestige *of the Policy of reciprocal treaties* se montre dans cette omission, ainsi que dans celle du *timber*. C'est une tache dans le projet de M. Peel ; et elle détruira, dans une proportion énorme, l'effet moral de l'ensemble, précisément sur les classes, en France et dans le Nord, qui étaient les mieux disposées à recevoir ce haut enseignement. Cette lacune et cette phrase : *We shall beat all other nations*, ce sont deux grands aliments jetés à nos préjugés ; ils vivront longtemps là-dessus. Ils verront là la pensée secrète, la pensée machiavélique de la *perfide Albion*. De grâce, proposez un amendement. Quel que soit l'absolutisme de M. Peel, il ne résistera pas à vos arguments.

Je reviens en France (d'où je ne suis guère sorti). Plus je vais, plus j'ai lieu de me féliciter d'une chose qui m'avait donné d'abord quelques soucis. C'est d'avoir mis votre nom sur le titre de mon livre. Votre nom est maintenant devenu populaire dans mon pays, et avec votre nom, votre cause. On m'accable de lettres ; on me demande des détails ; les journaux s'offrent à moi, et l'Institut de France m'a élu membre correspondant, M. Guizot et M. Duchâtel ayant voté pour moi. Je ne suis pas assez aveugle pour m'attribuer ces succès ; je les dois à *l'à-propos*, je les dois à ce que les temps sont venus, et je les apprécie, non pour moi, mais comme moyens d'être utile. Vous serez surpris que tout cela ne m'ait pas déterminé à m'installer à Paris. En voici le motif : Bordeaux prépare une grande démonstration, trop grande selon moi, car elle embrassera force gens qui se croient *free-traders* et ne le sont pas plus que M. Knatchbull. Je crois que mon rôle en ce moment est de mettre à profit la connaissance des procédés de la *Ligue*, pour veiller à ce que notre association se forme sur des bases solides. Peut-être vous enverra-t-on le *Mémorial bordelais* où j'insère une série d'articles sur ce sujet. J'insiste et j'insisterai jusqu'au bout, pour que notre Ligue, comme la vôtre, s'attache à un principe absolu; et si je ne réussis pas en cela, je l'abandonnerai.

Voilà ma crainte. — En demandant une *sage* liberté, une protection *modérée*, on est sûr d'avoir à Bordeaux beaucoup de sympathies, et cela séduira les fondateurs. Mais où cela les mènera-t-il ? à la tour de Babel. — C'est le *principe* même de la protection que je veux battre en brèche. Jusqu'à ce que cette affaire soit décidée, je n'irai pas à Paris. — On m'annonce qu'une réunion de quarante à cinquante négociants va avoir lieu à Bordeaux. C'est là qu'on doit jeter les bases d'une ligue, sur laquelle je suis invité à donner mon avis. Vous rappelez-vous que nous avons vainement cherché ensemble votre *règlement* dans l'*Anti-Bread-tax circular ?* Combien je regrette aujourd'hui que nous n'ayons pu réussir à le trouver ! Si M. Paulton voulait dépenser une heure à le chercher, elle ne serait pas perdue; car je tremble que notre Ligue n'adopte des bases vacillantes. Après cette réunion, il y aura un grand *meeting* à la bourse pour lever un *League-fund*. C'est le maire de Bordeaux qui se place à la tête du mouvement.

J'avais connaissance de l'adresse que vous avez reçue de la société des économistes, mais je ne l'ai pas lue ; puisse-t-elle être digne de vous et de notre cause !

Pardon de vous entretenir si longtemps de notre France. Mais vous comprendrez que les faibles vagissements qu'elle fait entendre m'intéressent presque autant que les virils accents de sir Robert.

Une fois que l'affaire bordelaise sera réglée, je me rendrai à Paris. L'espoir de votre visite me décide.

Je vais dresser un plan pour la distribution de 50 exemplaires de ma traduction.

Bordeaux, février 1846.

Mon cher Monsieur, vous apprendrez sans doute avec intérêt qu'une démonstration se fait à Bordeaux dans le sens du *free-trade.* Aujourd'hui l'association s'est constituée. Le maire de Bordeaux a été nommé président. Avant peu la souscription va s'ouvrir et on espère qu'elle produira une centaine de mille francs. Voilà un beau résultat. Je n'ose concevoir de grandes espérances, et je crains que nos commencements un peu timides ne nous suscitent plus tard des obstacles. On n'a pas osé poser hardiment le principe. On se borne à dire que l'association réclame l'abolition, *le plus promptement possible*, des droits protecteurs. Ainsi la question de gradation est réservée, et votre *total, immediate* n'a pu passer. Vu l'état peu avancé des esprits en cette matière, il eût été inutile d'insister, et il faut espérer que l'association, qui a pour but d'éclairer les autres, aura pour effet de s'éclairer elle-même.

Quand cette affaire sera organisée, je suis décidé à aller à Paris. Plusieurs lettres me sont parvenues, d'après lesquelles je dois croire que cette immense branche d'industrie qu'on nomme *articles Paris* est disposée à faire un mouvement. J'ai cru que mon devoir était de mettre de côté les raisons personnelles que je puis avoir de rester dans mon coin. Soyez sûr que je fais à la cause un sacrifice qui a quelque mérite, en ce qu'il n'a rien d'apparent.

Depuis un mois, mon volume a un succès extraordinaire à Bordeaux. Le ton prophétique avec lequel j'annonçais la réforme m'a fait une réputation que je ne mérite guère, car je n'ai eu qu'à être l'écho de la Ligue. Mais enfin, j'en profite pour faire de la propagande. Quand je serai à Paris, je me consulterai pour savoir s'il ne serait pas à propos de faire une seconde édition dans un format *à bon marché*. Je ne doute pas que l'association bordelaise ne vienne en aide au besoin. Vous m'éviteriez un travail immense si vous me désigniez deux discours de MM. Bright, Villiers et autres, après avoir pris leur avis. Cela m'éviterait de relire les trois volumes de la *Ligue*. Il faudrait que ces messieurs indiquassent les discours où ils ont traité la question au point de vue le plus élevé et le plus général; où ils ont combattu les *fallacies* les plus universellement répandues, surtout la *réciprocité*. J'y joindrai des observations, des renseignements statistiques et des portraits. Enfin il faudra aussi m'indiquer quelques séances du parlement, et principalement les plus orageuses, celles où les *free-traders* ont été attaqués avec le plus d'acharnement. Un pareil ouvrage, vendu à 3 francs, fera plus que dix traités d'économie politique. Vous ne pouvez pas vous imaginer le bien que fait à Bordeaux la première édition.

Je ne puis m'empêcher de déplorer que votre *Prémier* ait manqué l'occasion de frapper l'Europe d'étonnement. Si, au lieu de dire : « J'ai besoin de nouveaux subsides pour augmenter nos forces de terre et de mer, » il avait dit : « Puisque nous adoptons le principe de la liberté commerciale, il ne peut plus être question de *débouchés* et de colonies. Nous renonçons à l'Orégon, peut-être même au Canada. Nos différends avec les États-Unis disparaissent, et je propose une réduction de nos forces de terre et de mer. » — S'il eût tenu ce langage, il y aurait eu, pour l'effet, autant de différence entre ce discours et les traités d'économie politique que nous sommes encore réduits à faire, qu'il y en a entre le soleil et des traités sur la lumière. L'Europe aurait été convertie en un an, et l'Angleterre y aurait gagné de *trois* côtés. Je me dispense de les énumérer, car je suis accablé de fatigue.

Paris, 16 mars 1846.

Mon cher Monsieur, j'ai tardé quelques jours à répondre à votre bonne et instructive lettre. Ce n'est pas que je n'eusse bien des choses à vous dire, mais le temps me manquait; aujourd'hui même, je ne vous écris que pour vous annoncer mon arrivée à Paris. Si j'avais pu hésiter à y venir, l'espoir que vous me donnez de vous y voir bientôt aurait suffi pour m'y décider.

Bordeaux est vraiment en *agitation*. Il a été *de mode* de s'associer à cette œuvre, il m'a été impossible de suivre mon plan, qui était de borner l'association aux personnes *convaincues*. La *furia francese* m'a débordé. Je prévois que ce sera un grand obstacle pour l'avenir ; car déjà, quand on a voulu faire une pétition aux chambres pour fixer nos prétentions, des dissidences profondes se sont révélées. — Quoi qu'il en soit, on lit, on étudie, et c'est beaucoup. Je compte sur l'agitation elle-même pour éclairer ceux qui la font. Ils ont pour but d'instruire les autres et ils s'instruiront eux-mêmes.

Arrivé hier soir, je ne puis vous rien dire par ce courrier. J'aimerais mieux mille fois réussir à former un noyau d'hommes bien convaincus que de provoquer une manifestation bruyante comme celle de Bordeaux. — Je sais que l'on parle déjà de *modération*, de *réformes progressives*, d'*experiments*. Si je le puis, je conseillerai à ces gens-là de former entre eux une association sur ces bases et de nous laisser en former une autre sur le terrain du principe abstrait et absolu : *no protection*, bien convaincu que la nôtre absorbera la leur.

Paris, 25 mars 1846.

Mon cher Monsieur, dès la réception de votre lettre, j'ai remis à M. Dunoyer votre réponse à l'adresse de notre société d'économistes. Je viens de la traduire et elle n'a paru rien contenir qui puisse avoir des inconvénients à la publicité. Seulement, nous ne savons trop où faire paraître ce précieux document. Le *Journal des Économistes* ne paraîtra que vers le 20 avril. C'est bien tard. Beaucoup de journaux sont engagés avec le monopole, beaucoup d'autres avec l'anglophobie, et beaucoup d'autres sont sans valeur. Une démarche va être faite auprès du *Journal des Débats*. Je vous en dirai l'effet par post-scriptum. — Assurément, il n'y a rien dans votre lettre que de pur, noble, vrai et cosmopolite, comme dans votre cœur. Mais notre nation est si susceptible, elle est d'ailleurs si imbue de l'idée que la liberté commerciale est bonne pour vous et mauvaise pour nous, — que vous ne l'avez adoptée, *en partie*, que par machiavélisme et pour nous entraîner dans cette voie, — ces idées, dis-je, sont si répandues, si populaires, que je ne sais si la publication de votre adresse ne sera pas inopportune au moment où nous formons une association. On ne manquera pas de dire que nous sommes dupes de la *perfide Albion*. Des hommes qui savent que si *deux et deux font quatre* en Angleterre, ils ne font pas *trois* en France, rient de ces préjugés. Cependant, il me paraît prudent de les dissiper plutôt que de les heurter. C'est pourquoi je soumettrai encore la question de la publicité à quelques hommes éclairés avec lesquels je me réunis ce soir, et je vous ferai connaître demain le résultat de cette conférence.

J'ai souligné le mot *en partie*, voici pourquoi : notre principal point d'appui pour l'agitation est la classe commerciale, les négociants. Ils vivent sur les échanges et en désirent le plus possible. Ils ont d'ailleurs l'habitude de conduire les affaires. Sous ce double rapport, ils sont nos meilleurs auxiliaires. Cependant ils tiennent au monopole par un côté, le côté maritime, la protection à la navigation nationale, en un mot ce qu'on nomme la *surtaxe*.

Or, il arrive que tous nos armateurs sont frappés de cette idée que, dans son plan financier, sir Robert Peel n'a pas modifié votre acte de navigation, qu'il a laissé en cette matière la protection dans toute sa force ; et je vous laisse à penser les conséquences qu'ils en tirent. Je crois me rappeler que votre acte de navigation fut modifié par Huskisson. J'ai votre tarif et je n'y aperçois nulle part que les denrées apportées par navires étrangers y soient soumises à une taxe différentielle. Je voudrais bien être fixé sur cette question, et si vous n'avez pas le temps de m'en instruire, ne pourriez-vous pas prier M. Paulton ou M. James Wilson de m'écrire à ce sujet une lettre assez étendue?

Maintenant je vous dirai un mot de notre association. Je commence à être un peu découragé par la difficulté, même matérielle, de faire quelque chose à Paris. Les distances sont énormes, on perd tout son temps dans les rues, et, depuis dix jours que je suis ici, je n'ai pas employé utilement deux heures. Je me déciderais à abandonner l'entreprise, si je ne voyais les éléments de quelque chose d'utile. Des pairs, des députés, des banquiers, des hommes de lettres, tous ayant un nom connu en France, consentent à entrer dans notre société ; mais ils ne veulent pas faire les premiers pas. A supposer qu'on finisse par les réunir, je ne pense pas qu'on puisse compter sur un concours bien actif de la part de gens si occupés, si emportés par le tourbillon des affaires et des plaisirs. Mais leur nom seul aurait un grand effet en France et faciliterait des associations semblables et plus pratiques à Marseille, Lyon, le Havre et Nantes. Voilà pourquoi je suis résolu à perdre deux mois ici. En outre, la société de Paris aura l'avantage de donner un peu de courage aux députés *free-traders*, qui, jusqu'ici abandonnés par l'opinion, n'osaient avouer leurs principes.

Je n'ai pas d'ailleurs perdu de vue ce que vous me disiez un jour, que le mouvement, qui s'était fait de bas en haut en Angleterre, doit se faire de haut en bas en France ; et par ce motif je me réjouirais de voir se réunir à nous des hommes marquants, tels que les d'Harcourt, Anisson-Dupéron, Pavée de Vendeuvre, peut-être de Broglie, parmi les Pairs ; d'Eichthal, Vernes, Ganneron et peut-être Rothschild parmi les banquiers ; Lamartine, Lamennais, Béranger, parmi les hommes de lettres. Assurément je suis loin de croire que tous ces illustres personnages aient des opinions arrêtées. C'est l'instinct plutôt que la claire-vue du vrai qui les guide ; mais le seul fait de leur adhésion les engagera dans notre cause et les forcera de l'étudier. Voilà pourquoi j'y tiens, car sans cela j'aimerais mieux une association bien homogène, entre une douzaine d'adeptes libres d'engagements et dégagés des considérations qu'impose un nom politique.

A quoi tiennent quelquefois les grands événements ! Certainement, si un opulent financier se vouait à cette cause, ou ce qui revient au même, si un homme profondément convaincu et dévoué avait une grande fortune, le mouvement s'opérerait avec rapidité. Aujourd'hui par exemple, je connais vingt notabilités qui s'observent, hésitent et ne sont retenues que par la crainte de ternir l'éclat de leur nom. Si au lieu de courir de l'un à l'autre, à pied, crotté jusqu'au dos, pour n'en rencontrer qu'un ou deux par jour et n'obtenir que des réponses évasives ou dilatoires, je pouvais les réunir à ma table, dans un riche salon, que de difficultés seraient surmontées ! Ah ! croyez-le bien, ce n'est ni la tête, ni le cœur qui me manquent. Mais je sens que cette superbe Babylone n'est pas ma place, et il faut que je me hâte de rentrer dans ma solitude et de borner mon concours à quelques articles de journaux, à quelques écrits. N'est-il pas singulier que je sois arrivé à l'âge où les cheveux blanchissent, témoin des progrès du luxe et répétant comme ce philosophe grec : *Que de choses dont je n'ai pas besoin!* et que je me sente à mon âge envahi par l'ambition. L'ambition ! oh ! j'ose dire que celle-là est pure, et si je souffre de ma pauvreté, c'est qu'elle oppose un obstacle invincible à l'avancement de la cause.

Pardonnez-moi, mon cher Monsieur, ces épanchements de mon cœur. Je vous parle de moi quand je ne devrais vous entretenir que d'affaires publiques.

Adieu, croyez-moi toujours votre bien affectionné et dévoué.

Paris, 2 avril 1846.

Mon cher Monsieur, ainsi que je vous l'ai annoncé, votre réponse à l'adresse de la société des économistes paraîtra dans le prochain numéro du *Journal des Économistes*. Elle fera, j'espère, un bon effet. Mais vu l'extrême susceptibilité de nos concitoyens, on a jugé à propos de ne pas l'insérer dans les journaux quotidiens et d'attendre que notre association parisienne fût un peu plus avancée.

Ce qui nous manque surtout, c'est un organe, un journal spécial, comme la *Ligue*. Vous me direz qu'il doit être l'*effet* de l'association. Mais je crois bien que, dans une certaine mesure, c'est l'association qui sera l'*effet* du journal ; nous n'avons pas de moyens de communication et aucun journal accrédité ne peut nous en servir.

Donc j'ai pensé à créer ici un journal hebdomadaire intitulé le *Libre Échange*. Hier soir on m'en a remis le devis. Il se monte pour la dépense à 40,000 francs, pour la première année; et la recette, en supposant 1000 abonnés à 10 francs, n'est que de 10,000 francs : perte, 30,000 francs.

Bordeaux, je l'espère, consentira à en supporter une partie. Mais je dois aviser à couvrir la totalité. J'ai pensé à vous. Je ne puis demander à l'Angleterre une subvention avouée ou secrète, elle aurait plus d'inconvénients que d'avantages. Mais ne pourriez-vous pas nous avoir 1,000 abonnements à une demi-guinée? ce serait pour nous une recette de 500 livres sterling ou 12,500 francs, dont 10,000 francs nets, frais de poste déduits. Il me semble que Londres, Manchester, Liverpool, Leeds, Birmingham, Glasgow et Édimbourg suffiraient pour absorber ces 1,000 exemplaires, en abonnements *réels* que vos agents faciliteront. Il n'y aurait pas alors subvention, mais encouragement loyal, qui pourrait être hautement avoué.

Quand je vois la timidité de nos soi-disant *free-traders*, et combien peu ils comprennent la nécessité de s'attacher à un principe absolu, je ne vous cacherai pas que je regarde comme essentiel de prendre l'initiative de ce journal, d'en avoir la direction; car si, au lieu de *précéder* l'association, il la *suit*, et est obligé d'en prendre l'esprit au lieu de le créer, je crains que l'entreprise n'avorte.

Veuillez me répondre le plus tôt que vous pourrez et me donner franchement vos conseils.

Paris, 11 avril 1846.

Mon cher Monsieur, je m'empresse de vous annoncer que votre réponse à l'adresse des économistes paraîtra dans le journal de ce mois qui se publie du 15 au 20. — La traduction en est un peu faible, celui à qui elle est principalement adressée ayant cru convenable d'adoucir quelques expressions, afin de ménager la susceptibilité de notre public. Cette susceptibilité est réelle, et de plus elle est habilement exploitée. — Ces jours-ci, lisant quelques épreuves dans une imprimerie, il me tomba sous la main un livre où on nous accusait positivement d'être soudoyés par l'Angleterre ou plutôt par la Ligue. Connaissant l'auteur, je l'ai décidé à retirer cette absurde assertion, mais elle m'a fait sentir de plus en plus le danger d'avoir aucune relation financière avec votre société. Il m'est impossible de voir dans quelques abonnements que vous prendriez à nos écrits, pour les répandre en Europe, rien de répréhensible, et cependant je m'abstiendrai dorénavant d'en appeler à votre sympathie ; et indépendamment des raisons que vous me donnez, celle-là suffit pour me décider à me conformer sur cette matière au préjugé national.

Le mouvement Bordelais, quoiqu'il ait été assez imposant et précisément à cause de cela, nous créera, je le crains, bien des obstacles. A Paris on n'ose rien faire, de peur de ne pas faire autant qu'à Bordeaux. — Dès l'origine, j'avais prévu qu'une association, inaperçue d'abord, mais composée d'hommes parfaitement unis et convaincus, aurait de meilleures chances qu'une grande démonstration. Enfin, il faut bien agir avec les éléments qu'on a sous la main, et l'un des bienfaits de l'association, si elle se propage, sera *to train* les associés eux-mêmes. — Ils en ont grand besoin. La distinction entre droit *fiscal* et droit *protecteur* ne leur entre pas dans la tête. C'est vous dire qu'on ne comprend pas même le principe de l'association, la seule chose qui puisse lui donner de la force, de la cohésion et de la durée. J'ai dévelopé cette thèse dans le *Courrier français* d'aujourd'hui et je continuerai encore.

Quoi qu'il en soit, un progrès dans ce pays est incontestable. Il y a six mois, nous n'avions pas un journal pour nous. Aujourd'hui, nous en avons cinq à Paris, trois à Bordeaux, deux à Marseille, un au Hâvre et deux à Bayonne. J'espère qu'une douzaine de pairs et autant de députés entreront dans notre ligue et y puiseront, sinon des lumières, au moins du courage. . . . .

Paris, 25 mai 1846.

Voilà bien des jours que je ne vous ai pas écrit, mon cher monsieur Cobden, mais enfin je ne pouvais trouver une occasion plus favorable pour réparer ma négligence, puisque j'ai le plaisir d'introduire auprès de vous le Maire de Bordeaux, le digne, le chaleureux président de notre association, M. Duffour Dubergié. Je ne pense pas avoir rien à ajouter pour lui assurer de votre part le plus cordial accueil. Connaissant l'étroite union qui lie tous les ligueurs, je me dispensé même d'écrire à messieurs Bright, Paulton, etc., bien convaincu qu'à votre recommandation, M. Duffour sera admis au milieu de vous comme un membre de cette grande confraternité qui s'est levée pour l'affranchissement et l'union des peuples. Et qui mérite plus que lui votre sympathie? C'est lui qui, par l'autorité de sa position, de sa fortune et de son caractère, a entraîné Bordeaux et décidé le peu qui se fait à Paris. Il n'a pas tergiversé et hésité comme font nos diplomates de la capitale. Sa résolution a été assez prompte et assez énergique pour que notre gouvernement lui-même n'ait pas eu le temps d'entraver le mouvement, à supposer qu'il en eût eu l'intention.

Recevez donc M. Duffour comme le vrai fondateur de l'association en France. D'autres rechercheront et recueilleront peut-être un jour cette gloire. C'est assez ordinaire; mais, quant à moi, je la ferai toujours remonter à notre président de Bordeaux.

Au milieu de l'agitation que doit exciter l'état de vos affaires, peut-être vous demandez-vous quelquefois où en est notre petite ligue de Paris. Hélas! elle est dans une période d'inertie fort ennuyeuse pour moi. La loi française exigeant que les associations soient autorisées, plusieurs membres, et des plus éminents, ont exigé que cette formalité précédât toute manifestation au dehors. Nous avons donc fait notre demande et, depuis ce jour, nous voilà à la discrétion des ministres. Ils promettent bien d'autoriser, mais ils ne s'exécutent pas. Notre ami, M. Anisson-Dupéron, déploie dans cette circonstance un zèle qui l'honore. Il a toute la vigueur d'un jeune homme et toute la maturité d'un pair de France. Grâce à lui, j'espère que nous réussirons. Si le ministre s'obstine à nous enrayer, notre association se dissoudra. Tous les peureux s'en iront; mais il restera toujours un certain nombre d'associés plus résolus, et nous nous constituerons sur d'autres bases. Qui sait si à la longue ce triage ne nous profitera pas?

J'avoue que je renoncerai à regret à de *beaux noms propres*. C'est nécessaire en France, puisque les lois et les habitudes nous empêchent de rien faire avec et par le peuple. Nous ne pouvons guère agir que dans la classe éclairée; et dès lors les hommes qui ont une réputation faite sont d'excellents auxiliaires. Mais enfin, mieux vaut se passer d'eux que de ne pas agir du tout.

Il paraît que les protectionnistes préparent en Angleterre une défense désespérée. Si vous aviez un moment, je vous serais bien obligé de me faire part de votre avis sur l'issue de la lutte. M. Duffour assistera à ce grand combat. J'envie cette bonne fortune.

Mugron, 25 juin 1846.

Ce n'est point à vous de vous excuser, mon cher Monsieur, mais à moi; car vous faites un grand et noble usage de votre temps, et moi, qui gaspille le mien, je n'aurais pas dû rester si longtemps sans vous écrire. Vous voilà au terme de vos travaux. L'heure du triomphe a sonné pour vous. Vous pouvez vous rendre le témoignage que vous aurez laissé sur cette terre une profonde empreinte de votre passage; et l'humanité bénira votre nom. Vous avez conduit votre immense agitation avec une vigueur, un ensemble, une prudence, une modération qui seront un éternel exemple pour tous les réformateurs futurs; et, je le dis sincèrement, le perfectionnement que vous avez apporté à l'*art d'agiter* sera pour le genre humain un plus grand bien que l'objet spécial de vos efforts, quelle qu'en soit la grandeur. Vous avez appris au monde que la vraie force est dans l'opinion, et vous lui avez enseigné comment on met cette force en œuvre. De ma propre autorité, mon cher Cobden, je vous décerne la palme de l'immortalité et je vous marque au front du signe des grands hommes.

Et moi, vous le voyez à la date de ma lettre, j'ai déserté le champ de bataille, non point découragé, mais momentanément dégoûté. Il faut bien le dire, l'œuvre en France est plus scientifique, moins susceptible de pénétrer dans les sympathies populaires. Les obstacles matériels et moraux sont aussi énormes. Nous n'avons ni *railways* ni *penny-postage*. On n'est pas accoutumé aux souscriptions; les esprits français sont impatients de toute hiérarchie. On est capable de discuter un an les statuts d'un règlement ou les formes d'un meeting. Enfin, le plus grand de tous les malheurs, c'est que nous n'avons pas de vrais *Économistes*. Je n'en ai pas rencontré deux capables de soutenir la cause et la doctrine dans toute son orthodoxie, et l'on voit les erreurs et les concessions les plus grossières se mêler aux discours et aux écrits de ceux qui s'appellent ici *free-traders*. Le *communisme* et le *fouriérisme* absorbent toutes les jeunes intelligences, et nous aurons une foule d'ouvrages extérieurs à détruire avant de pouvoir attaquer le corps de la place.

Que si je jette un regard sur moi-même, je sens des larmes de sang me venir aux yeux. Ma santé ne me permet pas un travail assidu et..... mais que servent les plaintes et les regrets!

Ces lois de septembre qu'on nous oppose ne sont pas bien redoutables. Au contraire, le ministère nous fait beau jeu en nous plaçant sur ce terrain. Il nous offre le moyen de remuer un peu la fibre populaire, et de fondre la glace de l'indifférence publique. S'il a voulu contrarier l'essor de notre principe, il ne pouvait pas s'y prendre plus mal.

Vous ne me parlez pas de votre santé. J'espère qu'elle s'est un peu rétablie. Je serais désolé que vous passiez à Paris sans que j'aie le plaisir de vous en faire les honneurs. C'est sans doute l'instinct des contrastes qui vous pousse au Caire, *contraria contrariis curantur*. Et vous voulez trouver, sous le soleil, sous le despotisme et sous l'immobilité de l'Égypte, un refuge contre le brouillard, la liberté et l'agitation britanniques. Puissé-je, dans sept ans, aller chercher dans les mêmes lieux un repos aux mêmes fatigues !

Vous allez donc dissoudre la Ligue ! Quel instructif et imposant spectacle ! Qu'est-ce auprès d'un tel acte d'abnégation que l'abdication de Sylla ? — Voici pour moi le moment de refaire et de compléter mon *Histoire de la Ligue*. Mais en aurai-je le temps ? Le courant des affaires absorbe toutes mes heures. Il faut aussi que je fasse une seconde édition de mes *Sophismes*, et je voudrais beaucoup faire encore un petit livre intitulé : *Harmonies économiques*. Il ferait le pendant de l'autre ; le premier démolit, le second édifierait.

Bordeaux, 21 juillet 1846.

Mon cher et excellent ami, votre lettre est venue me trouver à Bordeaux, où je me suis rendu pour assister à un meeting occasionné par le retour de notre président M. Duffour-Dubergié. Ce meeting aura lieu dans quelques heures ; je dois y parler, et cette circonstance me préoccupe à tel point que vous excuserez le désordre et le décousu de ma lettre. Je ne veux cependant pas remettre de vous écrire à un autre moment, puisque vous me demandez de vous répondre par retour du courrier.

Je n'ai pas besoin de vous dire combien j'ai accueilli avec joie l'achèvement de votre grande et glorieuse entreprise. La clef de voûte est tombée ; tout l'édifice du monopole va s'écrouler, y compris le *Système colonial*, en tant que lié au régime protecteur. C'est là surtout ce qui agira fortement sur l'opinion publique, en Europe, et dissipera chez nous de bien funestes et profondes préventions.

Lorsque j'intitulai mon livre *Cobden et la Ligue*, personne ne m'avait dit que vous étiez l'âme de cette puissante organisation et que vous lui aviez communiqué toutes les qualités de votre intelligence et de votre cœur. Je suis fier de vous avoir deviné et d'avoir pressenti sinon devancé l'opinion de l'Angleterre toute entière. Pour l'amour des hommes, ne rejetez pas le témoignage qu'elle vous confère. Laissez les peuples exprimer librement et noblement leur reconnaissance. L'Angleterre vous honore, mais elle s'honore encore plus par ce grand acte d'équité. Croyez qu'elle place à gros intérêts ces 100,000 livres sterling ; car tant qu'elle saura ainsi récompenser ses fidèles serviteurs, elle sera bien servie. Les grands hommes ne lui feront jamais défaut. Ici, dans notre France, nous avons aussi de belles intelligences et de nobles cœurs, mais ils sont à l'état *virtuel*, parce que le pays n'a point encore appris cette leçon si importante quoique si simple : *honorer ce qui est honorable et mépriser ce qui est méprisable.* Le don qu'on vous prépare est une glorieuse consommation de la plus glorieuse entreprise que le monde ait jamais vue. Laissez ces grands exemples arriver entiers aux générations futures.

J'irai à Paris au commencement d'août. Il n'est pas probable que j'y arrive comme député. Toujours la même cause me force à attendre que ce mandat me soit *imposé*, et, en France, on peut attendre longtemps. Mais comme vous, je pense que l'œuvre que j'ai à faire est en dehors de l'enceinte législative.

Je sors du meeting où je n'ai pas parlé [1]. Mais il m'est arrivé, à propos de députation, une chose bien extraordinaire. Je vous la conterai à Paris. Oh ! mon ami, il est des pays où il faut avoir vraiment l'âme grande pour s'occuper du bien public, tant on s'y applique à vous décourager.

Paris, 23 septembre 1846.

Bien que je n'aie pas grand'chose à vous apprendre, mon cher ami, je ne veux pas laisser plus de temps sans vous écrire.

Nous sommes toujours dans la même situation, ayant beaucoup de peine à enfanter une *organisation*. J'espère pourtant que le mois prochain sera plus fertile. D'abord nous aurons un *local*. C'est beaucoup; c'est l'*embodyment* de la Ligue. Ensuite plusieurs *leading-men* reviendront de la campagne, et entre autres l'excellent M. Anisson, qui me fait bien défaut.

En attendant, nous préparons un second meeting pour le 29. C'est peut-être un peu dangereux, car un *fiasco* en France est mortel. Je me propose d'y parler et je relirai, d'ici là, plusieurs fois votre leçon d'éloquence. Pouvait-elle me venir de meilleure source ? Je vous assure que j'aurai au moins, faute d'autres, deux qualités précieuses quoique négatives : la simplicité et la brièveté. Je ne chercherai ni à faire rire, ni à faire pleurer, mais à élucider quelque point ardu de la science.

Il y a un point sur lequel je ne partage pas votre opinion.

[1] L'explication de cette circonstance se trouve dans une lettre adressée à M. Coudroy, p. 74. (*Note de l'éditeur.*)

C'est sur le *public speaking*. Il me semble que c'est le plus puissant instrument de propagation. — N'est-ce rien déjà que plusieurs milliers d'auditeurs qui vous comprennent bien mieux qu'à la lecture ? puis le lendemain chacun veut savoir ce que vous avez dit et la vérité fait son chemin.

Vous avez su que Marseille a fait son *pronunciamiento*, ils sont déjà plus riches que nous. J'espère bien qu'ils nous aideront au moins pour la fondation du journal.

Bruxelles vient de former son association. Et, chose étonnante, ils ont déjà émis le premier numéro de leur journal. Hélas ! ils n'ont sans doute pas une loi sur le timbre et une autre sur le cautionnement.

Je suis impatient d'apprendre si vous avez visité nos délicieuses Pyrénées. Le maire de Bordeaux m'écrivait que mes tristes Landes vous étaient apparues comme la patrie des lézards et des salamandres. Et pourtant, une profonde affection peut transformer cet affreux désert en paradis terrestre ! Mais j'espère que nos Pyrénées vous auront réconcilié avec le midi de la France. Quel dommage que toutes ces provinces qui avoisinent Pau, le Juranson, le Béarn, le Tursan, l'Armagnac, la Chalosse, ne puissent pas faire avec l'Angleterre un commerce qui serait si naturel !

Je reviens aux associations. Il s'en forme une de *protectionnistes*. C'est ce qui pouvait nous arriver de plus heureux, car nous avons bien besoin de *stimulant*. — On dit qu'il s'en forme une autre pour le Libre-échange en *matières premières* et la *protection des manufactures*. Celle-là du moins n'a pas la prétention de s'établir sur un *principe* et de compter la justice pour quelque chose. Aussi elle s'imagine être éminemment *pratique*. Il est clair qu'elle ne pourra pas tenir sur pied, et qu'elle sera absorbée par nous.

Paris, 29 septembre 1846.

Mon cher ami, je suis allé chez M. de Loménie, il est venu chez moi, et nous ne nous sommes pas encore rencontrés. Mais je le verrai demain et je mettrai à sa disposition tous mes documents et ceux de Fonteyraud. En outre, je lui offrirai ma coopération, soit pour traduire, soit pour donner à son article, au besoin, la couleur d'orthodoxie économique. J'ai très-présent à la mémoire le passage de votre discours de clôture, où vous faites une excursion dans l'avenir, et, de là, montrez à vos auditeurs un horizon plus vaste et plus beau que celui que le Pic du midi a étalé à vos yeux. — Ce discours sera traduit et communiqué à M. de Loménie. Il pourrait bien se servir aussi de votre morceau sur l'émigration, qui est vraiment éloquent. Bref, rapportez-vous-en à moi. — Seulement, je dois vous dire que l'on ne parle guère ici de cette *galerie des hommes illustres*. On assure que ce genre d'ouvrage est une spéculation sur l'amour-propre des prétendants à l'illustration. Mais peut-être cette insinuation a-t-elle sa source dans des jalousies d'auteurs et d'éditeurs, *irritabile genus*, la plus vaine espèce d'hommes que je connaisse, après les maîtres d'escrime.

Je reçois à l'instant votre bonne lettre. M'arrivera-t-elle à temps? J'ai cousu assez naturellement le texte que vous me signalez à mon discours. Comment n'ai-je pas pensé à vous demander vos conseils? Cela provient sans doute de ce que j'ai la tête pleine d'arguments et me sentais *riche*. Mais je ne pensais qu'au *sujet*, et vous me faites penser à l'*auditoire*. Je comprends maintenant qu'un bon discours doit nous être fourni par l'auditoire plus encore que par le sujet. En repassant le mien dans ma tête, il me semble qu'il n'est pas trop philosophique; que la science, l'à-propos et la parabole s'y mêlent en assez juste proportion ([1]). Je vous l'enverrai, et vous m'en direz votre façon de penser, pour mon instruction. Vous comprenez que tout ménagement serait un mauvais service que vous me rendriez, mon cher Cobden. J'ai de l'amour-propre comme les autres, et personne ne craint plus que moi le ridicule; mais c'est précisément ce qui me fait désirer les bons conseils et les bonnes critiques. Une de vos remarques peut m'en épargner mille dans l'avenir qui s'ouvre devant moi et qui m'entraîne. Ce soir va décider beaucoup de choses.

On m'attend au Havre. Oh ! quel fardeau qu'une réputation *exagérée!* Là, il faudra traiter le *shipping interest*. Je me rappelle que vous avez dit de bonnes choses à ce sujet, à Liverpool ou à Hall. Je chercherai, mais si vous avez quelque bonne idée relativement au Havre, faites-m'en la charité, ou plutôt faites-la, *through me*, à ces peureux armateurs qui comptent sur la *rareté des échanges* pour *multiplier les transports*. Quel aveuglement ! quelle perversion de l'intelligence humaine !

> Et je suis étonné, quand je pense à cela,
> Comment l'esprit humain peut baisser jusque-là.

Je ne mettrai ma lettre à la poste que demain, afin de vous rendre compte d'un événement qui vous intéresse, je suis sûr, comme s'il vous était personnel.

J'oubliais de vous dire que votre lettre antérieure m'est arrivée trop tard. J'avais arrêté déjà deux appartements séparés, l'un pour l'association, l'autre pour moi, mais dans la même maison. Il faut en prendre son parti avec ce mot qui console l'Espagnol de tout : *no hay remedio!* Quant à ma santé, ne vous alarmez pas ; elle va mieux. Je crois que la Providence m'en donnera jusqu'au bout. Je deviens superstitieux, n'est-il pas bon de l'être un peu ?

([1]) V. ce discours, t. II, p. 238. (*Note de l'éditeur*)

Mais voici que ma lettre arrive au *square yard*. Elle payera de forts droits. Il n'en serait pas ainsi probablement, si la poste adoptait *the ad valorem duty*. Je réserve la place pour demain. . . .

Minuit.

La séance vient de finir. Anisson nous présidait. L'auditoire était plus nombreux que l'autre fois. Nous avons eu cinq *Speeches*, dont deux de professeurs qui croyaient faire leur cours. Bien plus que moi, ils ont songé à leur sujet plus qu'à leur public. M. Say a eu beaucoup de succès. Il a parlé avec chaleur et a été fort applaudi. Cela me fait bien plaisir, car comment ne pas aimer cet excellent homme? M*** a fait *trois* excellents discours en un. Il n'avait d'autre défaut que la longueur. J'ai parlé le cinquième, et avec le désavantage de n'avoir plus qu'un auditoire harassé. Cependant, j'ai réussi tout autant que je le désirais. Chose drôle, je n'éprouvais d'émotion qu'au *mollet*. Je comprends maintenant le vers de Racine :

Et mes genoux tremblants se dérobent sous moi.

30.

Je n'ai vu qu'un journal, *le Commerce*. Voici comment il s'exprime : « M. Bastiat a fait accepter des paraboles économiques, grâce à un débit sans prétention et à une verve toute méridionale. » Ce maigre éloge me suffit, et je n'en voudrais pas davantage; car Dieu me préserve d'exciter jamais l'envie parmi mes collaborateurs!

Paris, 22 octobre 1846.

Mon cher ami, je commençais à m'inquiéter de votre silence. Enfin je reçois votre lettre du et me réjouis d'apprendre que vous et madame Cobden vous trouvez au mieux de l'Espagne. Que sera-ce quand vous verrez l'Andalousie! Autant que j'ai pu le remarquer, il y a dans les manières, à Séville et à Cadix, un air d'égalité entre les classes, qui réjouit l'âme. Je suis enchanté d'apprendre qu'il y a de bons *free-traders* au delà des Pyrénées. Ils nous feront peut-être honte. Cher ami, je crois que nous avons cela de commun, que nous sommes exempts de jalousie personnelle. Mais avez-vous de la jalousie nationale ? Pour moi, je ne m'en sens guère. Je voudrais bien que mon pays donnât de bons exemples, mais à défaut, j'aime encore mieux qu'il en reçoive que s'il fallait attendre un siècle pour qu'il prît la tête. — Et puis..... je ne puis retenir ici une réflexion philosophique. — Les nations s'enorgueillissent beaucoup d'avoir produit un grand musicien, un bon peintre, un habile capitaine, comme si cela ajoutait quelque chose à notre propre mérite. L'on dit : « Le Français invente, l'Anglais encourage. » Morbleu ! ne voyez-vous pas que l'invention est un *fait personnel* et l'encouragement un *fait national* ? Bentham disait des sciences : « Ce qui les propage vaut mieux que ce qui les avance. » J'en dis autant des vertus.

Mais où vais-je m'égarer ? Donc que le progrès nous vienne *du couchant ou de l'aurore*, pourvu qu'il vienne.

Votre discours paraîtra demain dans deux journaux de Paris. Ce n'est pas moi qui l'ai traduit. J'ai remarqué que vous avez pu vous permettre le conseil plus qu'à Paris. Au reste, vous l'avez fait avec une parfaite convenance, et je vous approuve fort d'avoir dit aux Castillans qu'il n'est pas nécessaire de tuer les gens pour leur apprendre à vivre.

Ici nous allons lentement, mais nous allons. Notre dernière séance a été bonne et le public en réclame une autre. Je suis allé au Havre. Une association s'y est formée ; mais elle n'a pas cru devoir prendre notre titre. Je crains que ces messieurs n'aient pas compris l'importance de se rallier à un principe simple. Ils demandent *la Réforme commerciale et l'abaissement des impôts sur la consommation.* Que de choses il y aurait à dire ! — Réforme commerciale ! — Ils n'ont pas osé prononcer le mot *Liberté*, à cause de la navigation. — Abaissement des taxes ! — Dans quel monde de discussions cela va-t-il les jeter !

A propos de la navigation, j'ai mis un article dans le journal du Havre qui a fait un bon effet *local.* — M. Anisson croit que c'est aux dépens du principe. Je ne le pense pas, mais il m'en coûte d'être en désaccord avec le plus zélé et le plus éclairé de mes collègues. — Je voudrais bien que vous fussiez à portée de nous, pour décider sur ce dissentiment. — Mais vraiment le débat par correspondance serait trop long.

Je ne sais si c'est à ma honte ou à ma gloire, mais je n'ai rien lu *about the mariage.* Notre journal *le Courrier* ne parle que de cela depuis deux mois. Je l'ai prévenu qu'autant vaudrait mettre sous son titre : *Journal d'une coterie espagnole.* Il a perdu ses abonnés ; il s'en prend au Libre-Échange. Quelle pitié ! vraiment je regrette mes Landes. Là *j'imaginais* la turpitude humaine ; mais il est plus pénible de la voir.

Adieu, mon frère d'armes, soignez bien votre santé et celle de madame Cobden, à qui je présente mes civilités. Méfiez-vous de l'air de l'Espagne qui est fort traître et détruit les poumons sans avoir l'air d'y toucher.

Paris, 22 novembre 1846.

Mon cher ami, je vous remercie de m'avoir mis à même de vous suivre dans votre voyage, par les journaux de Madrid, de Séville et de Cadix. Les témoignages de sympathie que vous recevez partout arrivent, *through you*, à notre belle cause. Cela me réjouit l'âme de voir que les hommages des peuples vont enfin à la bonne adresse, au lieu de s'égarer, selon l'usage, vers les actions, quels qu'en soient les motifs, qui infligent les maux les plus évidents à la pauvre humanité. En même temps, il m'est bien agréable d'apprendre que vous jouissez d'une bonne santé et que celle de madame Cobden n'a pas eu à souffrir d'un si long voyage.

Je partage votre opinion sur l'Espagne et les Espagnols. Cependant, ne vous faites-vous pas un peu illusion sur le degré de prospérité auquel ce pays est appelé? Je sais qu'on parle toujours de sa fertilité ; mais l'absence de rivières, de canaux, de routes, d'arbres sont des obstacles dont vous devez apprécier la force. En isolant les hommes, ils s'opposent autant au développement moral et social qu'à l'accroissement des richesses. L'Espagne a besoin qu'on invente le moyen de faire franchir les montagnes aux locomotives. Pressé par le temps, qui ne me permet plus guère de faire face à une correspondance de famille, je vais droit à la question du *free-trade* en France. En ce moment, nous sommes accablés. Les prohibitionnistes font de l'agitation à fond et à l'anglaise. Journaux, contributions, appels aux ouvriers, menaces au gouvernement, rien n'y manque. Quand je dis à l'*anglaise*, j'entends qu'ils déploient beaucoup d'énergie et une véritable entente de l'agitation.

Sous ce rapport, nos provinces du Nord sont beaucoup plus avancées que nos départements méridionaux. — Et puis un intérêt plus actuel les aiguillonne. — Dans vingt-quatre heures ils ont fondé un journal, et nous... croiriez-vous que nous ne savons pas encore si Bordeaux veut ou ne veut pas nous aider? Marseille et le Havre s'isolent, et leur seul motif est qu'ils ne nous trouvent pas assez *pratiques*, comme si nous avions autre chose à faire qu'à détruire une erreur publique. Mais je m'attendais à tout cela et à pis encore.

Je n'ai pas pu échapper à la nécessité de prendre sur moi le travail matériel. Le défaut d'argent, d'un côté, et les occupations de mes collègues, de l'autre, ne me laissaient que l'alternative de tout abandonner ou de boire ce calice. — Je vois passer dans le journal protectionniste et dans les feuilles démocratiques les *fallacies* les plus étranges sans avoir le temps d'y répondre ; et il m'est même impossible de réunir les matériaux d'un second volume des *Sophismes*, quoique je les aie en suffisante quantité. Seulement, ils sont tous dans le genre *Buffa*, et je voudrais en entremêler quelques-uns de *Seria*. — Quant à une autre édition plus complète de « Cobden et la Ligue, » je n'y pense même plus.

Quelle différence, mon cher ami, si je pouvais aller de ville en ville parlant et écrivant !

Quoi qu'il en soit, l'opinion publique est éveillée et j'espère.

Il est à peu près décidé que nous émettrons notre premier numéro dans les premiers jours de décembre, sans savoir comment nous pourrons nous soutenir. Mais les bonnes causes ne doivent-elles pas compter sur la Providence ? — Je vous en enverrai un exemplaire toutes les fois que je pourrai vous rejoindre dans vos pérégrinations. J'espère aussi que vous nous ferez avoir des abonnés au dehors. Nous calculons qu'à 12 fr., il nous faudrait 5,000 abonnés pour faire nos frais. Nous pourrions alors nous passer de Marseille et du Havre. Malgré que nous devions être très-circonspects à l'égard des étrangers et surtout des Anglais, je ne pense pas qu'il y ait des inconvénients à ce que vos compatriotes nous aident à accroître la circulation de notre journal dans les contrées où la langue française est répandue.

Je reçois à l'instant une lettre de Bordeaux. Elle me donne l'espérance que nous serons aidés. Le maire y travaille cordialement.

Une autre bonne fortune m'arrive en ce moment. Les *ouvriers* m'engagent à aller les trouver et à m'entendre avec eux. Si je les avais, ils entraîneraient le parti démocratique. J'y ferai tous mes efforts.

Paris, 25 novembre 1846.

Mon cher ami, hier soir, nous avons tenu notre troisième séance publique. La salle Montesquieu était pleine et beaucoup de personnes n'ont pas pu entrer, ce qui est, à Paris, la circonstance la plus favorable pour attirer du monde. De nouvelles classes ont paru dans l'assemblée. J'avais envoyé des billets aux ouvriers et aux élèves des écoles de droit. Le public a été admirable; et quoique les orateurs oublient quelquefois ce conseil de la sagesse, de la prudence, et même de leur intérêt bien entendu, *arrêtez-vous donc!* l'auditoire a écouté avec une attention religieuse, quand il n'était pas entraîné par l'enthousiasme. Nos orateurs ont été MM. Faucher, qui a commenté avec beaucoup de force et d'à-propos une lettre officielle des protectionnistes au conseil des ministres; Peupin, ouvrier, qui aurait été parfait de verve et de simplicité, s'il avait su se renfermer dans son rôle, d'où il a un peu trop voulu sortir; Ortolan, qui a fait un discours éloquent, et a considéré la question à un point de vue tout à fait neuf. Ce discours a enflammé l'auditoire et remué la fibre française. Enfin, Blanqui, qui a été aussi énergique que spirituel. — Notre digne président avait ouvert la séance par quelques paroles pleines de grâce et empreintes du bon ton que conserve encore notre aristocratie nominale. Je vous enverrai tout cela.

Parler en public a un attrait irrésistible pour le Français. Il est donc probable que nous serons accablés de demandes, et quant à moi je suis décidé à attendre que la parole me soit offerte. C'est m'exposer à attendre longtemps; quoi qu'il en soit, je ne serais pas fâché de me tenir prêt au besoin. — Si donc il vous venait quelque idée neuve, quelqu'une de ces pensées qui, développées, puissent servir de texte à un bon discours, ne manquez pas de me l'indiquer. — Si ma santé ne peut se concilier avec la part de travail intérieur qui m'est échue, je demanderai un congé et j'en profiterai pour aller à Lyon, Marseille, Nîmes, etc. Envoyez-moi donc tout ce qui pourra se présenter à votre esprit approprié à ces diverses villes. — Vous pourriez écrire ces pensées, à mesure qu'elles s'offrent à votre esprit, sur de petits morceaux de papier et les enfermer dans vos lettres. — Je me charge du verre d'eau dans lequel devront être délayées ces gouttes d'essence.

Particulièrement, je tiens à approfondir la question des *salaires*, c'est-à-dire l'influence de la liberté et de la protection sur le salaire. Je ne serais pas embarrassé de traiter cette grande question d'une manière scientifique; et si j'avais un livre à faire là-dessus, j'arriverais peut-être à une démonstration satisfaisante.—Mais ce qui me manque, c'est une de ces raisons claires, saisissantes, propres à être présentées aux ouvriers eux-mêmes, et qui, pour être comprises, n'ont pas besoin de toutes les notions antérieures de *valeur*, *numéraire*, *capital*, *concurrence*, etc.

Adieu, mon cher ami, écrivez-moi de Barcelone. Je crois avoir un peu de fièvre et je me suis imposé la loi de ne rien faire aujourd'hui. C'est pourquoi je m'arrête, en vous renouvelant l'expression de mon amitié.

Paris, 20 décembre 1846.

Mon cher ami, j'avais perdu votre trace depuis quelque temps et je suis bien aise de vous savoir en France, dans ce pays le plus délicieux qu'il y ait au monde, s'il avait le sens commun. Ah ! mon ami, je m'attendais que nos adversaires exploiteraient contre nous les aveugles passions populaires, et entre autres la haine de l'étranger. Mais je ne croyais pas qu'ils réussiraient aussi bien. Ils ont soudoyé de nouveau la presse, et le mot d'ordre est de nous représenter comme des traîtres, des agents de *Pitt et Cobourg*. Croiriez-vous que, dans mon pays même, cette calomnie a fait son chemin ! On m'écrit de Mugron, qu'on n'ose plus y parler de moi *qu'en famille*, tant l'esprit public y est monté contre notre entreprise. Je sais bien que cela passera, mais la question pour nous est de savoir combien de temps il faut à la raison pour avoir raison. Le 29 de ce mois, je dois parler à la salle Montesquieu, et mon projet est de toucher ce sujet délicat et de développer cette idée : « L'oligarchie anglaise a pesé sur le monde, et c'est ce qui explique l'universelle défiance avec laquelle on accueille ce qui se fait de l'autre côté du détroit. Mais il y a un pays sur lequel elle a pesé plus que sur tout autre, et c'est l'Angleterre elle-même. Voilà pourquoi il y a en Angleterre, une classe qui résiste à l'oligarchie et la dépouille peu à peu de ses dangereux priviléges. C'est cette classe qui a conquis successivement l'émancipation catholique, la réforme électorale, l'abolition de l'esclavage et la liberté commerciale, et qui est sur le point de conquérir l'affranchissement des colonies. Elle travaille donc dans notre sens, et il est absurde de l'envelopper dans la même haine que nous devons réserver aux classes dominatrices de tous les pays. »

Voilà le texte. Je crois pouvoir l'habiller de manière à le faire passer (1).

Que de choses j'aurais à vous dire, mon cher ami ! mais le temps me manque. — Je vous envoie les quatre premiers numéros de notre journal. J'y ai marqué ce qui est de moi. Je me suis vu contraint, sous peine de faire manquer l'entreprise, d'y mettre mon nom, et maintenant je ne puis supporter plus longtemps d'accepter la responsabilité de tout ce qui s'y dit. Cela va amener une crise, car il faut qu'on me laisse faire le journal comme je le veux ou qu'un autre le signe.

(1) Ce discours n'a pas été prononcé. On trouvera des développements sur le même sujet, t. II, p. 177 et suiv., et t. III, p. 449 à 510.
(*Note de l'éditeur.*)

De tous les sacrifices que j'ai faits à la cause, celui-là est le plus grand. — Combattre à mon gré allait mieux à mon caractère; tantôt faisant des articles sérieux et de longue haleine, tantôt allant à Lyon ou à Marseille, enfin, obéissant à ma nature *sensitive*. Me voilà au contraire attaché à la polémique quotidienne. Mais dans notre pays, c'est le champ de l'utilité.

Vous n'avez pas besoin d'introduction auprès de M. Rossi; votre renommée vous donne accès partout. Cependant, puisque vous le désirez, je vais vous envoyer une lettre de M. Chevalier ou de quelque autre.

Maintenant, je crois que nos efforts doivent tendre à la diffusion de notre journal le *Libre-Échange*. Soyez convaincu que, dès que nous serons sortis des tiraillements inséparables d'un commencement, ce journal sera fait dans un bon esprit et pourra rendre de grands services, *pourvu qu'il soit lu*. Attachez-vous donc, dans vos voyages, à lui trouver des abonnés; faites en sorte que les frontières de l'Italie ne lui soient pas fermées. Faites observer qu'il n'attaque aucune institution politique, aucune croyance religieuse.—L'Italie est le pays qui donne le plus d'abonnés au *Journal des Économistes*. Il doit en donner bien davantage au Libre-Échange, qui paraît toutes les semaines et ne coûte que 12 fr. — Ce n'est pas tout. Je pense que vous devriez écrire à Londres et à Manchester, car enfin *the cry* contre l'Angleterre n'empêche pas que nous ne puissions y trouver des abonnés. Des abonnements, c'est pour nous une question *de vie et de mort*. Mon cher Cobden, après avoir dirigé de si haut le mouvement en Angleterre, ne dédaignez pas l'humble mission de courtier d'abonnements.

J'ai vraiment honte de vous envoyer cette lettre faite à bâtons rompus et sans trop savoir ce que je dis. Je me réserve de vous écrire plus à l'aise, cette nuit et la suivante.

Paris, 25 décembre 1846.

Mon cher ami, j'ai communiqué votre lettre à Léon Faucher. Il dit que « vous ne connaissez pas la France. » Pour moi, je suis convaincu que nous ne pouvons réussir qu'en éveillant le sentiment de la justice, et que nous ne pourrions pas même prononcer le mot *justice* si nous admettions l'ombre de *la protection*. Nous en avons fait l'expérience ; et la seule fois que nous avons voulu faire des avances à une ville, elle nous a ri au nez. — C'est cette conviction et la certitude où je suis qu'elle n'est pas assez partagée qui m'a principalement engagé à accepter la direction du journal. — Non que ce soit une direction bien réelle : il y a un comité de rédaction qui a la haute main ; mais je puis espérer néanmoins de donner à l'esprit de cette feuille une couleur un peu tranchée. Quel sacrifice, mon ami, que d'accepter le métier de journaliste et de mettre mon nom au bas d'une bigarrure ! mais je ne vous écris pas pour vous faire mes doléances.

Marseille ne paraît, pas plus que Bordeaux, comprendre la nécessité de concentrer l'action à Paris. Cela nous affaiblit. Nos adversaires n'ont pas fait cette faute ; et quoique leur association recèle des germes innombrables de division, ils compriment ces germes par leur habileté et leur abnégation. Si vous avez occasion de voir les meneurs de Marseille, expliquez-leur bien la situation.

The cry contre l'Angleterre nous étouffe. On a soulevé contre nous de formidables préventions. Si cette haine contre la *perfide Albion* n'était qu'une mode, j'attendrais patiemment qu'elle passât. Mais elle a de profondes racines dans les cœurs. Elle est universelle, et je vous ai dit, je crois, que dans mon village on n'ose plus parler de moi qu'en famille. De plus, cette aveugle passion est si bien à la convenance des intérêts protégés et des partis politiques, qu'ils l'exploitent de la manière la plus éhontée. Écrivain isolé, je pourrais les combattre avec énergie ; mais, membre d'une association, je suis tenu à plus de prudence.

D'ailleurs, il faut avouer que les événements ne nous favorisent pas. Le jour même où sir Robert Peel a consommé le *free-trade*, il a demandé un crédit de 25 millions pour l'armée, comme pour proclamer qu'il n'avait pas foi dans son œuvre, et comme pour refouler dans notre bouche nos meilleurs arguments. Depuis, la politique de votre gouvernement est toujours empreinte d'un esprit de taquinerie qui irrite le peuple français et lui fait oublier ce qui pouvait lui rester d'impartialité. Ah ! si j'avais été ministre d'Angleterre ! à l'occasion de Cracovie, j'aurais dit : « Les traités de 1815 sont rompus. La France est libre ! l'Angleterre combattit le principe de la révolution française jusqu'à Waterloo. Aujourd'hui, elle a une autre politique, celle de la non-intervention dans toute son étendue. Que la France rentre dans ses droits, comme l'Angleterre dans une éternelle neutralité. » — Et joignant l'acte aux paroles, j'aurais licencié la moitié de l'armée et les trois quarts des marins. Mais je ne suis pas ministre.

Paris, 10 janvier 1847.

Mon cher ami, j'ai reçu presque en même temps vos deux lettres écrites de Marseille. Je vous approuve de n'avoir fait que passer dans cette ville ; car Dieu sait comment on aurait interprété un plus long séjour. Mon ami, l'obstacle qui nous viendra des préventions nationales est beaucoup plus grave et durera plus que vous ne paraissez le croire. Si les monopoleurs avaient excité l'anglophobie *pour le besoin de la cause*, cette manœuvre stratégique pourrait être aisément déjouée. En tout cas, la France, en bien peu de temps, découvrirait le piége. Mais ils exploitent un sentiment préexistant, qui a de profondes racines dans les cœurs, — et vous le dirai-je? qui, quoique égaré et exagéré, a son explication et sa justification. Il n'est pas douteux que l'oligarchie anglaise a pesé douloureusement sur l'Europe; que sa politique de bascule, tantôt soutenant les despotes du Nord, pour comprimer la liberté au Midi, tantôt excitant le libéralisme au Midi pour contenir le despotisme du Nord, n'ait dû éveiller partout une infaillible réaction. Vous me direz qu'il ne faut jamais confondre les peuples avec leurs gouvernements. C'est bon pour les penseurs. Mais les nations se jugent entre elles par l'action extérieure qu'elles exercent les unes sur les autres. Et puis, je vous l'avoue, cette distinction est un peu subtile. Les peuples sont solidaires jusqu'à un certain point de leurs gouvernements, qu'ils laissent faire quand ils ne les aident pas. La politique constante de l'oligarchie britannique a été de compromettre la nation dans ses intrigues et ses entreprises, afin de la mettre en état d'hostilité avec le genre humain et la tenir ainsi sous sa dépendance. Maintenant cette hostilité générale se manifeste; c'est un juste châtiment de fautes passées, et il survivra longtemps à ces fautes mêmes.

Ainsi le sentiment national dont les monopoleurs se servent est très-réel. Ajoutez qu'il sert admirablement les partis. Les démocrates, les républicains, et l'opposition de la gauche l'exploitent à qui mieux mieux, ceux-là pour dépopulariser le roi, ceux-ci pour renverser M. Guizot. — Vous conviendrez que les monopoleurs ont trouvé là une puissance bien dangereuse.

Pour déjouer cette manœuvre, l'idée m'était venue de commencer par reconnaître le machiavélisme et la politique envahissante de l'oligarchie britannique; de dire ensuite: « Qui en a souffert plus que le peuple anglais lui-même? » de montrer le sentiment d'opposition qu'elle a de tout temps rencontré en Angleterre; de faire voir ce sentiment résistant, en 1773, à la guerre contre l'indépendance américaine, en 1791, à la guerre contre la révolution française. Ce sentiment fut alors comprimé, mais non étouffé, il vit encore, il se fortifie, il grandit, il devient *l'opinion publique.* C'est lui qui a arraché à l'oligarchie l'émancipation catholique, l'extension du suffrage électoral, l'abolition de l'esclavage et récemment la destruction des monopoles. C'est encore lui qui lui arrachera l'affranchissement commercial des colonies. — Et à ce sujet, je ferai voir que l'affranchissement commercial conduit à l'affranchissement politique. Donc *la politique envahissante* a cessé d'être, car on ne renonce pas à des envahissements accomplis pour courir après des envahissements nouveaux.

Ensuite, par des traductions de vous, de Fox, de Thompson, je montrerai que la Ligue est l'organe et la manifestation de ce sentiment qui s'harmonise avec celui de l'Europe, etc., etc., vous devinez le reste. — Mais il faudrait du temps et de la force, et je n'ai ni l'un ni l'autre. — Ne pouvant écrire, tel sera le texte de la fin de mon prochain discours à la salle Montesquieu. Au reste, je ne dirai rien que je ne le pense.

Que vous êtes heureux d'être sous le ciel d'Italie! quand verrai-je aussi les champs, la mer, les montagnes! *ô rus! quando ego te aspiciam!* et surtout quand serai-je au milieu de ceux qui m'aiment! Vous avez fait des sacrifices, vous; mais c'était pour fonder l'édifice de la civilisation. En conscience, mon ami, est-on tenu à la même abnégation quand on ne peut que porter un grain de sable au monument? Mais il fallait faire ces réflexions avant; maintenant, l'épée est sortie du fourreau. Elle n'y rentrera plus. Le monopole ou votre ami iront avant au *Père Lachaise.*

Paris, 20 mars 1847.

Mon cher ami, j'étais bien en peine et même bien surpris de ne pas recevoir de vos nouvelles. Je me disais : Le *free-trade* atmosphère de l'Italie lui aurait-elle fait oublier notre région prohibitionniste? chaque jour je pensais à vous écrire ; mais où vous trouver, à qui adresser mes lettres? Enfin, je reçois la vôtre du 7. — Après m'être réjoui d'apprendre que vous jouissez, ainsi que madame Cobden, d'une bonne santé, j'éprouve une autre satisfaction, celle de voir l'Italie si avancée dans la bonne doctrine. Ainsi ma pauvre France, si en avant des autres nations sous tant de rapports, se laisse distancer en économie politique. Mon orgueil national devrait en souffrir, mais je vous le dis, mon ami, bien bas et à l'oreille, j'ai peu de ce patriotisme, et si ce n'est pas mon pays qui projette la lumière, je désire au moins qu'elle brille dans d'autres cieux. *Amica patria, sed magis amica veritas;* et je dis à la paix, au bonheur de l'humanité, à la fraternité des peuples, comme Lamartine à l'enthousiasme :

Viens du couchant ou de l'aurore.

Je vous écris, mon cher Cobden, deux heures avant mon départ pour Mugron où m'appelle, en toute hâte, la sérieuse maladie d'une vieille tante qui m'a servi de mère depuis que j'eus le malheur, dans mon enfance, de perdre la mienne. Pendant mon absence comment ira notre journal? je l'ignore, et mon nom n'y restera pas moins attaché ! — C'est vraiment une entreprise bien difficile, car on ne peut pas faire la moindre allusion aux *passing events* sans risquer de froisser la susceptibilité politique de quelque collègue. Ce soin assidu d'éviter tout ce qui peut contrarier les partis politiques — (puisque tous sont représentés dans notre association) nous prive des trois quarts de nos forces.

Quel bien immense notre journal pourrait faire s'il mettait en contraste l'inanité et le danger de la politique actuelle avec la grandeur et la sécurité de la politique libre-échangiste! Avant la fondation du journal, j'avais le projet de publier chaque mois un petit volume, dans le genre des *Sophismes*, où j'aurais eu mes coudées franches. Je crois vraiment qu'il eût été plus utile que le journal lui-même,

Notre agitation s'agite fort peu. Il nous manque toujours un *homme d'action*. Quand surgira-t-il? je l'ignore. Je devrais être cet homme, j'y suis poussé par la confiance unanime de mes collègues, *but I cannot*. Le caractère n'y est pas, et tous les conseils du monde ne peuvent point faire d'un roseau un chêne. Enfin, quand la question pressera les esprits, j'espère bien voir apparaître un Wilson.

Je vous envoie les cinq à six derniers numéros du *Libre-Échange*. Il est bien peu répandu, mais il m'a été assuré qu'il ne laissait pas que d'exercer quelque influence sur plusieurs de nos *leading men*.

Il paraît que notre ministère n'osera pas présenter cette année une loi de douane qui introduise dans la législation actuelle des changements sérieux. Cela décourage quelques-uns de nos amis. Quant à moi, je ne désire même pas des modifications actuelles. Arrière les lois qui précèdent le progrès de l'opinion! et je ne désire pas pour mon pays autant le *free-trade* que l'esprit du *free-trade*. Le *free-trade*, c'est un peu plus de richesse; l'esprit du *free-trade*, c'est la réforme de l'intelligence même, c'est-à-dire la source de toutes les réformes.

Vous me parlez de Naples, de Rome, de la Sardaigne et du Piémont. Mais vous ne me dites rien de la Toscane. Cependant ce pays doit être très-curieux à observer. Si vous rencontrez quelque bon ouvrage sur l'état de ce pays, tâchez de me l'envoyer. Je ne serais pas fâché d'avoir aussi dans mon humble bibliothèque quelques-uns des plus anciens économistes italiens, par exemple : *Nicolo Donato*. Je me figure que si la renommée n'était pas quelque peu capricieuse, Turgot et Ad. Smith, tout en conservant la gloire de grands hommes, perdraient celle d'inventeurs.

Paris, 20 avril 1847.

Mon cher ami, votre lettre du 7, écrite de Rome, m'a retrouvé à mon poste. Je suis allé passer vingt jours auprès d'une parente malade. J'espérais que ce voyage me rendrait aussi la santé, mais il n'en est pas ainsi. La grippe a dégénéré en rhume obstiné, et dans ce moment je crache le sang. Ce qui m'étonne et m'épouvante, c'est de voir combien quelques gouttes de sang sorties du poumon peuvent affaiblir notre pauvre machine et surtout la tête. Le travail m'est impossible et très-probablement je vais demander au conseil l'autorisation de faire une autre absence. J'en profiterai pour aller à Lyon et à Marseille, afin de resserrer les liens de nos diverses associations, qui ne marchent pas aussi d'accord que je le voudrais.

Je n'ai pas besoin de vous dire combien je partage votre opinion sur les résultats *politiques* du libre-échange. On nous accuse, dans le parti démocratique et *socialiste*, d'être voués au culte des intérêts *matériels* et de tout ramener à des questions de *richesses*. J'avoue que lorsqu'il s'agit des masses, je n'ai pas ce dédain stoïque pour la richesse. Ce mot ne veut pas dire quelques écus de plus ; il signifie du pain pour ceux qui ont faim, des vêtements pour ceux qui ont froid, de l'éducation, de l'indépendance, de la dignité. — Mais, après tout, si le résultat du libre-échange devait être uniquement d'accroître la richesse publique, je ne m'en occuperais pas plus que de toute autre question agricole ou industrielle. Ce que je vois surtout dans notre agitation, c'est l'occasion de combattre quelques préjugés et de faire pénétrer dans le public quelques idées justes. C'est là un bien indirect cent fois supérieur aux avantages directs de la liberté commerciale ; et si nous éprouvons tant d'obstacles dans la diffusion de notre *démonstration économique*, je crois que la Providence nous a ménagé ces obstacles, précisément pour que le bien indirect se fasse. Si la liberté était proclamée demain, le public resterait dans l'ornière où il est sous tous les autres rapports ; mais, au début, je suis obligé de ne toucher qu'avec un extrême ménagement à ces idées accessoires, afin de ne pas heurter nos propres collègues. Aussi je consacre mes efforts à élucider le problème économique. Ce sera le point de départ de vues plus élevées. Que Dieu me donne encore trois ou quatre ans de force et de vie ! Quelquefois je me dis que si j'eusse travaillé seul et pour mon compte, je n'aurais pas eu tous ces ménagements à garder, et ma carrière eût été plus utile.

Pendant les vingt jours où j'ai été absent, quelques dissentiments ont éclaté dans le sein de notre association. C'est au sujet de cette difficile nuance entre le droit *fiscal* et le droit *protecteur*. Quelques-uns de nos collègues se sont retirés, et il se rencontre que ce sont les plus laborieux. Ils voulaient réserver la question fiscale même à l'occasion du blé. La majorité a demandé la franchise complète sur les subsistances et les matières premières. Voilà une première cause de désorganisation. Il y en a une seconde dans nos finances, qui sont loin de suffire. C'est par ce motif que je désire faire le voyage du Midi. Je ne partirai pas sans vous en prévenir.

Je connaissais la réforme de Naples ; M. Bursotti avait eu la complaisance de m'envoyer des documents là-dessus. Je les donnai à mon collaborateur Garnier, qui sans doute les a égarés, puisqu'il ne me les rapporte pas. Si vous avez occasion de revoir M. Bursotti, veuillez lui présenter mes respects et l'expression de ma profonde estime. J'en dis autant de MM. Pettiti, Scialoja, etc.

Vous me parlez de l'état de notre presse périodique; mais probablement vous ne connaissez pas toute l'étendue et la profondeur du mal. L'art d'écrire est si vulgaire qu'une foule de jeunes gens de vingt ans régentent le monde par la presse avant d'avoir eux-mêmes rien étudié et rien appris. Mais ce n'est pas là ce qu'il y a de pire. Les meneurs sont tous attachés à des hommes politiques, et toute question devient, entre leurs mains, question ministérielle. Plût à Dieu que le mal s'arrêtât là ! Il y a de plus la *vénalité* qui n'a pas de bornes. Les préjugés, les erreurs, les calomnies sont tarifés à tant la ligne. L'un se vend aux Russes, l'autre à la protection, celui-ci à l'université, celui-là à la banque, etc... Nous nous disons civilisés ! Mais vraiment je crois que c'est tout au plus si nous avons un pied dans la voie de la civilisation..

Me permettez-vous, mon cher ami, de n'admettre que sous réserve l'exactitude de cet axiome : « Le commerce est l'échange du superflu contre le nécessaire ? » Quand deux hommes, pour exécuter plus de besogne dans le même temps, conviennent de se partager le travail, peut-on dire que l'un des deux, ou même aucun des deux, donne le superflu ? Le pauvre diable qui travaille douze heures par jour pour avoir du pain donne-t-il son superflu ? Le commerce, à ce que je crois, n'est autre chose que la séparation des occupations, la division du travail.

Il serait à désirer que le Pape fît connaître ses vues économiques, alors même qu'il ne pourrait pas les exécuter. Cela disposerait en notre faveur une partie du clergé français, qui n'a pas de grandes lumières sur notre cause, mais qui n'a pas non plus de répugnances contraires.

Paris, 5 juillet 1847.

Mon bien cher ami, les détails que vous me donnez sur l'Italie et l'état des connaissances économiques dans ce pays m'ont vivement intéressé. J'ai reçu la précieuse collection (1) que vous avez eu la bonté de m'envoyer. Hélas! quand pourrai-je seulement y jeter les yeux! Du moins, je la tiendrai à la disposition de tous mes amis, afin que, d'une manière ou d'une autre, vos généreuses intentions ne soient pas sans résultat.

Vous voulez bien vous préoccuper de ma santé. Je suis presque toujours enrhumé; et s'il en est ainsi en juillet, que sera-ce en décembre? Mais ce qui m'occupe le plus, c'est l'état de mon cerveau. Je ne sais ce que sont devenues les idées qu'il me fournissait autrefois en trop grande abondance. Maintenant, je cours après et ne puis pas les rattraper. Cela m'alarme. — Je sens, mon cher ami, que j'aurais dû rester tout à fait en dehors de l'association et conserver la liberté de mes allures, écrire et parler à mon heure et à ma guise. — Au lieu de cela, je suis enchaîné de la manière la plus indissoluble, par le domicile, par le journal, par les finances, par l'administration, etc., etc.; et le pis est que cela est irrémédiable, attendu que tous mes collègues sont occupés et ne peuvent guère s'occuper de nos affaires que pendant la durée de nos rares réunions.

Mon ami, l'ignorance et l'indifférence dans ce pays, en matière d'économie politique, dépassent tout ce que j'aurais pu me figurer. Ce n'est pas une raison pour se décourager, au contraire, c'en est une pour nous donner le sentiment de l'utilité, de l'urgence même de nos efforts. Mais je comprends aujourd'hui une chose : c'est que la liberté commerciale est un résultat trop éloigné pour nous. Heureux si nous pouvons déblayer la route de quelques obstacles. — Le plus grand n'est pas le parti protectionniste, mais le *socialisme* avec ses nombreuses ramifications. — S'il n'y avait que les monopoleurs, ils ne résisteraient pas à la discussion.

(1) Les cinquante volumes de la collection Custodi : *Economisti classici italiani.* (*Note de l'éditeur.*)

— Mais le socialisme leur vient en aide. Celui-ci admet la liberté en principe et renvoie l'exécution après l'époque où le monde sera constitué sur le plan de Fourier ou tout autre inventeur de société. — Et, chose singulière, pour prouver que jusque-là la liberté sera nuisible, ils reprennent tous les arguments des monopoleurs : balance du commerce, exportation du numéraire, supériorité de l'Angleterre, etc., etc.

D'après cela, vous me direz que combattre les monopoleurs, c'est combattre les socialistes. — Non. — Les socialistes ont une théorie sur la *nature oppressive du capital*, par laquelle ils expliquent l'inégalité des conditions, et toutes les souffrances des classes pauvres. Ils parlent aux passions, aux sentiments, et même aux meilleurs instincts des hommes. Ils séduisent la jeunesse, montrant le mal et affirmant qu'ils possèdent le remède. Ce remède consiste en une organisation sociale artificielle de leur invention, qui rendra tous les hommes heureux et égaux, sans qu'ils aient besoin de lumières et de vertus. — Encore si tous les socialistes étaient d'accord sur ce plan d'organisation, on pourrait espérer de le ruiner dans les intelligences. Mais vous comprenez que, dans cet ordre d'idées, et du moment qu'il s'agit de pétrir une société, chacun fait la sienne, et tous les matins nous sommes assaillis par des inventions nouvelles. Nous avons donc à combattre une hydre à qui il repousse dix têtes quand nous lui en coupons une.

Le malheur est que cette méthode a un puissant attrait pour la jeunesse. On lui montre des souffrances ; et par là on commence par toucher son cœur. Ensuite on lui dit que tout peut se guérir, au moyen de quelques combinaisons artificielles ; et par là on met son imagination en campagne. Combien de peine a-t-elle ensuite à vous écouter quand vous venez la désillusionner, en lui exposant les belles mais sévères lois de l'économie sociale, et lui dire : « Pour extirper le mal de ce monde (et encore cette partie du mal sur lequel la puissance humaine a quelque action) le procédé est plus long; il faut extirper le vice et l'ignorance. »

Frappé du danger de la voie dans laquelle se précipite la jeunesse, j'ai pris le parti de lui demander de m'entendre. J'ai réuni les élèves des écoles de Droit et de Médecine, c'est-à-dire ces jeunes hommes qui dans quelques années gouverneront le monde ou du moins la France. Ils m'ont écouté avec bienveillance, avec sympathie, mais, comme vous pensez bien, sans trop me comprendre. N'importe; puisque l'expérience est commencée, je la suivrai jusqu'au bout. Vous savez que j'ai toujours dans la tête le plan d'un petit ouvrage intitulé les *Harmonies économiques*. C'est le point de vue *positif* dont les *sophismes* sont le point de vue *négatif*. Pour préparer le terrain, j'ai distribué à ces jeunes gens les *Sophismes*. Chacun en a reçu un exemplaire. J'espère que cela désobstruera un peu leur esprit, et, au retour des vacances, je me propose de leur exposer méthodiquement les harmonies.

Vous comprenez à présent, mon ami, combien je tiens à ma santé ! oh ! que la bonté divine me donne au moins encore un an de force ! qu'elle me permette d'exposer devant mes jeunes concitoyens ce que je considère comme la vraie théorie sociale, sous ces douze chapitres : *Besoins, production, propriété, concurrence, population, liberté, égalité, responsabilité, solidarité, fraternité, unité, rôle de l'opinion publique ;* et je remettrai sans regret, — avec joie, — ma vie entre ses mains !

Adieu, mon ami, veuillez remercier madame Cobden de son bon souvenir et recevez tous deux les vœux que je forme pour votre bonheur.

Paris, 15 octobre 1847.

Mon cher ami, j'apprends avec bien du plaisir, par les journaux de ce matin, votre retour à Londres. Il y a si longtemps que je n'ai eu de vos nouvelles ! J'espère que vous ne négligerez pas de m'écrire dès que vous serez un peu reposé de vos fatigues, et que vous me parlerez des dispositions que vous avez rencontrées dans le nord de l'Europe, sur notre question. . . . .

Ici, le progrès est lent, si même il y a progrès. La crise des subsistances, la crise financière sont venues obscurcir nos doctrines. Il semble que la Providence accumule les difficultés au commencement de notre œuvre et se plaise à la rendre plus difficile. Peut-être entre-t-il dans ses desseins que le triomphe soit chèrement acheté, qu'aucune objection ne reste en arrière, afin que la liberté n'entre dans nos lois qu'après avoir pris possession de l'opinion publique. Aussi je ne regarderai pas les retards, les difficultés, les obstacles, les épreuves comme un malheur pour notre cause. En prolongeant la lutte, elles nous mettent à même d'éclaircir non-seulement la question principale, mais beaucoup de questions accessoires qui sont aussi importantes que la question principale elle-même. Le succès législatif s'éloigne, mais l'opinion mûrit. Je ne me plaindrais donc pas, si nous étions à la hauteur de notre tâche. Mais nous sommes bien faibles. Notre personnel militant se réduit à quatre ou cinq athlètes presque tous fort occupés d'autre chose. Moi-même je manque d'instruction pratique ; mon genre d'esprit, qui est de creuser dans les principes, me rend impropre à discuter, comme il le faudrait, les événements à mesure qu'ils s'accumulent. De plus, les forces intellectuelles m'abandonnent avec les forces physiques. Si je pouvais traiter avec la nature et échanger dix ans de vie souffreteuse contre deux ans de vigueur et de santé, le marché serait bientôt conclu.

De grands obstacles nous viennent aussi de votre côté de la Manche. Mon cher Cobden, il faut que je vous parle en toute franchise. En adoptant le Libre-Échange, l'Angleterre n'a pas adopté la politique qui dérive logiquement du Libre-Échange. Le fera-t-elle? Je n'en doute pas; mais quand? Voilà la question. La position que vous et vos amis prendrez dans le parlement aura une influence immense sur notre entreprise. Si vous désavouez énergiquement votre diplomatie, si vous parvenez à faire réduire vos forces navales, nous serons forts. Sinon, quelle figure ferons-nous devant le public? Quand nous prédisons que le Libre-Échange entraînera la politique anglaise dans la voie de la justice, de la paix, de l'économie, de l'affranchissement colonial, est-ce que la France est tenue de nous croire sur parole? Il existe une défiance invétérée contre l'Angleterre, je dirai même un sentiment d'hostilité, aussi ancien que les noms mêmes de *Français* et d'*Anglais*. Eh bien, ce sentiment est excusable. Son tort est d'envelopper tous vos partis et tous vos concitoyens dans la même réprobation. Mais les nations ne doivent-elles pas se juger entre elles par leurs actes extérieurs? On dit souvent qu'il ne faut pas confondre les nations avec leurs gouvernements. Il y a du vrai et du faux dans cette maxime; et j'ose dire qu'elle est fausse à l'égard des peuples qui ont des moyens constitutionnels de faire prévaloir l'*opinion*. Considérez que la France n'a pas d'instruction économique. Lors donc qu'elle lit l'histoire, lorsqu'elle y voit les envahissements successifs de l'Angleterre, quand elle étudie les moyens diplomatiques qui ont amené ces envahissements, quand elle voit un système séculaire suivi avec persévérance, soit que les wighs ou les torys tiennent le timon de l'État, quand elle lit dans vos journaux qu'en ce moment l'Angleterre a 34,000 marins à bord des vaisseaux de guerre, comment voulez-vous qu'elle se fie, pour un changement dans votre politique, à la force d'un principe que d'ailleurs elle ne comprend pas? Il lui faut autre chose; il lui faut des faits. Rendez donc la liberté commerciale à vos colonies, détruisez votre Acte de navigation, surtout licenciez votre marine militaire, n'en gardez que ce qui est indispensable pour votre sécurité, diminuez ainsi vos charges, vos dettes, soulagez votre population, ne menacez plus les autres peuples et la liberté des mers ; et alors, soyez-en sûrs, la France ouvrira les yeux.

Mon cher Cobden, dans un discours que j'ai prononcé à Lyon, j'ai osé prédire que cette législature, qui a sept ans devant elle, mettrait votre système politique en harmonie avec votre système économique. « Avant sept ans, ai-je dit, l'Angleterre aura diminué ses armées de terre et de mer de moitié. » Ne me faites pas mentir. — Je n'ai rencontré qu'incrédulité. On me blâme de faire le prophète ; on me prend pour un fanatique à vue courte qui ne comprend pas la ruse britannique ; mais moi j'ai confiance dans deux forces, la force de la vérité, et la force de vos vrais intérêts.

Je ne suis pas très-profondément instruit de ce qui se passe à Athènes et à Madrid. Ce que je puis vous dire, c'est que Palmerston et Bulwer inspirent une défiance universelle. Vous me répondrez que si M. Bulwer intrigue à Madrid, M. de Glucksberg en fait autant. Soit. Mais si l'un agit contre l'intérêt de la France, comme l'autre contre l'intérêt de l'Angleterre, il y a néanmoins cette différence que l'Angleterre se vante de connaître ses intérêts. Nous sommes encore dans les vieilles idées. Est-il surprenant que nos actes s'en ressentent ? Mais vous, qui vous êtes défaits des idées, repoussez donc les actes. Désavouez Palmerston et Bulwer. Rien ne servira autant à nous mettre, nous libre-échangistes, dans une excellente position vis-à-vis du public. Il y a plus, je désirerais que vous me dissiez la position que vous comptez prendre dans cette affaire au parlement. Je commencerais à préparer ici l'opinion publique.

Je vous l'avoue, mon cher ami, quoique ennemi de tout charlatanisme, si vous êtes en majorité et en mesure d'inaugurer une politique nouvelle, conforme aux principes du *free-trade*, je voudrais que vous le fissiez avec quelque éclat et quelque solennité. Je souhaite, si vous diminuez votre marine militaire, que vous rattachiez explicitement cette mesure au *free-trade;* que vous proclamiez bien haut que l'Angleterre a fait fausse route, et que son but actuel étant diamétralement opposé à celui qu'elle a poursuivi jusqu'ici, les moyens doivent être opposés aussi.

Je ne vous parle pas des *vins.* Je vois que votre situation financière ne vous permet pas de grandes réformes fiscales. Mais une modération de droits qui ne nuise pas à vos revenus, est-ce trop demander ? Je désirerais que ce fût vous *personnellement* qui fissiez cette proposition; et je vous dirai pourquoi une autre fois. Je n'ai plus de place que pour vous assurer de mon amitié.

Paris, 9 novembre 1847.

Mon cher Cobden, j'ai lu avec bien de l'intérêt ce que vous me dites de votre voyage, et je compte retirer autant de plaisir que d'instruction des articles que vous vous proposez d'envoyer au *Journal des Économistes.* M. Say vous a déjà écrit à ce sujet. Il saisit toujours avec empressement l'occasion de donner de la valeur à ce recueil, dont il est le fondateur et le soutien. Votre correspondance est une bonne fortune pour lui. Je vous adjure très-sincèrement d'y consacrer une partie du temps dont vous pourrez disposer. La cause que nous servons ne se renferme pas dans les limites d'une nation. Elle est universelle et ne trouvera sa solution que dans l'adhésion de tous les peuples. Vous ne pouvez donc rien faire de plus utile que d'accroître le mérite et la circulation du *Journal des Économistes.* Cette revue ne me satisfait pas complétement; je regrette maintenant de n'en avoir pas pris la direction. Cette propagande philosophique et rationnelle m'eût mieux convenu que la polémique quotidienne.

Les difficultés s'accumulent autour de nous; nous n'avons pas pour adversaires seulement des *intérêts*. L'ignorance publique se révèle maintenant dans toute sa triste étendue. En outre, les *partis* ont besoin de nous abattre. Par un enchaînement de circonstances, qu'il serait trop long de rapporter, ils sont tous contre nous. Tous aspirent au même but : la *Tyrannie*. Ils ne diffèrent que sur la question de savoir en quelles mains l'arbitraire sera déposé. Aussi, ce qu'ils redoutent le plus, c'est l'esprit de la vraie liberté. Je vous assure, mon cher Cobden, que si j'avais vingt ans de moins et de la santé, je prendrais le bon sens pour ma cuirasse, la vérité pour ma lance, et je me croirais sûr de les vaincre. Mais hélas ! l'âme, malgré sa noble origine, ne peut rien faire sans le corps.

Ce qui m'afflige surtout, moi qui porte au cœur le sentiment démocratique dans toute son universalité, c'est de voir la démocratie française en tête de l'opposition à la liberté du commerce. Cela tient aux idées belliqueuses, à l'exagération de l'honneur national, passions qui semblent reverdir à chaque révolution. 1830 les a *manured*. Vous me dites que nous nous sommes trop laissé prendre au piége tendu par les protectionnistes, et que nous aurions dû négliger leurs arguments *anglophobes*. Je crois que vous avez tort. Il est sans doute utile de tuer la protection, mais il est plus utile encore de tuer les haines nationales. Je connais mon pays ; il porte au cœur un sentiment vivace où le vrai se mêle au faux. Il voit l'Angleterre capable d'écraser toutes les marines du monde ; il la sait d'ailleurs dirigée par une oligarchie sans scrupules. Cela lui trouble la vue et l'empêche de comprendre le Libre-Échange. Je dis plus, quand même il le comprendrait, il n'en voudrait pas pour ses avantages purement économiques. Ce qu'il faut lui montrer surtout, c'est que la liberté des échanges fera disparaître les dangers militaires qu'il redoute. — Pour moi, j'aimerais mieux combattre quelques années de plus et vaincre les préjugés nationaux aussi bien que les préjugés économiques. Je ne suis pas fâché que les protectionnistes aient choisi ce champ de bataille. — Mon intention est de publier, dans notre journal, les débats du parlement et principalement les discours des *free-traders*.

Le 15.

Mon ami, je ne vous cacherai pas que je suis effrayé du vide qui se fait autour de nous. Nos adversaires sont pleins d'audace et d'ardeur. Nos amis au contraire se découragent et deviennent indifférents. Que nous sert d'avoir mille fois raison, si nous ne pouvons nous faire entendre? La tactique des protectionnistes, bien secondés par les journaux, est de nous laisser avoir raison tout seuls.

Paris, 25 février 1848.

Mon cher Cobden, vous savez déjà nos événements. Hier nous étions une monarchie, aujourd'hui nous sommes une république.

Je n'ai pas le temps de raconter, je veux seulement vous soumettre un point de vue de la plus haute importance.

La France veut la paix et en a besoin. Ses dépenses vont s'accroître, ses recettes s'affaiblir et son budget est déjà en déficit. Donc, il lui faut la paix et la réduction de son état militaire.

Sans cette réduction, pas d'économie sérieuse possible, par conséquent pas de réforme financière, pas d'abolition de taxes odieuses. — Et sans cela, la révolution se dépopularise.

Or, la France, vous le comprendrez, *ne peut pas prendre*

l'initiative du désarmement. Il serait absurde de le lui demander.

Voyez les conséquences. Ne désarmant pas, elle ne peut rien réformer, et ne réformant rien, ses finances la tuent.

Le seul fait que l'étranger *conserve ses forces* nous réduit donc à périr. Or, nous ne voulons pas périr. Donc, si les nations étrangères ne nous mettent pas à même de désarmer en désarmant elles-mêmes, s'il nous faut tenir trois ou quatre cent mille hommes sur pied, nous serons entraînés à la guerre de propagande. C'est forcé. Car alors, le seul moyen d'arriver à respirer, chez nous, sera de créer des embarras à tous les rois de l'Europe.

Si donc l'étranger comprend notre situation et ses dangers, il n'hésitera pas à nous donner cette preuve de confiance de désarmer *sérieusement*. Par là, il nous mettra à même d'en faire autant, de rétablir nos finances, de soulager le peuple, d'accomplir l'œuvre qui nous est dévolue.

Si, au contraire, l'étranger juge prudent de rester armé, je n'hésite pas à dire que cette prétendue prudence *est de la plus haute imprudence*, car elle nous réduira à l'extrémité que je viens de vous dire.

Plaise au ciel que l'Angleterre comprenne et fasse comprendre! Elle sauverait l'avenir de l'Europe. Que si elle consulte les traditions de la vieille politique, je vous défie bien de me dire comment nous pourrons échapper aux conséquences.

Méditez cette lettre, cher Cobden, pesez-en toutes les expressions. Voyez par vous-même si tout ce que je vous dis n'est pas inévitable.

Si vous restez armés, nous restons armés sans mauvaise intention. Mais restant armés, nous succomberons sous le poids de taxes impopulaires. Aucun gouvernement n'y pourra tenir. Ils auront beau se succéder, ils rencontreront tous la même difficulté; et un jour viendra où l'on dira : Puisque nous ne pouvons renvoyer l'armée dans ses foyers, il faut l'envoyer soulever les peuples.

Si vous désarmez dans une forte proportion, si vous vous unissez fortement à nous pour conseiller à la Prusse la même politique, à cette condition, une ère nouvelle peut surgir et surgira du 24 février.

Paris, 26 février 1848.

Mon cher Cobden, je donnerais beaucoup d'argent (si j'en avais), pour voir un moment M. de Lamartine notre ministre des Affaires étrangères. Mais je ne puis arriver à lui.

Je voudrais aller à Londres, mais non sans l'avoir vu, parce qu'il faut bien lui soumettre les idées que j'aurais à vous communiquer.

L'Angleterre peut faire un bien immense, sans se nuire le moins du monde. Elle peut substituer chez nous l'attachement sincère à de funestes préventions. Elle n'a qu'à le vouloir. Par exemple, pourquoi ne ferait-elle pas cesser *spontanément* sa sourde opposition à notre triste conquête algérienne? Pourquoi ne ferait-elle pas cesser *spontanément* les dangers qui naissent du droit de visite? Pourquoi laisser s'enraciner chez nous l'idée qu'elle veut nous humilier? Pourquoi attendre que les circonstances enveniment ces affaires? Quel magnifique spectacle si l'Angleterre disait : « Quand la France aura choisi un gouvernement, l'Angleterre s'empressera de le reconnaître, et, pour preuve de sa sympathie, elle reconnaîtra aussi l'Algérie comme française, et renoncera au droit de visite dont elle aperçoit du reste l'inefficacité et les inconvénients! »

Dites-moi, mon cher Cobden, ce que de tels actes coûteraient à votre pays, s'ils étaient faits, comme je le dis, *spontanément?*

Ici nous ne pouvons pas tirer de l'idée des Français que l'Angleterre convoite l'Algérie. C'est absurde; mais les apparences y sont.

Nous ne pouvons pas effacer des esprits la pensée que le droit de visite entre dans votre politique. C'est encore absurde; mais les apparences y sont.

Au nom de la paix et de l'humanité, provoquez ces grandes mesures! Faisons donc une fois de la diplomatie populaire, et faisons-la en temps utile.

Écrivez-moi; dites-moi franchement si un voyage à Londres, entrepris dans ces vues, sous les auspices de M. de Lamartine, aurait quelques chances d'amener un résultat. Je lui montrerai votre lettre.

Mugron, 5 avril 1848.

Mon cher ami, me voici dans ma solitude. Que ne puis-je m'y ensevelir pour toujours, et y travailler paisiblement à cette synthèse économique, que j'ai dans la tête et qui n'en sortira jamais! — Car, à moins d'un revirement subit dans l'opinion du pays, je vais être envoyé à Paris chargé du terrible mandat de Représentant du Peuple. Si j'avais de la force et de la santé, j'accepterais cette mission avec enthousiasme. Mais que pourront ma faible voix, mon organisation maladive et nerveuse au milieu des tempêtes révolutionnaires? Combien il eût été plus sage de consacrer mes derniers jours à creuser, dans le silence, le grand problème de la destinée sociale; d'autant que quelque chose me dit que je serais arrivé à la solution. Pauvre village, humble toit de mes pères, je vais vous dire un éternel adieu; je vais vous quitter avec le pressentiment que mon nom et ma vie, perdus au sein des orages, n'auront pas même cette modeste utilité pour laquelle vous m'aviez préparé!...

Mon ami, je suis trop loin du théâtre des événements

pour vous en parler. Vous les apprenez avant moi; et au moment où j'écris, peut-être les faits sur lesquels je pourrais raisonner sont-ils de l'histoire ancienne. Si le gouvernement déchu nous avait laissé les finances en bon ordre, j'aurais une foi entière dans l'avenir de la République. Malheureusement le trésor public est écrasé, et je sais assez l'histoire de notre première révolution pour connaître l'influence du délabrement des finances sur les événements. Une mesure urgente entraîne une mesure arbitraire; et c'est là surtout que la fatalité exerce son empire. Maintenant, le peuple est admirable; et vous seriez surpris de voir comme le *suffrage universel* fonctionne bien dès son début. Mais qu'arrivera-t-il quand les impôts, au lieu d'être diminués, seront aggravés, quand l'ouvrage manquera, quand aux plus brillantes espérances succéderont d'amères réalités? J'avais aperçu une planche de salut, sur laquelle il est vrai je ne comptais guère, car elle supposait de la sagesse et de la prudence dans les rois; c'était le désarmement simultané de l'Europe. Alors les finances eussent été partout rétablies, les peuples soulagés et rattachés à l'ordre; l'industrie se serait développée, le travail eût abondé et les peuples eussent attendu avec calme le développement progressif des institutions. Les monarques ont préféré jouer leur *va-tout*, ou plutôt ils n'ont pas su lire dans le présent et dans l'avenir. Ils pressent un ressort, sans comprendre qu'à mesure que leur force s'épuise celle du ressort augmente.

Supposez qu'ils aient partout désarmé et dégrévé d'autant les impôts, en outre accordé aux nations des institutions d'ailleurs inévitables. La France obérée se fût hâtée d'en faire autant, trop heureuse de pouvoir fonder la République sur la solide base du soulagement réel des souffrances populaires. Le calme et le progrès se fussent donné la main. — Mais le contraire est arrivé. Partout on arme, partout on accroît les dépenses publiques, et les impôts et les entraves, quand les impôts existants sont précisément la cause des révolutions. Tout cela ne finira-t-il pas par une terrible explosion?

Quoi donc! la justice est-elle si difficile à pratiquer, la prudence si difficile à comprendre?

Depuis que je suis ici, je ne vois pas de journaux anglais. Je ne sais rien de ce qui se passe dans votre parlement. J'aurais espéré que l'Angleterre prendrait l'initiative de la politique rationnelle, et qu'elle la prendrait avec cette hardiesse vigoureuse dont elle a donné tant d'exemples. J'aurais espéré qu'elle eût voulu *to teach mankind how to live :* désarmer, désarmer, abandonner les colonies onéreuses, cesser d'être menaçante, se mettre dans l'impossibilité d'être menacée, supprimer les taxes impopulaires et présenter au monde un beau spectacle d'union, de force, de sagesse, de justice et de sécurité. Mais hélas! l'Économie politique n'a pas encore assez pénétré les masses, même chez vous.

Paris, 11 mai 1848.

Mon cher Cobden, il ne m'est pas possible de vous écrire longuement. D'ailleurs, que vous dirais-je? Comment prévoir ce qui sortira du sein d'une assemblée de 900 personnes, qui ne sont contenues par aucune règle, par aucun précédent; qui ne se connaissent pas entre elles; qui sont sous l'empire de tant d'erreurs; qui ont à satisfaire tant d'espérances justes ou chimériques, et qui pourtant peuvent à peine s'entendre et délibérer, à cause de leur nombre et de l'immensité de la salle? Ce que je puis dire, c'est que l'assemblée nationale a de bonnes intentions. L'esprit démocratique y domine. Je voudrais pouvoir en dire autant de l'esprit de paix et de non-intervention. Nous le saurons lundi. C'est ce jour-là qu'on a fixé pour la conversation sur la Pologne et l'Italie.

En attendant j'aborde de suite le sujet de ma lettre.

Vous savez qu'une commission de travailleurs se réunissait au Luxembourg, sous la présidence de L. Blanc. L'assemblée nationale l'a dispersée par sa présence; mais elle s'est hâtée de fonder, dans son propre sein, une commission chargée de faire une enquête sur la situation des travailleurs industriels et agricoles, ainsi que de proposer les moyens d'améliorer leur sort.

C'est une œuvre immense, et que les illusions qui ont cours rendent périlleuse.

Je suis appelé à faire partie de cette commission. J'ai été nommé loyalement, après avoir exposé mes doctrines sans réticences, mais en les considérant surtout au point de vue du droit de propriété. Ce que j'ai dit et qui m'a valu d'être nommé, je le reproduis, sous forme d'un article intitulé : *Loi et propriété*, qui paraîtra dans le prochain numéro du *Journal des Économistes*. Je vous prie de le lire (1).

Maintenant, je voudrais faire servir cette enquête à faire jaillir la vérité. Que je me trompe ou non, c'est la vérité qu'il nous faut. — Nous n'avons pas en France une grande expérience de cette *machinery* qu'on nomme *enquêtes parlementaires*. Connaîtriez-vous quelque ouvrage où soit exposé l'art de les conduire de manière à dégager la vérité? Si vous en connaissez, ayez la bonté de me le signaler, ou mieux encore de me le faire envoyer.

Les préventions antibritanniques sont encore loin d'être éteintes ici. On pense que les Anglais s'appliquent à contrarier, sur le continent, la politique franco-républicaine; et cela ne m'étonnerait pas de la part de votre aristocratie. Aussi je suivrai avec un vif intérêt votre nouvelle agitation, en faveur des réformes politiques et économiques qui peuvent diminuer l'influence au dehors de la *Squirarchy*.

(1) V. t. IV, p. 275 à 297. *(Note de l'éditeur.)*

Paris, le 27 mai 1848.

Mon cher Cobden, je vous remercie de m'avoir procuré l'occasion de faire la connaissance de M. Baines. Je regrette seulement de n'avoir pu m'entretenir qu'un instant avec un homme aussi distingué.

Pardonnez-moi de vous avoir donné la peine de m'écrire au sujet des enquêtes et de leur forme. J'ai déserté notre comité du travail pour celui des finances. C'est là en définitive que viendront aboutir toutes les questions et même toutes les utopies. A moins que le pays ne renonce à l'usage de la raison, il faudra bien qu'il subordonne aux finances, même sa politique extérieure, dans une certaine mesure. Puissions-nous faire triompher la politique de la paix ! Pour moi, je suis convaincu qu'après la guerre immédiate, rien n'est plus funeste à ma patrie que le système inauguré par notre gouvernement, et qu'il a appelé *diplomatie armée*. A quelque point de vue qu'on le considère, un tel système est injuste, faux et ruineux. Je me désole quand je songe que quelques simples notions d'économie politique suffiraient pour le dépopulariser en France. Mais comment y parvenir, quand l'immense majorité croit que les intérêts des peuples, et même les intérêts en général, sont radicalement et naturellement antagoniques? Il faut attendre que ce préjugé disparaisse, et ce sera long. Pour ce qui me concerne, rien ne peut m'ôter de l'idée que mon rôle était d'être publiciste campagnard comme autrefois, ou tout au plus professeur. Je ne suis pas né à une époque où ma place soit sur la scène de la politique active.

Quoi de plus simple, en apparence, que de décider la France et l'Angleterre à s'entendre pour désarmer en même temps? qu'auraient-elles à craindre? combien de difficultés réelles, imminentes, pressantes, ne se mettraient-elles pas à même de résoudre ! combien d'impôts à réformer ! que de souffrances à soulager ! que d'affections populaires à conquérir ! que de troubles et de révolutions à éloigner ! Et cependant, nous n'y parviendrons pas. L'impossibilité matérielle de recouvrer l'impôt ne suffira pas, chez vous ni chez nous, pour faire adopter un désarmement, d'ailleurs indiqué par la plus simple prudence.

Cependant je dois dire que j'ai été agréablement surpris de trouver dans notre comité, composé de soixante membres, les meilleures dispositions. Dieu veuille que l'esprit qui l'anime se répande d'abord sur l'assemblée et de là sur le public. Mais hélas ! sur quinze comités, il y en a *un* qui, chargé des voies et moyens, est arrivé à des idées de paix et d'économies. Les autres quatorze comités ne s'occupent que de projets qui, tous, entraînent des dépenses nouvelles, — résistera-t-il au torrent ?

Je crois qu'en ce moment vous avez près de vous madame Cobden, ainsi que M. et madame Schwabe — je vous prie de leur présenter mes civilités affectueuses. Depuis le départ de M. Schwabe, les Champs-Élysées me semblent un désert ; avant je les trouvais bien nommés.

27 juin 1848.

Mon cher Cobden, vous avez appris l'immense catastrophe qui vient d'affliger la France et qui afflige le monde. Je crois que vous serez bien aise d'avoir de mes nouvelles, mais je n'entrerai pas dans beaucoup de détails. C'est vraiment une chose trop pénible, pour un Français, même pour un Français cosmopolite, d'avoir à raconter ces scènes lugubres à un Anglais.

Permettez-moi donc de laisser à nos journaux le soin de vous apprendre les faits. Je vous dirai quelques mots sur les causes. Selon moi, elles sont toutes dans le *socialisme*. Depuis longtemps nos gouvernants ont empêché autant qu'ils l'ont pu la diffusion des connaissances économiques. Ils ont fait plus. Par ignorance, ils ont préparé les esprits à recevoir les erreurs du socialisme et du faux républicanisme, car c'est là l'évidente tendance de l'éducation classique et universitaire. La nation s'est engouée de l'idée qu'on pouvait faire de la fraternité avec la loi. — On a exigé de l'État qu'il fît directement le bonheur des citoyens. Mais qu'est-il arrivé ? En vertu des penchants naturels du cœur humain, chacun s'est mis à réclamer pour soi, de l'État, une plus grande part de bien-être. C'est-à-dire que l'État ou le trésor public a été mis au pillage. Toutes les classes ont demandé à l'État, comme en vertu d'un droit, des moyens d'existence. Les efforts faits dans ce sens par l'État n'ont abouti qu'à des impôts et des entraves, et à l'augmentation de la misère; et alors les exigences du peuple sont devenues plus impérieuses. — A mes yeux, le régime protecteur a été la première manifestation de ce désordre. Les propriétaires, les agriculteurs, les manufacturiers, les armateurs ont invoqué l'intervention de la loi pour accroître leur part de richesse. La loi n'a pu les satisfaire qu'en créant la détresse des autres classes, et surtout des ouvriers. — Alors ceux-ci se sont mis sur les rangs, et au lieu de demander que la spoliation cessât, ils ont demandé que la loi les admît aussi à participer à la spoliation. — Elle est devenue générale, universelle. Elle a entraîné la ruine de toutes les industries. Les ouvriers, plus malheureux que jamais, ont pensé que le dogme de la fraternité ne s'était pas réalisé pour eux, et ils ont pris les armes. Vous savez le reste : un carnage affreux qui a désolé pendant quatre jours la capitale du monde civilisé et qui n'est pas encore terminé.

Il me semble, mon cher Cobden, que je suis le seul à l'assemblée nationale qui voie la cause du mal et par conséquent le remède. Mais je suis obligé de me taire, car à quoi bon parler pour n'être pas compris ? aussi je me demande quelquefois si je ne suis pas un maniaque, comme tant d'autres, enfoncé dans ma vieille erreur ; mais cette pensée ne peut prévaloir, car je connais trop, ce me semble, tous les détails du problème. D'ailleurs, je me dis toujours : En définitive, ce que je demande, c'est le triomphe des harmonieuses et simples lois de la Providence. Est-il présumable qu'elle s'est trompée ?

Je regrette aujourd'hui très-profondément d'avoir accepté le mandat qui m'a été confié. — Je n'y suis bon à rien, tandis que, comme simple publiciste, j'aurais pu être utile à mon pays.

7 août 1848.

Mon cher Cobden, je quitte l'assemblée pour répondre quelques lignes à votre lettre du 5. J'espérais voir nos ministres pour conférer avec eux sur la communication que vous me faites, mais ils ne sont pas venus. En attendant d'autres détails, voici ce que je sais.

Nous nous sommes trouvés, pour 1848, en face d'un déficit impossible à combler par l'impôt. Le ministre des finances a pris la résolution d'y pourvoir par l'emprunt et d'organiser son budget de 1849 de manière à équilibrer les recettes et les dépenses, sans en appeler de nouveau au crédit. L'intention est bonne, le tout est d'y être fidèle.

Dans cette pensée, il a reconnu que les recettes ordinaires ne pouvaient faire face aux dépenses de 1849, qu'autant que celles-ci seraient réduites d'un chiffre assez considérable. Il a donc déclaré à tous ses collègues qu'ils devaient aviser à une réduction à répartir entre tous les services. Le département de la marine est compris pour 30 millions dans la réduction *proposée ;* et comme il y a dans ce département des chapitres qu'il est impossible de toucher, tels que dépenses coloniales, bagnes, vivres, solde, etc., il s'ensuit que la réduction portera exclusivement sur les armements nouveaux à faire.

Cette résolution n'est pas immuable. Elle ne part pas d'un parti pris de diminuer nos forces militaires. Mais il est certain que le gouvernement et l'assemblée seraient fortement encouragés à persévérer dans cette voie, si l'Angleterre offrait de nous y suivre et surtout de nous y précéder dans une proportion convenable. C'est sur quoi je vais appeler l'attention de Bastide.

En ce moment, il circule, à l'occasion de l'Italie, des bruits qui sont de nature à faire échouer les bonnes dispositions du ministre des finances. Je crains bien que la paix de l'Europe ne puisse pas être maintenue. Dieu veuille au moins que nos deux pays marchent d'accord !

Adieu, mon cher Cobden, je vous écrirai prochainement.

18 août 1848.

Mon cher Cobden, j'ai reçu votre lettre et le beau discours de M. Molesworth. Si j'avais eu du temps à ma disposition, je l'aurais traduit pour le *Journal des Économistes*. Mais le temps me manque et plus encore la force. Elle m'échappe, et je vous avoue que me voilà saisi de la manie de tous les écrivains. Je voudrais consacrer le peu de santé qui me reste, d'abord à établir les vrais principes d'économie politique tels que je les conçois, et ensuite à montrer leurs relations avec toutes les autres sciences morales. C'est toujours ma chimère des *Harmonies économiques*. Si cet ouvrage était fait, il me semble qu'il rallierait à nous une foule de belles intelligences, que le cœur entraîne vers le socialisme. Malheureusement, pour qu'un livre surnage et soit lu, il doit être à la fois court, clair, précis et empreint de sentiments autant que d'idées. C'est vous dire qu'il ne doit pas contenir un mot qui ne soit pesé. Il doit se former goutte à goutte comme le cristal, et, comme lui encore, dans le silence et l'obscurité. Aussi je pousse bien des soupirs vers mes chères Landes et Pyrénées.

Il ne m'a pas paru encore opportun de faire une ouverture à Cavaignac relativement à l'objet de votre lettre (1). Le moment me semble mal choisi. Il faut attendre que les affaires d'Italie soient un peu éclaircies. Rien ne serait plus impopulaire en ce moment qu'une diminution dans l'armée. Tous les partis se réuniraient pour la condamner : les politiques, à cause de l'état de l'Europe ; les propriétaires et négociants, à cause des passions démagogiques. L'armée française est admirable de dévouement et de discipline. Elle est, pour le moment, notre ancre de salut. — Ses chefs les plus aimés sont au pouvoir et ne voudront rien faire qui puisse altérer son affection.

Quant à la marine, il n'est pas probable que la France entrerait dans une négociation qui aurait pour objet la *réduction proportionnelle*. Il faudrait que l'Angleterre allât plus loin, et je crains bien qu'elle n'y soit pas préparée. Je voudrais savoir au moins ce que l'on pourrait espérer d'obtenir. . . .

L'esprit public, de ce côté du détroit, rend une négociation semblable extrêmement difficile, surtout avec l'Angleterre seule. Il faudrait tâcher de l'étendre à toutes les puissances.

C'est pourquoi je n'ai pas osé compromettre le succès, en demandant à Cavaignac une audience *ad hoc*. Je tâcherai de sonder ses idées occasionnellement et je vous les communiquerai.

Il est impossible de se proposer un plus noble but. J'ai vu avec plaisir que la *Presse* entre dans cette voie. Je vais tâcher d'y faire entrer aussi les *Débats*. Mais la difficulté est d'y entraîner les journaux populaires ; cependant je n'en désespère pas.

Adieu, je suis forcé de vous quitter.

(1) Il s'agissait d'une réduction simultanée dans les armements, en France et en Angleterre. (*Note de l'éditeur.*)

17 octobre 1849.

Mon cher Cobden, vous ne devez pas douter de mon empressement à assister au meeting du 30 octobre, si mes devoirs parlementaires n'y font pas un obstacle absolu. Avoir le plaisir de vous serrer la main et être témoin du progrès de l'opinion en Angleterre, en faveur de la paix, ce sera pour moi une double bonne fortune. Il me sera bien agréable aussi de remercier M. B. Smith (1) de sa gracieuse hospitalité, que j'accepte avec reconnaissance.

Vous sentez que je ferai tous mes efforts pour entraîner notre excellent ami M. Say. Je crains que ses occupations du conseil d'État ne le retiennent. Je tiendrais d'autant plus à l'avoir pour compagnon de voyage que sa foi n'est pas entière à l'endroit du congrès de la paix. Le spectacle de vos meetings ne pourra que retremper sa confiance. Je le verrai ce soir.

Mon ami, les nations comme les individus subissent la loi de la responsabilité. L'Angleterre aura bien de la peine à faire croire à la sincérité de ses efforts pacifiques. Pendant longtemps, pendant des siècles peut-être, on dira sur le continent : L'Angleterre prêche la modération et la paix ; mais elle a cinquante-trois colonies et deux cents millions de sujets dans l'Inde. — Ce seul mot neutralisera beaucoup de beaux discours. Quand est-ce que l'Angleterre sera assez avancée pour renoncer volontairement à quelques-unes de ses onéreuses conquêtes ? ce serait un beau moyen de propagande.

Croyez-vous qu'il fût imprudent ou déplacé de toucher ce sujet délicat ?

(1) M. John B. Smith, membre de la Ligue. V. t. III, p. 404 et suiv. (*Note de l'éditeur.*)

24 octobre 1849.

Mon cher Cobden, Say a dû vous écrire que nous nous proposions de partir dimanche soir, pour être à Londres lundi matin. Il amène avec lui son fils. Quant à Michel Chevalier, il est toujours dans les Cévennes.

Mais voici une autre circonstance. Le beau-frère de M. Say, M. Cheuvreux, qui était absent quand nous fûmes passer une journée chez lui à la campagne, et qui a bien regretté d'avoir perdu cette occasion de faire votre connaissance, a le projet de se réunir à nous. Il désire d'ailleurs ardemment assister au mouvement de l'opinion publique de l'Angleterre, en faveur de la paix et du désarmement. Mais tenant à ne pas me séparer de M. Cheuvreux, je me vois forcé d'écrire à M. Smith pour lui témoigner toute ma reconnaissance et lui expliquer les motifs qui me mettent dans l'impossibilité de profiter de sa généreuse hospitalité.

Pendant que j'écris, on discute l'abrogation des lois de proscription. Je crains bien que notre Assemblée n'ait pas le courage d'ouvrir les portes de la France aux dynasties déchues. A mon avis, cet acte de justice consoliderait la république.

31 décembre 1849.

Mon cher Cobden, je suis enchanté du meeting de Bradford, et je vous félicite sincèrement d'avoir abordé enfin la question coloniale. Je sais que ce sujet vous a toujours paru délicat ; il touche aux fibres les plus irritables des cœurs patriotiques. Renoncer à l'empire du quart du globe ! Oh ! jamais une telle preuve de bon sens et de foi dans la science n'a été donnée par aucun peuple ! Il est surprenant qu'on vous ait laissé aller jusqu'au bout. Aussi ce que j'admire le plus dans ce meeting, ce n'est pas l'orateur (permettez-moi de le dire), c'est l'auditoire. Que ne ferez-vous pas avec un peuple qui analyse froidement ses plus chères illusions et qui souffre qu'on recherche devant lui ce qu'il y a de fumée dans la gloire !

Je me rappelle vous avoir témérairement insinué, dans le temps, le conseil de diriger vos coups sur le régime colonial avec lequel le *free-trade* est incompatible. Vous me répondîtes que l'orgueil national est une plante qui croît dans tous les pays et surtout dans le vôtre ; qu'il ne fallait pas essayer de l'extirper brusquement et que le *free-trade* en rongerait peu à peu les racines. Je me rendis à cette observation de bon sens pratique, tout en déplorant la nécessité qui vous fermait la bouche ; car je savais bien une chose, c'est que tant que l'Angleterre aurait quarante colonies, jamais l'Europe ne croirait à la sincérité de sa propagande. Pour mon compte, j'avais beau dire : « Les colonies sont un fardeau, » cela paraissait une assertion aussi paradoxale que celle-ci : « C'est un grand malheur pour un gentleman d'avoir de belles fermes. » Évidemment il faut que l'assertion et la preuve viennent de l'Angleterre elle-même. En avant donc, mon cher Cobden, redoublez d'efforts, triomphez, affranchissez vos colonies, et vous aurez réalisé la plus grande chose qui se soit faite sous le soleil, depuis qu'il éclaire les folies et les belles actions des hommes. Plus la Grande-Bretagne s'enorgueillit de son colosse colonial, plus vous devez montrer ce colosse aux pieds d'argile dévorant la substance de vos travailleurs. Faites que l'Angleterre, librement, mûrement, en toute connaissance de cause, dise au Canada, à l'Australie, au Cap : « Gouvernez-vous vous-mêmes ; » et la liberté aura remporté sa grande victoire, et l'économie politique en action sera enseignée au monde.

Car il faudra bien que les protectionnistes européens ouvrent enfin les yeux.

D'abord ils disaient : « L'Angleterre admet chez elle les objets manufacturés. Belle générosité, puisqu'elle a à cet égard une supériorité incontestable ! Mais elle ne retirera pas la protection à l'agriculture, parce que, sous ce rapport, elle ne peut soutenir la concurrence des pays où le sol et la main-d'œuvre sont pour rien. » Vous avez répondu en affranchissant le blé, les bestiaux et tous les produits agricoles.

Alors ils ont dit : « L'Angleterre joue la comédie ; et la preuve, c'est qu'elle ne touche pas à ses lois de navigation, car l'empire des mers c'est sa vie. » Et vous avez réformé ces lois, non pour perdre votre marine, mais pour la renforcer.

Maintenant ils disent : « L'Angleterre peut bien décréter la liberté commerciale et maritime, car, par ses quarante colonies, elle a accaparé les débouchés du monde. Elle ne portera pas la main sur son système colonial. » Renversez le vieux système, et je ne sais plus dans quelle prophétie les protectionnistes devront se réfugier. A propos de prophétie, j'ai osé en faire une il y a deux ans. C'était à Lyon, devant une nombreuse assemblée. Je disais : « Avant dix ans, l'Angleterre abattra elle-même volontairement le régime colonial. » Ne me faites pas passer ici pour un faux prophète.

Les questions économiques s'agitent en France comme en Angleterre, mais dans une autre direction. On remue tous les fondements de la science. *Propriété*, *capital*, tout est mis en question ; et, chose déplorable, les bonnes raisons ne sont pas toujours du côté de la raison. Cela tient à l'universelle ignorance en ces matières. On combat le communisme avec des arguments communistes. Mais enfin, l'intelligence si vive de ce pays est à l'œuvre. Que sortira-t-il de ce travail? du bien pour l'humanité sans doute, mais ce bien ne sera-t-il pas chèrement acheté? Passerons-nous par la banqueroute, par les assignats, etc.? *that is the question.*

Vous aurez été surpris, sans doute, de me voir publier en ce moment un livre de pure théorie; et j'imagine que vous ne pourrez en soutenir la lecture. Je crois cependant qu'il aurait de l'utilité dans ce pays, si j'avais songé à faire une édition à bon marché et surtout si j'avais pu enfanter le second volume. *Ma non ho fiato*; au physique comme au moral, le souffle me manque.

J'ai envoyé un exemplaire de ce livre à M. Porter. Mon ami, nos renommées sont comme nos vins; les uns comme les autres ont besoin de traverser la mer pour acquérir toute leur saveur. Je voudrais donc que vous me fissiez connaître quelques personnes à qui je pourrais adresser mon volume, afin que, par votre bonne influence, elles en rendissent compte dans les journaux. Il est bien entendu que je ne quête pas des éloges, mais la consciencieuse opinion de mes juges.

3 août 1850.

Mon cher Cobden, depuis le départ de nos bons amis les Schwabe, je n'ai plus l'occasion de m'entretenir de vous. Cependant, je ne vous ai pas tout à fait perdu de vue, et, dans une occasion récente, j'ai remarqué avec joie, mais sans étonnement, que vous vous étiez séparé de nos amis pour rester fidèle à vos convictions. Je veux parler du vote sur Palmerston. Cette bouffée d'orgueil britannique qui a caractérisé cet épisode, n'est pas d'accord avec la marche naturelle des événements et le progrès de la raison publique en Angleterre. Vous avez bien fait de résister. C'est cette parfaite concordance de toutes vos actions et de tous vos votes qui donnera plus tard à votre nom et à votre exemple une autorité irrésistible.

Je suis allé dans mon pays pour voir à guérir ces malheureux poumons, qui me sont des serviteurs fort capricieux. Je suis revenu un peu mieux, mais atteint d'une maladie de larynx accompagnée d'une extinction de voix complète. Le médecin m'ordonne le silence absolu. C'est pourquoi je vais aller passer deux mois à la campagne aux environs de Paris. Là, j'essayerai de faire le second volume des *Harmonies économiques*. Le premier est passé à peu près inaperçu dans le monde savant. Je ne serais pas *auteur*, si je souscrivais à cet arrêt. J'en appelle à l'avenir, j'ai la conscience que ce livre contient une idée importante; une *idée mère*. Le temps me viendra en aide.

Aujourd'hui je voulais vous dire quelques mots en faveur de notre confrère en économie politique, A. Scialoja. Vous savez qu'il était professeur à Turin. Les événements en ont fait, pendant quelques jours, un ministre du commerce à Naples. C'était à l'époque de la Constitution. Au retour du pouvoir absolu, Scialoja, pensant qu'un ministère du commerce n'est pas assez politique pour compromettre son titulaire, ne voulut pas fuir. Mal lui en prit. Il a été arrêté et mis en prison. Voilà dix mois qu'il sollicite en vain son élargissement ou un jugement.

J'ai fait quelques démarches ici afin d'intéresser notre diplomatie. (Que la diplomatie soit bonne à quelque chose une fois dans la vie!) On m'a répondu que notre ambassade ferait ce qu'elle pourrait, mais qu'elle avait peu de chances. Scialoja serait, dit-on, beaucoup mieux protégé par la bienveillance anglaise. Voyez donc à lui ménager l'appui de votre ambassadeur à Naples.

Scialoja demande à être jugé! j'aimerais mieux pour lui qu'on lui donnât un passe-port pour Londres ou Paris; car un jugement napolitain ne me paraît pas offrir de grandes garanties, même à l'innocence la plus blanche.

Irez-vous à Francfort? Pour moi, il est inutile que j'assiste au congrès, puisque je suis devenu muet; mais il me serait bien agréable de vous voir à votre passage à Paris, et mon appartement, rue d'Alger, n° 3, est à votre disposition.

17 août 1850.

Mon cher Cobden, connaissant ma misérable santé, vous n'aurez pas été surpris de mon absence au congrès de Francfort; surtout vous n'aurez pas songé à l'attribuer à un défaut de zèle. Indépendamment du plaisir d'être un de vos collaborateurs dans cette noble entreprise, il m'eût été bien agréable de rencontrer à Francfort des amis que j'ai rarement l'occasion de voir, et d'y faire connaissance avec une foule d'hommes distingués de ces deux excellentes races : la race anglo-saxonne et la race germanique. Enfin, je suis privé de cette consolation comme de bien d'autres. Depuis longtemps la bonne nature m'accoutume peu à peu à toutes sortes de privations, comme pour me familiariser avec la dernière qui les comprend toutes.

N'ayant pas de vos nouvelles, j'ai ignoré un moment si vous vous rendiez au congrès, car l'idée ne m'était pas venue qu'on pouvait se rendre d'Angleterre à Francfort sans passer à Paris ; et ne pensant pas non plus que vous traverseriez notre capitale sans me prévenir, je concluais que vous étiez vous-même empêché. On m'assure que non, et j'en félicite le congrès. Tâchez de porter un coup vigoureux à ce monstre de la guerre, ogre presque aussi dévorant quand il fait sa digestion, que lorsqu'il fait ses repas; car, vraiment, je crois que les armements font presque autant de mal aux nations que la guerre elle-même. De plus, ils empêchent le bien. Pour moi, j'en reviens toujours à ceci qui me paraît clair comme le jour : tant que le désarmement ne permettra pas à la France de remanier ses finances, réformer ses impôts et satisfaire les justes espérances des travailleurs, ce sera toujours une nation convulsive... et Dieu sait les conséquences.

Un homme que j'aurais désiré voir, à cause de toutes les marques d'intérêt dont il m'a comblé, c'est M. Prince Smith, de Berlin ; s'il est au congrès, veuillez lui exprimer l'extrême désir que j'ai de faire sa connaissance personnelle. Que je serais heureux, mon cher Cobden, si vous vous décidiez à passer par Paris, et si vous obteniez de M. Prince Smith de vous accompagner dans cette excursion ! mais je n'ose m'arrêter à de telles espérances. Les bonnes fortunes ne semblent pas faites pour moi. Depuis longtemps je m'exerce à prendre le bien quand il vient, mais sans jamais l'attendre.

Il me semble qu'un petit séjour à Paris doit avoir de l'intérêt pour des politiques et des économistes. Venez voir de quel calme profond nous jouissons ici, quoi qu'on en puisse dire dans les journaux. Assurément, la paix intérieure et extérieure, en face d'un passé si agité et d'un avenir si incertain, c'est un phénomène qui atteste un grand progrès dans le bon sens public. Puisque la France s'est tirée de là, elle se tirera de bien d'autres difficultés.

On a beau dire, l'esprit humain progresse, les intérêts bien entendus acquièrent de la prépondérance, les discordances sont moins profondes et moins durables, l'*harmonie* se fait.

9 septembre 1850.

Mon cher Cobden, je suis sensible à l'intérêt que vous voulez bien prendre à ma santé. Elle est toujours chancelante. En ce moment j'ai une grande inflammation, et probablement des ulcérations à ces deux tubes qui conduisent l'air au poumon et les aliments à l'estomac. La question est de savoir si ce mal s'arrêtera ou fera des progrès. Dans ce dernier cas, il n'y aurait plus moyen de respirer ni de manger, *a very awkward situation indeed*. J'espère n'être pas soumis à cette épreuve, à laquelle cependant je ne néglige pas de me préparer, en m'exerçant à la patience et à la résignation. Est-ce qu'il n'y a pas une source inépuisable de consolation et de force dans ces mots : *Non sicut ego volo, sed sicut tu.*

Une chose qui m'afflige plus que ces perspectives physiologiques, c'est la faiblesse intellectuelle dont je sens si bien le progrès. Il faudra que je renonce sans doute à achever l'œuvre commencée. Mais, après tout, ce livre a-t-il toute l'importance que je me plaisais à y attacher? La postérité ne pourra-t-elle pas fort bien s'en passer? Et s'il faut combattre l'amour désordonné de la conservation matérielle, n'est-il pas bon d'étouffer aussi les bouffées de vanité d'auteur, qui s'interposent entre notre cœur et le seul objet qui soit digne de ses aspirations?

D'ailleurs, je commence à croire que l'idée principale que j'ai cherché à propager n'est pas perdue; et hier un jeune homme m'a envoyé en communication un travail intitulé : *Essai sur le capital*. J'y ai lu cette phrase :

« Le capital est le signe caractéristique et la mesure du « progrès. Il en est le véhicule nécessaire et unique, sa « mission spéciale est de servir de transition de la valeur à « la gratuité. Par conséquent, au lieu de peser sur le prix « naturel, comme on dit, son rôle constant est de l'abaisser « sans cesse » (*voir ci-après la lettre page* 204).

Or, cette phrase renferme et résume le plus fécond des phénomènes économiques que j'aie essayé de décrire. En elle est le gage d'une réconciliation inévitable entre les classes propriétaires et prolétaires. Puisque ce point de vue de l'ordre social n'est pas tombé, puisqu'il a été aperçu par d'autres, qui l'exposeront à tous les yeux mieux que je ne pourrais faire, je n'ai pas tout à fait perdu mon temps, et je puis chanter, avec un peu moins de répugnance, mon *Nunc dimittis*.

J'ai lu la relation du congrès de Francfort. Vous êtes le seul qui sachiez donner à cette œuvre un caractère pratique, une action sur le monde des affaires. Les autres orateurs s'en tiennent à des lieux communs fort usés. Mais je persiste toujours à penser que l'association finira par avoir une grande influence indirecte, en éveillant et formant l'opinion publique. Sans doute, vous ne ferez pas décréter officiellement la paix universelle; mais vous rendrez les guerres plus impopulaires, plus difficiles, plus rares, plus odieuses.

Il ne faut pourtant pas se dissimuler que l'affaire de Grèce a porté un très-rude coup aux amis de la paix ; et il faudra bien du temps pour qu'ils s'en relèvent. Quel est, par exemple, le député français assez hardi pour seulement parler de désarmement partiel, en présence du principe internationnal impliqué dans cette affaire grecque, avec l'assentiment (et c'est là surtout ce qui est grave) de la nation britannique? Désarmer ! s'écrierait-on, désarmer au moment où une puissance formidable agit ouvertement en vertu de ce principe, qu'au moindre grief, qu'elle se croira contre un autre gouvernement, elle pourra non-seulement employer la force contre ce gouvernement, mais encore saisir les *propriétés privées* de ses citoyens ! Tant qu'un tel principe restera debout, coûte que coûte, il faut que nous restions tous armés jusqu'aux dents.

Il fut un temps, mon ami, où la diplomatie elle-même essaya de faire prévaloir le respect des *propriétés particulières* en mer, pendant la guerre. Ce principe est entré dans nos mœurs militaires. En 1814, les Anglais n'ont rien pris, dans le midi de la France, sans le payer. En 1823, nous avons fait la guerre en Espagne sur les mêmes errements ; et quelque injuste que fût cette guerre, au point de vue politique, elle marqua admirablement la distinction, désormais reçue, entre le domaine public et la propriété personnelle. M. de Chateaubriand essaya à cette époque de faire admettre, dans le droit international, la suppression de la *course*, des *lettres de marque*, en un mot, le respect de la propriété privée. Il échoua ; mais ses efforts attestent un grand progrès de la civilisation.

Combien lord Palmerston nous rejette loin de ce temps ! Il est donc admis maintenant que, si l'Angleterre a à se plaindre du roi Othon, il n'est pas un Grec qui puisse se dire propriétaire d'une barque, ou d'un tonneau de marchandise. Par la même raison, si la France a quelque grief contre la Belgique, la Suisse, le Piémont, elle peut envoyer des bataillons s'emparer des maisons, des récoltes, des bestiaux, etc. ; c'est de la barbarie... Je le répète, avec un tel système, il faut que chacun reste armé jusqu'aux dents, et se tienne prêt à défendre son bien. — Car, mon ami, les hommes ne sont pas encore des Quakers. Ils n'ont pas renoncé au droit de *défense personnelle*, et probablement ils n'y renonceront jamais.

Si encore tout se bornait aux doctrines et aux actes de lord Palmerston, ce serait une iniquité de plus à la charge de la diplomatie ; voilà tout. Mais ce qui est grave, ce qui est menaçant, c'est l'approbation inattendue donnée à cette politique par la nation anglaise. Il me reste un espoir : c'est que cette approbation soit une surprise..

Mais tout en politiquant, j'oublie de vous dire que, pour me conformer aux ordonnances des médecins, sans y avoir grand'foi, je pars pour l'Italie. Ils m'ont condamné à passer cet hiver à Pise, en Toscane. De là, j'irai sans doute visiter Florence et Rome. Si vous avez là quelques amis assez intimes pour que je puisse me présenter à eux, veuillez me les signaler, sans vous donner la peine de faire des lettres de recommandation. Si je savais où trouver monsieur et madame Schwabe, je les préviendrais de cette excursion afin de prendre leurs ordres. Quand vous aurez occasion de leur écrire, veuillez leur faire part de ce voyage.

Pise, le 18 octobre 1850.

Mon cher Cobden, je vous remercie de l'intérêt que vous prenez à ma santé. Je ne puis pas dire qu'elle soit meilleure ou plus mauvaise. Sa marche est si imperceptible que je sais à peine vers quel dénoûment elle me conduit. Tout ce que je demande au ciel maintenant, c'est que les tubes qui descendent de la bouche au poumon et à l'estomac ne deviennent pas plus douloureux. Je n'avais jamais pensé au rôle immense qu'ils jouent dans notre vie. Le boire, le manger, la respiration, la parole, tout passe par là. S'ils ne fonctionnent pas, on est mort; s'ils fonctionnent mal, c'est bien pis.

Le premier aspect de l'Italie, et particulièrement de la Toscane, ne fait pas sur moi la même impression qu'il avait faite sur vous. Cela n'est pas surprenant : vous arriviez ici en triomphateur, après avoir fait faire à l'humanité un de ses plus notables progrès; vous étiez accueilli et fêté par tout ce qu'il y a dans ce pays d'hommes éclairés, libéraux, amis du bien public; vous voyiez la Toscane par le haut. — Moi, j'y entre par l'extrémité opposée; tous mes rapports jusqu'ici ont été avec des bateliers, des voituriers, des garçons d'auberge, des mendiants et des facchini, ce qui constitue la race d'hommes la plus rapace, la plus tenace, la plus abjecte qu'on puisse rencontrer. Je me dis souvent qu'il ne faut pas se hâter de juger, que très-probablement ma disposition intérieure me met un verre noirci sur la vue. En effet, il est bien difficile qu'un homme qui ne peut pas parler, ni guère se tenir debout, ne soit fort irritable, et partant injuste. Cependant, mon ami, je ne crois pas me tromper en disant ceci : — Quand les hommes n'ont aucun soin de leur dignité, quand ils ne reconnaissent d'autre loi que le *sans gêne*, quand ils ne veulent se soumettre à aucun ordre, à aucune discipline volontaire, il n'y a pas de ressource. — Ici les hommes sont très-bienveillants les uns envers les autres ; et cette qualité est poussée si loin, qu'elle devient un défaut et un obstacle invincible à toute tentative sérieuse vers l'indépendance et la liberté. Dans les rues, dans les bateaux à vapeur, dans les chemins de fer, vous verrez toujours les règlements violés. On fume là où il est défendu de fumer, les gens des secondes envahissent les premières, ceux qui ne payent pas prennent la place de ceux qui payent. Ce sont choses reçues dont nul ne se fâche, pas même les victimes. Ils ont l'air de dire : Il ne s'est pas gêné, il a eu raison, j'en ferais autant à sa place. Quant aux préposés, gardiens, capitaines, comment feraient-ils respecter la règle, puisqu'ils sont toujours les premiers à la violer ?

Au reste, mon cher Cobden, ne prenez ces paroles que pour ce qu'elles sont, les boutades d'un misanthrope. Avant-hier soir, l'ennui me poussa vers Florence. J'y arrivai à trois heures de l'après-midi. Comme je n'avais d'autre suite et d'autre bagage qu'un petit sac de nuit, on ne voulut me recevoir dans aucun hôtel. La fatigue m'accablait et je ne pouvais m'expliquer, puisque la voix me fait défaut. Enfin, dans une auberge plus hospitalière, on me donna une chambre froide et obscure, dans les combles. Aussi, hier, je me suis empressé de quitter cette ville des *fleurs*, qui n'a été pour moi que la ville des *soucis*. Cependant, j'ai eu le plaisir de voir le marquis de Ridolfi. Nous avons beaucoup causé de vous. Plus tard, si mes *cordes vocales* reprennent un peu de sonorité, j'irai me réconcilier avec la ville des Médicis.

LETTRE A M. ALCIDE FONTEYRAUD.

Mugron, le 20 décembre 1845.

Mon cher monsieur Fonteyraud, je ne répondrai pas aujourd'hui à votre lettre si aimable, si bonne, si intéressante par les sujets dont elle m'entretient et par la manière dont elle en parle. Ceci n'est qu'un simple accusé de réception dont je charge une personne qui part dans quelques heures pour Paris.

J'avais de vos nouvelles par le journal de la Ligue, par M. Guillaumin et par M. Cobden, qui me parle de vous en termes que je ne veux pas vous répéter pour ne pas blesser votre modestie... Cependant je me ravise. M. Cobden sera assez justement célèbre un jour, pour que vous soyez bien aise de savoir le jugement qu'il a porté de vous. D'ailleurs ce jugement renferme un conseil, et je n'ai pas le droit de l'arrêter au passage, d'autant que vous persistez à me donner le titre de *maître*. J'en remplirai les fonctions une fois, sinon en vous donnant des avis, du moins en vous transmettant ceux qui émanent d'une autorité bien imposante pour les disciples du *free-trade*.

Voici donc comment s'exprime M. Cobden :

« Let me thank you for introducing to us Mr. Fonteyraud, who excited our admiration not only by his superior talents, but by the warmth of his zeal in the cause of free-trade. I have rarely met with a young man of his age possessing so much knowledge and so mature a judgement both as respects *men* and *things*. If he be preserved from the temptations which beset the path of youg men of litterary pursuits in Paris, » (M. Cobden veut-il parler des écoles sentimentalistes ou des piéges de l'esprit de parti, c'est ce que j'ignore) « he possesses the

« ability to render himself very useful in the cause of hu-« manity. »

Le reste ne pouvant s'adresser qu'à votre amour-propre, permettez-moi de le supprimer.

Il est doux, il est consolant de marcher dans la vie appuyé par un tel témoignage. Il y a bien quelque chose au fond du cœur qui nous parle de notre propre mérite ; mais quand nous voyons l'aveuglement de tous les hommes à ce sujet, comment pouvons-nous avoir jamais la certitude que le sentiment de nos forces en est la mesure? Pour vous, vous voilà jugé et consacré ; vous êtes voué à la cause de l'humanité. *Apprendre et répandre*, telle doit être votre devise; telle est votre destinée.

Oh ! comme mon cœur battait quand je lisais votre description du grand meeting de Manchester ! Comme vous, je sentais l'enthousiasme me pénétrer par tous les pores. Jamais rien de semblable, quoi qu'en dise Salomon, s'était-il vu sous le soleil ? On a vu de grandes réunions d'hommes se passionner pour une conquête, pour une victoire, pour un intérêt, pour le triomphe de la force brutale; mais avait-on jamais vu dix mille hommes s'unir pour faire prévaloir par des moyens pacifiques, par la parole, par le sacrifice, un grand principe de justice universelle? Quand la liberté du commerce serait une erreur, une chimère, la Ligue n'en serait pas moins glorieuse, car elle a donné au monde le plus puissant et le plus moral de tous les instruments de civilisation. Comment ne voit-on pas que ce n'est pas seulement l'affranchissement des échanges, mais successivement toutes les réformes, tous les actes de justice et de réparation, que l'humanité pourra réaliser à l'aide de ces gigantesques et vivantes organisations !

Aussi, avec quel bonheur, je dirai presque avec quel délire de joie, j'ai accueilli la nouvelle que vous me donniez à la fin de votre lettre ! La France aurait aussi sa ligue !

la France verrait cesser son éternelle adolescence ; elle rougirait du puérilisme honteux dans lequel elle végète, elle se ferait homme ! Oh ! vienne ce jour, et je le saluerai comme le plus beau de ma vie. Ne cesserons-nous jamais d'attacher la gloire au développement de la force matérielle, de vouloir trancher toutes les questions par l'épée, de ne glorifier que le courage du champ de bataille, quels que soient son mobile et ses œuvres? Comprendrons-nous enfin que, puisque *l'opinion est la reine du monde*, c'est l'opinion qu'il faut travailler, c'est à l'opinion qu'il faut communiquer des lumières qui lui montrent la bonne voie et de l'énergie pour y marcher?

Mais après l'enthousiasme est venue la réflexion. Je tremble que quelque germe funeste ne se glisse dans les commencements de notre ligue, par exemple l'esprit de transaction, de transition, d'atermoiements, de ménagements. Tout est perdu si elle ne se rallie, si elle n'adhère étroitement à un *principe absolu*. Comment les ligueurs eux-mêmes pourraient-ils s'entendre, si la ligue admettait divers principes, à diverses doses ? Et s'ils ne s'entendaient pas entre eux, quelle influence pourraient-ils exercer au dehors? — Ne soyons que vingt, ou dix, ou cinq ; mais que ces vingt, ou dix, ou cinq aient le même but, la même volonté, la même foi. Vous avez assisté à l'agitation anglaise ; je l'ai moi-même beaucoup étudiée, et je sais (ce que je vous prie de bien dire à nos amis) que si la Ligue eût fait la moindre concession, à aucune époque de son existence, il y a longtemps que l'aristocratie en serait débarrassée.

Donc, qu'une association se forme en France ; qu'elle entreprenne d'affranchir le commerce et l'industrie de tout monopole ; qu'elle se dévoue au triomphe du principe, et vous pouvez compter sur moi. De la parole, de la plume, de la bourse, je suis à elle. S'il faut subir des poursuites judiciaires, essuyer des persécutions, braver le ridicule, je suis à elle. Quelque rôle qu'on m'y donne, quelque rang qu'on m'y assigne, sur les hustings ou dans le cabinet, je suis à elle. Dans des entreprises de ce genre, en France plus qu'ailleurs, ce qu'il faut redouter, ce sont les rivalités d'amour-propre; et l'amour-propre est le premier sacrifice que nous devons faire sur l'autel du bien public. Je me trompe, l'indifférence et l'apathie sont peut-être de plus grands dangers. Puisque ce projet a été formé, ne le laissez pas tomber. Oh! que ne suis-je auprès de vous!

J'allais finir ma lettre sans vous remercier d'avance de ce que vous direz dans la *Revue britannique* de ma publication. Une simple traduction ne peut mériter de grands éloges. Quoi qu'il en soit, éloges et critiques sont bien venus quand ils sont sincères.

Adieu; votre affectionné.

LETTRE DE F. BASTIAT

AU PRÉSIDENT DU CONGRÈS DE LA PAIX, A FRANCFORT.

Paris, 17 août 1850.

MONSIEUR LE PRÉSIDENT,

Une maladie de larynx n'aurait pas suffi pour me retenir loin du congrès, d'autant que mon rôle y serait plutôt d'écouter que de parler, si je ne subissais un traitement qui m'oblige à rester à Paris. Veuillez exprimer mes regrets à vos collaborateurs. Pénétré de ce qu'il y a de grand et de nouveau dans ce spectacle d'hommes de toutes les races et de toutes les langues, accourus de tous les points du globe pour travailler en commun au triomphe de la paix universelle, c'est avec zèle, c'est avec enthousiasme que j'aurais joint mes efforts aux vôtres, en faveur d'une si sainte cause.

A la vérité, la paix universelle est considérée, en beaucoup de lieux, comme une chimère, et, par suite, le congrès comme un effort honorable mais sans portée. Ce sentiment règne peut-être plus en France qu'ailleurs, parce que c'est le pays où l'on est le plus fatigué d'utopies et où le ridicule est le plus redoutable.

Aussi, s'il m'eût été donné de parler au congrès, je me serais attaché à rectifier une si fausse appréciation.

Sans doute, il a été un temps où un congrès de la paix n'aurait eu aucune chance de succès. Quand les hommes se faisaient la guerre pour conquérir du butin, des terres ou des esclaves, il eût été difficile de les arrêter par des considérations morales ou économiques. Les religions mêmes y ont échoué.

Mais aujourd'hui deux circonstances ont tout à fait changé la question.

La première, c'est que les guerres n'ont plus l'intérêt pour cause ni même pour prétexte, étant toujours contraires aux vrais intérêts des masses.

La seconde, c'est qu'elles ne dépendent plus du caprice d'un chef, mais de l'opinion publique.

Il résulte de la combinaison de ces deux circonstances, que les guerres doivent s'éloigner de plus en plus, et enfin disparaître, par la seule force des choses, et indépendamment de toute intervention du congrès, car un fait qui blesse le public et dépend du public doit nécessairement cesser.

Quel est donc le rôle du congrès ? C'est de hâter ce dénoûment d'ailleurs inévitable, en montrant à ceux qui ne le voient pas encore en quoi et comment les guerres et les armements blessent les intérêts généraux.

Or, qu'y a-t-il d'utopique dans une telle mission ?

Depuis quelques années, le monde a traversé des circonstances qui, certes, à d'autres époques, eussent amené de longues et cruelles guerres. Pourquoi ont-elles été évitées? Parce que, s'il y a en Europe un parti de la guerre, il y a aussi des amis de la paix; s'il y a des hommes toujours prêts à guerroyer, qu'une éducation stupide a imbus d'idées antiques et de préjugés barbares, qui attachent l'honneur au seul courage physique et ne voient de gloire que pour les faits militaires, il y a heureusement d'autres hommes à la fois plus religieux, plus moraux, plus prévoyants et meilleurs calculateurs. N'est-il pas bien naturel que ceux-ci cherchent à faire parmi ceux-là des prosélytes? Combien de fois la civilisation, comme en 1830, en 1840, en 1848, n'a-t-elle pas été, pour ainsi dire, suspendue à cette question : Qui l'emportera du parti de la guerre ou du parti de la paix? Jusqu'ici le parti de la paix a triomphé, et, il faut le dire, ce n'est peut-être ni par l'ardeur ni par le nombre, mais parce qu'il avait l'influence politique.

Ainsi la paix et la guerre dépendent de l'opinion, et l'opinion est partagée. Donc il y a un danger toujours imminent. Dans ces circonstances, le congrès n'entreprend-il pas une chose utile, sérieuse, efficace, j'oserais même dire facile, quand il s'efforce de recruter pour l'opinion pacifique de manière à lui donner enfin une prépondérance décisive?

Qu'y a-t-il là de chimérique? S'agit-il de venir dire aux hommes : « Nous venons vous sommer de fouler aux pieds vos intérêts, d'agir désormais sur le principe du dévouement, du sacrifice, du renoncement à soi-même? » Oh! s'il en était ainsi, l'entreprise serait en effet bien hasardée!...

Mais nous venons au contraire leur dire : « Consultez non-seulement vos intérêts de l'autre vie, mais encore ceux de celle-ci. Examinez les effets de la guerre. Voyez s'ils ne vous sont pas funestes? voyez si les guerres et les gros armements n'amènent pas des interruptions de travail, des crises industrielles, des déperditions de force, des dettes écrasantes, de lourds impôts, des impossibilités financières, des mécontentements, des révolutions, sans compter de déplorables habitudes morales et de coupables violations de la loi religieuse ? »

N'est-il pas parmis d'espérer que ce langage sera entendu ? Courage donc, hommes de foi et de dévouement, courage et confiance ! ceux qui ne peuvent aujourd'hui se mêler à vos rangs vous suivent de l'œil et du cœur.

Recevez, Monsieur le président, l'assurance de mes sentiments respectueux et dévoués.

LETTRES A M. HORACE SAY.

Eaux-Bonnes, 4 juillet 1850.

MON CHER AMI,

..... J'ai lu l'article de M. Clément sur les *Harmonies*. Si je croyais une controverse utile, je l'accepterais ; mais qui la lirait ? M. Clément a l'air de penser que c'est manquer de respect à nos maîtres que d'approfondir des problèmes qu'ils ont à peine effleurés, — parce qu'au temps où ils écrivaient, ces problèmes n'étaient pas posés. Selon lui, ils ont tout dit, tout vu, ne nous ont rien laissé à faire. — Ce n'est pas mon opinion et ce n'était certainement pas la leur. Entre les premières et les dernières pages de votre père, il y a un progrès trop sensible pour qu'il ne vît pas lui-même qu'il n'avait pas touché l'horizon et que nul ne le touchera jamais. Pour moi, les *Harmonies* fussent-elles finies à ma satisfaction (ce qui ne sera pas), que je ne les regarderais encore que comme un point d'où nos successeurs tireront un monde. Comment pourrions-nous aller bien avant, quand nous sommes obligés de consacrer les trois quarts de notre temps à élucider, pour un public égaré, les questions les plus simples ?

..... Si vous faites dans le Dictionnaire de Guillaumin l'article *Assurance*, faites bien remarquer que ce ne sont pas seulement les compagnies qui *s'associent*, mais encore et surtout les *assurés*. Ce sont eux qui forment, sans s'en douter, une *association* qui n'en est pas moins réelle pour être volontaire et parce qu'on y entre et en sort quand on veut.

Pise, 20 octobre 1850.

Mon cher ami, nous nous écrivions presque au même moment, le jour du dîner mensuel, en sorte que nos lettres se sont croisées entre Paris et Pise. Depuis, je n'observe aucun progrès, en avant ni en arrière, dans ma maladie. Seulement le sentiment de la souffrance s'irrite par la durée. Faiblesse, isolement, ennui, je ferais bon marché de tout, n'était cette maudite déchirure à la gorge qui me rend si pénibles toutes les fonctions, si nombreuses et si indispensables, qui s'accomplissent par là. Oh ! que je voudrais avoir un jour de trêve ! — mais toutes les invocations du monde n'y peuvent rien. — A la bizarrerie de mes rêves et à la transpiration qui suit toujours le sommeil, je reconnais que j'ai chaque nuit un peu de fièvre. Cependant, comme je ne tousse pas plus qu'autrefois, je pense que cette fièvre est plutôt un effet de ce malaise continuel qu'un symptôme de la maladie constitutionnelle.

..... Je crois en effet que l'économie politique est plus sue ici qu'en France, par la raison qu'elle fait partie du Droit. C'est énorme que de donner une teinture de cette science aux hommes qui se rattachent de près ou de loin à l'exécution des lois ; car ces mêmes hommes entrent pour beaucoup dans leur confection, et d'ailleurs ils forment le fond de ce que l'on appelle la classe éclairée. Je n'espère jamais voir l'économie politique prendre domicile à l'École de Droit en France. A cet égard, l'aveuglement des gouvernements est incompréhensible. Ils ne veulent pas qu'on enseigne la seule science qui leur donne des garanties de durée et de stabilité. N'est-ce pas un fait caractéristique que le ministre du commerce et celui de l'instruction publique, me renvoyant de l'un à l'autre comme une balle, m'aient, de fait, refusé un local pour faire un cours gratuit?

Puisque vous êtes notre *Coppoletto,* notre *Leader*, vous devriez bien endoctriner nos amis Garnier et Molinari pour qu'ils mettent à profit cette occasion unique de la signature, laquelle, quoi qu'on en dise, donne de la dignité au journal. Il dépend d'eux, je crois, de donner à la *Patrie* ce qu'elle n'a jamais eu, une couleur, un *caractère*. Ils auront à agir avec beaucoup de prudence et de circonspection, puisque le journal n'est économiste, ni au point de vue du directeur, ni à celui des actionnaires, ni à celui des abonnés. Le *cachet* ne devra apparaître distinctement que peu à peu. Je pense que nos amis ne doivent nullement agir comme s'ils étaient dans un journal franchement économiste et ayant arboré le drapeau. Il s'agirait là de rompre des lances avec les adversaires. Mais dans la *Patrie*, la tactique ne doit pas être la même. Il faut d'abord ne traiter que de loin en loin les questions de liberté commerciale, particulièrement les plus ardues (comme les lois de navigation). Il vaut mieux prendre la question de plus haut, à une hauteur qui embrasse à la fois la politique, l'économie politique et le socialisme, c'est-à-dire : *l'intervention de l'État*. Encore ne doivent-ils pas, selon moi, présenter la *non-intervention* comme un système, comme un principe. Seulement ils doivent appeler l'attention du lecteur là-dessus chaque fois que l'occasion s'en présente. Leur rôle, — afin de ne pas éveiller la défiance, — est de montrer, dans chaque question spéciale, les *avantages* et les *inconvénients* de l'intervention. Les avantages, pourquoi les dissimuler? Il faut bien qu'il y en ait puisque cette intervention est si populaire. Ils devront donc avouer que lorsqu'il y a un *bien à faire* ou un *mal à combattre*, l'appel à la force publique paraît d'abord le moyen le plus court, le plus économique, le plus efficace ; à cet égard même, à leur place, je me montrerais très-large et très-conciliant envers les gouvernementaux, car ils sont bien nombreux et il s'agit moins de les réfuter que de les ramener. Mais après avoir reconnu les avantages immédiats, j'appellerais leur attention sur les inconvénients ultérieurs. Je dirais : C'est ainsi qu'on crée de nouvelles fonctions, de nouveaux fonctionnaires, de nouveaux impôts, de nouvelles sources de désaffection, de nouveaux embarras financiers. Puis, en substituant à l'activité privée la force publique, n'ôte-t-on pas à l'individualité sa valeur propre et les moyens de l'acquérir ? Ne fait-on pas de tous les citoyens des hommes qui ne savent pas se conduire eux-mêmes, prendre une résolution, repousser une surprise, un coup de main ? Ne prépare-t-on pas des éléments au socialisme, qui n'est autre chose que la pensée d'un homme substituée à toutes les volontés ?...

Les diverses questions spéciales qui peuvent se présenter, discutées à ce point de vue, avec impartialité, la part du *pour* et du *contre* étant bien faite, je crois que le public s'y intéresserait beaucoup et ne tarderait pas à reconnaître la véritable cause de nos malheurs. — Les circulaires de M. Dumas offrent un bon texte pour le début.

Adieu, mon cher ami, croiriez-vous que je suis fatigué pour avoir barbouillé ces quelques lignes ? Il me reste cependant la force de me rappeler au bon souvenir de madame Say et de Léon.

LETTRE A M. DE FONTENAY.

Paris, 3 juillet 1850.

..... Peut-être prenez-vous avec un peu trop de feu parti pour les *Harmonies* contre l'opposition du *Journal des Économistes*. Des hommes d'un certain âge ne renoncent pas facilement à des idées faites et longtemps caressées. Aussi ce n'est pas à eux, mais aux jeunes gens, que j'ai adressé et soumis mon livre. On finira par reconnaître que la *valeur* ne peut jamais être dans la matière et les forces naturelles. De là résulte la gratuité absolue des dons de Dieu, sous toutes les formes et à travers toutes les transactions humaines : ceci conduit à la mutualité des services, à l'absence de tout motif pour que les hommes se jalousent et se haïssent. Cette théorie doit ramener toutes les écoles sur un terrain commun. Vivant avec cette foi, j'attends patiemment ; car plus je vieillis, plus je m'aperçois de la lenteur des évolutions humaines.

Je ne dissimule pas cependant un vœu personnel. Oui, je désire que cette théorie rencontre, de mon vivant, assez d'adeptes (ne fût-ce que deux ou trois) pour être assuré, avant de mourir, qu'elle ne tombera pas si elle est vraie. Que mon livre en suscite seulement un autre, et je serai satisfait. Voilà pourquoi je ne saurais trop vous engager à concentrer vos méditations sur le capital, sujet immense et qui peut bien être le pivot d'une économie politique. Je ne l'ai qu'effleuré : vous irez plus loin que moi, vous me rectifierez au besoin. Ne craignez pas que je m'en formalise. Les horizons économiques n'ont pas de limites : en apercevoir de nouveaux, c'est mon bonheur, que je les découvre ou qu'un autre me les montre.

..... Oui, vous avez raison. Il y a toute une science à

élever sur le vilain mot *consommation :* c'est ce que j'établirai au commencement de mon second volume. Quant à la *population*, il est incompréhensible que M. Clément m'attaque sur un sujet que je n'ai pas encore abordé ! Et au fond, nier cet axiome : *La densité de la population est une facilité de production*, c'est nier toute la puissance de l'échange et de la division du travail. De plus c'est nier des faits qui crèvent les yeux. — Sans doute la population s'arrange naturellement de manière à produire le plus possible ; et pour cela, selon l'occurrence, elle diverge ou converge, elle obéit à une double tendance de dissémination et de concentration ; mais plus elle augmente, *cæteris paribus*, — c'est-à-dire à égalité de vertus, de prévoyance, de dignité, — plus les services se divisent, se rendent facilement, plus chacun tire parti de ses moindres qualités spéciales, etc.....

LETTRES A M. PAILLOTTET.

Pise, 11 octobre 1850.

Je me sens envie de vivre, mon cher Paillottet, quand je lis la relation de vos anxiétés à la nouvelle de ma mort. — Grâce au ciel, je ne suis pas mort, ni même guère plus malade. J'ai vu ce matin un médecin qui va essayer de me débarrasser au moins quelques instants de cette douleur à la gorge, dont la continuité est si importune. — Mais enfin, si la nouvelle eût été vraie, il aurait bien fallu l'accepter et se résigner. — Je voudrais que tous mes amis pussent acquérir, à cet égard, la philosophie que j'ai acquise moi-même. Je vous assure que je rendrais le dernier souffle sans peine, presque avec joie, si je pouvais être sûr de laisser, après moi, à ceux qui m'aiment, non de cuisants regrets, mais un souvenir doux, affectueux, un peu mélancolique. Quand je serai plus malade, c'est à quoi je les préparerai.....

Rome, 26 novembre 1850.

Mon cher Paillottet, chaque fois que je reçois une lettre de Paris, il me semble que mes correspondants sont des *Toinette*, et que je suis un *Argan*.

« La coquine a soutenu pendant une heure durant que je « n'étais pas malade ! vous savez, m'amour, ce qui en est. »

Vous prenez bien tous un intérêt amical à mon mal ; mais vous me traitez ensuite en homme bien portant. Vous me préparez des occupations, vous me demandez mon avis sur plusieurs sujets graves, puis vous me dites de ne vous écrire que quelques lignes. Je voudrais bien que vous eussiez mis dans votre lettre le secret, en même temps que le conseil, de tout dire en quelques mots. Comment puis-je vous parler des *Incompatibilités parlementaires*, des corrections à y apporter, des raisons qui me font penser que ce sujet ne peut être accolé, ni pour le fond ni pour la forme, avec le discours sur l'impôt des boissons, — le tout en une ligne ? Et puis il faut bien que je dise quelque chose de Carey, puisque vous m'envoyez ses épreuves en Toscane ; — des *Harmonies*, puisque vous m'annoncez que l'édition est épuisée.

Dans votre bonne lettre, que je reçois aujourd'hui, vous manifestez la crainte qu'à la vue de Rome, l'enthousiasme ne me saisisse et ne nuise à ma guérison en ébranlant mes nerfs. Vous me placez toujours là dans l'hypothèse d'un homme bien portant. Figurez-vous, mon ami, qu'il y a deux raisons, aussi fortes l'une que l'autre, pour que les monuments de Rome ne fassent pas éclater en moi un enthousiasme dangereux. La première, c'est que je ne vois aucun de ces monuments, étant à peu près confiné dans ma chambre au milieu des cendres et des cafetières; la seconde, c'est que la source de l'enthousiasme est en moi complétement tarie, toutes les forces de mon attention et de mon imagination se portant sur les moyens d'avaler un peu de nourriture ou de boisson, et d'accrocher un peu de sommeil entre deux quintes.

J'ai beau écrire à Florence, je suis sans aucune nouvelle des épreuves de Carey. Dieu sait quand elles m'arriveront.

Adieu! je finis brusquement. J'aurais mille choses à vous dire pour M. et Mme Planat, pour M. de Fontenay, pour M. Manin. Bientôt, quand je serai mieux, je causerai plus longtemps avec vous. Maintenant c'est tout ce que j'ai pu faire que d'arriver à cette page.

Rome, 8 décembre 1850.

Cher Paillottet, suis-je mieux? Je ne puis le dire; je me sens toujours plus faible. Mes amis croient que les forces me reviennent. Qui a raison?

La famille Cheuvreux quitte Rome immédiatement, par suite de la maladie de madame Girard. Jugez de ma douleur. J'aime à croire qu'elle vient surtout de celle de ces bons amis; mais assurément des motifs plus égoïstes y ont une grande part.

Par un hasard providentiel, hier j'écrivis à ma famille pour qu'on m'expédiât une espèce de Michel Morin, homme plein de gaieté et de ressources, cocher, cuisinier, etc., etc., qui m'a souvent servi et qui m'est entièrement dévoué. Dès qu'il sera ici, je serai maître de partir quand je voudrai pour la France. Car il faut que vous sachiez que le médecin et mes amis ont pris à ce sujet une délibération solennelle. Ils ont pensé que la nature de ma maladie me crée des difficultés si nombreuses, que tous les avantages du climat ne compensent pas les soins domestiques.

D'après ces dispositions, mon cher Paillottet, vous ne viendrez pas à Rome, gagner auprès de moi les œuvres de miséricorde. L'affection que vous m'avez vouée est telle que vous en serez contrarié, j'en suis sûr. Mais consolez-vous en pensant qu'à raison de la nature de ma maladie; vous auriez pu faire bien peu pour moi, si ce n'est de venir me tenir compagnie deux heures par jour, chose encore plus agréable que raisonnable. Je voudrais pouvoir vous donner à ce sujet des explications. Mais, bon Dieu! des explications! il faudrait beaucoup écrire, et je ne puis. Mon ami, sous des milliers de rapports j'éprouve le supplice de Tantale. En voici un nouvel exemple : je voudrais vous dire toute ma pensée, et je n'en ai pas la force...

Ce que vous et Guillaumin aurez fait pour les *Incompatibilités* sera bien fait.

Quant à l'affaire Carey, je vous avoue qu'elle me présente un peu de louche. D'un côté, Garnier annonce que le journal prend parti pour la *propriété-monopole*. D'une autre part, Guillaumin m'apprend que M. Clément va intervenir dans la lutte. Si le *Journal des Économistes* veut me punir d'avoir traité avec indépendance une question scientifique, il est bien peu généreux de choisir le moment où je suis sur un grabat, privé de la faculté de lire, d'écrire, de penser, et cherchant à conserver au moins celle de manger, de boire et de dormir qui me quitte.

Pressentant que je ne pourrais accepter le combat, j'ai ajouté à ma réponse à Carey quelques considérations adressées au *Journal des Économistes*. Vous me direz comment elles ont été reçues.

Fontenay ne sera-t-il donc jamais prêt à entrer en lice? Il doit comprendre combien son assistance me serait nécessaire. Garnier dit : Nous avons pour nous Smith, Ricardo, Malthus, J. B. Say, Rossi et tous les économistes, *moins Carey et Bastiat*. J'espère bien que la foi dans la légitimité de la propriété foncière trouvera bientôt d'autres défenseurs, et je compte surtout sur Fontenay.

Je vous prie d'écrire à Michel Chevalier, de lui dire combien je suis reconnaissant de son excellent article sur mon livre. Il n'a d'autre défaut que d'être trop bienveillant et de laisser trop peu de place à la critique. Dites à Chevalier que je n'attends qu'un peu de force pour lui adresser moi-même l'expression de mes vifs sentiments de gratitude. Je fais des vœux sincères pour qu'il hérite du fauteuil de M. Droz ; ce ne sera que tardive justice.

LETTRE AU JOURNAL DES ÉCONOMISTES (1).

Mon livre est entre les mains du public. Je ne crains pas qu'il se rencontre une seule personne qui, après l'avoir lu, dise : « Ceci est l'ouvrage d'un plagiaire. » Une lente assimilation, fruit des méditations de toute ma vie, s'y laisse trop voir, surtout si on le rapproche de mes autres écrits.

Mais qui dit *assimilation*, avoue qu'il n'a pas tout tiré de sa propre substance.

Oh ! oui, je dois beaucoup à M. Carey ; je dois à Smith, à J. B. Say, à Comte, à Dunoyer ; je dois à mes adversaires ; je dois à l'air que j'ai respiré ; je dois aux entretiens intimes d'un ami de cœur, M. Félix Coudroy, avec qui, pendant vingt ans, j'ai remué toutes ces questions dans la solitude, sans que jamais il se soit manifesté dans nos appréciations et nos idées la moindre divergence ;

(1) Après la mort de Bastiat, il fut aisé à ses amis d'édifier M. Carey sur sa parfaite loyauté. Cette lettre nous paraît mériter cependant d'être conservée, d'autant plus que le post-scriptum contient les éléments d'une importante démonstration. (*Note de l'éditeur.*)

phénomène bien rare dans l'histoire de l'esprit humain, et bien propre à faire goûter les délices de la certitude.

C'est dire que je ne revendique pas le titre d'*inventeur* à l'égard de l'harmonie. Je crois même que c'est la marque d'un petit esprit, incapable de rattacher le présent au passé, que de se croire inventeur de principes. Les sciences ont une *croissance* comme les plantes; elles s'étendent, s'élèvent, s'épurent. Mais quel successeur ne doit rien à ses devanciers?

En particulier, l'*Harmonie des intérêts* ne saurait être une invention individuelle. Eh quoi! n'est-elle pas le pressentiment et l'aspiration de l'humanité, le but de son évolution éternelle? Comment un publiciste oserait-il s'arroger l'invention d'une idée, qui est la foi instinctive de tous les hommes?

Cette harmonie, la science économique l'a proclamée dès l'origine. Cela est attesté par le titre seul des livres physiocrates. Sans doute, les savants l'ont souvent mal démontrée; ils ont laissé pénétrer dans leurs ouvrages beaucoup d'erreurs, qui, par cela seul qu'elles étaient des erreurs, contredisaient leur foi. Qu'est-ce que cela prouve? que les savants se trompent. Cependant, à travers bien des tâtonnements, la grande idée de l'harmonie des intérêts a toujours brillé sur l'école économiste, comme son étoile polaire. Je n'en veux pour preuve que cette devise qu'on lui a reprochée : *Laissez faire, laissez passer*. Certes, elle implique la croyance que les intérêts se font justice entre eux, sous l'empire de la liberté.

Ceci dit, je n'hésite pas à rendre justice à M. Carey. Il y a peu de temps que je connais ses ouvrages; je les ai lus fort superficiellement, à cause de mes occupations, de mes souffrances, et surtout à cause de la singulière divergence qui, en fait de méthode, caractérise l'esprit anglais et l'esprit français. Nous généralisons, et c'est ce que nos voisins dédaignent. Eux vont particularisant à travers des milliers et des milliers de pages, et c'est à quoi notre attention ne peut suffire. Quoi qu'il en soit, je reconnais que cette grande et consolante cause, l'*accord des intérêts des classes*, ne doit à personne plus qu'à M. Carey. Il l'a signalée et prouvée sous un très-grand nombre de points de vue divers, de manière à ce qu'il ne puisse pas rester de doute sur la loi générale.

M. Carey se plaint de ce que je ne l'ai pas cité ; c'est peut-être un tort de ma part, mais il ne remonte pas à l'intention. M. Carey a pu me montrer des aperçus nouveaux, me fournir des arguments, mais il ne m'a révélé aucun principe. Je ne pouvais le citer dans mon chapitre sur l'*échange*, qui est la base de tout ; ni dans ceux sur la *valeur*, sur la *communauté progressive*, sur la *concurrence*. Le moment de m'étayer de son autorité eût été à propos de la *propriété foncière* ; mais, dans ce premier volume, je traitais la question par ma propre théorie de la *valeur*, qui n'est pas celle de M. Carey. A ce moment, je me proposais de faire un chapitre spécial sur la *rente foncière*, et je croyais fermement que mon second volume suivrait de près le premier. C'est là que j'aurais cité M. Carey ; et non-seulement je l'aurais cité, mais je me serais effacé, pour lui attribuer sur la scène le premier rôle : c'était l'intérêt de la cause. En effet, sur la question foncière, M. Carey ne peut manquer d'être une autorité importante. Pour étudier la primitive et naturelle formation de cette propriété, il n'a qu'à ouvrir les yeux ; pour l'exposer, il n'a qu'à décrire ce qu'il voit ; plus heureux que Ricardo, Malthus, Say et nous tous, économistes européens, qui ne voyons qu'une propriété foncière soumise aux mille combinaisons factices de la conquête. En Europe, pour remonter au principe de la propriété foncière, il faut employer le difficile procédé dont se servait Cuvier pour reconstruire un mastodonte ; il n'est pas très-surprenant que la plupart de nos écrivains se soient trompés dans cet effort d'analogie. En Amérique, il y a des mastodontes dans toutes les carrières ; il suffit d'ouvrir les yeux. J'avais donc tout à gagner, ou plutôt la cause avait tout à gagner à ce que j'invoquasse le témoignage d'un économiste américain.

En terminant, je ne puis m'empêcher de faire observer à M. Carey qu'un Français ne peut guère lui rendre justice, sans un grand effort d'impartialité ; et comme je suis Français, j'étais loin de m'attendre à ce qu'il daignât s'occuper de moi et de mon livre. M. Carey professe pour la France et les Français le mépris le plus profond et une haine qui va jusqu'au délire. Il a déversé ces sentiments dans un bon tiers de ses volumineux écrits ; et il s'est donné la peine de réunir, sans aucun discernement, il est vrai, de nombreux documents statistiques, pour prouver que c'est à peine si, dans l'échelle de l'humanité, nous sommes au-dessus des Indous. A la vérité, M. Carey, dans son livre, nie cette haine. Mais, en la niant, il la prouve ; car comment expliquer un tel déni ? qui l'a provoqué ? C'est la conscience même de M. Carey, qui, surpris lui-même, sans doute, de toutes les preuves de haine contre la France qu'il a accumulées dans son livre, a cru devoir proclamer qu'il ne haïssait pas la France. Combien de fois n'ai-je pas dit à M. Guillaumin : Il y a d'excellentes choses dans les ouvrages de M. Carey, et il serait bien de les faire traduire ; ils contribueraient à faire avancer l'économie politique dans notre pays. Mais aussitôt j'étais forcé d'ajouter : Pouvons-nous jeter dans le public français de pareilles diatribes contre la France, et ne risquons-nous pas de manquer notre but ? Le public ne repoussera-t-il pas ce qu'il y a de bon dans ces livres, à cause de ce qu'il y a de blessant et d'injuste ?

Qu'il me soit permis de finir par une réflexion sur le mot plagiat, dont je me suis servi au début de cette lettre. Les personnes auxquelles je puis avoir emprunté un aperçu ou un argument pensent que je leur suis très-redevable ; je suis convaincu du contraire. Si je ne m'étais laissé entraîner à aucune controverse, si je n'avais examiné aucun système, si je n'avais cité aucun nom propre, si je m'étais borné à établir ces deux propositions : *Les services s'échangent contre des services; La valeur est le rapport des services échangés;* — si ensuite j'eusse expliqué, par ces principes, toutes les classes si compliquées des transactions humaines, je crois que le monument que j'ai cherché à élever eût beaucoup gagné (trop, peut-être, pour cette époque) en clarté, en grandeur et en simplicité.

P. S. Je laisse M. Carey, et je m'adresse, peut-être pour la dernière fois, c'est-à-dire dans les sentiments de la plus intime bienveillance, à nos collègues de la rédaction du *Journal des Économistes.* Dans la note de ce journal qui a provoqué la réclamation de M. Carey, la direction annonce qu'elle se prononce, sur la propriété foncière, pour la théorie de Ricardo. La raison qu'elle en donne, c'est que cette théorie a pour elle l'autorité de Ricardo d'abord, puis Malthus, Say et tous les économistes, « MM. Bastiat et Carey exceptés. » L'épigramme est aiguë, et il est certain que l'économiste américain et moi faisons bien humble figure dans l'antithèse.

Quoi qu'il en soit, je répète que la direction du journal prend une résolution décisive pour son autorité scientifique.

N'oubliez pas que la théorie de Ricardo se résume ainsi :

« *La propriété foncière est un monopole injuste, mais nécessaire, dont l'effet est de rendre fatalement le riche toujours plus riche et le pauvre toujours plus pauvre.*

Cette formule a pour premier inconvénient d'exciter, par son simple énoncé, une répugnance invincible, et de froisser, dans le cœur de l'homme, je ne dis pas tout ce qu'il y a de généreux et de philanthropique, mais de plus simplement et de plus grossièrement honnête. Son second tort est d'être fondée sur une observation inachevée, et par conséquent de choquer la logique.

Ce n'est pas ici le lieu de démontrer la légitimité de la rente foncière; mais devant donner à cet écrit un but utile, je dirai, en peu de mots, comment je la comprends, et en quoi errent mes adversaires.

Vous avez certainement connu à Paris des marchands qui voient leurs profits s'augmenter annuellement, sans qu'on puisse en conclure qu'ils grèvent chaque année le prix de leurs marchandises. Bien au contraire; et il n'y a rien de plus vulgaire et de plus vrai que ce proverbe : *Se rattraper sur la quantité.* — C'est même une loi générale du débit commercial, que plus il s'étend, plus le marchand augmente la remise à sa clientèle, tout en faisant de meilleures affaires. Pour vous en convaincre, vous n'avez qu'à comparer ce que gagnent, par chapeau, un chapelier de Paris et un chapelier de village. Voilà donc un exemple bien connu d'un cas où, quand la prospérité publique se développe, le vendeur s'enrichit toujours et l'acheteur aussi.

Or, je dis que ce n'est pas seulement la loi générale des profits, mais encore la loi générale des *Capitaux* et des *Intérêts* comme je l'ai prouvé à M. Proudhon, et la loi générale de la *Rente foncière*, comme je le prouverais, si je n'étais exténué.

Oui, quand la France prospère, il s'ensuit une hausse générale de la Rente foncière, et « le riche devient toujours plus riche. » Jusque-là Ricardo a raison. Mais il ne s'ensuit pas que chaque produit agricole soit grevé au préjudice des travailleurs; il ne s'ensuit pas que chaque travailleur soit réduit à donner une plus forte proportion de son travail pour un hectolitre de blé; il ne s'ensuit pas, enfin, que « le pauvre devienne toujours plus pauvre. » C'est justement le contraire qui est vrai. A mesure que la rente augmente, par *l'effet naturel de la prospérité publique*, elle grève de *moins en moins* des produits plus abondants, absolument comme le chapelier ménage d'autant plus sa clientèle, qu'il est dans un milieu plus favorable au débit.

Croyez-moi, mes chers collègues, n'excitons pas légèrement le *Journal des Economistes* à repousser ces explications.

Enfin, le troisième et peut-être le plus grand tort, scientifiquement, de la théorie Ricardienne, c'est qu'elle est démentie par tous les faits particuliers et généraux qui se produisent sur le globe. Selon cette théorie, nous aurions dû voir, depuis un siècle, les richesses mobilières, industrielles et commerciales entraînées vers un déclin rapide et fatal, relativement aux fortunes foncières. Nous devrions constater la barbarie, l'obscurité et la malpropreté des villes, la difficulté des moyens de locomotion nous envahissant. En outre, les marchands, les artisans, les ouvriers étant réduits à donner une proportion toujours croissante de leur travail pour obtenir une quantité donnée de blé, nous devrions voir l'usage du blé diminuer, ou du moins nul ne pouvant se permettre la même consommation de pain, sans se refuser d'autres jouissances. — Je vous le demande, mes chers collègues, le monde civilisé présente-t-il rien de semblable ?

Et puis, quelle mission donnerez-vous au journal ? Ira-t-il dire aux propriétaires : « Vous êtes riches, c'est que vous jouissez d'un monopole injuste mais *nécessaire* ; et puisqu'il est nécessaire, jouissez-en sans scrupule, d'autant qu'il vous réserve des richesses toujours croissantes ! » — Puis vous tournant vers les travailleurs de toutes classes : « Vous êtes pauvres ; vos enfants le seront plus que vous, et vos petits-enfants davantage encore, jusqu'à ce que s'ensuive la mort par inanition. Cela tient à ce que vous subissez un monopole injuste, mais nécessaire ; et puisqu'il est nécessaire, résignez-vous sagement ; que la richesse toujours croissante des riches vous console ! »

Certes, je ne demande pas que qui que ce soit adopte mes idées sans examen ; mais je crois que le *Journal des Économistes* ferait mieux de mettre la question à l'étude que de se prononcer d'ores et déjà. Oh ! ne croyons pas facilement que Ricardo, Say, Malthus, Rossi, que de si grands et solides esprits se sont trompés. Mais n'admettons pas non plus légèrement une théorie qui aboutit à de telles monstruosités.

PREMIERS ÉCRITS

AUX ÉLECTEURS DU DÉPARTEMENT DES LANDES [1].

(Novembre 1830.)

Un peuple n'est pas libre par cela seul qu'il possède des institutions libérales ; il faut encore qu'il sache les mettre en œuvre, et la même législation qui a fait sortir de l'urne électorale des noms tels que ceux de Lafayette et de Chantelauze, de Tracy et de Dudon, peut, selon les lumières des électeurs, devenir le palladium des libertés publiques ou l'instrument de la plus solide de toutes les oppressions, celle qui s'exerce sur une nation par la nation elle-même.

Pour qu'une loi d'élection soit pour le public une garantie véritable, une condition est essentielle : c'est que les électeurs connaissent leurs intérêts et veuillent les faire triompher ; c'est qu'ils ne laissent pas capter leurs suffrages par des motifs étrangers à l'élection ; c'est qu'ils ne regardent pas cet acte solennel comme une simple formalité, ou tout au plus comme une affaire entre l'électeur et l'éligible ; c'est qu'ils n'oublient pas complétement les conséquences d'un mauvais choix ; c'est enfin que le public lui-même sache se servir des seuls moyens répressifs qui soient à sa disposition, la haine et le mépris, pour ceux des élec-

(1) Pour appuyer la candidature de M. Faurie. (*Note de l'éditeur.*)

teurs qui le sacrifient par ignorance, ou l'immolent à leur cupidité.

Il est vraiment curieux d'entendre le langage que tiennent naïvement quelques électeurs.

L'un nommera un candidat par reconnaissance personnelle ou par amitié ; comme si ce n'était pas un véritable crime d'acquitter sa dette aux dépens du public, et de rendre tout un peuple victime d'affections individuelles.

L'autre cède à ce qu'il appelle *la reconnaissance due aux grands services rendus à la Patrie ;* comme si la députation était une récompense, et non un mandat ; comme si la chambre était un panthéon que nous devions peupler de figures froides et inanimées, et non l'enceinte où se décide le sort des peuples.

Celui-ci croirait déshonorer son pays s'il n'envoyait pas à la chambre un député né dans le département. De peur qu'on ne croie à la nullité des éligibles, il fait supposer l'absurdité des électeurs. Il pense qu'on montre plus d'esprit à choisir un sot dans son pays, qu'un homme éclairé dans le voisinage, et que c'est un meilleur calcul de se faire opprimer par l'intermédiaire d'un habitant des Landes, que de se délivrer de ses chaînes par celui d'un habitant des Basses-Pyrénées.

Celui-là veut un député rompu dans l'art des sollicitations ; il espère que nos intérêts locaux s'en trouveront bien, et il ne songe pas qu'un vote indépendant sur la loi municipale peut devenir plus avantageux à toutes les localités de la France, que les sollicitations et les obsessions de cent députés ne pourraient l'être à une seule.

Enfin un autre s'en tient obstinément à renommer à tout jamais les 221.

Vous avez beau lui faire les objections les mieux fondées, il répond à tout par ces mots : Mon candidat est des 221.

Mais ses antécédents? — Je les oublie : il est des 221.

Mais il est membre du gouvernement; pensez-vous qu'il sera très-disposé à restreindre un pouvoir qu'il partage, à diminuer des impôts dont il vit? — Je ne m'en mets pas en peine : il est des 221.

Mais songez qu'il va concourir à faire des lois. Voyez quelles conséquences peut avoir un choix fait par un motif étranger au but que vous devez vous proposer. — Tout cela m'est égal : il est des 221.

Mais c'est surtout la *modération* qui joue un grand rôle dans cette armée de sophismes que je passe rapidement en revue.

On veut à tout prix des *modérés ;* on craint les exagérés par-dessus tout; et comment juge-t-on à laquelle de ces classes appartient le candidat? On n'examine pas ses opinions, mais la place qu'il occupe; et comme le centre est bien le milieu entre la droite et la gauche, on en conclut que c'est là qu'est la *modération.*

Étaient-ils donc *modérés* ceux qui votaient chaque année plus d'impôts que la nation n'en pouvait supporter? ceux qui ne trouvaient jamais les contributions assez lourdes, les traitements assez énormes, les sinécures assez nombreuses? ceux qui faisaient avec tous les ministères un trafic odieux de la confiance de leurs commettants, trafic par lequel, moyennant des dîners et des places, ils acceptaient au nom de la nation les institutions les plus tyranniques : des doubles votes, des lois d'amour, des lois sur le sacrilége? ceux enfin qui ont réduit la France à briser, par un coup d'État, les chaînes qu'ils avaient passé quinze années à river?

Et sont-ils *exagérés* ceux qui veulent éviter le retour de pareils excès; ceux qui veulent mettre de la modération dans les dépenses; ceux qui veulent *modérer* l'action du pouvoir; qui ne sont pas *immodérés*, c'est-à-dire insatiables de gros salaires et de sinécures; ceux qui veulent que notre révolution ne se borne pas à un changement de noms propres et de couleur; qui ne veulent pas que la nation soit exploitée par un parti plutôt que par un autre, et qui veulent conjurer l'orage qui éclaterait infailliblement si les électeurs étaient assez imprudents pour donner la prépondérance au *centre droit* de la chambre?.

Je ne pousserai pas plus loin l'examen des motifs par lesquels on prétend appuyer une candidature, sur laquelle on avoue généralement ne pas fonder de grandes espérances. A quoi servirait d'ailleurs de s'étendre davantage à réfuter des sophismes que l'on n'emploie que pour s'aveugler soi-même?

Il me semble que les électeurs n'ont qu'un moyen de faire un choix raisonnable : c'est de connaître d'abord l'objet général d'une représentation nationale, et ensuite de se faire une idée des travaux auxquels devra se livrer la prochaine législature. C'est en effet la nature du mandat qui doit nous fixer sur le choix du mandataire; et, en cette matière comme en toutes, c'est s'exposer à de graves méprises que d'adopter le *moyen*, abstraction faite du *but* que l'on se propose d'atteindre.

L'objet général des représentations nationales est aisé à comprendre.

Les contribuables, pour se livrer avec sécurité à tous les modes d'activité qui sont du domaine de la vie privée, ont besoin d'être administrés, jugés, protégés, défendus. C'est l'objet du gouvernement. Il se compose du Roi, qui en est le chef suprême, des ministres et des nombreux agents, subordonnés les uns aux autres, qui enveloppent la nation comme d'un immense réseau.

Si cette vaste machine se renfermait toujours dans le cercle de ses attributions, une représentation élective serait superflue; mais le gouvernement est, au milieu de la nation, un corps vivant, qui, comme tous les êtres organisés, tend avec force à conserver son existence, à accroître son bien-être et sa puissance, à étendre indéfiniment sa sphère d'action. Livré à lui-même, il franchit bientôt les limites qui circonscrivent sa mission ; il augmente outre mesure le nombre et la richesse de ses agents ; il n'administre plus, il exploite ; il ne juge plus, il persécute ou se venge ; il ne protége plus, il opprime.

Telle serait la marche de tous les gouvernements, résultat inévitable de cette loi de progression dont la nature a doué tous les êtres organisés, si les nations n'opposaient un obstacle aux envahissements du pouvoir.

La loi d'élection est ce frein aux empiétements de la force publique, frein que notre constitution remet aux mains des contribuables eux-mêmes ; elle leur dit : « Le « gouvernement n'existera plus pour lui, mais pour vous ; « il n'administrera qu'autant que vous sentirez le besoin « d'être administrés ; il ne prendra que le développement « que vous jugerez nécessaire de lui laisser prendre ; vous « serez les maîtres d'étendre ou de resserrer ses ressources ; « il n'adoptera aucune mesure sans votre participation ; il « ne puisera dans vos bourses que de votre consentement ; « en un mot, puisque c'est par vous et pour vous que le « pouvoir existe, vous pourrez, à votre gré, le surveiller et « le contenir au besoin, seconder ses vues utiles ou réprimer son action, si elle devenait nuisible à vos intérêts. »

Ces considérations générales nous imposent, comme électeurs, une première obligation : celle de ne pas aller chercher nos mandataires précisément dans les rangs du pouvoir ; de confier le soin de réprimer la puissance à ceux sur qui elle s'exerce, et non à ceux par qui elle est exercée.

Serions-nous en effet assez absurdes pour espérer que,

lorsqu'il s'agit de supprimer des fonctions et des salaires, cette mission sera bien remplie par des fonctionnaires et des salariés? Quand tous nos maux viennent de l'exubérance du pouvoir, confierions-nous à un agent du pouvoir le soin de le diminuer? Non, non, il faut choisir : nommons un fonctionnaire, un préfet, un maître des requêtes, si nous ne trouvons pas le fardeau assez lourd ; si nous ne sommes pas fatigués du poids du milliard; si nous sommes persuadés que le pouvoir ne s'ingère pas assez dans les choses qui devraient être hors de ses attributions; si nous voulons qu'il continue à se mêler d'éducation, de religion, de commerce, d'industrie, à nous donner des médecins, des avocats, de la poudre, du tabac, des électeurs et des jurés.

Mais si nous voulons restreindre l'action du gouvernement, ne nommons pas des agents du gouvernement; si nous voulons diminuer les impôts, ne nommons pas des gens qui vivent d'impôts; si nous voulons une bonne loi communale, ne nommons pas un préfet; si nous voulons la liberté de l'enseignement, ne nommons pas un recteur; si nous voulons la suppression des droits réunis ou celle du conseil d'État, ne nommons ni un conseiller d'État ni un directeur des droits réunis. On ne peut être à la fois payé et représentant des payants, et il est absurde de faire exercer un contrôle par celui même qui y est soumis.

Si nous venons à examiner les travaux de la prochaine législature, nous voyons qu'ils sont d'une telle importance qu'elle peut être regardée plutôt comme *constituante* que comme purement *législative*.

Elle aura à nous donner une loi d'élection, c'est-à-dire à fixer les limites de la souveraineté.

Elle fera la loi municipale dont chaque mot doit influer sur le bien-être des localités.

C'est elle qui discutera l'organisation des gardes nationales, qui a un rapport direct avec l'intégrité de notre territoire et le maintien de la tranquillité publique.

L'éducation réclamera son attention ; et elle est sans doute appelée à livrer l'enseignement à la libre concurrence des professeurs, et le choix des études à la sollicitude des parents.

Les affaires ecclésiastiques exigeront de nos députés des connaissances étendues, une grande prudence, et une fermeté inébranlable ; peut-être, suivant le vœu des amis de la justice et des prêtres éclairés, agitera-t-on la question de savoir si les frais de chaque culte ne doivent pas retomber exclusivement sur ceux qui y participent.

Bien d'autres matières importantes seront agitées.

Mais c'est surtout pour la partie économique des travaux de la chambre que nous devons être scrupuleux dans le choix de nos députés. Les abus, les sinécures, les traitements excessifs, les fonctions inutiles, les emplois nuisibles, les régies substituées à la concurrence, devront être l'objet d'une investigation sévère; je ne crains pas de le dire : c'est là qu'est le plus grand fléau de la France.

Je demande pardon au lecteur de la digression vers laquelle je me sens irrésistiblement entraîné ; mais je ne puis m'empêcher de chercher à faire comprendre, sur cette grave question, ma pensée tout entière.

Si je ne considérais les dépenses excessives comme un mal, qu'à cause de la portion des richesses qu'elles ravissent inutilement à la nation, si je n'y voyais d'autres résultats que le poids accablant de l'impôt, je n'en parlerais pas si souvent, je dirais, avec M. Guizot, qu'il ne faut pas *marchander la liberté*, qu'elle est un bien si précieux qu'on ne saurait le payer trop cher, et que nous ne devons pas regretter les millions qu'elle nous coûte.

Un tel langage suppose que la profusion et la liberté peuvent marcher ensemble ; mais si j'ai la conviction intime qu'elles sont incompatibles, que les gros traitements et la multiplication des places excluent non-seulement la liberté, mais encore l'ordre et la tranquillité publiques, qu'ils compromettent la stabilité des gouvernements, vicient les idées des peuples et corrompent leurs mœurs, on ne s'étonnera plus que j'attache tant d'importance au choix des députés qui nous permettent d'espérer la destruction d'un tel abus.

Or, que peut-il exister de liberté là où, pour soutenir d'énormes dépenses, le gouvernement, forcé de prélever d'énormes tributs, se voit réduit à recourir aux contributions les plus vexatoires, aux monopoles les plus injustes, aux exactions les plus odieuses, à envahir le domaine des industries privées, à rétrécir sans cesse le cercle de l'activité individuelle, à se faire marchand, fabricant, courrier, professeur, et non-seulement à mettre à très-haut prix ses services, mais encore à éloigner, par l'aspect des châtiments destinés au crime, toute concurrence qui menacerait de diminuer ses profits? Sommes-nous libres si le gouvernement épie tous nos mouvements pour les taxer, soumet toutes les actions aux recherches des employés, entrave toutes les entreprises, enchaîne toutes les facultés, s'interpose entre tous les échanges pour gêner les uns, empêcher les autres et les rançonner presque tous?

Peut-on attendre de l'*ordre* d'un régime qui, plaçant sur tous les points du territoire des millions d'appâts offerts à la cupidité, donne perpétuellement, à tout un vaste royaume, l'aspect que présente une grande ville au jour des *distributions gratuites?*

Croit-on que la stabilité du pouvoir soit bien assurée lorsque, abandonné par les peuples, qu'il s'est aliénés par ses exactions, il reste livré sans défense aux attaques des ambitieux; lorsque les portefeuilles sont assaillis et défendus avec acharnement, et que les assiégeants s'appuient sur la rébellion comme les assiégés sur le despotisme, les uns pour conquérir la puissance, les autres pour la conserver?

Les gros traitements n'engendrent pas seulement les entraves, le désordre et l'instabilité du pouvoir, ils faussent encore les idées des peuples, en renforçant ce préjugé gothique qui faisait mépriser le travail et honorer exclusivement les fonctions publiques; ils corrompent les mœurs en rendant les carrières industrielles onéreuses et celles des places florissantes; en excitant la population entière à déserter l'industrie pour les emplois, le travail pour l'intrigue, la production pour la consommation stérile, l'ambition qui s'exerce sur les choses pour celle qui n'agit que sur les hommes; enfin en répandant de plus en plus la manie de gouverner et la fureur de la domination.

Voulons-nous donc délivrer l'autorité des intrigants qui l'obsèdent pour la partager, des factieux qui la sapent pour la conquérir, des tyrans qui la renforcent pour la défendre; voulons-nous arriver à l'ordre, à la liberté, à la paix publique? appliquons-nous surtout à diminuer les grosses rétributions; supprimons l'appât, si nous redoutons la convoitise; faisons disparaître ces prix séduisants attachés au bout de la carrière, si nous ne voulons pas qu'elle se remplisse de joueurs; entrons franchement dans le système américain; que les hauts fonctionnaires soient indemnisés et non richement dotés, que les places donnent beaucoup de travail et peu de profits, que les fonctions publiques soient une charge et non un moyen de fortune, qu'elles ne puissent pas faire briller ceux qui les ont ni exciter l'envie de ceux qui ne les ont pas.

Après avoir compris l'objet d'une représentation nationale, après avoir recherché quels seront les travaux qui occuperont la prochaine législature, il nous sera facile de savoir quelles sont les qualités et les garanties que nous devons exiger de notre député.

Il est clair que la première chose que nous devons chercher en lui, c'est la connaissance des objets sur lesquels il sera appelé à discuter, en d'autres termes, la *capacité* en économie politique et en législation.

On ne pourra pas contester que M. Faurie remplisse cette première condition. L'habileté avec laquelle il a géré ses affaires particulières est une garantie qu'il saura administrer les affaires publiques; ses connaissances en finances pourront être à la chambre d'une grande utilité; enfin, toute sa vie, il s'est livré avec ardeur à l'étude des sciences morales et politiques.

La *capacité* de bien faire ne suffit pas à notre mandataire, il faut encore qu'il en ait la *volonté;* et cette volonté ne peut nous être garantie que par un passé invariable, une indépendance absolue dans le caractère, la fortune et la position sociale.

Sous tous ces rapports, M. Faurie doit satisfaire les exigences de l'électeur le plus sévère.

Aucune variation dans son passé ne peut nous en faire redouter pour l'avenir. Sa probité, dans la vie privée, est connue, et la vertu, chez M. Faurie, n'est pas un sentiment vague, mais un système arrêté et invariablement mis en pratique; en sorte qu'il serait difficile de trouver un homme dont la conduite et les opinions fussent plus en harmonie. Sa probité politique est poussée jusqu'au scrupule; sa fortune le met au-dessus de toutes les séductions, comme son courage au-dessus de toutes les craintes; il ne veut pas de places et ne peut pas en vouloir; il n'a ni fils ni frères, en faveur desquels il puisse, à nos dépens, compromettre son indépendance; enfin l'énergie de son caractère en fera pour nous, non un solliciteur intrépide (il est bon de le dire), mais au besoin un défenseur opiniâtre.

Si, à la justesse des idées et à l'élévation des sentiments on désirait, comme condition, sinon indispensable, du moins avantageuse, le talent de la parole, je n'oserais affirmer que M. Faurie possédât cette éloquence passionnée destinée à remuer les masses populaires sur une place publique ; mais je le crois très en état d'énoncer devant la chambre les observations qui lui seraient suggérées par son esprit droit et ses intentions consciencieuses, et l'on conviendra que, lorsqu'il s'agit de discuter des lois, l'éloquence qui ne s'adresse qu'à la raison pour l'éclairer est moins dangereuse que celle qui agit sur les passions pour les égarer.

J'ai entendu faire contre ce candidat une objection qui me paraît bien peu fondée : « N'est-il pas à craindre, disait-« on, qu'étant Bayonnais il ne travaille plus pour Bayonne « que pour le département des Landes ? »

Je ne répondrai pas que personne ne songeait à faire cette objection contre M. d'Haussez; que le lien qui s'établit entre l'élu et les électeurs est aussi puissant que celui qui attache l'homme au pays qui l'a vu naître; enfin, que M. Faurie, possédant ses propriétés dans le département des Landes, peut être, en quelque sorte, regardé comme notre compatriote.

Il est une autre réponse qui, selon moi, ôte toute sa force à l'objection.

Ne semblerait-il pas, à entendre le langage de ces hommes prévoyants, que les intérêts de Bayonne et ceux du département des Landes sont tellement opposés, qu'on ne puisse rien faire pour les uns qui ne tourne nécessairement contre les autres ? Mais pour peu qu'on réfléchisse à la position respective de Bayonne et des Landes, on sentira qu'au contraire leurs intérêts sont inséparables, identiques.

En effet, une ville de commerce placée à l'embouchure d'un fleuve ne peut avoir, dans le cours ordinaire des choses, qu'une importance proportionnée à celle du pays que ce fleuve parcourt. Si Nantes et Bordeaux prospèrent plus que Bayonne, c'est que la Loire et la Garonne traversent des pays plus riches que l'Adour, des contrées capables de produire et de consommer davantage; or, les échanges relatifs à cette production et à cette consommation se faisant dans la ville située à l'embouchure du fleuve, il s'ensuit que le commerce de cette ville se développe ou se restreint selon que les pays environnants prospèrent ou dépérissent. Que les bords de l'Adour et des rivières qui lui portent leurs eaux soient fertiles, que les landes soient défrichées, que la Chalosse ait des moyens de communication, que notre département soit traversé de canaux, habité par une population nombreuse et riche, alors Bayonne aura un commerce assuré, fondé sur la nature des choses. Notre député veut-il donc faire fleurir Bayonne, c'est sur le département des Landes qu'il doit d'abord appeler la prospérité.

Si une autre circonscription faisait entrer Bayonne dans notre département, n'est-il pas vrai qu'on ne ferait pas l'objection? Eh quoi ! une ligne écrite sur un morceau de papier a donc changé la nature des choses? parce que, sur la carte, une ville est séparée de la campagne qui l'environne, par une raie rouge ou bleue, cela peut-il rompre leurs intérêts réciproques?

Il y en a qui craignent de compromettre le bon ordre en choisissant pour députés des hommes franchement libéraux: « Pour le moment, disent-ils, nous avons besoin de « l'ordre avant tout. Il nous faut des députés qui ne veuil- « lent aller ni trop loin ni trop vite ! »

Eh ! c'est précisément pour le maintien de l'ordre qu'il faut nommer de bons députés ! C'est par amour pour l'ordre que nous devons chercher à mettre les chambres en harmonie avec la France. Vous voulez de l'ordre, et vous renforcez le *centre droit*, au moment où la France s'irrite contre lui, au moment où, déçue dans ses plus chères espérances, elle attend avec anxiété le résultat des élections? Et savez-vous ce qu'elle fera, si elle voit encore une fois son dernier espoir s'évanouir? Quant à moi, je ne le sais pas.

Électeurs, rendons-nous à notre poste, songeons que la prochaine législature porte dans son sein toutes les destinées de la France ; songeons que ses décisions doivent étouffer à jamais, ou prolonger indéfiniment, cette lutte déjà si longue entre l'ancienne France et la France moderne ! Rappelons-nous que nos destinées sont dans nos mains, que c'est nous qui sommes les maîtres de raffermir ou de dissoudre cette monstrueuse centralisation, cet échafaudage construit par Bonaparte et restauré par les Bourbons, pour exploiter la nation après l'avoir garrottée ! N'oublions pas que c'est une chimère de compter, pour l'amélioration de notre sort, sur des couleurs et des noms propres; ne comptons que sur notre indépendance et notre fermeté. Voudrions-nous que le pouvoir s'intéressât plus à nous que nous ne nous y intéressons nous-mêmes? Attendons-nous qu'il se restreigne si nous le renforçons ; qu'il se montre moins entreprenant si nous lui envoyons des auxiliaires; espérons-nous que nos dépouilles soient refusées si nous sommes les premiers à les offrir? Quoi ! nous exigerions de ceux qui nous gouvernent une grandeur d'âme surnaturelle, un désintéressement chimérique, et nous, nous ne saurions pas défendre, par un simple vote, nos intérêts les plus chers !

Électeurs, prenons-y garde ! nous ne ressaisirons pas l'occasion, si nous la laissons échapper. Une grande révolution s'est faite ; jusqu'ici en quoi a-t-elle amélioré votre existence? Je sais que les réformes ne se font pas en un jour, qu'il ne faut pas demander l'impossible, ni censurer à tort et à travers, par mauvaise humeur ou par habitude. Je sais que le nouveau gouvernement a besoin de force, je le crois animé des meilleures intentions ; mais enfin il ne faut pas fermer les yeux à l'évidence ; il ne faut pas que la crainte d'aller trop vite, non-seulement nous frappe d'immobilité, mais encore nous ôte l'espoir d'avancer; et s'il n'a pas été fait d'améliorations matérielles, nous en fait-on du moins espérer? Non, on déchire ces proclamations enivrantes qui, dans la grande semaine, nous auraient fait verser jusqu'à la dernière goutte de notre sang. Chaque jour nous rapproche du passé que les trois immortelles journées devaient rejeter à un siècle loin de nous. S'agit-il de la loi communale? on exhume le projet Martignac, élaboré sous l'influence d'une cour méticuleuse et sans confiance dans la nation. S'agit-il d'une garde nationale mobile? au lieu de ces choix populaires qui doivent en faire la force morale, on nous jette, pour nous consoler, l'élection des subalternes, et l'on se méfie assez de nous pour nous imposer tous nos chefs. Est-il question d'impôts? on déclare nettement que le gouvernement n'en rabattra pas une obole; que s'il fait un *sacrifice* sur une branche de revenu il veut se retrouver sur une autre; que le milliard doit rester intact à tout jamais; que si l'on parvient à quelque économie, on n'en soulagera pas les contribuables; que supprimer un abus serait s'engager à les supprimer tous, et qu'on ne veut pas s'engager dans cette route; que l'impôt sur les boissons est le plus juste, le plus équitable des impôts, celui dont la perception est la plus douce et la moins coûteuse; que c'est le beau idéal des conceptions fiscales; qu'il faudrait le maintenir, sans faire aucun cas des *clameurs* d'une population accablée; que si on consent à le modifier, c'est bien à contre-cœur, et à condition qu'au lieu d'une iniquité, on nous en fera subir deux; que tous les transports seront taxés sans qu'il en résulte aucune gêne, aucun inconvénient pour personne; que le luxe ne doit pas payer; que ce sont les objets utiles qu'il faut frapper de contributions redoublées; que la France est belle et riche, qu'on peut compter sur elle, qu'elle est facile à mettre à la raison, et cent autres choses qui font revivre le comte Villèle dans le baron Louis, et qui frappent d'un étourdissement au sortir duquel on ignore si l'on se réveille sous le règne de Philippe ou sous celui de Bonaparte.

Mais, dira-t-on, ce ne sont que des projets ; il faut encore que nos députés les discutent et les adoptent.

Sans doute ; et c'est pour cela qu'il importe d'être scrupuleux dans nos choix, de ne donner nos suffrages qu'à des hommes indépendants de tous les ministères présents et futurs.

Électeurs, Paris nous donne la liberté avec son sang, détruirons-nous son ouvrage avec nos votes ? Allons aux élections uniquement pour le bien général. Fermons l'oreille à toute promesse fallacieuse, fermons nos cœurs à toutes affections personnelles, même à la reconnaissance. Faisons sortir de l'urne le nom d'un homme sage, éclairé, indépendant. Si l'avenir nous apporte un meilleur sort, ayons la gloire d'y avoir contribué ; s'il recèle encore des tempêtes, n'ayons point à nous les reprocher.

RÉFLEXIONS

SUR LES PÉTITIONS DE BORDEAUX, LE HAVRE ET LYON, CONCERNANT LES DOUANES.

(Avril 1834.)

La liberté commerciale aura probablement le sort de toutes les libertés, elle ne s'introduira dans nos lois qu'après avoir pris possession de nos esprits. Aussi devons-nous applaudir aux efforts des négociants de Bordeaux, du Havre et de Lyon, dussent ces efforts n'avoir immédiatement d'autres résultats que d'éveiller l'attention publique.

Mais s'il est vrai qu'une réforme doive être généralement comprise pour être solidement établie, il s'ensuit que rien ne lui peut être plus funeste que ce qui égare l'opinion ; et rien n'est plus propre à l'égarer que les écrits qui réclament la *liberté* en s'appuyant sur les doctrines du *monopole*.

Il y a sans doute bien de la témérité à un simple agriculteur de troubler, par une critique audacieuse, l'unanime concert d'éloges qui a accueilli, au dedans et au dehors de notre patrie, les réclamations du commerce français. Il n'a fallu rien moins pour l'y décider que la ferme conviction, je dirai même la certitude, que ces pétitions seraient aussi funestes, par leurs résultats, aux intérêts généraux, et particulièrement aux intérêts agricoles de la France, qu'elles le sont par leurs doctrines au progrès des connaissances économiques.

En m'élevant, au nom de l'agriculture, contre les projets de douanes présentés par les pétitionnaires, j'éprouve le besoin de commencer par déclarer que ce qui, dans ces projets, excite mes réclamations, ce n'est point ce qu'ils renferment de *libéral* dans les *prémisses*, mais d'*exclusif* dans les *conclusions*.

On demande que toute protection soit retirée aux *matières premières*, c'est-à-dire à l'industrie agricole, mais qu'une protection soit continuée à l'industrie manufacturière.

Je ne viens point défendre la protection qu'on attaque, mais attaquer la protection qu'on défend.

On réclame le privilége pour quelques-uns ; je viens réclamer la liberté pour tous.

L'agriculture doit de *bien vendre* au monopole qu'elle exerce, et de *mal acheter* au monopole qu'elle subit. S'il est juste de lui retirer le premier, il ne l'est pas moins de l'affranchir du second. (*Voyez* tome II, pages 25 et suiv.)

Vouloir nous livrer à la concurrence universelle, sans y soumettre les fabricants, c'est nous léser dans nos ventes sans nous soulager dans nos achats, c'est faire justement le contraire pour les manufacturiers. Si c'est là la *liberté*, qu'on me définisse donc le *privilége*.

Il appartient à l'agriculture de repousser de telles tentatives.

J'ose en appeler ici aux pétitionnaires eux-mêmes, et particulièrement à M. Henri Fonfrède. Je l'adjure de réfuter mes réclamations ou de les appuyer.

Je prouverai :

1° Qu'il y a, entre le projet des pétitionnaires et le système du gouvernement, communauté de principe, d'erreur, de but et de moyens ;

2° Qu'ils ne diffèrent que par une erreur de plus à la charge des pétitionnaires ;

3° Que ce projet a pour but de constituer un privilége inique en faveur des négociants et des fabricants, et au détriment des agriculteurs et du public.

§ 1. Il y a, entre le système des pétitionnaires et le régime prohibitif, communauté de principe, d'erreur, de but et de moyens.

Qu'est-ce que le régime prohibitif? Laissons parler M. de Saint-Cricq.

« Le travail constitue la richesse d'un peuple; parce que « seul il a créé les choses matérielles que réclament nos « besoins, et que l'aisance universelle consiste dans l'abon- « dance de ces choses. » Voilà le principe.

« Mais il faut que cette abondance soit le produit du tra- « vail national; si elle était le produit du travail étranger, « le travail national s'arrêterait promptement. » Voilà l'erreur.

« Que doit donc faire un pays agricole et manufacturier? « Réserver son marché aux produits de son sol et de son « industrie. » Voilà le but.

« Et pour cela, restreindre par des droits et prohiber au « besoin les produits du sol et de l'industrie des autres « peuples. » Voilà le moyen.

Rapprochons de ce système celui de la pétition de Bordeaux.

Elle divise toutes les marchandises en quatre classes. La première et la seconde renferment des objets d'alimentation et des *matières premières, vierges encore de tout travail humain. En principe, une sage économie exigerait que ces deux classes ne fussent pas imposées.*

La troisième classe est composée d'objets *qui ont reçu une préparation*. Cette préparation permet *qu'on la charge de quelques droits*. On le voit, la *protection* commence sitôt que, d'après la doctrine des pétitionnaires, commence le *travail national*.

La quatrième classe comprend des objets *perfectionnés, qui ne peuvent nullement servir au travail national*. Nous la considérons, dit la pétition, comme *la plus imposable*.

Ainsi les pétitionnaires professent que la concurrence étrangère nuit au travail national ; c'est l'erreur du régime prohibitif. Ils demandent protection pour le travail; c'est le but du régime prohibitif. Ils font consister cette protection en des taxes sur le travail étranger ; c'est le moyen du régime prohibitif.

§ 2. Ces deux systèmes diffèrent par une erreur de plus à la charge des pétitionnaires.

Cependant il y a entre ces deux doctrines une différence essentielle. Elle réside tout entière dans le plus ou moins d'extension donnée à la signification du mot *travail*.

M. de Saint-Cricq l'étend à tout. Aussi veut-il tout protéger.

« Le travail constitue *toute* la richesse d'un peuple, dit-il; protéger l'industrie agricole, *toute* l'industrie agricole, l'industrie manufacturière, *toute* l'industrie manufacturière, c'est le cri qui retentira toujours dans cette chambre. »

Les pétitionnaires ne voient de travail que celui des fabricants ; aussi n'admettent-ils que celui-là aux faveurs de la protection.

« Les *matières premières* sont *vierges de travail humain; en principe on ne devrait pas les imposer*. Les objets fabriqués *ne peuvent plus servir au travail national, nous les considérons comme les plus imposables*.

Il se présente donc ici trois questions à examiner : 1° Les matières premièrss sont-elles le produit du travail ? 2° Si elles ne sont pas autre chose, ce travail est-il si différent du travail des fabriques qu'il soit raisonnable de les soumettre à des régimes opposés ? 3° Si le même régime convient à tous les travaux, est-ce celui de la liberté ou celui de la protection ?

1° Les matières premières sont-elles le produit du travail?

Et que sont donc, je le demande, tous les articles que les pétitionnaires comprennent dans les deux premières classes de leur projet? Qu'est-ce que *les blés de toutes sortes*, *la farine, les bestiaux, les viandes sèches et salées*, *le porc*, *le lard*, *le sel*, *le fer*, *le cuivre*, *le plomb*, *la houille*, *la laine*, *les peaux*, *les semences*, si ce n'est le produit du travail ?

Quoi ! dira-t-on, un lingot de fer, une balle de laine, un boisseau de blé sont des produits du travail ? N'est-ce point la *nature* qui les *crée* ?

Sans doute la nature crée les éléments de toutes ces choses, mais c'est le travail humain qui en produit la *valeur*. Il n'appartient pas à l'homme de créer, de faire quelque chose de rien, pas plus au manufacturier qu'au cultivateur ; et si par *production* on entendait *création*, tous nos travaux seraient improductifs, et ceux des négociants plus que tous autres.

L'agriculteur n'a donc pas la prétention d'avoir créé la laine, mais il a celle d'en avoir produit la *valeur*, je veux dire, d'avoir, par son travail et ses avances, transformé en laine des substances qui n'y ressemblaient nullement. Que fait de plus le manufacturier qui la convertit en drap?

Pour que l'homme puisse se vêtir de drap, une foule

d'opérations sont nécessaires. Avant l'intervention de tout travail humain, les véritables *matières premières* de ce produit sont l'air, l'eau, la chaleur, la lumière, le gaz, les sels qui doivent entrer dans sa composition. Un premier travail convertit ces substances en fourrages, un second en laine, un troisième en fil, un quatrième en vêtement. Qui osera dire que tout n'est pas travail dans cette œuvre, depuis le premier coup de charrue qui la commence, jusqu'au dernier coup d'aiguille qui la termine?

Et parce que, pour plus de célérité, dans l'accomplissement de l'œuvre définitive, le vêtement, les travaux se sont répartis entre plusieurs classes d'industrieux, vous voulez, par une distinction arbitraire, que l'ordre de succession de ces travaux soit la raison de leur importance, en sorte que le premier ne mérite pas même le nom de travail, et que le dernier, travail par excellence, soit seul digne des *faveurs* du monopole? Je ne crois pas qu'on puisse pousser plus loin l'esprit de système et de partialité.

L'agriculteur, dira-t-on, n'a pas comme le fabricant tout exécuté par lui-même; la nature l'a aidé; et s'il y a du travail, tout n'est pas travail dans le blé.

Mais tout est travail dans *sa valeur*, répéterai-je. Je veux que la nature ait concouru à la formation matérielle du grain; je veux que cette formation soit exclusivement son ouvrage; mais convenez que je l'y ai contrainte par mon travail, et quand je vous vends du blé, ce n'est point le *travail de la nature* que je me fais payer, *mais le mien*.

Et, à ce compte, les objets fabriqués ne seraient pas non plus des produits du travail. Le manufacturier ne se fait-il pas seconder aussi par la nature? Ne s'empare-t-il pas, à l'aide de la machine à vapeur, du poids de l'atmosphère, comme à l'aide de la charrue je m'empare de son humidité? A-t-il créé les lois de la gravitation, de la transmission des forces, de l'affinité?

On conviendra peut-être que la laine et le blé sont le produit du travail. Mais la houille, dira-t-on, est certainement l'ouvrage, et l'ouvrage exclusif de la nature.

Oui, la nature a fait la houille (car elle a tout fait), *mais le travail en a fait la valeur*. La houille n'a aucune valeur quand elle est à cent pieds sous terre. Il l'y faut aller chercher, c'est un travail; il la faut porter sur un marché, c'est un autre travail; et remarquez-le bien, le prix de la houille sur le marché n'est autre que le salaire de ces *travaux* d'extraction et de transport.

La distinction qu'on a voulu faire, entre les matières premières et les matières fabriquées, est donc futile en théorie. Comme base d'une inégale répartition de *faveurs*, elle serait inique en pratique, à moins que l'on ne veuille prétendre que, bien qu'elles soient toutes deux des produits du travail, l'importation des unes est plus favorable que celle des autres au développement de la richesse publique. C'est la seconde question que j'ai à examiner.

2° Y a-t-il plus d'avantage pour une nation à importer des *matières* dites *premières*, que des objets fabriqués?

J'ai ici à combattre une opinion fort accréditée.

« Plus les matières premières sont abondantes, dit la « pétition de Bordeaux, plus les manufactures se multi- « plient et prennent d'essor. » — « Les matières premiè- « res, dit-elle ailleurs, laissent une étendue sans limites à « l'œuvre des habitants du pays où elles sont importées. » — « Les matières premières, dit la pétition du Havre, étant « les éléments du travail, il faut les soumettre à un régime « différent et les admettre *de suite* au taux *le plus faible* (1). » — « Entre autres articles dont le bas prix et l'abondance

(1) La même pétition veut que la protection des objets fabriqués soit réduite, non *de suite*, mais dans un temps indéterminé; non au taux *le plus faible*, mais au taux de 20 pour 100.

« sont une nécessité, dit la pétition de Lyon, les fabricants « citent toutes les matières premières. »

Sans doute, il est avantageux pour une nation que les matières dites *premières* soient abondantes et à bas prix; et, je vous prie, serait-il avantageux pour elle que les objets fabriqués fussent chers et rares? Pour les unes comme pour les autres, il faut que cette abondance, ce bon marché soient le fruit de la liberté, ou que cette rareté, cette cherté soient le fruit du monopole. Ce qui est souverainement absurde et inique, c'est de vouloir que l'abondance des unes soit due à la liberté et la rareté des autres au privilége.

L'on insistera encore, j'en suis sûr, et l'on dira que les droits *protecteurs* du travail des fabriques sont réclamés dans l'intérêt général; qu'importer des articles auxquels *le travail n'a plus rien à faire*, c'est perdre tout le profit de la main-d'œuvre, etc., etc.

Remarquez sur quel terrain les pétitionnaires sont amenés. N'est-ce pas le terrain du régime prohibitif? M. de Saint-Cricq ne peut-il pas opposer un argument semblable à l'introduction des blés, des laines, des houilles, de toutes les matières enfin qui sont, nous l'avons vu, le produit du travail?

Réfuter ce dernier argument, prouver que l'importation du travail étranger ne nuit pas au travail national, c'est donc démontrer que le régime de la concurrence ne convient pas moins aux objets fabriqués qu'aux matières premières. C'est la troisième question que je m'étais proposée.

Qu'il me soit permis, pour abréger, de réduire cette démonstration à un exemple qui les comprend tous.

Un Anglais peut importer une livre de laine en France, sous plusieurs formes : en toison, en fil, en drap, en vêtement; mais, dans tous ces cas, il n'importera pas une égale quantité de valeur, ou, si l'on veut, de travail. Supposons que cette livre de laine vaille 3 francs brute, 6 francs en fil, 12 francs en drap, 24 francs confectionnée en vêtement. Supposons encore que, sous quelque forme que l'introduction s'opère, le payement se fasse en vin; car, après tout, il faut qu'il se fasse en quelque chose; et rien n'empêche de supposer que ce sera en vin.

Si l'Anglais importe la laine brute, nous exporterons pour 3 francs de vin; nous en exporterons pour 6 francs, si la laine arrive en fil; pour 12 francs, si elle arrive en drap; et enfin pour 24 francs, si elle arrive sous forme de vêtement. Dans ce dernier cas, le filateur, le fabricant, le tailleur auront été privés d'un travail et d'un bénéfice, je le sais; une branche de *travail national* aura été découragée d'autant, je le sais encore; mais une autre branche de travail *également national*, la viniculture, aura été encouragée précisément dans la même proportion. Et comme la laine anglaise ne peut arriver en France sous forme de vêtement qu'autant que tous les industrieux qui l'ont amenée à cet état seront supérieurs aux industrieux français, en définitive, le consommateur du vêtement aura réalisé un bénéfice qui pourra être considéré comme un profit net, tant pour lui que pour la nation.

Changez la nature des objets, leur appréciation, leur provenance, mais raisonnez juste, et le résultat sera toujours le même.

Je sais qu'on me dira que le payement a pu se faire non en vin, mais en numéraire. Je ferai observer que cette objection se tournerait aussi bien contre l'introduction d'une matière première que contre celle d'une matière fabriquée. J'ai d'ailleurs la certitude qu'elle ne me sera faite par aucun négociant digne de l'être. Quant aux autres, je me bornerai à leur faire observer que le numéraire est un produit indigène ou un produit exotique. Si c'est un produit indigène, nous n'en pouvons rien faire de mieux que de l'exporter. S'il est exotique, il a fallu le payer avec du *tra-*

vail national. Si nous l'avons acquis du Mexique, avec du vin par exemple, et que nous l'échangions ensuite contre un vêtement anglais, le résultat est toujours du vin changé contre un vêtement, et nous rentrons entièrement dans l'exemple précédent.

§ 3. Le projet des pétitionnaires est un système de priviléges réclamés par le commerce et l'industrie, contre l'agriculture et le public.

Que le projet des pétitionnaires crée d'injustes *faveurs* au profit des manufacturiers, c'est, je crois, un fait dont les preuves seraient maintenant surabondantes.

Mais on ne voit pas sans doute aussi bien comment il octroie aussi des priviléges au commerce. Examinons.

Toutes choses égales d'ailleurs, il est avantageux pour le public que les matières premières soient mises en œuvre sur le lieu même de leur production.

C'est pour cela que si l'on veut consommer à Paris de l'eau-de-vie d'Armagnac, c'est en Armagnac, non à Paris, que se brûle le vin.

Il ne serait pourtant pas impossible qu'il se rencontrât un commissionnaire de roulage qui aimât mieux transporter huit pièces de vin qu'une pièce d'eau-de-vie.

Il ne serait pas impossible non plus qu'il se rencontrât à Paris un bouilleur qui préférât l'importation de la matière première à celle de la matière fabriquée.

Il ne serait pas impossible, si cela était du domaine de la protection, que nos deux industrieux s'entendissent pour demander que le vin entrât librement dans la capitale, mais que l'eau-de-vie fût *chargée* de forts droits.

Il ne serait pas impossible qu'en s'adressant au protecteur, pour mieux cacher leurs vües égoïstes, le voiturier ne parlât que des intérêts du bouilleur, et le bouilleur que des intérêts du voiturier.

Il ne serait pas impossible que le protecteur vît dans ce

plan l'occasion de *conquérir* une industrie pour Paris, et de se donner de l'importance.

Enfin, et malheureusement, il ne serait pas impossible que le bon public parisien ne vît dans tout cela que les vues *larges* des protégés et du protecteur, et qu'il oubliât qu'en définitive, c'est sur lui que retombent toujours les frais et les faux frais de la protection.

Qui voudra croire que c'est un résultat analogue, un système parfaitement identique, organisé sur une grande échelle, auquel, après un grand fracas de doctrines généreuses et libérales, *concluent*, d'un commun accord, les pétitionnaires de Bordeaux, de Lyon et du Havre?

« C'est principalement dans cette seconde classe (celle « qui comprend les matières *vierges de tout travail humain*), « que se trouve, disent les pétitionnaires de Bordeaux, le « principal aliment de notre marine marchande....: En « principe, une sage économie exigerait que cette classe, « ainsi que la première, ne fût pas imposée..... La troi- « sième, on peut la *charger ;* la quatrième, nous la consi- « dérons comme la plus imposable. »

« Considérant, disent les pétitionnaires du Havre, qu'il « est *indispensable* de réduire *de suite,* au taux *le plus bas,* « les matières premières, afin que l'industrie puisse succes- « sivement mettre en œuvre les *forces navales* qui lui four- « niront ses premiers et indispensables moyens de travail... »

Les manufacturiers ne pouvaient demeurer en reste de politesse envers les armateurs. Aussi la pétition de Lyon demande la libre introduction des *matières premières*, pour prouver, y est-il dit, « que les intérêts des villes manufac- « turières ne sont pas toujours opposés à ceux des villes « maritimes. »

Ne semble-t-il pas entendre le voiturier parisien, dont je parlais tout à l'heure, formuler ainsi sa requête : « Consi- « dérant que le vin est le principal aliment de mes trans-

« ports; qu'en principe on ne devrait pas l'imposer; que « quant à l'eau-de-vie on peut *la charger ;* considérant qu'il « est indispensable de réduire de suite le vin au taux le plus « bas, afin que le bouilleur mette en œuvre mes voitures « qui lui fourniront le premier et indispensable aliment de « son travail... » et le bouilleur demander la libre importation du vin à Paris, et l'exclusion de l'eau-de-vie, pour prouver « que les intérêts des bouilleurs ne sont pas tou« jours opposés à ceux des voituriers. »

En me résumant, quels seront les résultats du système proposé? Les voici :

C'est au prix de la concurrence que nous, agriculteurs, vendrons aux manufacturiers nos matières premières. C'est au prix du monopole que nous les leur rachèterons.

Que si nous travaillons dans des circonstances plus défavorables que les étrangers, tant pis pour nous; au nom de la liberté, on nous condamne.

Mais si les fabricants sont plus malhabiles que les étrangers, tant pis pour nous; au nom du privilége, on nous condamne encore.

Que si l'on apprend à raffiner le sucre dans l'Inde, ou à tisser le coton aux États-Unis, c'est le sucre brut et le coton en laine qu'on fera voyager *pour mettre en œuvre nos forces navales;* et nous, consommateurs, payerons l'inutile transport des résidus.

Espérons que, par le même motif et pour fournir aux bûcherons *le premier et l'indispensable aliment de leur travail*, on fera venir les sapins de Russie avec leurs branches et leur écorce. Espérons qu'on fera voyager l'or du Mexique à l'état de minerai. Espérons que pour avoir les cuirs de Buénos-Ayres on fera naviguer des troupeaux de bœufs.

On n'en viendra pas là, dira-t-on. Ce serait pourtant rationnel; mais l'inconséquence est la limite de l'absurdité.

Un grand nombre de personnes, j'en suis convaincu, ont

adopté de bonne foi les doctrines du régime prohibitif (et certes ce qui se passe n'est guère propre à changer leur conviction). Je n'en suis point surpris ; mais ce qui me surprend, c'est que, quand on les a adoptées sur un point, on ne les adopte pas sur tous, car l'erreur a aussi sa logique ; et quant à moi, malgré tous mes efforts, je n'ai pu découvrir une objection quelconque que l'on puisse opposer au régime de l'exclusion absolue, qui ne s'oppose avec autant de justesse au système *pratique* des pétitionnaires.

LE FISC ET LA VIGNE.

(Janvier 1841.)

La production et le commerce des boissons fermentées ou distillées doivent être nécessairement affectés par les traités et lois de finances actuellement soumis aux délibérations des Chambres.

Nous entreprenons d'exposer :

1° Les nouvelles entraves dont le projet de loi du 30 décembre 1840 menace l'industrie vinicole ;

2° Celles qui sont implicitement contenues dans la doctrine de l'Exposé des motifs qui accompagne ce projet ;

3° Les résultats qu'on doit attendre du traité conclu avec la Hollande ;

4° Les moyens par lesquels l'industrie vinicole peut arriver à son affranchissement.

§ Ier. — La législation sur les boissons est une dérogation évidente au principe de l'égalité des charges.

En même temps qu'elle place dans une exception onéreuse toutes les classes de citoyens dont elle régit l'industrie, elle crée, entre ces classes mêmes, des *inégalités* de second ordre : toutes sont mises hors le droit commun, et chacune en est tenue à divers degrés d'éloignement.

Il ne paraît pas que M. le ministre des finances se soit le moins du monde préoccupé de l'*inégalité radicale* que nous venons de signaler; mais, en revanche, il se montre vivement choqué des *inégalités secondaires* créées par la loi : il tient pour *privilégiées* les classes qui ne subissent pas encore toutes les rigueurs qu'elle impose à d'autres classes; il s'attache à effacer ces nuances, non par voie d'allégement, mais par voie d'aggravation.

Cependant, dans la poursuite de l'*égalité* ainsi entendue, M. le ministre demeure fidèle aux traditions du créateur de l'institution. On dit que Bonaparte avait d'abord établi des tarifs si modérés, que les recettes ne couvraient pas les frais de perception. Son ministre des finances lui fit observer que la loi mécontentait la nation, sans rien rapporter au trésor. « Vous êtes un niais, M. Maret, lui dit Napoléon : puisque la nation murmure de quelques entraves, que ferait-elle si j'y avais joint de lourds impôts ? Habituons-la d'abord à l'exercice; plus tard, nous remanierons le tarif. » M. Maret s'aperçut que le grand capitaine n'était pas moins habile financier.

La leçon n'a pas été perdue, et nous aurons occasion de voir que les disciples préparent le règne de l'*égalité* avec une prudence digne du maître.

Les principes sur lesquels repose la législation des boissons sont clairement et énergiquement exprimés par les trois articles suivants de la loi du 28 avril 1816 :

« Art. 1. A chaque enlèvement ou déplacement de vins, cidres, etc., il sera perçu un *droit de circulation.* »

« Art. 20. Il sera perçu au profit du trésor, dans les villes et communes ayant une population agglomérée de 2,000 âmes et au-dessus... (1) un *droit d'entrée...*, etc. »

« Art. 47. Il sera perçu, lors de la vente en détail des

(1) Ce chiffre a varié.

vins, cidres, etc., un *droit* de 15 pour 100 du prix de ladite vente. »

Ainsi chaque *mouvement* de vins, chaque *entrée*, chaque vente *au détail*, entraîne le payement d'un droit.

A côté de ces rigoureux et on peut dire de ces étranges principes, la loi établit quelques exceptions.

Quant au droit de *circulation*.

« Art. 3. Ne seront point assujettis au droit imposé par l'art. 1er :

« 1° Les boissons qu'un propriétaire fera conduire de son pressoir, ou d'un pressoir public, dans ses caves ou celliers ; 2° celles qu'un colon partiaire, fermier ou preneur à bail emphytéotique à rente, remettra au propriétaire ou recevra de lui, en vertu de baux authentiques ou d'usages notoires ; 3° les vins, cidres ou poirés, qui seront expédiés par un propriétaire ou fermier des caves ou celliers où sa récolte aura été déposée, et pourvu qu'ils proviennent de ladite récolte, quels que soient le lieu de destination et la qualité du destinataire.

« Art. 4. La même exemption sera accordée aux négociants, marchands en gros, courtiers, facteurs, commissionnaires, distillateurs et débitants, pour les boissons qu'ils feront transporter de l'une de leurs caves dans une autre, située dans l'étendue du même département.

« Art. 5. Le transport des boissons qui seront enlevées pour l'étranger ou pour les colonies françaises sera également affranchi du droit de circulation. »

Le droit d'entrée ne souffrit pas d'exception.

Relativement au *droit de détail* :

« Art. 85. Les propriétaires qui voudront vendre les boissons de leur cru au détail jouiront d'une remise de 25 pour 100 sur les droits qu'ils auront à payer...

« Art. 86..... Ils seront d'ailleurs assujettis à toutes les obligations imposées aux débitants de profession. Néanmoins, les visites et exercices des commis n'auront pas lieu dans l'intérieur de leur domicile, pourvu que le local où leurs boissons seront vendues au détail en soit séparé. »

Ainsi, pour résumer ces exceptions :

Franchise du droit de circulation pour les vins de leur récolte que les propriétaires envoyaient de chez eux chez eux, *sur tout le territoire de la France;*

Franchise du même droit pour les vins que les négociants, marchands, débitants, etc., faisaient transporter d'une de leurs caves dans une autre située dans le même département;

Franchise du même droit pour les vins exportés;

Remise de 25 pour 100 du droit de détail, en faveur des propriétaires;

Affranchissement des visites et exercices des commis dans l'intérieur de leur domicile, quand le local où s'opère cette vente en est séparé.

Voici maintenant le texte du projet de loi présenté par M. le ministre des finances :

« Art. 13. L'exemption du droit de circulation sur les boissons ne sera accordée que dans les cas ci-après :

« 1° Pour les vins qu'un récoltant fera transporter de son pressoir à ses caves, celliers, ou de l'une à l'autre de ses caves *dans l'étendue d'une même commune ou d'une commune limitrophe.*

« 2° Pour les boissons qu'un fermier ou preneur à rente emphytéotique remettra à son propriétaire ou recevra de lui, *dans les mêmes limites*, en vertu de baux authentiques ou d'usages notoires.

« Les art. 3 de la loi du 28 avril 1816 et 3 de la loi du 17 juillet 1819 sont abrogés.

« Art. 14. Seront affranchies du droit de circulation les boissons de leur récolte que les propriétaires feront transporter de chez eux chez eux, hors des limites posées par l'article précédent, pourvu qu'ils se munissent de l'acquit-à-caution, et qu'ils se soumettent, au lieu de destination, à toutes les obligations imposées aux marchands en gros, le payement de la licence excepté.

« Art. 25. La disposition de l'art. 85 de la loi du 28 avril 1816, qui accorde aux propriétaires, vendant au détail des boissons de leur cru, une remise exceptionnelle de 25 pour 100 sur les droits de détail qu'ils ont à payer, est abrogée. »

Nous dépasserions de beaucoup les bornes que nous nous sommes imposées, si nous nous livrions ici à toutes les réflexions que nous suggère le projet de loi, et nous devons nous borner à quelques courtes observations.

En premier lieu, l'art. 13 du projet abroge-t-il les art. 4 et 5 de la loi de 1816 ? L'affirmative semble résulter de ces expressions absolues : *L'exemption ne sera accordée que...*, qui impliquent l'exclusion de toutes catégories non désignées dans le reste de la disposition.

Mais la négative peut se conclure de la disposition qui termine cet art. 13 ; car, en n'abrogeant que l'art. 3 de la loi de 1816, elle maintient sans doute les art. 4 et 5.

Dans ce dernier cas, il y a, ce nous semble, une certaine anomalie à conserver aux négociants et débitants, *dans l'étendue du département*, une faculté qu'on restreint pour le propriétaire *aux limites d'une commune*.

Secondement, puisque les nouvelles mesures ont pour objet de faire fructifier l'impôt, nous devons sans doute nous attendre à ce qu'elles soient onéreuses pour les contribuables. Il est possible néanmoins qu'elles dépassent le but et qu'elles entraînent des inconvénients hors de proportion avec les avantages qu'on en espère.

Elles portent, en effet, un coup funeste à la grande propriété par l'art. 13, et à la petite propriété par l'art. 20.

Tant que la franchise du droit de circulation n'a été restreinte qu'aux limites d'un département, il n'a pu en résulter que des maux exceptionnels. Peu de propriétaires possèdent des vignes dans plusieurs départements; et quand cela a lieu, ils ont des celliers dans chacun d'eux. Mais il est très-fréquent qu'un propriétaire ait des vignes dans plusieurs communes voisines sans être limitrophes ; et en général, dans ce cas, il a intérêt à réunir ses récoltes dans le même cellier. La nouvelle loi le contraint ou à multiplier les constructions, au détriment de la surveillance, ou à supporter le droit de circulation pour un produit déjà si grevé, et dont la vente n'aura peut-être lieu qu'après plusieurs années.

Et qu'y gagnera le trésor ? A moins que le propriétaire, selon le vœu de M. de Villèle, ne boive tout son vin, de recouvrer le droit un peu plus tôt.

On dira sans doute que l'art. 14 du projet remédie à cet inconvénient. Nous nous réservons d'en examiner ci-après l'esprit et la portée.

D'un autre côté, les petits propriétaires retirent de la vente au détail un avantage très-considérable, celui de conserver, d'année en année, leurs bois de barrique. Désormais ils seront forcés de faire tous les ans, pour les acheter, un déboursé trop souvent au-dessus de leurs facultés. Je ne crains pas d'avancer que cette disposition renferme pour beaucoup d'entre eux une cause de ruine complète. L'achat de bois de barrique n'est pas de ceux dont on puisse se dispenser, ou qu'il soit possible de retarder. Quand arrive la vendange, il faut de toute nécessité, et à quelque prix que ce soit, se pourvoir de bois pour la loger; et, si l'on n'a pas d'argent, on subit la loi du vendeur. On a vu le vigneron offrir la moitié de sa récolte pour obtenir de quoi loger l'autre moitié. La vente en détail leur évite cette extrémité, qui se reproduira souvent, aujourd'hui que cette faculté va, de fait, leur être interdite.

Les deux modifications, ou, pour parler comme M. le

ministre, les deux *améliorations* à la législation existante, que nous venons d'analyser, ne sont pas les seules que renferme le projet de loi du 30 décembre. Il y en a deux autres sur lesquelles nous devons faire quelques observations.

L'art. 35 de la loi du 21 avril 1832 avait converti les droits de *circulation*, d'*entrée* et de *détail*, en une *taxe unique*, perçue à l'entrée des villes, ce qui avait permis de rendre la circulation libre dans l'intérieur de ces villes et d'y supprimer les exercices.

D'après l'art. 16 du projet, cette *taxe unique* ne remplacerait plus que les droits d'entrée et de détail, les droits de circulation et de licence continuant à être perçus, comme ils l'étaient en 1829, en sorte qu'on pourra dire d'elle, avec le chansonnier :

> Que cette taxe *unique* aura deux sœurs.

Ici se présente une autre difficulté.

Pour établir la taxe unique (loi de 1832, art. 36), « on divise la somme de tous les produits annuels, de tous les droits à remplacer, par la somme des quantités annuellement introduites. »

Les droits de circulation et de licence n'étant plus compris parmi ceux *à remplacer*, il ne faudra pas les faire entrer dans le dividende ; et alors, le quotient se trouvant proportionnellement affaibli, le public sera soumis aux anciennes entraves, sans profit pour le trésor.

Que si M. le ministre entend que le taux de la taxe actuelle soit maintenu, les droits de circulation et de licence seraient perçus deux fois : une fois directement en vertu de la nouvelle loi, une seconde fois par la *taxe unique*, puisqu'ils entrent comme éléments du taux de cette taxe.

Enfin, une quatrième modification introduit une nouvelle base de conversion de l'alcool en liqueurs.

Ce n'est pas tout. M. le ministre fait clairement pressentir qu'il ne tardera pas à relever le tarif des boissons aux taux de 1829. Beaucoup de bons esprits, dit-il, ont pensé que le moment était arrivé de revenir sur le dégrèvement de 1830.

Beaucoup d'autres bons esprits pensent que, si M. le ministre s'abstient de faire une proposition formelle à cet égard, c'est pour laisser à la Chambre l'honneur de l'initiative.

Nous laissons maintenant le lecteur mesurer l'espace qui nous sépare de la révolution de juillet. Dix années sont à peine écoulées, et voilà que notre législation sur les boissons ne se distinguera bientôt plus de celles de l'empire et de la restauration, que par un surcroît de charges et de rigueurs.

§ II. — Encore si ce développement de sévérité avait pour but le seul intérêt actuel du fisc, nous pourrions du moins espérer qu'il touche au terme de ses exigences. Mais il ne nous laisse pas même cette illusion; et, en proclamant qu'il veut faire prévaloir un système, il nous avertit que nous devons nous attendre à des exigences nouvelles tant que ce système ne sera pas arrivé à sa complète réalisation.

« Il nous a paru juste (dit l'Exposé des motifs) de renfer-« mer la franchise du droit de circulation, en faveur du pro-« priétaire, dans les justes limites où elle peut être légitime-« ment réclamée, c'est-à-dire de la restreindre aux produits « de sa récolte qu'il destine à sa consommation et à celle de « sa famille, dans les lieux mêmes de la production. Au delà « c'était un *privilége* que rien ne justifie, et *qui violait le* « *principe de l'égalité des charges. Par la même raison*, « nous proposons de supprimer la remise d'un quart au ré-« coltant qui vend en détail des vins de son cru. »

Or, dès l'instant que le gouvernement a pour but l'*égalité des charges*, entendant par ce mot l'assujettissement de toutes les classes qu'atteint la loi des boissons au maximum d'entraves qui pèse sur la classe la plus maltraitée, tant que ce but ne sera pas atteint, les mesures les plus rigoureuses ne peuvent être que le prélude de mesures plus rigoureuses encore.

Nous devons le craindre, surtout sachant que le maître a pratiqué et recommandé en cette matière une tactique impitoyable, mais prudente.

Nous avons vu que la loi de 1816 étendait l'exemption du droit de circulation pour le propriétaire *à tout le territoire de la France.*

Bientôt elle fut restreinte aux *limites d'un département* ou de départements limitrophes. (Loi du 25 mars 1817, art. 81.)

Plus tard, on la réduisit aux *limites d'arrondissements limitrophes.* (Loi du 17 juillet 1819, art. 3.)

Maintenant on propose de la circonscrire aux *limites d'une commune* ou de communes limitrophes. (Projet de loi, art. 13).

Encore un pas, et elle aura entièrement disparu.

Et ce pas, il ne faut pas douter qu'on ne le fasse ; car, si ces restrictions successives ont circonscrit le *privilége*, elles ne l'ont pas détruit. Il reste encore un cas où le récoltant consomme un vin qui a *circulé* sans payer de droit de *circulation*, et l'on ne tardera pas à venir dire que *c'est un privilége que rien ne justifie, et qui viole le principe de l'égalité de l'impôt :* ainsi, dans l'application, le fisc a transigé avec *les principes ;* mais, en théorie, il a fait ses réserves ; et n'est-ce point assez pour une fois qu'il soit descendu de l'*arrondissement* à la *commune* sans faire un temps d'arrêt au *canton ?*

Tenons-nous donc pour assurés que le règne de l'*égalité* arrive, et que sous peu il n'y aura plus aucune exception à ce principe : *A chaque enlèvement* ou *déplacement* de vin, cidre ou poiré, il sera perçu un droit.

Mais faut-il le dire ? Oui, nous exprimerons notre pensée tout entière, quoiqu'on puisse nous soupçonner de nous abandonner à une méfiance exagérée. Nous croyons que le fisc a entrevu que, lorsque le droit de circulation s'étendra à tous, sans exception, l'*égalité* n'aura achevé que la moitié de sa carrière ; il restera encore à faire passer les propriétaires sous le joug de l'*exercice.*

Il nous semble que le fisc a déposé dans l'art. 14 le germe de cette secrète intention.

Quel peut être, autrement, l'objet de cette disposition ?

L'art. 13 du projet restreint l'exemption du droit de circulation aux *limites de la commune.*

L'exposé des motifs prend soin de déclarer qu'*au delà* cette exemption *est un privilége que rien ne justifie.*

Et aussitôt l'art. 14 nous rend la faculté que l'art. 13 nous avait retirée ; il nous la rend sans limites, pourvu que le propriétaire se soumette aux obligations imposées aux marchands en gros.

Une telle concession est faite pour éveiller notre méfiance.

Ce sac enfariné ne me dit rien qui vaille.

Remarquez la physionomie de cet art. 14.

D'abord, il se présente comme un correctif. L'art. 13 pouvait paraître un peu brutal, l'art. 14 vient offrir des consolations.

Ensuite, il fait mieux que de dorer la pilule, il la cache, et nous insinue l'exercice sans le nommer.

Enfin, il pousse la prudence au point de se faire *facultatif;* il fait plus, il rend facultatif l'art. 13. Le moyen de se plaindre ! Ne pourra-t-on pas fuir le droit de circulation en se réfugiant dans l'exercice, et trouver un abri contre l'exercice derrière le droit de circulation ?

Puissions-nous nous tromper ! mais nous avons vu grossir

le tarif, nous avons vu grossir le droit de circulation ; craignons que l'exercice ne grandisse aussi. Le fabuliste nous l'a dit : « Ce qui est petit devient grand....., *pourvu que Dieu lui prête vie.* »

La marche progressive vers l'*égalité* se manifeste encore dans le développement du droit de détail.

Nous avons vu que la législation actuelle accorde au propriétaire, à cet égard, deux exemptions : l'une, par la remise de 25 pour 100 sur le droit ; l'autre, en affranchissant de visites domiciliaires l'intérieur de sa maison, quand le local où s'opère la vente en est séparé.

Pour le moment, on se borne à demander le retrait de la première de ces exemptions ; mais le principe de l'égalité n'est pas satisfait, puisque le propriétaire continuera à jouir d'un *privilége* dont est privé le cabaretier, à savoir : le privilége de n'ouvrir point sa maison, sa chambre et ses armoires à l'œil des commis, pourvu toutefois que, pour vendre son vin, il loue un local par bail authentique.

§ III. Si nous reportons nos regards vers les relations extérieures de la France, dans leurs rapports avec le commerce des vins, nous n'y trouverons guère aucun sujet de nous consoler du régime intérieur qui pèse sur notre industrie.

Notre intention ne peut pas être de traiter ici toutes les questions qui se rattachent à ce vaste sujet. Nous devons nous borner à quelques réflexions sur une question actuellement pendante, le traité de commerce avec la Hollande.

Après avoir annoncé, dans la séance du 21 janvier, que, d'après ce traité, « nos vins et eaux-de-vie en cercles seront affranchis de tous droits de douane à l'entrée des états néerlandais ; qu'ils y seront admis, quand ils seront en bouteilles, avec remise des trois cinquièmes du droit, pour les vins, et de moitié, pour les spiritueux, » M. le ministre du commerce s'écrie :

« Vous ne l'ignorez pas, Messieurs, dans toutes les négociations commerciales entreprises par le gouvernement, une de ses préoccupations les plus sérieuses a toujours été d'élargir autant que possible le marché de nos productions vinicoles, en leur ménageant de nouvelles voies d'écoulement dans les pays étrangers. Ce n'est donc pas sans une satisfaction particulière que nous venons offrir à votre adoption les moyens de soulager les souffrances d'une branche de commerce si digne de notre sollicitude. »

A ce pompeux préambule, qui ne croirait que nos vins vont trouver dans la Hollande un large débouché ?

Pour mesurer l'importance des concessions que nos négociateurs ont obtenues du gouvernement néerlandais, il faut savoir que les boissons étrangères sont assujetties en Hollande à deux droits d'entrée : le *droit de douane*, et le *droit d'accise.*

Que l'on consulte le tableau placé à la fin de cet écrit, et l'on y verra que le gouvernement néerlandais a si bien combiné ses réductions, que notre commerce de luxe (vins en bouteilles) est dégrévé de 10 et demi pour 100 pour la Gironde et de 21 pour 100 pour la Meuse, et notre commerce essentiel (vins en cercles) de 12 pour 100 pour l'est et *un et un tiers pour* 100 pour l'ouest de la France. Ce beau résultat a causé une si *vive satisfaction* à nos négociateurs, qu'ils se sont empressés de réduire de 33 un tiers pour 100 les droits sur les fromages et céruses de fabrication néerlandaise.

§ IV. — Quand une portion considérable de la population se croit opprimée, elle n'a que deux moyens de reconquérir ses droits : les moyens révolutionnaires, et les moyens légaux.

Il semble que les gouvernements qui se sont succédé en France travaillent à l'envi à introduire parmi les classes vinicoles ce préjugé funeste qu'elles n'ont rien à attendre que des révolutions.

En effet, les révolutions de 1814 et de 1815 leur avaient valu au moins force promesses, et nous voyons, par le texte même des lois de l'époque, que la restauration ne prétendait maintenir les contributions indirectes que comme une ressource exceptionnelle et essentiellement transitoire. (Loi de 1816, art. 257, et de 1818, art. 84.)

Mais à peine ce pouvoir eut-il acquis de la consistance que ses promesses s'évanouirent avec ses craintes.

La révolution de 1830, il faut lui rendre ce témoignage, ne promit rien ; mais elle opéra de notables dégrèvements. (Lois des 17 octobre et 12 décembre 1830.)

Et déjà nous voyons qu'elle songe non-seulement à revenir à l'ancienne législation, mais encore à lui donner un caractère de rigueur inconnu aux beaux jours de l'empire et de la restauration.

Ainsi, aux époques de trouble, le fisc promet, transige, se relâche de sa sévérité.

Aux époques de calme, il reprend ses concessions et marche à de nouvelles conquêtes.

Nous sommes surpris, nous le répétons, que le pouvoir ne craigne pas que ce rapprochement frappe les esprits, et qu'ils en tirent cette déplorable conclusion : « La légalité nous tue. »

Certes, ce serait la plus triste des erreurs ; et l'expérience, qu'on invoquerait à l'appui, prouve au contraire qu'il n'y a aucun fond à faire sur des promesses et des adoucissements arrachés par la peur à un pouvoir chancelant.

Un pouvoir nouveau peut bien, sous l'empire des circonstances, renoncer pour un temps à une partie de ses recettes ; mais trop de charges pèsent sur lui pour qu'il abandonne jamais le dessein de les ressaisir. N'a-t-il pas plus que tout autre des ambitions à satisfaire, des existences à rassurer, des répugnances à vaincre ? Au dedans, il a fait naître des jalousies, des rancunes, des mécomptes : ne faut-il pas qu'il développe des moyens de police et de répression? Au dehors, il excite la crainte et la méfiance : ne doit-il pas s'entourer de murailles, grossir ses flottes et ses armées?

Il est donc illusoire de chercher du soulagement dans des révolutions.

Mais nous croyons, et nous croyons fermement, que la population vinicole peut, par un usage intelligent et persévérant des moyens légaux, parvenir à améliorer sa situation.

Nous appelons particulièrement son attention sur les ressources que lui offre le *droit d'association*.

Depuis plusieurs années, les manufacturiers ont reconnu l'avantage d'être représentés, auprès du gouvernement et des Chambres, par des délégations spéciales. Les fabricants de sucres, de draps, d'étoffes de lin et de coton, ont à Paris leur comité de délégués.

Aussi aucune mesure fiscale ou douanière, de nature à affecter ces industries, ne peut être résolue sans avoir passé par le creuset d'une longue et sévère enquête; et personne n'ignore combien, dans la lutte qu'ils viennent de soutenir, les producteurs de sucre indigène ont dû de force à l'*association*.

Si l'industrie manufacturière n'avait pas introduit le système des délégations, peut-être appartiendrait-il à l'industrie vinicole d'en donner le premier exemple. Mais, à coup sûr, elle ne peut pas refuser d'entrer dans la lice que d'autres ont ouverte. Il est trop évident que des enquêtes où sa voix ne se fait pas entendre sont incomplètes; il est trop évident que ses intérêts ont tout à perdre à laisser le champ libre à des intérêts souvent rivaux.

Selon nous, chaque bassin vinicole devrait avoir un comité dans la ville qui centralise son mouvement commercial. Chacun de ces comités nommerait un délégué, et la réunion des délégués à Paris formerait le *comité central*.

Ainsi le bassin de l'Adour et ses affluents, de la Garonne,

de la Charente, de la Loire, du Rhône, de la Meuse ; les départements que forment le Languedoc, la Champagne et la Bourgogne auraient chacun leur délégué.

Nous nous sommes entretenu, avec plusieurs personnes, de cette institution, sans en rencontrer une seule qui en ait contesté l'utilité ; mais nous devons répondre à quelques objections qui nous ont été faites.

On nous a dit :

« L'industrie vinicole a ses délégués naturels dans les députés.

« Il est difficile d'obtenir le concours d'un si grand nombre d'intéressés, la plupart disséminés dans les campagnes. La situation financière de la France ne permet pas d'espérer l'abolition des contributions indirectes, qui d'ailleurs, à côté de beaucoup d'inconvénients, présentent d'incontestables avantages. »

1° Les députés sont-ils les délégués de l'industrie vinicole ? Apparemment, lorsqu'un corps électoral investit un citoyen des fonctions législatives, il ne rapetisse pas cette mission aux proportions d'une question spéciale d'industrie. D'autres considérations déterminent son choix ; et il ne faudrait pas être surpris qu'un député, alors même qu'il représenterait un département vinicole, n'eût pas préalablement fait une étude approfondie de toutes les questions qui se rattachent au commerce et aux impôts des boissons. Encore moins, une fois nommé, peut-il concentrer exclusivement sur un seul intérêt une attention que réclament tant et de si graves matières. Il ne pourrait donc voir qu'un avantage à puiser, dans les comités spéciaux qui s'occupent des sucres, des fers, des vins, — des informations et des documents qu'il lui serait matériellement impossible de chercher et de coordonner. Les précédents établis par les manufacturiers ôtent d'ailleurs toute valeur à l'objection.

2° On dit encore qu'il est difficile d'obtenir le concours

persévérant des habitants disséminés dans les provinces.

Nous croyons, nous, qu'on s'exagère cette difficulté. Sans doute elle serait invincible, s'il fallait attendre de chaque intéressé un concours actif et assidu. Mais, en pareille matière, les plus actifs font pour les autres, et les villes pour les campagnes. Cela est sans inconvénient quand les intérêts sont identiques; et puisqu'il y a un comité vinicole à Bordeaux, on ne voit pas pourquoi il n'y en aurait pas à Bayonne, à Nantes, à Montpellier, à Dijon, à Marseille; et de là à un comité central il n'y a qu'un pas. C'est en s'exagérant les difficultés qu'on n'arrive à rien. Il est certainement plus aisé à trois cents fabricants de sucre qu'à plusieurs milliers de propriétaires de se concerter, de s'organiser. Mais, de ce qu'une chose ne se fait pas toute seule, il ne faut pas conclure qu'elle est infaisable. Il faut même reconnaître que, si les masses ont plus de difficulté à s'organiser, elles acquièrent par l'organisation un ascendant irrésistible.

3° Enfin, on objecte que la situation financière de la France ne permet pas d'espérer qu'elle puisse renoncer aux ressources de l'impôt de consommation.

Mais c'est encore là circonscrire la question. L'organisation d'un comité central préjuge-t-elle qu'il aura pour mission exclusive de poursuivre l'abolition absolue de cet impôt? N'y a-t-il pas autre chose à faire? Ne se présente-t-il pas tous les jours des questions douanières qui intéressent la vigne? Est-on assuré que l'intervention du comité, dans les conférences qui ont préparé le traité avec la Hollande, n'eût été d'aucune influence sur les stipulations de ce traité? Et quant aux contributions indirectes, n'y a-t-il rien entre l'abolition complète et le maintien absolu du régime actuel? Le mode de perception, le moyen de prévenir ou de réprimer la fraude, les attributions, les compétences, n'offrent-ils pas un vaste champ aux réformes?

Il ne faut pas croire, du reste, que tout soit dit sur la question principale. Il ne nous appartient pas de formuler une opinion sur l'impôt de consommation, il a pour lui et contre lui de grandes autorités et de grands exemples ? il est la règle en Angleterre, en France il est l'exception. Eh bien ! il faut résoudre ce problème. Si le système est mauvais en principe, il faut le détruire ; si on le juge bon, il faut le perfectionner, lui ôter son caractère exceptionnel, et le rendre à la fois moins lourd et plus productif en le *généralisant*. Là peut-être est la solution du grand débat pendant entre le fisc et le contribuable. Et qui peut dire que le mouvement des esprits, qui naîtra de l'institution des comités industriels, les communications régulières qui s'établiront, soit entre eux, soit par leur intermédiaire, entre le public et le pouvoir, ne hâteront pas cette solution ?

DROITS D'ENTRÉE EN HOLLANDE.

			Base du droit.	Douanes. Droit principal.	Douanes. Syndicat. 13 0/0.	Douanes. Timbre. 20 0/0.	Douanes. Total.	Accise. Droit principal.	Accise. Centimes additionnels. 25 0/0.	Accise. Syndicat. 13 0/0.	Accise. Timbre. 10 0/0.	Accise. Total.	Sommes des droits d'entrée actuels.	Droits modifiés par le traité.	Différence pour cent en moins.
			hectol.	fr. c.	fr. c.	fr. c.	fr. c.	fr. c.	fr. c.	fr. c.	fr. c.	fr. c.	fr. c.	fr. c.	
VINS	Par frontière de mer.	En cercles.	»	» 21	» 03	» 43	» 67	26 71	6 68	3 47	3 68	40 54	41 21	40 54	1 2/5
		En bouteil.	»	12 29	1 60	» 43	14 32	26 71	6 68	3 47	3 68	40 54	54 86	46 28	10 1/2
	Par frontière de terre.	En cercles.	»	6 57	» 85	» 43	7 85	26 71	6 68	3 47	3 68	40 54	48 39	40 54	12
		En bouteil.	»	19 67	2 85	» 43	22 66	26 71	6 68	3 47	3 68	40 54	63 26	49 67	21 1/2
EAUX-DE-VIE		En cercles.	»	2 12	» 27	» 43	2 82	42 40	10 60	5 51	5 85	64 36	67 18	64 26	4 1/5
		En bouteil.	»	9 84	1 28	» 43	11 55	42 40	10 60	5 51	5 85	64 36	75 91	70 12	7 2/3

MÉMOIRE

PRÉSENTÉ A LA SOCIÉTÉ D'AGRICULTURE, COMMERCE, ARTS ET SCIENCES,

DU DÉPARTEMENT DES LANDES,

SUR LA QUESTION VINICOLE.

(22 janvier 1843.)

MESSIEURS,

Dans une de vos précédentes séances, vous avez chargé une Commission de rechercher les causes de la détresse qui afflige la partie viticole du département des Landes, et les moyens par lesquels il serait possible de la combattre.

Les circonstances ne m'ont pas permis de communiquer à la Commission le travail dont elle m'a chargé. Je le regrette vivement, car la coopération des hommes éclairés qui la composent l'eût rendu plus digne de vous. Bien que j'ose croire que mes idées ne s'éloignent pas beaucoup de celles qu'ils m'eussent autorisé à vous soumettre, je ne dois pas moins en assumer sur moi toute la responsabilité.....

Messieurs, prouver d'abord la réalité de la détresse de notre population viticole, en tracer à vos yeux une peinture animée, ce serait à la fois satisfaire à l'ordre logique de ce rapport et lui concilier votre intérêt et votre bienveillance. Je sacrifierai volontiers cette considération au désir de ménager vos moments ; puisque aussi bien je puis admettre, sans crainte de me tromper, que si nous ne sommes pas tous d'accord sur les causes de la décadence de l'industrie qui nous occupe, il n'y a du moins aucune dissidence parmi nous sur le fait même de cette décadence.

Une analyse complète de toutes les causes qui ont concouru à ce triste résultat entraînerait encore à des développements trop étendus.

Il faudrait d'abord examiner celles de ces causes qui sont au-dessus de nos moyens d'action. Telle est la concurrence du midi de la France, qui se développe de jour en jour, favorisée par le perfectionnement progressif de nos moyens de transport. Telle est encore l'infériorité relative qui semble devoir être le partage des contrées qui, comme la Chalosse, ne sont pas organisées de manière à substituer la culture à bœufs à la culture à bras.

Il faudrait ensuite distinguer les causes de souffrances dont la responsabilité pèse sur le producteur lui-même. A-t-il mis assez d'activité à améliorer ses procédés de culture et de vinification? assez de prévoyance à limiter ses plantations? assez d'habileté à faire suivre à ses produits les variations qui ont pu se manifester dans les besoins et les goûts des consommateurs? A-t-on essayé, par le choix et la combinaison des cépages, ou par d'autres moyens, de remplacer la quantité du produit, à mesure que les débouchés se sont restreints, par la qualité, qui eût pu rétablir, dans une certaine mesure, l'équilibre des revenus? Et la Société d'agriculture elle-même, si empressée à favoriser l'introduction de plantes exotiques d'un succès fort incertain, n'a-t-elle pas été trop sobre d'encouragements envers une culture qui fait vivre le tiers de notre population?

Enfin, il faudrait exposer les causes de notre détresse qui doivent être attribuées aux mesures gouvernementales, qui ont eu pour effet d'entraver la production, la circulation et la consommation des vins, ce qui m'entraînerait à rechercher l'influence spéciale qu'exercent sur notre contrée l'impôt direct, l'impôt indirect, l'octroi et le régime des douanes.

C'est à l'examen de ces trois dernières causes de nos souffrances que je circonscrirai ce rapport, d'abord parce qu'elles sont de beaucoup celles qui ont le plus immédiatement déterminé notre décadence, ensuite, parce qu'elles me paraissent susceptibles de modifications actuelles ou prochaines, dont l'opinion publique peut, à son gré, selon ses manifestations favorables ou contraires, hâter ou retarder la réalisation.

Avant d'aborder ce sujet, je dois dire qu'il a été traité, ainsi que plusieurs autres questions économiques, avec un véritable talent, par un de nos collègues, M. Auguste Lacome, du Houga, dans un écrit dont il fut donné lecture dans une de vos précédentes séances. L'auteur apprécie, avec autant de sagacité que d'impartialité, la situation des propriétaires de vignobles. Par des concessions peut-être trop larges, il admet que les besoins sans cesse croissants de l'État, des communes et des manufactures, ne permettent pas d'espérer un dégrèvement dans l'ensemble de nos charges publiques; il se demande si, dans cette hypothèse même, il est juste d'accorder satisfaction à tous les intérêts aux dépens des seuls intérêts viticoles, et, après avoir établi que cela est aussi contraire à l'équité naturelle qu'à notre droit écrit, il recherche par quels moyens on pourrait remplacer les ressources demandées jusqu'ici à notre industrie. Entrer dans cette voie, donner à ses méditations cette direction d'une utilité pratique, c'est faire preuve d'une capacité réelle, c'est s'élever au-dessus de la foule de ces esprits frondeurs, qui se bornent à la facile tâche de critiquer le mal sans indiquer le remède. Je ne me permettrai pas de décider si l'auteur a toujours réussi à indiquer les véritables sources auxquelles il faudrait demander une compensation à l'impôt des boissons, je me bornerai à proposer de mettre le public à même d'en juger par l'insertion de cet écrit dans nos *Annales*.

J'arrive, Messieurs, au sujet que je me propose de traiter. La triple ceinture des droits répulsifs que rencontrent nos vins dans l'octroi, l'impôt indirect, ou les tarifs douaniers, selon qu'ils cherchent des débouchés dans les villes, dans la circulation nationale, ou dans le commerce extérieur, a-t-elle réagi sur la production et causé l'encombrement qui excite nos plaintes ?

Il serait bien surprenant qu'il pût y avoir divergence d'opinions à cet égard.

Que sont devenues ces nombreuses maisons de commerce qui autrefois se livrèrent exclusivement, à Bayonne, à l'exportation de nos vins et eaux-de-vie vers la Belgique, la Hollande, la Prusse, le Danemark, la Suède et les villes Anséatiques? Qu'est devenue cette navigation intérieure que nous avons vue si active, et qui, sans aucun doute, donna naissance à ces nombreuses agglomérations de population qui se formèrent sur la rive gauche de l'Adour? Que sont devenus ces spéculations multipliées, ces placements sur une marchandise qui, par la propriété qu'elle possède de s'améliorer en vieillissant, doit, dans un état normal des choses, acquérir de la valeur par le temps, véritable caisse d'épargne de nos pères, qui répandit l'aisance parmi les classes laborieuses de leur époque, et fut la source, bien connue par la tradition, de toutes les fortunes qui restent encore en Chalosse ? Tout cela a disparu avec la liberté de l'industrie et des échanges.

En présence de cette double atteinte portée à notre propriété par le régime prohibitif et l'exagération de l'impôt, en présence d'un encombrement qu'expliquent d'une manière si naturelle les obstacles qui obstruent nos débouchés intérieurs et extérieurs, rien ne surprend plus que l'empressement du fisc à chercher ailleurs la cause de nos souffrances, si ce n'est la crédulité du public à se payer de ses sophismes.

C'est pourtant là ce que nous voyons tous les jours. Le fisc proclame qu'on a planté trop de vignes, et chacun de répéter : « Si nous souffrons, ce n'est pas parce que les « échanges nous font défaut, parce que le poids des taxes « nous étouffe ; mais nous avons planté trop de vignes. »

J'ai, à une autre époque, combattu cette assertion ; mais elle exprime une opinion trop répandue, le fisc en fait contre nous une arme trop funeste, pour que je ne revienne pas succinctement sur cette démonstration.

D'abord, je voudrais bien que nos antagonistes fixassent les limites qu'ils entendent imposer à la culture de la vigne ! Je n'entends jamais reprocher au froment, au lin, aux vergers, d'envahir une trop forte portion de notre territoire. L'offre comparée à la demande, le prix de revient rapproché du prix de vente, voilà les bornes entre lesquelles s'opèrent les mouvements progressifs ou rétrogrades de toutes les industries. Pourquoi la culture de la vigne, échappant à cette loi générale, prendrait-elle de l'extension à mesure qu'elle devient plus ruineuse ?

Mais, dit-on, c'est là de la théorie. Eh bien, voyons ce que nous révèlent les faits.

Le fisc, par l'organe d'un ministre des finances [1], nous apprend que la superficie viticole de la France était de 1,555,475 hectares en 1788, et de 1,993,307 hectares en 1828. L'augmentation est donc dans le rapport de 100 à 128. Dans le même espace de temps, la population de la France qui, selon Necker, était de 24 millions, s'est élevée à 32 millions, ou, dans le rapport, de 100 à 133. La culture de la vigne, loin de s'étendre démesurément, n'a donc pas même suivi le progrès numérique de la population.

Nous pourrions contrôler ce résultat par des recherches sur la consommation, si nous avions, à cet égard, des données statistiques. Il n'en a été recueilli, à notre connaissance, que pour Paris ; elles donnent le résultat suivant :

[1] M. de Chabrol, Rapport au Roi.

	Population.	Consommation.	Consommation par habit.
1789.	— 599,566 (1)	— 687,500 hect. (3)	— 114 litres.
1836.	— 909,125 (2)	— 922,364 (4)	— 101

Ainsi, Messieurs, il est incontestable que, dans ce dernier demi-siècle et pendant que toutes les branches de travail ont fait des progrès si remarquables, la plus naturelle de nos productions est demeurée au moins stationnaire.

Concluons que les prétendus envahissements de la vigne reposent sur des allégations aussi contraires à la logique qu'aux faits, et, après nous être ainsi assurés que nous ne faisions pas fausse route en attribuant nos souffrances aux mesures administratives qui ont restreint tous nos débouchés, examinons de plus près le principe et les effets de ces mesures.

Nous devons mettre en première ligne l'impôt indirect sur les boissons, droits de circulation, d'expédition, de consommation, de licence, de congé, d'entrée, de détail, triste et incomplet dénombrement des subtiles inventions par lesquelles le fisc paralyse notre industrie et lui arrache *indirectement* plus de cent millions tous les ans. Loin de laisser prévoir quelque adoucissement à ses rigueurs, il les redouble, d'année en année, et si, en 1830, il fut contraint, pour ainsi dire révolutionnairement, à consentir un dégrèvement de 40 millions, bien que ce dégrèvement ait cessé d'être sensible, il n'a jamais laissé passer une session sans faire éclater ses regrets et ses doléances.

Il faut le dire, les populations vinicoles ont rarement apporté l'esprit pratique des affaires dans les efforts qu'elles ont faits pour se soustraire à ce régime exceptionnel. Selon qu'elles ont été sous l'impression plus immédiate de leurs propres souffrances, ou des nécessités de l'époque, tantôt

(1) Mémorial de chronologie.

(2) Annuaire du bureau des longitudes.

(3) Lavoisier.

(4) Annuaire du bureau des longitudes.

elles ont réclamé avec véhémence l'abolition complète de toute taxe de consommation, tantôt elles ont fléchi sans réserve sous un système qui leur a paru monstrueux, mais irrémédiable, passant ainsi tour à tour d'une confiance aveugle à un lâche découragement.

L'abolition pure et simple de la contribution indirecte est évidemment une chimère. Réclamée au nom du principe de l'égalité des charges, elle implique la chute de tous impôts de consommation, aussi bien ceux qui sont établis sur le sel, sur le tabac, que ceux qui pèsent sur les boissons ; et quel est le hardi réformateur qui parviendra à faire descendre immédiatement le budget des dépenses publiques aux proportions d'un budget de recettes réduit aux quatre contributions directes ? Sans doute un temps viendra, et nous devons le hâter de nos efforts autant que de nos vœux, où l'industrie privée, moralisée par l'expérience et élargie par l'esprit d'association, fera rentrer dans son domaine les usurpations des *services publics* ; où, le gouvernement circonscrit dans sa fonction essentielle, le maintien de la sécurité intérieure et extérieure, n'exigeant plus que des ressources proportionnées à cette sphère d'action, il sera permis de faire disparaître de notre système financier une foule de taxes qui blessent la liberté et l'égalité des citoyens. Mais combien s'éloignent d'une telle tendance les vues des gouvernants, aussi bien que les forces toutes-puissantes de l'opinion ! Nous sommes entraînés fatalement, peut-être providentiellement, dans des voies opposées. Nous demandons tout à l'État, routes, canaux, chemins de fer, encouragements, protection, monuments, instruction, conquêtes, colonies, prépondérance militaire, maritime, diplomatique ; nous voulons civiliser l'Afrique, l'Océanie, que sais-je ? Nous obéissons, comme l'Angleterre, à une force d'expansion qui contraint toutes nos ressources à se centraliser aux mains de l'État ; nous ne pouvons donc éviter de chercher, comme l'Angleterre, les éléments de la puissance dans l'impôt de consommation, le plus abondant, le plus progressif, le plus tolérable même de tous les impôts, — lorsqu'il est bien entendu, — puisqu'il se confond alors avec la consommation elle-même.

Mais faut-il conclure de là que tout est bien comme il est, ou du moins que nos maux sont irrémédiables? Je ne le pense pas. Je crois au contraire que le temps est venu de faire subir à l'impôt indirect, encore dans l'enfance, une révolution analogue à celle que le cadastre et la péréquation ont amenée dans l'assiette de la contribution territoriale.

Je n'ai pas la prétention de formuler ici tout un système de contributions indirectes, ce qui exigerait des connaissances et une expérience que je suis loin de posséder. Mais j'espère que vous ne trouverez pas déplacé que j'établisse quelques principes, ne fût-ce que pour vous faire entrevoir le vaste champ qui s'offre à vos méditations.

J'ai dit que l'impôt indirect était encore dans l'enfance. On trouvera peut-être qu'il y a quelque présomption à porter un tel jugement sur une œuvre Napoléonienne. Mais il faut prendre garde qu'un système de contributions est toujours nécessairement vicieux à son origine, parce qu'il s'établit sous l'empire d'une nécessité pressante. Pense-t-on que si le besoin d'argent faisait recourir à l'impôt foncier, dans un pays où cette nature de revenu public serait inconnue, il fût possible d'arriver du premier jet à la perfection, que ce système n'a acquise en France qu'au prix de cinquante ans de travaux et cent millions de dépenses? Comment donc l'impôt indirect, si compliqué de sa nature, aurait-il atteint, dès sa naissance, le dernier degré de perfection?

La loi rationnelle d'un bon système d'impôts de consommation est celle-ci : *Généralisation aussi complète que possible, quant au nombre des objets atteints ; modération poussée à son extrême limite possible, quant à la quotité de la taxe.*

Plus l'impôt indirect se rapproche dans la pratique de cette double donnée théorique, plus il remplit toutes les conditions qu'on doit rechercher dans une telle institution; 1° de faire contribuer chacun selon sa fortune; 2° de ne pas porter atteinte à la production; 3° de gêner le moins possible les mouvements de l'industrie et du commerce; 4° de restreindre les profits et par conséquent le domaine de la fraude; 5° de n'imposer à aucune classe de citoyens des entraves exceptionnelles; 6° de suivre servilement toutes les oscillations de la richesse publique; 7° de se prêter avec une merveilleuse flexibilité à toutes les distinctions qu'il est d'une saine politique d'établir entre les produits, selon qu'ils sont de première nécessité, de convenance et de luxe; 8° d'entrer facilement dans les mœurs, en imposant à l'opinion ce respect dont elle ne manque pas d'entourer tout ce qui porte un caractère incontestable d'utilité, de modération et de justice.

Il semble que c'est sur le principe diamétralement opposé, *limitation quant au nombre des objets taxés, exagération quant à la quotité de la taxe*, que l'on ait fondé notre système financier en cette matière.

On a fait choix, entre mille, de deux ou trois produits, le sel, les boissons, le tabac, — et on les a accablés.

Encore une fois, il ne pouvait guère en être autrement. Ce n'est pas de perfection, de justice que se préoccupait le chef de l'État, pressé d'argent. C'était d'en faire arriver au trésor *abondamment* et *facilement*, et, disposant d'une force capable de vaincre toutes les résistances, il ne lui restait qu'à discerner la *matière éminemment imposable*, et à la frapper à coups redoublés (1).

En ce qui nous concerne, les boissons ont dû se présenter

(1) « Il est reconnu que, de toutes les matières imposables, les boissons sont celles sur lesquelles l'impôt peut être *le plus considérable* et le plus *facilement* perçu. » M. DE VILLÈLE.

d'abord à sa pensée. D'un usage universel, elles promettaient des ressources abondantes ; d'un transport difficile, elles ne pouvaient guère échapper à l'action du fisc ; produites par une population disséminée, apathique, inexpérimentée aux luttes publiques, elles ne le soumettaient pas aux chances d'une résistance insurmontable. Le décret du 5 ventôse an XII fut résolu.

Mais, de deux principes opposés, il ne peut sortir que des conséquences opposées; aussi l'on ne saurait contester que l'impôt indirect, tel que l'a institué le décret de l'an XII, ne soit une violation perpétuelle des droits et des intérêts des citoyens.

Il est injuste, par cela seul qu'il est exceptionnel.

Il blesse l'équité, parce qu'il prélève autant sur le salaire de l'ouvrier que sur les revenus du millionnaire.

Il est d'une mauvaise économie, en ce que, par son exagération, il limite la consommation, réagit sur la production, et tend à restreindre la source même qui l'alimente.

Il est impolitique, parce qu'il provoque la fraude et ne saurait la prévenir et la réprimer, sans emprisonner les mouvements de l'industrie dans un cercle de formalités et d'entraves, consignées dans le code le plus barbare qui ait jamais déshonoré la législature d'un grand peuple.

Si donc les hommes de cœur et d'intelligence, les conseils de département et d'arrondissement, les chambres de commerce, les Sociétés d'Agriculture, les comités industriels et vinicoles, ces associations préparatoires où s'élabore l'opinion publique et qui préparent des matériaux à la législature, veulent donner à leurs travaux en cette matière une direction utile, pratique ; s'ils veulent arriver à des résultats qui concilient les nécessités collectives de notre civilisation et les intérêts de chaque industrie, de chaque classe de citoyens, ce n'est pas à la puérile manifestation d'exigences irréalisables qu'ils doivent recourir; encore moins s'abandonner à un stérile découragement; mais ils doivent travailler avec persévérance à faire triompher le principe fécond que nous venons de poser, dans tout ce qu'il renferme de conséquences à la fois justes et praticables.

La seconde cause de la décadence de la viticulture, c'est le régime de l'octroi. Comme l'impôt indirect gêne la circulation générale des vins, l'octroi les repousse des populations agglomérées, c'est-à-dire des grands centres de consommation. C'est la seconde barrière que l'esprit de fiscalité interpose entre le vendeur et l'acheteur.

Sauf la destination spéciale de son produit, l'octroi est une branche de la contribution indirecte, et, par ce motif, son vrai principe de fécondité et de justice est celui que nous venons d'assigner à cette nature de taxe : *généralisation quant à la sphère, limitation quant à l'intensité de son action*; en d'autres termes, il doit atteindre toutes choses, mais chacune d'un droit imperceptible. L'octroi est d'autant plus tenu de se soumettre à ce principe de bonne administration et d'équité que, pour s'y soustraire, il n'a pas même, comme la régie des droits réunis, la banale excuse de la difficulté d'exécution. Cependant nous voyons le principe d'exception prévaloir en cette matière, et des villes populeuses asseoir sur les seules boissons la moitié, les trois quarts et même la totalité de leurs revenus.

Si encore les tarifs de l'octroi étaient abandonnés à la décision souveraine des conseils municipaux, les départements vinicoles pourraient user de représailles envers les départements manufacturiers. On verrait alors toutes les fractions industrielles de la population se livrer à une lutte de douanes intérieures, désordre énorme, mais d'où le bon sens public ferait sans doute surgir tôt ou tard, par voie de transaction, le principe que nous avons invoqué. C'est sans contredit pour éviter ces perturbations intestines que l'on a remis au pouvoir central la faculté de régler les tarifs des octrois, faculté qui fait essentiellement partie des franchises municipales et dont elles n'ont été dépouillées, au profit de l'État, qu'à la charge par celui-ci de tenir la balance égale entre tous les intérêts.

Quel usage a-t-il fait de cette prérogative exorbitante? S'il est un produit qu'il devait protéger et soustraire à la rapacité municipale, c'est certainement le vin qui porte déjà à la communauté tant et de si lourds tributs; et c'est justement le vin qu'il laisse accabler. Bien plus, une loi posait des limites à ces extorsions ; vaine barrière,

> Car le creuset des ordonnances
> A fait évaporer la loi.

Nous montrerions-nous donc trop exigeants si nous demandions que les tarifs d'octroi soient progressivement ramenés à un maximum qui ne puisse dépasser 10 p. 100 de la valeur de la marchandise ?

Le régime protecteur est la troisième cause de notre détresse, et peut-être celle qui a le plus immédiatement déterminé notre décadence. Il mérite donc de vous une attention particulière, d'autant qu'il est en ce moment l'objet d'un débat animé entre tous les intérêts engagés, débat à l'issue duquel votre opinion et vos vœux ne peuvent rester étrangers.

Dans l'origine, la douane est un moyen de créer un revenu à l'État, c'est un impôt indirect, c'est un grand octroi national; et tant qu'elle conserve ce caractère, c'est un acte d'injustice et de mauvaise gestion que de la soustraire à cette loi de tout impôt de consommation : *universalité et modicité de la taxe.*

Je dirai même plus : tant que la douane est une institution purement *fiscale*, il y a intérêt à taxer non-seulement les importations, mais encore les exportations, par cette double considération que l'État se crée ainsi un second revenu qui ne coûte aucuns frais de perception et qui est supporté par le consommateur étranger.

Mais, il faut le dire, ce n'est plus la *fiscalité*, c'est la *protection* qui est le but de nos mesures douanières ; et pour les juger à ce point de vue, il faudrait entrer dans des démonstrations et des développements qui ne peuvent trouver place dans ce rapport. Je me bornerai donc aux considérations qui se rattachent directement à notre sujet.

L'idée qui domine dans le système de la protection est celle-ci : que si l'on parvient à faire naître dans le pays une nouvelle industrie, ou à donner un plus grand développement à une industrie déjà existante, on accroît la masse du *travail*, et par conséquent de la *richesse nationale*. Or un moyen simple de faire naître un produit au dedans, c'est d'empêcher qu'il ne vienne du dehors. De là les droits prohibitifs ou protecteurs.

Ce système serait fondé en raison, s'il était au pouvoir d'un décret d'ajouter quelque chose aux éléments de la production. Mais il n'y a pas de décret au monde qui puisse augmenter le nombre des bras, ou la fertilité du sol d'une nation, ajouter une obole à ses capitaux ou un rayon à son soleil. Tout ce que peut faire une loi, c'est de changer les combinaisons de l'action que ces éléments exercent les uns sur les autres ; c'est de substituer une direction artificielle à la direction naturelle du travail ; c'est de le forcer à solliciter un agent avare de préférence à un agent libéral ; c'est, en un mot, de le diviser, de le disséminer, de le dévoyer, de le mettre aux prises avec des obstacles supérieurs, mais jamais de l'accroître.

Permettez-moi une comparaison. Si je disais à un homme : « Tu n'as qu'un champ et tu y cultives des céréales, dont tu vends ensuite une partie pour acheter du « lin et de l'huile ; ne vois-tu pas que tu es tributaire de « deux autres agriculteurs ? Divise ton champ en trois ; fais

« trois parts de ton temps, de tes avances et de tes forces, « et cultive à la fois des oliviers, du lin et des céréales. » Cet homme aurait probablement de bonnes objections à m'opposer; mais si j'avais autorité sur lui, j'ajouterais : « Tu ne connais pas tes intérêts; je te défends, sous peine de me payer une taxe énorme, d'acheter à qui que ce soit de l'huile et du lin. » — Je forcerais bien cet homme à multiplier ses cultures; mais aurais-je augmenté son bien-être? Voilà le régime prohibitif. C'est une mauvaise taille appliquée à l'arbre industriel, laquelle, sans rien ajouter à sa sève, la détourne des boutons à fruit pour la porter aux *branches gourmandes*.

Ainsi la protection favorise, sous chaque zone, la production de la valeur *consommable*, mais elle décourage, dans la même mesure, celle de la valeur *échangeable*, d'où il faut rigoureusement conclure, et c'est ce qui me ramène à la détresse de la viticulture en France, que les tarifs protecteurs ne sauraient provoquer la production de certains objets que nous tirions du dehors, sans restreindre les industries qui nous fournissaient des moyens d'échange, c'est-à-dire, sans appeler la gêne et la souffrance sur le travail le plus en harmonie avec le climat, le sol et le génie des habitants.

Et, Messieurs, les faits ne viennent-ils pas encore ici attester énergiquement la rigueur de ces déductions? Que se passe-t-il des deux côtés de la Manche? Au delà, chez ce peuple que la nature a doté, avec tant de profusion, de tous les éléments et de toutes les facultés que réclame le développement de l'industrie manufacturière, c'est précisément la population des ateliers qui est dévorée par la misère, le dénûment et l'inanition. Le langage n'a pas d'expressions pour décrire une telle détresse; la bienfaisance est impuissante à la soulager; les lois sont sans force pour réprimer les désordres qu'elle enfante.

De ce côté du détroit, un beau ciel, un soleil bienfaisant devaient faire jaillir, sur tous les points du territoire, d'inépuisables sources de richesses ; eh bien ! c'est justement la population vinicole qui offre ce spectacle de misère, triste pendant de celle qui règne dans les ateliers de la Grande-Bretagne.

Sans doute la pauvreté des vignerons français a moins de retentissement que celle des ouvriers anglais ; elle ne sévit pas sur des masses agglomérées et remuantes ; elle n'est pas, matin et soir, proclamée par les mille voix de la presse ; mais elle n'en est pas moins réelle. Parcourez nos métairies, vous y verrez des familles strictement réduites, pour toute alimentation, au maïs et à l'eau, et dont toutes les consommations ne dépassent pas 10 centimes par jour et par individu. Encore la moitié peut-être leur est-elle fournie, en apparence, à titre de prêt, mais de fait gratuitement par le propriétaire. Aussi le sort de celui-ci n'est pas relativement plus heureux. Pénétrez au sein de sa demeure : une maison tombant en ruines, des meubles transmis de génération en génération attestent que là il y a lutte, lutte incessante et acharnée, contre les séductions du bien-être et de ce confort moderne, qui l'entoure de toute part et qu'il ne laisse pas pénétrer. D'abord vous serez tenté de voir un côté ridicule à ces persévérantes privations, à cette parcimonie ingénieuse; mais regardez-y de plus près, et vous ne tarderez pas à en découvrir le côté triste, touchant et je dirai presque héroïque; car la pensée qui le soutient dans ce pénible combat, c'est l'ardent désir de maintenir ses fils au rang de ses aïeux, de ne pas tomber de génération en génération jusqu'aux derniers degrés de l'échelle sociale, intolérable souffrance dont tous ses efforts ne le préserveront pas.

Pourquoi donc ce peuple si riche de fer et de feu, si riche de capitaux, si riche de facultés industrielles, dont les hommes sont actifs, persévérants, réguliers comme les rouages de leurs machines, périt-il de besoin sur des tas de houille, de fer, de tissus ? Pourquoi cet autre peuple, à la terre féconde, au soleil bienfaisant, succombe-t-il de détresse au milieu de ses vins, de ses soies, de ses céréales ? Uniquement parce qu'une erreur économique, incarnée dans le régime prohibitif, leur a défendu d'échanger entre eux leurs richesses diverses.

Ainsi, ce déplorable système, déjà théoriquement ruiné par la science, a encore contre lui la terrible argumentation des faits.

Il n'est donc pas surprenant que nous assistions à un commencement de réaction en faveur des idées libérales. Nées parmi les intelligences les plus élevées, elles ont, avant d'avoir rallié les forces de l'opinion publique, pénétré dans la sphère du pouvoir, en Angleterre avec Huskisson, en France avec M. Duchâtel (1).

Le pouvoir, sans doute, n'est pas, en général, très-empressé de hâter les développements des libertés publiques. Il y a pourtant une exception à faire en faveur de la liberté commerciale. Ce ne peut jamais être par mauvais vouloir, mais par erreur systématique, qu'il paralyse cette liberté. Il sent trop bien que si la douane était ramenée à sa primitive destination, la création d'un revenu public, le Trésor y gagnerait, la tâche du gouvernement serait rendue plus facile par sa neutralité au milieu des rivalités industrielles, la paix des nations trouverait dans les relations commerciales des peuples sa plus puissante garantie.

Il ne faut donc pas être surpris de la tendance qui se manifeste, parmi les sommités gouvernementales, vers l'affranchissement du commerce, en Prusse, en Autriche, en Espagne, en Angleterre, en Belgique, en France, sous les noms d'unions douanières, traités de commerce, etc., etc.,

(1) Je parle moins ici du ministre, dont les actes me sont inconnus, que du publiciste qui appartient notoirement à l'école d'Adam Smith.

ce sont autant de pas vers la *sainte alliance des peuples.*

Une des plus significatives manifestations officielles de cette tendance, c'est, sans contredit, le traité qui se négocia il y a deux ans entre la France et l'Angleterre. Alors, si l'industrie vinicole avait eu l'œil ouvert sur ses véritables intérêts, elle aurait entrevu et hâté de sa part d'influence un avenir de prospérité dont elle ne se fait probablement aucune idée. A aucune époque, en effet, une perspective aussi brillante ne s'était montrée à la France méridionale. Non-seulement l'Angleterre abaissait les droits dont elle a frappé nos vins, mais encore, par une innovation d'une incalculable portée, elle substituait au droit uniforme, si défavorable aux vins communs, le droit graduel qui, en maintenant une taxe assez élevée sur le vin de luxe, réduisait dans une grande proportion celle qui pèse sur le vin de basse qualité. Dès lors ce n'étaient plus quelques caves aristocratiques, c'étaient les fermes, les ateliers, les chaumières de la Grande-Bretagne qui s'ouvraient à notre production. Ce n'était plus l'Aï, le Laffitte et le Sauterne qui avaient le privilége de traverser la Manche, c'était la France vinicole tout entière qui rencontrait tout d'un coup vingt millions de consommateurs. Je n'essaierai point de calculer la portée d'une telle révolution et son influence sur nos vignobles, notre marine marchande et nos villes commerciales; mais je ne pense pas que personne puisse mettre en doute que, sous l'empire de ce traité, le travail, le revenu et le capital territorial de notre département n'eussent reçu un rapide et prodigieux accroissement.

A un autre point de vue, c'était une belle conquête que celle du principe du droit graduel, acheminement vers l'adoption générale de la taxe dite *ad valorem*, seule juste, seule équitable, seule conforme aux vrais principes de la science. Le droit uniforme est de nature aristocratique; il ne laisse subsister quelques relations qu'entre les producteurs et les consommateurs de haut parage. Le droit proportionnel à la valeur fera entrer en communauté d'intérêts les masses populaires de toutes les nations.

Cependant la France ne pouvait prétendre à de tels avantages sans ouvrir son marché à quelques-uns des produits de l'industrie anglaise. Le traité devait donc trouver de la résistance parmi les fabricants. Elle ne tarda pas à se manifester habile, persévérante, désespérée ; les producteurs de houilles, de fers, de tissus firent entendre leurs doléances et ne se bornèrent pas à cette opposition passive. Des associations, des comités s'organisèrent au sein de chaque industrie ; des délégués permanents reçurent mission de faire prévaloir, auprès des ministères et des chambres, les intérêts privilégiés; d'abondantes et régulières cotisations assurèrent à cette cause le concours des journaux les plus répandus, et par leur organe, la sympathie de l'opinion publique égarée. Il ne suffisait pas de faire échouer momentanément la conclusion du traité ; il fallait le rendre impossible, même au risque d'une conflagration générale, et pour cela s'attacher à irriter incessamment l'orgueil patriotique, cette fibre si sensible des cœurs français. Aussi les a-t-on vus, depuis cette époque, exploiter avec un infernal machiavélisme tous les germes longtemps inertes des jalousies nationales, et réussir enfin à faire échouer toutes les négociations ouvertes avec l'Angleterre.

Peu de temps après, les gouvernements de France et de Belgique conçurent la pensée d'une fusion entre les intérêts économiques des deux peuples. Ce fut encore un sujet d'espérances pour l'industrie méridionale, d'alarmes pour le monopole manufacturier. Cette fois les chances n'étaient pas favorables au monopole ; il avait contre lui l'intérêt des masses, celui des industries souffrantes, l'influence du pouvoir, et tous les instincts populaires, prompts à voir dans l'union douanière le prélude et le gage d'une alliance plus intime entre ces deux enfants de la même patrie. Le journalisme, qui l'avait si bien secondé dans la question anglaise, lui était de peu de ressources dans la question belge, sous peine de se décréditer dans l'opinion. Tout ce qu'il pouvait faire, c'était de contrarier l'union douanière par des insinuations entourées de force précautions oratoires, ou de se renfermer dans une honteuse neutralité.

Mais la neutralité des journaux, dans la plus grande question qui puisse s'élever au sein de la France de nos jours, n'était pas longtemps possible. Le monopole n'avait pas de temps à perdre; il fallait une démonstration prompte et vigoureuse pour faire échouer l'union douanière et tenir toujours notre Midi écrasé. C'est la mission qu'accomplit avec succès une assemblée de délégués, devenue célèbre sous le nom du député qui la présidait (*M. Fulchiron*).

Que faisaient pendant ce temps-là les intérêts vinicoles? Hélas ! à peine parvenaient-ils à présenter laborieusement quelques traces informes d'association. Quand il aurait fallu combattre, des comités se recrutaient péniblement au fond de quelque province. Sans organisation, sans ressources, sans ordre, sans organes, faut-il être surpris s'ils ont été pour la seconde fois vaincus?

Mais il serait insensé de perdre courage. Il n'est pas au pouvoir de quelques intrigues éphémères d'enterrer ainsi les grandes questions sociales, de faire reculer pour toujours les tendances qui entraînent vers l'unité les destinées humaines. Un moment comprimées, ces questions renaissent, ces tendances reprennent leur force ; et au moment où je parle, nos assemblées nationales ont été déjà saisies de nouveau de ces questions par le discours de la couronne.

Espérons que cette fois les comités vinicoles ne seront pas absents du champ de bataille. Le privilége a d'immenses ressources ; il a des délégués, des finances, des auxiliaires plus ou moins déclarés dans la presse ; il est fort de l'unité et de la promptitude de ses mouvements. Que la cause de la liberté se défende par les mêmes moyens. Elle a pour elle la vérité et le grand nombre; qu'elle se donne aussi l'*organisation*. Que des comités surgissent dans tous les départements; qu'ils se rattachent au comité central de Paris; qu'ils grossissent ses ressources financières et intellectuelles; qu'ils l'aident enfin à remplir la difficile mission d'être pour le pouvoir un puissant auxiliaire, s'il tend à l'affranchissement du commerce, un obstacle, s'il cède aux exigences de l'industrie privilégiée.

Mais entre-t-il dans vos attributions de concourir à cette œuvre?

Eh quoi, Messieurs, vous vous intitulez *Société d'Agriculture et du Commerce*, vous êtes convoqués de tous les points du territoire, comme les hommes les plus versés dans les connaissances qui se rattachent à ces deux branches de la richesse publique, vous reconnaissez qu'épuisées par des mesures désastreuses, elles ne fournissent plus à la population, je ne dis pas le bien-être, mais même la subsistance, et il ne vous serait pas permis de prendre des intérêts aussi chers sous votre patronage, de faire ce que font tous les jours les Chambres de commerce? Ne seriez-vous donc pas une Société sérieuse? Le cercle de vos attributions serait-il légalement limité à l'examen de quelque végétal étranger, de quelque engrais imaginaire ou de quelque lieu commun d'agronomie spéculative? et suffira-t-il qu'une question soit grave pour qu'à l'instant vous décliniez votre compétence!

J'ai la conviction que la Société d'Agriculture ne voudra pas laisser amoindrir à ce point son influence. J'ai l'honneur de lui proposer d'adopter la délibération suivante :

Projet de délibération.

La Société d'Agriculture et de Commerce des Landes, prenant en considération la détresse qui afflige la population de la Chalosse et de l'Armagnac, spécialement vouée à la culture de la vigne ;

Reconnaissant que cette détresse a pour causes principales l'impôt indirect, l'octroi et le régime prohibitif ;

En ce qui concerne l'impôt indirect, la Société pense que les propriétaires de vignes, aussi longtemps que l'État, pour faire face à ses dépenses, ne pourra se passer de ses revenus actuels, ne peuvent pas espérer qu'une branche aussi importante de revenus soit retranchée sans être remplacée par une autre ; mais elle n'appuie pas moins leurs justes protestations contre le régime d'exception où ce système d'impôt les a placés. Il ne lui semble pas impossible qu'on trouve, dans l'extension combinée avec la modicité de cette nature de taxe, et dans un mode de recouvrement moins compliqué, un moyen de concilier les exigences du Trésor, l'intérêt des contribuables, et la vérité du principe de l'égalité des charges.

C'est par une déviation semblable aux lois de l'équité que l'octroi a été autorisé à s'attacher presque exclusivement aux boissons. En se réservant le droit de sanction sur les tarifs votés par les communes, il semble que l'État n'ait pu avoir pour but que d'empêcher l'octroi, envahi par l'esprit d'hostilité industrielle, de devenir entre les provinces, ce qu'est la douane entre les nations, un ferment perpétuel de discorde. Mais alors il est difficile d'expliquer comment il a pu tolérer et seconder la coalition de tous les intérêts municipaux contre une seule industrie. Tous les abus de l'octroi seraient prévenus si la loi, restituant leurs franchises aux communes, n'intervenait dans les règlements du tarif que pour les arrêter à une limite générale et uniforme, qui ne pourrait être dépassée au préjudice d'aucun produit, sans distinction.

La Société attribue encore la décadence de la viticulture dans le département des Landes, à la cessation absolue de l'exportation des vins et eaux-de-vie par le port de Bayonne, effet que ne pouvait manquer de produire le régime prohibitif. Aussi, elle a recueilli, dans les paroles récentes du Roi des Français, l'espoir d'une amélioration prochaine de nos débouchés extérieurs.

Elle ne se dissimule pas les obstacles que l'esprit de monopole opposera à la réalisation de ce bienfait. Elle fera observer qu'en faisant tourner momentanément l'action des tarifs au profit de quelques établissements industriels, jamais la France n'a entendu aliéner le droit de ramener la douane au but purement fiscal de son institution ; que, loin de là, elle a toujours proclamé que la *protection* était de sa nature temporaire. Il est temps enfin que l'intérêt privé s'efface devant l'intérêt des consommateurs, des industries souffrantes, du commerce maritime des villes commerciales, et devant le grand intérêt de la paix des nations dont le commerce est la plus sûre garantie.

La Société émet le vœu que les traités à intervenir soient, autant que possible, fondés sur le principe du droit proportionnel à la valeur de la marchandise, le seul vrai, le seul équitable, le seul qui puisse étendre à toutes les classes les bienfaits des échanges internationaux.

Dans la prévision des débats qui ne manqueront pas de s'élever entre les industries rivales, à l'occasion de la réforme douanière, la Société croirait déserter la cause qu'elle vient de prendre sous son patronage, si elle laissait le département des Landes sans moyens de prendre part à la lutte qui se prépare.

En conséquence, et en l'absence de comités spéciaux, dont elle regrette de ne pouvoir, en cette circonstance, emprunter le concours, elle décide que la Commission vinicole, déjà nommée dans la séance du 17 avril 1842, continuera ses fonctions, et se mettra en communication avec les Comités de la Gironde et de Paris.

Copies de la présente délibération seront transmises, par les soins de M. le Secrétaire de la Société, à M. le Ministre du commerce, aux Commissions des Chambres qu'elles concernent et au secrétariat des Comités vinicoles.

DE LA RÉPARTITION DE LA CONTRIBUTION FONCIÈRE

DANS LE DÉPARTEMENT DES LANDES (1844).

Je me propose d'établir quelques *faits* qui me paraissent propres à jeter du jour sur ces deux questions :

1° Les forces contributives des trois grandes cultures du département des Landes, le pin, la vigne, les *labourables*, furent-elles équitablement appréciées lorsqu'on répartit l'impôt entre les trois arrondissements?

2° Depuis la répartition, est-il survenu des circonstances qui ont changé le rapport de ces forces?

S'il résultait de ces faits

Que, dès l'origine, la région des pins fut ménagée et celle des vignes surchargée;

Que, depuis, l'une a constamment prospéré et l'autre constamment décliné;

Il faudrait conclure qu'aujourd'hui celle-ci paye trop par deux motifs :

Parce qu'on aurait, en 1821, exagéré sa force contributive ;

Parce que, depuis 1821, cette force aurait diminué ;

Et que celle-là ne paye pas assez :

Parce qu'en 1821 ses revenus auraient été atténués ;

Parce que, depuis 1821, ses revenus se seraient accrus.

Je ferai mieux comprendre ma pensée par des chiffres.

Soient deux portions de territoire, P et V, donnant ensemble, et chacune par moitié, un revenu net de 10,000 fr.

Soient 1,000 fr. d'impôts ou $^1/_{10}$ du revenu à répartir entre elles.

Cette répartition devra équitablement se faire ainsi :

P pour un revenu de 5,000 fr., 500 fr. d'impôts, ou 1 fr. sur 10.

V pour un revenu de 5,000 fr., 500 fr. d'impôts, ou 1 fr. sur 10.

Mais si l'on atténue la force contributive de P d'un cinquième, la réduisant à. . . . . . . 4,000 fr., et si l'on exagère celle de V d'un cinquième, la portant à. . . . . 6,000 fr.,

La répartition se fera ainsi :

P pour un revenu réel de 5,000 fr., supposé de 4,000 fr., 400 fr. d'impôts, 1 fr. sur 12 fr. 50 c. ;

V pour un revenu réel de 5,000 fr., supposé de 6,000 fr., 600 fr. d'impôts, 1 fr. sur 8 fr. 50 c.

Tant que les forces contributives de ces deux portions de territoire continueront à être égales, l'injustice se bornera à ôter un quart de la contribution à P pour la faire supporter par V.

Mais si, au bout d'un certain nombre d'années, le revenu réel de P s'élève de 5,000 fr. à 6,000 fr., tandis que celui de V tombe de 5,000 fr. à 4,000 fr.,

La répartition devient :

P pour un revenu supposé de 4,000 fr., mais en réalité de 6,000 fr., — 400 fr. ou 1 fr. sur 15 fr. ;

V pour un revenu supposé de 6,000 fr., mais en réalité de 4,000 fr., — 600 fr. ou 1 fr. sur 6 fr. 66 c.

Par où l'on voit qu'une contrée peut insensiblement rejeter sur une autre *plus de la moitié* de son fardeau.

PREMIÈRE QUESTION.

La répartition se fit-elle d'une manière équitable en 1821 ?

La règle générale est que l'impôt doit frapper le revenu. Pour connaître le revenu des terres, on a appliqué à leurs productions le *prix moyen* des denrées déduit des quinze années antérieures à 1821.

Cependant, un seul mode d'opération peut conduire à des erreurs. On a cru les atténuer en cherchant le revenu par un autre procédé. Les *actes de vente* ont fait connaître la valeur capitale de certains domaines, et l'intérêt à 3 $^1/_2$ pour 100 du capital a été censé représenter le revenu.

On se trouvait donc, pour le même domaine, en présence de deux revenus révélés par deux procédés différents; et l'on a établi l'impôt sur le revenu intermédiaire, d'après l'autorité de cet axiome : La réalité est dans les moyennes.

Malheureusement ce n'est pas le vrai, mais le faux, qui est dans les moyennes, quand les données d'où on les déduit concourent toutes vers la même erreur.

Examinons donc l'usage qui a été fait de ces deux bases de la répartition de l'impôt : le *prix moyen de denrées* et les *actes de vente*.

§ I. — Les prix des denrées, dit M. le Directeur des Contributions directes, ont été fixés, dans les opérations cadastrales, année moyenne, savoir :

Froment 18 fr. 77 c. l'hect. — Vin rouge 28 à 60 fr.
Résine 2 fr. 50 c. les 50 kilog.
Seigle 12 fr. 76 c. l'hect. — Vin blanc 10 à 22.
Maïs 11 fr. 33 c.

Je suis convaincu que cette première base d'évaluation présente plusieurs erreurs de fait et de doctrine, toutes au profit des pins et au préjudice des labourables et des vignes.

Les prix des céréales sont évidemment très-élevés. Je ne

veux pas dire qu'on n'a pas suivi exactement les données fournies par les mercuriales; mais la période de 1806 à 1821, soit parce qu'elle embrasse des temps de troubles et d'invasions, soit par toute autre cause, a donné des éléments d'évaluation peu favorables aux communes agricoles. La preuve en est que, dans les quinze années suivantes, de 1821 à 1836, et d'après M. le Directeur lui-même, ces prix moyens sont tombés à fr. 17,13 pour le froment, 11,27 pour le seigle, et 9,17 pour le maïs.

La première série avait donné, pour toutes sortes de céréales, une moyenne de 14 fr. 28 c. La seconde ne donne que 12 fr. 32 c. : différence 1 fr. 96 c. ou 14 pour 100.

Si donc la répartition se fût faite en 1836, le revenu des terres labourables eût été évalué à 14 pour 100 au-dessous de ce qu'on l'estima en 1821.

Quant aux prix assignés aux vins blancs, savoir 10 fr. et 22 fr., suivant les qualités, ils ne me semblent pas exagérés. Il n'en est pas de même des vins rouges. S'il est quelques vignobles qui produisent du vin de qualité assez supérieure pour qu'il se vende, net et au pressoir, à 60 fr. (ce que j'ignore), je puis du moins affirmer que les qualités inférieures sont loin de trouver le prix de 28 fr. en moyenne, ce qui suppose 35 fr. trois mois après la vendange et avec la futaille.

Mais c'est surtout le prix de la résine qui me semble donner prise à la critique. En admettant ce chiffre évidemment atténué de 2 fr. 50 c. les 50 kilog., l'administration et la commission spéciale prévoyaient, sans doute, qu'elles s'exposaient à laisser planer sur toutes leurs opérations un soupçon de partialité. Ce soupçon n'a pas manqué. Les populations agricoles et vinicoles du département sont sous l'influence d'une méfiance qu'il serait difficile de détruire. On se plaint de cette méfiance, on dit qu'elle fait obstacle à la réforme dont on s'occupe; mais la responsabilité n'en revient-elle pas exclusivement aux procédés qui l'ont fait naître ?

Je vais maintenant présenter quelques observations sur ce que j'ai nommé : *Erreurs de doctrine*, c'est-à-dire sur la manière erronée dont on forme les *moyennes* et sur les fausses conséquences que l'on en déduit.

D'abord, pour que le prix des qualités supérieures combiné avec celui des qualités inférieures donnât un *prix moyen réel*, en harmonie avec le *revenu réel*, il faudrait qu'il se récoltât autant des unes que des autres, ce qui, pour le vin, est contraire à la vérité. Le département des Landes en produit beaucoup plus de médiocre que de bon ; et en négligeant cette considération, on arrive à une moyenne exagérée. Exemple : soient 100 pièces de vin à 28 fr. et 10 pièces à 60 fr., la moyenne des prix considérés en eux-mêmes, est bien 44 fr. Mais la moyenne des prix réels accusant le revenu, c'est-à-dire des sommes recouvrées pour chaque barrique l'une dans l'autre, n'est que de 30 fr. 91 c.

Ensuite, lorsqu'on introduit un prix élevé dans la série de ceux qui doivent concourir à former une moyenne, celle-ci s'élève, d'où l'on conclut à une élévation correspondante de revenu. Or, cette conclusion n'est ni rigoureuse en théorie, ni vraie en pratique.

Je suppose que pendant quatre ans une denrée se vend à 10 fr., — la moyenne est 10 fr. Si la cinquième année cette même denrée se vend à 20 fr., on a pour les cinq années une moyenne de 12 fr. — L'opération arithmétique est irréprochable. Mais si l'on en conclut que, pour ces cinq années, le revenu est représenté par 12 au lieu de l'être par 10, la conclusion économique sera au moins fort hasardée. Pour qu'elle fût vraie, il faudrait que le produit, *en quantité*, eût été égal, pendant cette cinquième année, à celui des années précédentes, ce qui ne peut pas même se supposer, dans les circonstances ordinaires, puisque c'est précisément le déficit dans la récolte qui occasionne l'élévation du prix.

Pour obtenir des moyennes qui représentent la réalité des faits, et dont on puisse induire le revenu, il faut donc combiner les prix obtenus avec les quantités produites, et c'est ce qu'on a négligé de faire. — Si, dans la nouvelle répartition dont on s'occupe, on prenait pour base les prix moyens des vins des trois dernières années, voyez à quels résultats différents mèneraient le procédé administratif et celui que j'indique.

L'administration raisonnerait ainsi :

1840 — 10 b/ques	à 25 fr.	donnant un revenu de	250 fr.
1841 — 10 —	25		250
1843 — 10 — (Supposition gratuite).	50		500
30 b/ques, prix moyen	33 fr. 33 c. $^1/_3$	revenu	1,000 fr.

Tandis qu'elle devrait dire :

1840 — 10 b/ques	à 25 fr.	250 fr.
1841 — 10 —	25	250
1843 — 5 — (réalité).	50	250
25 b/ques, prix moyen	30	750 fr.

C'est ainsi qu'on arrive à un revenu imaginaire, sur lequel néanmoins on ne laisse pas de prélever l'impôt.

On dira, sans doute, que la répartition est une opération déjà assez difficile sans la compliquer par des considérations aussi subtiles. On ajoutera que les mêmes procédés étant employés pour tous les produits, les erreurs se compensent et se neutralisent, puisque tous sont soumis aux mêmes lois économiques.

Mais c'est là ce dont je ne conviens pas; et je maintiens que notre département se trouve dans des conditions telles, qu'il faut de toute nécessité tenir compte des causes d'erreur que je viens de signaler, si l'on aspire au moins à mettre quelque équité dans la répartition des charges publiques. Il me reste donc à prouver que l'application des *prix moyens*, prise abstractivement des proportions entre les qualités diverses et les quantités annuelles, a été défavorable aux pays de céréales et de vignes.

L'élévation du prix d'une chose peut être due à deux causes.

Ou la production de cette chose a manqué ; et alors le prix hausse, sans qu'on en puisse inférer, de beaucoup s'en faut, une augmentation de revenu.

Ou la production de cette chose est stationnaire, même progressive, mais la demande s'accroît dans une plus forte proportion ; et alors le prix de cette chose hausse et l'on doit conclure à une amélioration de revenu.

Or, prendre, dans un cas comme dans l'autre, le prix moyen de la chose comme indice du revenu, c'est là une souveraine injustice.

Si le haut prix de 50 fr., que la Chalosse retire cette année de ses vins, était intervenu sans diminution de quantité produite, comme, par exemple, si l'Angleterre, la Belgique et nos grandes villes, eussent renversé les barrières des douanes et de l'octroi, que par suite la consommation du vin se fût doublée et les prix avec elle, je dirais : Inscrivez 50 fr. dans votre liste de prix annuels, faites-les concourir à dégager une moyenne ; car ils correspondent à une amélioration réelle de revenu.

De même, si le prix élevé, auquel nous voyons que les matières résineuses sont parvenues, était dû à l'affaiblissement productif des *pignadas* ; si les propriétaires de pins perdaient plus sur la quantité de leurs produits qu'ils ne gagnent sur les prix, je serais assez juste pour dire : Ne concluez pas de ces hauts prix à des revenus proportionnels avec eux ; car ce serait un mensonge, ce serait une spoliation.

Eh bien! le contraire est arrivé; la Lande a été assez heureuse pour que l'amélioration des prix tourne à son profit; la Chalosse a été assez malheureuse pour que l'augmentation des prix ne lui fasse pas atteindre même à ses revenus ordinaires. Ne suis-je pas fondé à réclamer que cette différence profonde de situation soit prise en considération?

Concluons que la première base d'évaluation à été préjudiciable aux labourables et aux vignes.

§ II. — La seconde donnée, qui a servi à déterminer les revenus imposables, est prise des *actes de vente.*

La valeur vénale d'une terre en indique assez exactement le revenu. Deux domaines qui se sont vendus chacun 100,000 fr. sont présumés donner le même revenu, et ce revenu doit être égal à l'intérêt que rendent généralement les capitaux, *dans un pays et à une époque donnés.* Le débat qui s'établit entre le vendeur et l'acheteur, débat dans lequel l'un veille à ce que le revenu ne soit pas exagéré, l'autre, à ce qu'il ne soit pas déprécié, remplace avantageusement toute enquête administrative à ce sujet, et offre de plus la garantie de cette sagacité, de cette vigilance de l'intérêt personnel, que le zèle des contrôleurs, répartiteurs et experts ne saurait égaler. Aussi, si l'on pouvait connaître la valeur vénale de chaque parcelle, je ne voudrais pas, quant à moi, d'autres bases d'évaluation de revenus et de répartition d'impôts; car cette *valeur vénale* résume toutes ces circonstances, si difficilement appréciables, ainsi que je l'ai dit dans le paragraphe précédent, qui influent sur le *revenu moyen* des terres.

Mais il ne faut pas perdre de vue la restriction que renferment ces mots : *dans un pays et à une époque donnés.*

L'intérêt des capitaux varie, en effet, selon les temps et les lieux.

Pour que des revenus identiques puissent s'induire de

capitaux égaux, il faut que les mutations aient eu lieu à des époques et dans des localités où l'intérêt est uniforme. Cela est vrai pour les terres comme pour les fonds publics.

5,000 fr. de rentes inscrites ne représentaient, en 1814, que 60,000 fr.; ils correspondent aujourd'hui à 120,000 fr. de capital.

De même, 100,000 placés en terres peuvent ne donner que 2,500 fr. de rentes, en Normandie, et constituer un revenu de 4,000 fr., en Gascogne.

Si la Chambre des députés, lorsqu'elle procédera à la péréquation générale, ne tenait aucun compte de ces différences, elle n'établirait pas l'égalité, mais l'inégalité de l'impôt.

C'est la faute qui a été commise dans notre département, lorsque l'on a voulu arriver à la connaissance des revenus par les *actes de vente*.

A l'époque où se fit cette opération, les terres ne se vendaient pas, sur tous les points du département, à un taux uniforme. Il était de notoriété publique qu'on plaçait l'argent à un revenu plus élevé dans la Lande que dans la Chalosse.

L'administration elle-même reconnaissait la vérité de ce fait, car elle proposa d'adopter trois chiffres pour le taux de l'intérêt, savoir : 3, 3 1/2 et 4 pour 100.

Selon cette donnée, un domaine de 100,000 fr. aurait été présumé donner 4,000 fr. de revenu, dans tel canton, tandis que, dans tel autre, on ne lui aurait attribué qu'un revenu de 3,000 fr. L'impôt se serait réparti selon cette proportion.

La commission spéciale, instituée par la loi du 31 juillet 1821, repoussa cette distinction et adopta le taux uniforme de 3 1/2 p. 100.

Or, en cela, elle commit une injustice, s'il n'est pas vrai qu'à cette époque l'intérêt fût uniforme dans toute l'étendue du territoire.

M. le Directeur le reconnaît lui-même.

« Cette application uniforme, dans le taux de l'intérêt, « dit-il, a, sans nul doute, influé sur les résultats présentés « par l'une des deux bases de la répartition, et il est inutile « d'ajouter qu'elle est venue favoriser, à la vérité dans une « assez faible proportion, la localité où le taux de l'intérêt « est le plus élevé. »

La *faible proportion* signalée par M. le Directeur peut aisément se traduire en chiffres.

Supposons deux domaines vendus chacun 100,000 fr., l'un situé dans la localité où le taux de l'intérêt est à 4 p. 100, l'autre dans celle où il est à 3 p. 100.

Le premier donne 4,000 fr. de revenu, le second 3,000 fr. et l'impôt doit équitablement suivre cette proportion, puisqu'il se prélève sur le revenu.

Selon le système de l'administration, chaque *cent francs* d'impôts se seraient répartis entre ces deux domaines savoir :

Quote-part afférente au domaine de la Lande. 4,000 de revenu.	57 fr. 15 c. pour
Quote-part afférente au domaine de la Chalosse. 3,000 de revenu.	42 fr. 85 c. pour
TOTAL....	100 fr. 00 c.

Mais, selon le système de la commission, cent francs se sont répartis ainsi :

Quote-part afférente au domaine de la Lande.	50 fr. 00 c.
— — de la Chalosse.	50 00
TOTAL....	100 fr. 00 c.

C'est-à-dire que la Lande s'est dégrévée de 14 pour 100 qu'elle a appliqués à la Chalosse (1). On dira, sans doute, que les actes de vente n'étant qu'un des deux éléments de

(1) En admettant que l'intérêt ne variât, d'un pays à l'autre, que dans la proportion de 3 à 4 p. 100.

la répartition, ce résultat a pu être atténué par l'influence de l'autre élément. Cela serait vrai si les cantons agricoles et vinicoles avaient été favorisés par l'application des *prix moyens* des denrées ; mais nous avons vu qu'ils n'ont pas été plus ménagés par la première que par la seconde base d'évaluation. Bien loin donc que les erreurs dont ces deux procédés sont entachés se compensent et se neutralisent, on peut dire qu'elles se multiplient les unes par les autres, et toujours au préjudice des mêmes localités.

Ainsi les deux bases de la répartition de l'impôt ont été viciées, dénaturées, et toujours au profit d'une nature de propriété, les *pignadas*, au détriment des deux autres, les labourables et les vignes.

Passons maintenant aux résultats.

Si l'on demandait à un homme désintéressé : Quels sont les cantons qui paient le plus de contributions relativement aux vignes ? il répondrait, sans doute : Ce sont ceux qui ont le plus de superficie consacrée à cette culture, les cantons de Montfort, Mugron, Saint-Sever, Villeneuve, Gabarret ; et cet homme ne se tromperait pas. A eux seuls, ces cinq cantons paient les trois quarts de l'impôt assigné aux vignobles. — Et si on lui demandait : Quels sont ceux qui paient le plus de contributions pour les landes ? il répondrait sans hésiter : Ceux qui en contiennent d'immenses étendues, Sabres, Arjuzanx, Labrit, etc. Mais ici notre interlocuteur se tromperait grossièrement, et il serait probablement bien surpris d'apprendre que ce sont la Chalosse et l'Armagnac, les pays des vignes, qui paient, non-seulement la plus grande partie, mais la presque totalité de l'impôt afférent aux landes.

Voici le tableau de nos vingt-huit cantons, rangés selon l'*ordre décroissant* de leur quote-part à la contribution afférente aux landes (1).

(1) Ces rapprochements sont puisés dans le rapport de M. le Directeur

	fr.		fr.
Saint-Sever	6,296	Saint-Esprit	1,563
Grenade	5,599	Sabres	1,561
Mugron	3,904	Geaune	1,287
Roquefort	3,579	Dax	1,207
Hagetmau	3,327	Arjuzanx	1,168
Amou	3,000	Labrit	1,074
Montfort	3,000	Tartas (ouest)	914
Pouillon	2,883	Castets	600
Aire	2,852	Soustons	522
Saint-Vincent	2,663	Tartas (est)	495
Mont-de-Marsan	2,465	Pissos	166
Gabarret	2,272	Parentis	141
Peyrehorade	2,061	Sore	107
Villeneuve	1,817	Mimizan	94

N'est-il pas assez singulier de voir figurer dans la première moitié de cette liste tous les cantons vinicoles, Saint-Sever, Mugron, Amou, Montfort, Villeneuve, etc., ainsi que tous les cantons agricoles, Hagetmau, Aire, Peyrehorade, etc. ; et dans la seconde moitié, tous les cantons qui forment la Lande et le Maransin ?

Voici un autre rapprochement non moins curieux.

Le canton de Saint-Sever, *à lui tout seul*, paie plus d'impôts pour ses 5,583 hectares de landes que ces *neuf cantons réunis* : Mimizan, Sore, Parentis, Castets, Soustons, Labrit, Arjuzanx et Sabres, qui en présentent ensemble une superficie de 203,760 hectares ; et quand on ajouterait, à ces neuf cantons, neuf autres cantons égaux à celui de Mimizan, on n'arriverait pas encore, par la répartition ac-

des contributions directes publié en 1836. A cette époque, quatre cantons n'étaient pas encore cadastrés, en sorte que le document officiel ne pouvait donner sur la distribution du contingent de ces cantons, entre leurs diverses cultures, que des renseignements approximatifs. Depuis, M. le Directeur a eu la bonté de m'envoyer des états de rectification, et je dois à la vérité de dire que les anomalies que je signale dans le texte sont moins choquantes dans ces états définitifs que dans les tableaux provisoires. Le temps me manque pour refaire le travail d'après les nouvelles bases. Mais il ne faut pas perdre de vue que ce que les landes paient *en plus* dans ces quatre cantons, les pins et les labourables le paient *en moins*, car le contingent cantonal n'a pas varié.

tuelle, à tirer de ces effrayantes étendues ce qui se prélève sur les landes du seul canton de Saint-Sever, ainsi qu'on peut s'en convaincre par le tableau suivant :

LANDES.

Impôt en principal.		fr.	Impôt en principal.	fr.
1 canton ;	Sabres........	1,561		
1 —	Arjuzanx......	1,168		
1 —	Labrit........	1,074		
1 —	Castets.......	600	Saint-Sever...............	6,296
1 —	Soustons......	522		
1 —	Pissos........	166		
1 —	Parentis......	141		
1 —	Sore..........	107		
1 —	Mimizan.......	94		
9 cantons tels que celui de Mimizan, à 94 fr. chaque..................		846		
18 cantons................		6,279		6,296

Nous apprenons encore, par le rapport de M. le Directeur des contributions directes que le canton de Mimizan, dont le territoire nourrit près de 5,000 habitants, c'est-à-dire environ un tiers de la population du canton de Saint-Sever, paie de contributions :

1,223 fr.	pour les	labourables.
8	—	vignes.
4,212	—	pins.
94	—	landes.

TOTAL.. 5,537 fr., somme inférieure à celle qu'ont à acquitter les seules landes de Saint-Sever.

Le contingent de Montfort est de 40,771 fr. — Il surpasse celui de Soustons et de Castets, qui sont :

Soustons..............	22,338 fr.
Castets...............	18,108
TOTAL............	40,446 fr.

Cependant, selon le dernier dénombrement, la population de Montfort n'est que de 13,654 habitants. — Celle des deux cantons du Maransin est de 18,654 habitants.

Castets..................	9,006 fr.
Soustons..............	9,021

Le contingent du canton de Mugron est de 34,790 fr. — Il surpasse celui de ces trois cantons réunis :

Sabres..............	13,448 fr.
Pissos..............	11,694
Parentis..............	9,103
TOTAL.......	34,245 fr.

et, à 355 fr. près, il égale celui de ces quatre cantons :

Labrit..............	10,286 fr.
Parentis..............	9,103
Sore..............	7,937
Mimizan..............	7,819
TOTAL.......	35,145 fr.

Et pourtant, à notre population de 10,038 habitants, ces quatre cantons opposent une population de 20,784 habitants (plus du double). — A nos 4,486 hectares de labourables, ils en opposent 9,584 hectares (plus du double). A nos 1,887 hectares de vigne, ils opposent 43,894 hectares de *pignadas* (23 pour 1). Enfin, à nos 3,250 hectares de landes, ils en opposent 88,719 hectares (27 pour 1).

Je ne veux pas dire que les labourables et les landes de ces cantons vaillent les nôtres, ni que leurs pins puissent égaler nos vignes, hectare par hectare. La question est de savoir s'il y a entre eux l'énorme disproportion que nous venons de constater. Si cela est, si les *revenus* de Mugron égalent ceux de Labrit, Parentis, Mimizan et Sore, il restera à expliquer comment il se fait qu'ils ne font vivre que 10,000 habitants en Chalosse, tandis qu'ils suffisent à 20,000 habitants dans la Lande. On ne pourrait expliquer ce phénomène qu'en disant que les premiers nagent dans l'abondance comparativement aux seconds. Mais alors je demanderai comment il se fait qu'ici la population diminue, tandis que là elle augmente sensiblement.

Loin de moi la pensée d'élever une lutte entre les arrondissements. Je crois que le débat ne peut exister qu'entre les diverses cultures, dont la force contributive a été mal appréciée. Aussi je n'ai pas hésité à comparer non-seulement des cantons situés dans divers arrondissements, mais encore des cantons faisant partie d'une même circonscription, mais soumis à des cultures différentes. C'est ainsi que j'ai opposé Montfort à Soustons et Castets. Je pourrais également comparer Villeneuve, canton vinicole du premier arrondissement, à Arjuzanx, ou même à Mont-de-Marsan, et nous retrouverions encore la même disproportion. Le premier de ces cantons, avec 8,887 habitants, paie beaucoup plus du double que le second qui en a 7,075, et autant que notre chef-lieu qui offre une population de 15,915 habitants.

Je pourrais signaler des anomalies encore plus frappantes si je voulais abandonner la comparaison des cantons pour aborder celle des communes : cela me mènerait trop loin; je me bornerai à deux faits.

Il y a dans le deuxième arrondissement telle commune, comme Nerbis, qui paie 1 fr. 51 c. pour chaque hectare de lande. Il y a dans le premier arrondissement des communes, entre autres celles de Mimizan, Ponteux, Aureilhan, Bras, Argelouse, Luxey, qui ne paient que la moitié ou le tiers d'un centime. Calen, du canton de Sore, en est quitte pour 3/10 de centime; d'où il suit qu'on a estimé un hectare de landes, à Nerbis, comme 500 hectares à Calen. On dit que dans le premier arrondissement chaque hectare de lande nourrit *un* mouton, et la statistique agricole, publiée par M. le ministre de l'agriculture, confirme cette assertion, puisque l'on y voit que cet arrondissement qui a 292,000 hectares de landes, entretient 338,800 animaux de l'espèce ovine. — MM. les administrateurs ont-ils pensé qu'à Nerbis un *troupeau de* 500 *têtes* peut vivre sur un hectare de landes?

La quantité de vin que donne un hectare de vigne est, en réalité, le produit de

1 hect. de vigne qui paye, *dans la commune de Montfort*.	7 fr.	34 c.
1/2 hectare d'échalassière..................	2	02
1/2 hectare de landes.......................	»	30
TOTAL.............	9 fr.	66 c.

Il y a vingt communes dans le premier arrondissement qui ne sont taxées qu'à 27, 26, 24, 20 centimes par hectare de pin ; et il y en a, telle que Laharie (canton d'Arjuzanx) qui ne paient que 17 c. Pour qu'une semblable répartition soit jugée équitable, il faut que le produit net d'un hectare de vigne, agencé à Montfort, soit égal au produit net de *cinquante-sept hectares* de pins à Laharie.

Je ne pousserai pas plus loin ces rapprochements. Je crois avoir démontré deux choses, savoir : 1° que les deux bases dont on s'est servi pour estimer le revenu de chacune des cultures de notre département étaient calculées, involontairement sans doute, de manière à préjudicier aux labourables et aux vignes au profit des pins ; 2° que des faits nombreux et irréfragables constatent que tel a été en effet le résultat de l'adoption de ces bases, d'où la conséquence que la répartition de l'impôt a été inégale dès l'origine. Il me reste à prouver que cette *inégalité* s'est accrue depuis et s'accroît tous les jours, par suite des changements qui sont intervenus dans les proportions des forces contributives de ces cultures.

DEUXIÈME QUESTION.

Les forces contributives des diverses cultures du département ont-elles conservé les proportions qu'elles avaient lorsqu'on fit la répartition de l'impôt ?

Pour constater les revenus des terres en 1821, on n'examina pas les faits relatifs à cette année. Les baux, les actes de vente que l'on consultait, avaient des dates plus ou moins anciennes, et les prix moyens dont on faisait l'application résultaient de mercuriales qui remontaient à quinze années. Ainsi ces divers éléments n'accusaient pas un état de choses *actuel*, mais la situation du pays pendant une période dont le point de départ peut être fixé au commencement du siècle.

C'est donc à cette période que je dois comparer l'époque présente, et j'ai à rechercher, pendant cette durée d'environ quarante ans, les phénomènes que la science enseigne à considérer comme les manifestations les plus certaines du progrès ou de la décadence des populations.

Le premier qui se présente, c'est le mouvement de la population elle-même. S'il est vrai, comme tous les publicistes s'accordent à le reconnaître, que le nombre des hommes croît ou décroît comme leurs revenus, il suffit d'observer le mouvement de la population dans les contrées où se cultivent le pin, les céréales et la vigne, pour connaître ce que chacune d'elles a gagné ou perdu en forces contributives. Livrons-nous donc à cet examen qui me paraît présenter un haut degré d'intérêt, même en dehors de la question de la répartition de l'impôt.

POPULATION DES TROIS ARRONDISSEMENTS DES LANDES

A DIVERSES ÉPOQUES.

	1801	1804	1806	1821	1826	1831	1836	1841	Augmentation p. 100.
M. de Mar.	71,707	74,115	77,225	82,364	86,869	91,595	93,292	94,145	31 80
S.-Sever.	77,467	80,834	80,602	83,585	84,486	90,446	90,500	88,587	14 20
Dax. . . .	75,098	80,601	82,486	90,362	93,959	90,463	101,126	105,345	40 »
	224,272	235,550	240,313	256,311	265,314	272,504	284,918	288,077	28 50

On voit par ce tableau que l'augmentation de la population a été pour le département de 28 ½ p. 100. Cette moyenne a été dépassée de 11 ½ p. 100 par le troisième arrondissement; de 3 p. 100 par le premier : le second est resté de 14 p. 100 au-dessous.

L'arrondissement de Saint-Sever était le plus peuplé au commencement du siècle. Il passa au second rand en 1806; au troisième en 1831; enfin, dans la période de 1832 à 1841, sa population *absolue* a rétrogradé.

Il semble résulter de ce premier aperçu que l'arrondissement qui présente la plus forte production et le plus grand commerce de matières résineuses est celui qui a le plus rapidement prospéré. L'arrondissement qui vient en seconde ligne pour cette culture, est aussi en seconde ligne pour l'accroissement de la population. Enfin, l'arrondissement où la culture du pin n'occupe qu'une place insignifiante, et qui tire la principale source de ses reveuus de la vigne, est demeuré à peu près stationnaire.

Mais cela ne nous apprend rien de très-précis sur l'influence des pins, des labourables et des vignes relativement à la population, puisque chacun de nos arrondissements admet ces trois cultures en proportions diverses. Dans l'hypothèse que la prospérité ait accompagné la culture du pin, la misère celle de la vigne, il est clair que le premier et le troisième arrondissement auraient présenté une augmentation de population plus considérable, sans les cantons vinicoles de Villeneuve et Gabarret, Montfort et Pouillon ; et le second un accroissement moindre, sans le canton de Tartas (ouest) qui contient beaucoup de pins.

Il est donc essentiel d'étudier les mouvements de la population dans la circonscription cantonale, qui nous offre une séparation beaucoup plus tranchée des trois cultures dont nous comparons l'influence.

Voici la liste de nos vingt-huit cantons, placés selon l'ordre décroissant de leur prospérité, révélée par l'augmentation de leur population.

MOUVEMENT DE LA POPULATION PAR CANTON.

CANTONS.	1804	1844	AUGMENTATION p. 100.	DIMINUTION p. 100.
Castets	5,760	9,006	56	»
Dax	13,224	20,051	51	»
Mimizan	2,700	4,870	43	»
Sabres	4,994	7,144	43	»
Saint-Esprit	10,907	15,612	43	»
Parentis	4,287	5,870	37	»
Pissos	4,693	6,324	37	»
Soustons	6,625	9,021	36	»
Arjuzanx	5,304	7,095	33	»
Saint-Vincent	7,780	10,344	32	»
Sore	3,251	4,268	31	»
Labrit	4,541	5,776	27	»
Roquefort	7,453	11,501	27	»
Tartas (ouest)	8,391	10,571	25	»
Peyrehorade	10,664	13,028	21	»
Hagetmau	10,587	12,462	20	»
Mont-de-Marsan	13,301	15,915	19	»
Tartas (est)	4,595	5,335	16	»
Geaune	8,183	9,197	13	»
Montfort	12,309	13,654	11	»
Aire	10,829	11,992	10	»
Amou	12,438	13,579	10	»
Grenade	7,173	7,872	9	»
Gabarret	8,122	8,716	7	»
Villeneuve	8,296	8,887	7	»
Pouillon	13,332	14,294	7	»
Saint-Sever	15,762	15,322	»	2 1/2
Mugron	10,343	10,038	»	3

Ce tableau me semble répandre un grand jour sur la question. On y voit d'une manière claire que la prospérité a coïncidé constamment avec la culture du pin, et qu'un état lentement progressif, stationnaire, ou même rétrograde, a été le partage de la région des labourables et de la vigne.

En effet, si l'on partage ce tableau en deux séries, la première comprend tous les cantons où la culture du pin est dominante, et finit aux cantons de Roquefort et de Tartas (ouest), comme pour constater que là où le pin s'arrête, là s'arrête aussi la prospérité du pays. — La seconde série des 14 cantons qui présentent le moindre accroissement, renferme précisément tous les cantons agricoles et vinicoles du département. La grande lande et le Maransin n'y sont pas plus représentés que la Chalosse et l'Armagnac dans la première.

Ces deux séries présentent les résultats suivants :

	CULTURES.		POPULATION.			
	VIGNES.	PINS.	1804	1841	AUGMENTATION.	
	hect.	hect.	hab.	hab.	hab.	
1re série. .	2,160	150,022	89,910	127,463	37,553	42 p. 100.
2e série. . .	18,093	16,821	145,640	160,089	14,449	10 p. 100.
Totaux.	20,233	166,843	235,250	287,552[1]	52,002	22 p. 100.

Dans le tableau de la population des cantons on remarquera quelques faits qui semblent ne pas s'accorder avec ces déductions : 1° Dax et Saint-Esprit, qui n'ont pas de pins, figurent en tête de l'échelle, comme présentant une augmentation de population de 56 et 43 p. 100. — Mont-de-Marsan, qu'on s'attendrait à trouver dans la première série, ne vient qu'en troisième ligne dans la seconde, et n'offre qu'un accroissement de 19 p. 100. — Montfort, qui est un canton vinicole, et qui, par ce motif, devrait être l'un des derniers du tableau, a encore huit cantons au-dessous de lui, et présente une augmentation de 11 p. 100.

(1) La différence, du reste insignifiante, qui se trouve entre ce chiffre et celui de 288,077, porté au dénombrement, provient d'erreurs d'additions qui se sont glissées dans l'annuaire.

Mais, comme on va le voir, ces anomalies apparentes, bien loin d'infirmer, confirment le système que j'émets.

Remarquons d'abord qu'il s'agit des cantons où sont situées les villes de Dax, Saint-Esprit et Mont-de-Marsan, dont la population industrielle ne subit pas aussi directement que celle des campagnes l'influence de l'agriculture, qui fait principalement l'objet de ces recherches.

Saint-Esprit n'avait que 4,946 habitants en 1804 ; il en a 7,324 aujourd'hui. Sa situation à l'embouchure de l'Adour, son commerce, sa garnison, ses établissements militaires, sa proximité de Bayonne, expliquent ce développement.

Dax ne produit pas de matières résineuses, mais il est l'entrepôt où le Maransin vient faire ses ventes et ses achats. Dax a donc prospéré par les mêmes causes qui feraient prospérer Bordeaux, si le commerce de vins florissait et répandait la richesse dans la Gironde, quoique par elle-même la commune de Bordeaux ne puisse pas produire de vins.

Passons à Mont-de-Marsan. D'abord ce canton serait considéré à tort comme un de ceux où domine le pin. Il n'y en a que 9,828 hectares, contre 8,147 hectares de labourables et 428 hectares de vigne. L'impôt qu'il paie pour ses pins n'entre que pour $^1/_8$ dans son contingent. Il faut donc le ranger parmi les cantons agricoles qui ressentent déjà l'influence de la culture du pin ; et, sous ce point de vue, la place qu'il occupe dans le tableau ne s'éloigne pas beaucoup de celle qu'on aurait pu lui assigner *à priori*. Mais il est facile de se convaincre que ce n'est pas la faute des pins si ce canton ne figure pas à la première série. En effet, si l'on détache des dix-neuf communes qui le composent les six communes qui offrent le plus de superficie en *pignadas*, on trouve que dans ces six communes, quoiqu'elles aient une très-forte proportion de labourables, la population a augmenté de 33 p. 100, tandis que celle du canton entier ne s'est accrue que de 19 p. 100.

	CULTURES.		POPULATION.		
	Labourables	Pins.	1804	1841	
Saint-Pardon........	659	906	596	788	
Saint-Martin........	591	985	578	699	
Geloux..............	578	1,321	660	815	
Campagne............	744	743	881	1,052	
Saint-Avit..........	418	787	435	501	
Saint-Pierre........	903	1,037	746	1,344	Augmentation,
TOTAUX..........	3,893	5,779	3,896	5,199	33 p. 100.

D'où il résulte clairement que, dans le canton de Mont-de-Marsan, la culture du pin a eu les mêmes conséquences que dans le reste du département. Ce qui à réduit l'augmentation de la population de ce canton à 19 p. 100, c'est l'influence de la ville de Mont-de-Marsan qui n'a pas plus d'habitants en 1841 qu'en 1804. Si l'on faisait abstraction de la ville, le canton figurerait le dixième au tableau *page* 302, entre Arjuzanx et Saint-Vincent. Mais quelles sont les causes de l'état stationnaire de notre chef-lieu? Il n'entre pas dans mon sujet de les rechercher. Peut-être la diminution du commerce des eaux-de-vie n'y est-elle pas étrangère ; peut-être aussi nous dissimule-t-il une partie de sa population.

Il nous reste à étudier le canton de Montfort. Ce canton présente, dans son ensemble, une augmentation de population de 11 p. 100. C'est bien peu relativement à la région des pins ; mais c'est encore plus qu'on ne devait attendre d'un canton vinicole, d'après ce qui se passe à Villeneuve, Gabarret, Saint-Sever et Mugron. Mais si le canton de Montfort renferme quelques communes vinicoles, il en contient aussi beaucoup d'agricoles.

Quelles sont celles qui ont fait atteindre à l'ensemble du canton le chiffre de 11 p. 100? C'est ce que nous allons reconnaître en observant séparément ces deux catégories. (*Voir le tableau ci-contre.*)

Ainsi, comme, en décomposant le canton de Mont-de-Marsan, nous nous sommes assuré que s'il n'occupe pas un rang plus élevé dans l'échelle de la prospérité départementale, ce n'est pas la culture des pins qui l'a arrêté; de même, en analysant le canton de Montfort, nous acquérons la certitude qu'il ne s'est maintenu au vingtième rang que grâce à ses nombreuses communes agricoles. Si l'on en détachait ces communes, il descendrait à un des rangs les plus inférieurs, et ne serait dépassé en misère et en dépopulation que par les cantons de Saint-Sever et de Mugron.

Ces deux exemples nous avertissent que la circonscription cantonale est encore trop étendue, qu'elle admet une trop grande variété de cultures pour nous révéler d'une manière satisfaisante l'influence de chacune d'elles sur la population, puisque ces influences ne nous apparaissent que confondues. Il faut les séparer autant que possible; il faut poursuivre la vérité jusque dans la circonscription communale. C'est l'objet des cinq tableaux qui terminent cet écrit.

J'ai pris, dans le rapport de M. le Directeur des contributions directes, les vingt-deux communes qui offrent la plus forte proportion de pins, et les vingt-deux communes qui présentent la plus grande proportion de vignes, sans distinction de cantons et d'arrondissements. Ces deux classes de communes forment le premier et le dernier des cinq tableaux. Entre ces deux classes, il y en a une qui ne contient que des labourables. Enfin, deux autres classes marquent la transition, l'une entre le pin et les labourables, l'autre entre les labourables et la vigne. A côté de chaque commune, j'ai mis le chiffre de la population en 1804 et

DÉCOMPOSITION DU CANTON DE MONTFORT.

COMMUNES AGRICOLES.	CULTURES.		POPULATION.	
	Labourables	Vignes	1804	1841
	hect.	hect.	hab.	hab.
Clermont	450	20	825	913
Garrey	140	15	219	228
Gousse	110	6	151	216
Hinx	500	50	656	776
Louer	120	4	112	149
Ouard	330	1	321	370
Ozourt	240	22	287	350
Lier	420	1	371	509
Sort	480	30	826	943
Vicq	250	»	290	344
Cassen	170	43	348	466
Gibret	110	76	237	292
Goos	310	60	487	566
Préchacq	410	60	491	584
TOTAUX	4,040	388	5,621	6,706

Proportion des vignes aux labourables, 1/10.
Augmentation de population, 19 p. 100.

COMMUNES VINICOLES.	CULTURES.		POPULATION.	
	Labourables	Vignes	1804	1841
	hect.	hect.	hab.	hab.
Montfort	190	350	1,574	1,644
Gamarde	480	310	1,194	1,336
Laurède	100	195	844	769
Lourquen	180	120	380	416
Nousse	80	110	390	393
Poyanne	100	140	563	558
Poyartin	590	170	970	983
Saint-Geours	240	310	773	849
TOTAUX	1,960	1,700	6,688	6,948

Proportion des vignes aux labourables, 1/2.
Augmentation de population, 4 p. 100.

en 1841. Par là nous découvrirons comment la population a été affectée, non-seulement par chacune des trois grandes cultures du pays, mais encore par la combinaison de deux de ces cultures. (*Voir pages* 329 *à* 333.)

Comment n'être pas frappé des remarquables résultats que révèlent ces tableaux?

Ils nous font voir que dans notre département le mouvement de la population s'est fait de la manière suivante :

Augment. :	60	p. 100,	dans la région des pins.
—	31	—	dans la région intermédiaire entre les pins et les labourables.
—	16	—	dans la région des labourables.
—	2	—	dans la région intermédiaire entre les labourables et la vigne.
Diminut. :	4	—	dans la région de la vigne.

Et il ne faut pas croire que ces deux chiffres : 60 pour 100 d'augmentation, 4 p. 100 de diminution expriment les effets extrêmes produits sur la population par les deux cultures que nous comparons. Pour qu'il en fût ainsi, il faudrait que nous fussions parvenus à les étudier isolément. Mais il n'est pas de commune où il n'entre un élément, les labourables, qui par son action, lentement progressive, ne soit venu atténuer soit l'accroissement qui s'est manifesté dans la région des pins, soit la dépopulation qui a décimé la région de la vigne. Si l'on voulait dégager l'influence propre de ces deux cultures, exclusivement à celle des labourables, il faudrait avoir recours à une règle de proportion. Je crois qu'on arriverait à un résultat très-approximatif par un raisonnement, rigoureux en lui-même, et qu'on ne saurait ébranler qu'en révoquant en doute les données officielles sur lesquelles il repose.

Voici le problème à résoudre :

Les vingt-deux communes où domine le pin présentent une augmentation de 8,998 habitants sur 13,573, ou 60 p. 100.

Les vingt-deux communes où domine la vigne présentent une diminution de 899 habitants sur 20,224, ou 4 p. 100.

En admettant que, dans ces communes, comme dans le reste du département, les labourables aient favorisé, à raison de 16 p. 100, la portion de population qui leur correspond, quelle est la part d'augmentation et de diminution qu'il faut attribuer exclusivement aux pins et aux vignes?

La population est en raison des moyens d'existence, les moyens d'existence ne sont autres que les revenus, et les revenus proportionnels de chaque culture nous sont connus par le contingent de leur contribution. De ces données, il est facile de déduire la population qui correspond à chaque culture.

Les contingents des vingt-deux communes de la première catégorie sont :

de 27,483 fr. pour les pins,
de 7,043 fr. pour les labourables.

Les revenus sont proportionnels à ces contingents.

La population est proportionnelle aux revenus.

Donc les 13,573 habitants, population de 1804, correspondaient, savoir :

Aux pins	10,815 hab.
Aux labourables	2,758
Faisant abstraction de l'augmentation cherchée, produite par les pins, il faut ajouter celle qui est due aux labourables, 16 p. 100 sur 2,758, soit	441
En sorte que si les pins n'avaient exercé aucune influence, la population de ces vingt-deux communes serait aujourd'hui de	14,014 hab.
Mais elle est de	21,771
Différence due exclusivement aux pins	7,757

Or une augmentation de 7,757 sur 10,815 équivaut à 71 p. 100.

Les contingents des vingt-deux communes vinicoles sont de 22,880 fr. afférents aux vignes, ce qui correspond à..	11,709 hab.
16,742 fr. afférents aux labourables, ce qui correspond à...	8,515
Population de 1804..............	20,224
Par l'action des labourables, qui implique un accroissement de 16 p. 100 sur 8,515 habitants, cette population se serait élevée de..	1,373
En sorte que, sans l'influence de la vigne, la population de 1841 serait de..	21,597 hab.
Mais elle n'est que de..............................	19,325
Déficit dû exclusivement à la vigne............	2,272

Un déficit de 2,272 sur 11,709 équivaut à 19 p. 100.

Ce qui ne veut pas dire autre chose, si ce n'est que, dans une commune où il n'y aurait que des pins, la population aurait augmenté de 71 p. 100; qu'elle aurait diminué de 19 p. 100 dans une commune où il n'y aurait que des vignes, et qu'en *réalité* les mouvements progressifs et rétrogrades se sont accomplis, entre ces deux limites, dans chaque circonscription, selon les proportions de ces cultures combinées avec un troisième élément, les labourables.

Voici donc en définitive la loi qui a présidé au mouvement de la population dans le département des Landes :

Pin..		augment..	71 p. 100
7/8 pin et 1/8 labourables.	(tableau *page* 329)	—	60 —
4/5 pin et 1/5 labourables.	(— — 330)	—	34 —
Labourables............	(— — 331)	—	16 —
2/3 labourables et 1/3 vign.	(— — 332)	—	2 —
1/2 labourables et 1/2 vign.	(— — 333)	diminut.	4 —
Vignes..................................		—	19 —

Il résulte de là que, si une étendue de pins et une étendue de vignes faisant vivre chacune cent personnes avaient été frappées à l'origine d'un contingent égal, aujourd'hui ce contingent subsisterait encore, quoique les mêmes pins offrent des moyens d'existence à 171 personnes, et que les mêmes vignes ne puissent plus faire vivre que 81 individus ou moins de moitié.

Cela est bien injuste. Mais combien l'injustice est plus criante, si dès l'origine le contingent fut mal réparti, comme je crois l'avoir démontré dans la première partie de ce travail !

Il m'en coûte beaucoup de fatiguer l'attention du lecteur sous le poids de chiffres arides. Je ne puis cependant pas quitter la question que je traite, sans le faire pénétrer dans les détails de ce phénomène de dépopulation qui a frappé non-seulement la région de la vigne, mais encore un rayon assez étendu autour de cette région, comme pour mettre le nombre des hommes en rapport avec les *revenus réduits*, tels que les a faits la législation des douanes et des contributions indirectes. Le cœur se serre à l'aspect de la détresse profonde que cette dépopulation implique.

Forcé de me restreindre, je me borne à donner le relevé des naissances et des décès, pendant une période de trente ans (de 1814 à 1843), dans les quinze communes vinicoles inscrites les premières au tableau *page* 333. Quant aux sept autres communes, j'ai demandé à MM. les Maires des états qui ne me sont pas parvenus. Le laps de trente années a été divisé en deux périodes de quinze années chacune, afin de faciliter la comparaison de l'état des choses actuel avec la situation du pays à des époques antérieures.

DÉSIGNATION des COMMUNES.	PREMIÈRE PÉRIODE.				DEUXIÈME PÉRIODE.			
	Naissances.	Décès.	EXCÉDANTS de naissances.	EXCÉDANTS de décès.	Naissances.	Décès.	EXCÉDANTS de naissances.	EXCÉDANTS de décès.
Mugron......	1,175	959	216	»	949	1,284	»	335
Nerbis.....	283	229	54	»	179	267	»	88
Laurède....	414	287	127	»	304	333	»	29
Gamarde....	611	433	178	»	545	655	»	110
Donzacq....	669	362	307	»	541	531	10	»
St-Geours...	492	407	85	»	404	498	»	94
Banos......	202	175	27	»	180	155	25	»
Baigts.....	469	303	166	»	400	367	33	»
Lourquen...	172	127	45	»	176	162	14	»
Montaut....	548	424	124	»	464	490	»	26
Poyanne....	250	225	25	»	269	273	»	4
Hauriet....	291	187	104	»	224	234	»	10
Montfort....	702	462	240	»	638	588	50	»
Nousse.....	159	103	56	»	137	138	»	1
St-Aubin. ..	432	343	89	»	404	470	»	66
TOTAUX..	6,869	5,026	1,843	»	5,814	6,445	132	763

Je supplie le lecteur de donner à ces chiffres l'attention la plus sérieuse. De 1814 à 1828, il y eut 6,869 naissances et 5,026 décès. La population était progressive, chaque 1,000 habitants donnant 33 naissances contre 24 décès.

Mais de 1829 à 1843, les naissances sont tombées à 5,814 ou 27 $^{1}/_{2}$ par 1,000 habitants, et les décès se sont élevés à 6,445 ou 30 $^{1}/_{2}$ par 1,000 habitants.

En sorte, et cela mérite attention, que cet état rétrograde de la population vinicole, que j'avais d'ailleurs constaté par les recensements, n'est pas l'œuvre de quarante ans, comme on aurait pu le croire, mais bien celle des quinze dernières années. Bien plus, pour que sa densité absolue ait diminué, il a fallu qu'elle perdît, par la mortalité ou l'émigration, non-seulement la différence accusée par les dénombrements de 1804 et 1843, mais encore tout ce qu'elle avait gagné pendant les vingt-cinq premières années de cette période. (*Voir, au tome V, les pages* 471 *à* 475.)

C'est ainsi que les faits les mieux constatés viennent donner aux lois de la population, révélées par la science, leur lugubre consécration.

« Les obstacles à la population qui maintiennent le « nombre des habitants au niveau de leurs moyens de sub- « sistance, dit Malthus, peuvent être rangés sous deux « chefs : les uns agissent en *prévenant* l'accroissement de « la population, et les autres en la *détruisant* à mesure « qu'elle se forme. »

Sur quoi M. Senior fait cette réflexion :

« Malthus a divisé les obstacles à la population en *pré- « ventifs* et *destructifs*. Les premiers diminuent le nombre « des naissances, les seconds augmentent celui des décès ; « et comme son calcul ne se compose que de deux élé- « ments, la fécondité et la longévité, il n'y a pas de doute « que sa division ne soit complète. »

On s'est élevé dans ces derniers temps contre cette doctrine. On lui a reproché d'être triste, décourageante. Il serait heureux, sans doute, que les moyens d'existence pussent diminuer, s'anéantir, sans que pour cela les hommes en fussent moins bien nourris, vêtus, logés, soignés dans l'enfance, la vieillesse et la maladie. Mais cela n'est ni vrai ni possible ; cela est même contradictoire. Je ne puis vraiment pas concevoir les clameurs dont Malthus a été l'objet. Qu'a donc révélé ce célèbre économiste ? Après tout, son système n'est que le méthodique commentaire de cette vérité bien ancienne et bien claire : quand les hommes ne peuvent plus se procurer, en suffisante quantité, les choses qui alimentent et soutiennent la vie, il faut nécessairement qu'ils diminuent en nombre ; et s'ils n'y pourvoient par la prudence, la souffrance s'en chargera.

Nous voyons clairement agir cette loi dans notre Chalosse. Les métairies ne donnent plus les mêmes revenus, ou, en d'autres termes, les mêmes moyens d'existence ; aussitôt une prévoyance instinctive diminue le nombre des naissances. On réfléchit avant de se marier. Le père de famille comprend que le domaine ne peut plus faire vivre qu'un moindre nombre de personnes, et il recule le moment d'établir ses enfants ; ou bien ses exigences s'accroissent et rendent les unions plus difficiles, c'est-à-dire plus rares, et le nombre des célibataires s'augmente. C'est ainsi qu'une contrée qui présentait 33 naissances par 1,000 habitants n'en donne plus que 27.

Cependant la prudence, ou ce que Malthus appelle l'obstacle préventif, ne suffit pas pour faire baisser la population aussi rapidement que les revenus ; il faut que l'obstacle répressif ou la mortalité vienne concourir à rétablir l'équilibre. Puisque l'abondance des choses a diminué, il faut qu'il y ait privation : la privation entraîne la souffrance et la souffrance amène la mort. Les métairies sont moins productives ; par conséquent leur étendue, qui avait été calculée pour un autre ordre de choses, tend à augmenter ; de deux métairies on en fait une, ou de trois deux. Dans la seule commune de Mugron, vingt-neuf métairies ont été ainsi supprimées de nos jours ; ce sont autant de familles infailliblement vouées à une lente destruction. Enfin, ce qui reste a moins de moyens de se garantir contre la faim, le froid, l'humidité, la maladie ; la vie moyenne s'abrége, et en définitive, là où 1,000 habitants ne donnaient que 24 décès, ils en présentent 30 $^1/_2$.

Mais cette dépopulation, qui est bien l'*effet* et le *signe* de la misère, en est-elle aussi la *mesure?* Écoutons là-dessus les judicieuses observations de M. de Chastellux. — « Les « subsistances sont la mesure de la population, dit-on ; si « les subsistances diminuent, le nombre des hommes doit « diminuer en même proportion. Il doit diminuer sans

« doute; *en même proportion*, c'est une autre affaire, ou du « moins ce n'est qu'au bout d'un très-long temps que cette « proportion se trouve juste. Avant que la vie des hommes « s'abrége, que les sources de la vie s'altèrent, il faut que « la misère ait abattu les forces et multiplié les maladies. « Lorsqu'elle s'empare d'une contrée, lorsque les subsis- « tances diminuent d'une certaine quantité, d'un sixième, « par exemple, il n'arrive pas qu'un sixième des habitants « meure de faim ou s'exile ; mais ces infortunés consom- « ment en général un sixième de moins. Malheureusement « pour eux, la destruction ne suit pas toujours la misère, et « la nature, plus économe que les tyrans, sait encore mieux « à combien peu de frais les hommes peuvent subsister. Ils « pourront encore être nombreux, mais ils seront faibles et « malheureux.... : C'est alors qu'en prenant peu on enlève « beaucoup. »

Oui, l'idée qu'on se ferait de la détresse de la rive gauche de l'Adour serait bien incomplète, si on l'appréciait par les tables de la mortalité. La décroissance du revenu n'atteint pas seulement cette classe qui ne peut rien perdre sans être vouée à la mort. Combien de familles tombent, avant de succomber, de l'opulence dans la médiocrité, de la médiocrité dans la gêne, et de la gêne dans le dénûment ! Elles suppriment d'abord les dépenses de luxe, puis celles de commodité, ensuite celles de convenance ; elles descendent du rang qu'elles occupaient dans la société. Interrogez ces maisons en ruine, ces meubles délabrés, ces enfants dont l'éducation est interrompue ; ils vous diront que le niveau général s'abaisse au moral comme au physique ; que le monopole et le fisc, ces tyrans de notre industrie, savent à combien peu de frais les hommes peuvent subsister, et que malheureusement *la destruction ne suit pas toujours la misère.*

C'est alors, dit Chastellux, qu'en prenant peu on enlève

beaucoup. C'est alors, dirai-je, qu'une répartition vicieuse et injuste, même pour des temps meilleurs, devient intolérable et monstrueuse.

Les faits que j'ai établis sont incontestables. Mais je ne doute pas qu'on n'essaie d'ébranler la conclusion en niant ce principe, que la population varie comme les moyens d'existence. « Nous n'acquiesçons pas, pourra-t-on dire, à « cette doctrine de Malthus. Dans la région des pins, nous « sommes plus nombreux qu'autrefois, sans doute ; mais il « ne s'ensuit pas que le revenu de nos forêts ait augmenté. « Seulement il se partage entre un plus grand nombre de « personnes. »

Je me garderai bien de me livrer ici à de longues dissertations sur le principe de la population. Je sais qu'il soulève des questions qui sont encore controversées. Mais quant au principe lui-même, quant à cet axiome que l'augmentation de la population est l'effet, la preuve et le signe d'un accroissement correspondant de moyens d'existence ou *de revenus*, je n'ai pas connaissance qu'il ait jamais été mis en doute par aucun publiciste de quelque valeur ; et je crois ne pouvoir mieux faire que de placer ma démonstration sous l'autorité d'un grand nombre d'écrivains, qui s'accordent tous sur ce point, quelle que soit d'ailleurs la divergence de leurs opinions et de leurs systèmes.

« Quel est le signe le plus certain que les hommes se « conservent et prospèrent ? C'est leur nombre et leur po- « pulation. » (Rousseau, *Contrat social*, chap. IX.)

« Partout où il se trouve une place où deux personnes « peuvent vivre commodément, il se fait un mariage. La « nature y porte assez quand elle n'est pas arrêtée par *la « difficulté de la subsistance.* » (Montesquieu, *Esprit des Lois*, liv. XXIII, chap. X.)

« A côté d'un pain il naît un homme. » (Buffon, *Histoire naturelle*.)

« Au bout d'un certain nombre d'années, la population « d'un pays industrieux et commerçant se rapproche de la « mesure des subsistances. » (Necker, *de l'Administration des Finances*, chap. IX.)

« Pour vivre il faut se nourrir, et comme tout accroisse- « ment a un terme, c'est là que la population s'arrête. » (Stewart, t. VI, p. 208.)

« La population est en raison des moyens de subsistance « et des besoins. D'après ce principe, il y a un moyen « d'augmenter la population, mais il n'y en a qu'un : c'est « d'accroître la richesse nationale, ou, pour mieux dire, de « la laisser s'accroître. » (J. Bentham, *Théorie des peines et des récompenses*, liv. IV, chap. IX.) (1)

« Le seul signe certain d'un accroissement réel et per- « manent de population est l'accroissement des moyens de « subsistance. » (Malthus, liv. II, chap. XIII.)

« La détresse influe prodigieusement sur les tables de la « mortalité. En thèse générale, on peut dire que, dans notre « espèce, il existe toujours des hommes autant et en pro- « portion qu'ils savent et qu'ils peuvent se procurer des « moyens de subsistance. »

« Il est certain que l'augmentation du nombre des indi- « vidus est une conséquence de leur bien-être. » (Destutt de Tracy, *Commentaire de l'Esprit des Lois*, chap. XXII, liv. XXIII.)

« La population d'un pays n'est jamais bornée que par « ses produits ; la production est la mesure de la popula- « tion. » (J. B. Say, *Cours d'économie politique*, 6e partie, chap. II.)

« Le revenu est la mesure de la subsistance et de l'ai- « sance. Le revenu est la mesure de l'accroissement de la

(1) Il est peut-être bon de faire observer que tous les auteurs cités jusqu'ici, y compris Chastellux et Bentham, avaient écrit avant l'apparition du livre de Malthus.

« population pour la société comme pour la famille. » (Simonde de Sismondi, *Etudes sur l'économie politique*, vol. II, p. 128.)

« La population croît naturellement à mesure que les « ressources pour exister augmentent. » (Droz, *Économie politique*, liv. III, chap. VI.)

« Tant que les moyens de vivre s'accroissent, la popula- « tion se multiplie ; quand ils restent stationnaires, la popu- « lation reste stationnaire; aussitôt qu'ils diminuent, la « population diminue dans la même proportion. » (Ch. Comte, vol. VII, pag. 6.)

Qu'on me pardonne ce nombre inusité de citations; j'ai cru ne pouvoir trop solidement établir un principe qui sert de base aux plaintes et aux réclamations de mon pays.

Mais après tout, et science à part, soutiendrait-on sérieusement qu'il n'y a pas eu amélioration dans les revenus de la Lande et du Maransin, détérioration dans ceux du Condomois et de la Chalosse? Est-ce que le prix des matières résineuses et des vins est un mystère? ou bien peut-il s'élever ou s'avilir d'une manière permanente, sans que la condition des propriétaires et des métayers s'en ressente? Prétendra-t-on que 156 individus vivent aujourd'hui dans le canton de Castets sur un revenu identique à celui qu'on proclamait autrefois insuffisant pour 100 personnes? Ils sont donc bien misérables, forcés qu'ils sont de retrancher un tiers de leurs dépenses, de se réduire d'un tiers dans toutes leurs consommations? Eh bien, examinons encore la question sous ce point de vue. Voyons si le nombre des hommes ne s'est accru, dans une portion du département, que par des retranchements que chacun se serait imposés sur ses consommations. Si nous venons à découvrir que les habitants de la Lande sont pourvus de toutes choses aussi bien et mieux que ceux de la Chalosse, il faudra bien reconnaître que cette population additionnelle n'est pas venue partager des revenus immuables, mais vivre sur des revenus nouveaux, qui se sont formés à mesure, lesquels, en toute justice, doivent leur part d'impôt.

M. le Ministre de l'agriculture et du commerce a fait publier une statistique de la France. J'y ai relevé avec soin l'état de la consommation, dans chacun de nos trois arrondissements. Il est à regretter, sans doute, que nous ne puissions pas faire de semblables relevés pour chaque canton, et même pour chaque commune ; car plus nous arriverions à une circonscription qui présentât d'une manière tranchée une culture dominante, plus l'effet se rapprocherait de la cause. Quoi qu'il en soit, le tableau suivant suffit pour éclairer la question qui nous occupe.

CONSOMMATION PAR HABITANT (1).

	Ier ARRONDISSEMENT.			IIe ARRONDISSEMENT.		
	Quantités.	Prix	Valeurs.	Quantités.	Prix.	Valeurs.
CÉRÉALES.	hect. lit.	fr. c.	fr. c.	hect. lit.	fr. c.	fr. c.
Froment.	0,55	15,20	8,36	0,97	14,90	14,45
Méteil.	0,09	11,20	0,90	0,10	10,40	1,04
Seigle.	2,26	7,93	17,92	0,37	9,24	3,42
Maïs, millet. . .	1,70	7,12	12,10	2,62	9,13	23,82
Totaux. . .	4,60		39,28	4,06		42,73
VIANDES.	kil.			kil.		
Bœuf.	1,66	0,70	1,16	1,52	0,65	0,99
Veau.	0,55	0,70	0,38 1/2	0,22	0,70	0,15
Mouton.	1,67	0,60	1,00	0,48	0,65	0,31
Agneau.	0,63	0,65	0,43	0,30	0,65	0,19 1/2
Porc.	10,64	0,65	6,92	10,31	0,65	6,70
Chèvre.	0,09	0,30	0,27	»	»	»
Totaux. . .	15,24		10,16 1/2	12,84		8,37 1/2
BOISSONS.	hect. lit.			hect. lit.		
Vin.	2,19	7,85	17,29	0,67	8,80	6,90
Eaux-de-vie. .	0,00,53	45,00	0,25	0,00,22	50,00	0,11
Totaux. . .	2,19,53		17,54	0,67,22		7,01

RÉCAPITULATION.

	fr. c.	fr. c.
Céréales.	39,28	42,73
Viandes.	10,16	8,37
Boissons.	17,54	7,01
Totaux.	66,98	48,11

(1) Il va sans dire que je n'assume pas sur moi la responsabilité des faits statistiques consignés dans le document officiel.

Ce qu'il faut surtout comparer, c'est les consommations du premier et du deuxième arrondissement, qui puisent leurs revenus, au moins dans une forte proportion, à des sources différentes, puisque l'un paie le double pour ses pins que pour ses vignes, et l'autre le triple pour ses vignes que pour ses pins.

Or, nous voyons que la consommation annuelle de chaque habitant du premier arrondissement dépasse celle de chaque habitant du second, de 54 litres pour les céréales, de 2 kil. 40 pour la viande, de 152 litres pour le vin, et de 21 centilitres pour l'eau-de-vie.

En argent la différence est moins forte, parce que, par des motifs dont je ne me rends pas compte, le document officiel porte le seigle, le maïs et le vin, à des prix beaucoup plus élevés à Saint-Sever qu'à Mont-de-Marsan. Mais cette différence est encore de 8 fr. 87 c., en faveur de l'habitant des Landes; et cette somme, multipliée par le chiffre de la population du premier arrondissement, en 1836, établit une supériorité de consommation, et par conséquent de revenu, de plus de 800,000 fr. du côté de l'arrondissement qui paie 35,000 fr. de moins de contributions en principal.

Cette inégalité dans la répartition de l'impôt se déduit plus clairement encore de l'état ci-dessous, qui présente la valeur totale des consommations pour les trois arrondissements.

	MONT-DE-MAR.	SAINT-SEVER.	DAX.
	fr.	fr.	fr.
Froment.............	784,189	1,499,908	848,371
Méteil..............	93,251	97,573	60,375
Seigle..............	2,175,885	357,016	775,705
Maïs et millet........	1,183,030	1,991,262	2,746,440
Vins................	1,602,970	536,782	1,059,416
Eau-de-vie..........	22,000	10,000	84,000
Pommes de terre.....	34,164	35,405	35,627
Légumes secs........	28,888	37,960	47,708
Viandes.............	906,764	749,828	1,159,689
TOTAUX........	6,831,141	4,815,734	6,817,331

On voit combien était dans l'erreur M. le Ministre de l'intérieur lorsque, pour dissuader le Conseil général de reviser la sous-répartition actuelle, il écrivait, le 14 octobre 1836, qu'il n'était pas *probable* qu'il fût survenu de changements marqués dans le produit des vignes et des pins. Les faits révèlent une inégalité sérieuse et profonde. Ainsi, en céréales, viandes et boissons, il est consommé pour une valeur de

72 fr.	56 c.	par chaque habitant	du 1er	arrondissement.
64	71	—	—	du 3me	—
54	60	—	—	du 2me	—

Et cependant, dans les cantons de Saint-Sever, Mugron, Aire, chaque habitant paie 3 fr. 24 c. de contribution en moyenne; tandis que dans les cantons de Labrit, Parentis, Sore, Mimizan, Sabres, Pissos, il ne paie que 1 fr. 86 c., d'où il résulte que pour les premiers de ces cantons, *le rapport de l'impôt à la consommation* est de 5 fr. 93 c. à 100, tandis qu'il n'est que de 2 fr. 56 c. à 100 pour les seconds.

Et il ne faut pas perdre de vue que chacune des trois

grandes circonscriptions du département admettant les trois cultures dont nous recherchons l'influence, ces influences ne nous apparaissent que confondues. Il est clair que dans le premier arrondissement, la moyenne de 72 fr. 56 c. a été nécessairement dépassée à Parentis, Sabres, Arjuzanx, Pissos, etc., si, comme il est permis de le croire, elle n'a pas été atteinte à Gabarret et Villeneuve. Ce que nous avons dit à cet égard, à propos de la population, s'applique, par les mêmes motifs, à la consommation.

Si l'on voulait se donner la peine de condenser en chiffres toutes les considérations qui précèdent, voici les résultats auxquels on arriverait :

Le contingent de chacune des trois grandes cultures du département est de

	279,724 fr.	pour les labourables,
	66,396	pour les vignes,
	75,888	pour les pins.
TOTAL....	422,008 fr.	

Ce qui implique que chacune d'elles concourt à un revenu de 1,000 fr., selon le rapport des nombres :

663 — 157 — 180.

C'est là le rapport qu'il s'agit de rectifier conformément aux observations contenues dans les deux paragraphes de cet écrit.

Dans le premier, nous avons vu que les évaluations avaient été viciées par l'application de prix moyens inexacts, et d'un taux d'intérêt uniforme.

Pour les céréales, on avait adopté le prix commun de 14 fr. 28 c., tandis que les mercuriales, de 1828 à 1836, n'accusent que 12 fr. 52 c. — Préjudice fait aux labourables : 12 $^1/_3$ p. 100.

Pour les vins rouges, on a opéré sur un prix moyen supposé de 42 fr. Si l'on veut bien se reporter à ce que nous avons dit à ce sujet (p. 286), on reconnaîtra qu'il n'y a certes pas exagération à évaluer le préjudice fait aux vignes à 10 p. 100.

Pour les résines, on a établi le prix de 2 fr. 50 les 50 kil. — En le portant à 3 fr. 50 c. on serait encore resté au-dessous de la vérité. Les pins ont donc été favorisés dans la proportion de 40 p. 100.

Rectifiant le revenu des trois cultures selon ces bases, ils sont entre eux comme :

582 — 141 — 252.

D'un autre côté, si l'intérêt à 3 p. 100 pour les labourables et les vignes, et 4 p. 100 pour les pins, eût prévalu sur le taux uniforme de $3^1/_2$ p. 100, le revenu des deux premières cultures eût été évalué à 16 $^2/_3$ p. 100 de moins, et celui de la troisième à 16 $^2/_3$ p. 100 de plus ; et leurs forces contributives se seraient trouvées proportionnelles aux nombres :

553 — 131 — 210.

La moyenne entre ces deux bases d'opération est de :

567 — 136 — 231.

Et par conséquent le contingent de 422,008 fr. se serait réparti comme suit :

Pour les labourables.	256,189 fr.	au lieu de	279,724
Pour les vignes......	61,448	—	66,396
Pour les pins........	104,371	—	75,888
TOTAUX.........	422,008 fr.		422,008 fr.

Telle eût dû être la répartition originaire, en supposant qu'il n'a pas été commis, sur les *quantités produites*, des erreurs analogues à celles que nous avons relevées sur les prix moyens et le taux de l'intérêt.

Telle elle devrait être encore, s'il n'était survenu aucun changement dans la valeur productive des trois natures de cultures.

Mais dans le second paragraphe de ce travail, nous avons constaté que la population, et par induction le revenu, a varié comme suit :

Les labourables ont *gagné* 16 p. 100.
Les vignes ont *perdu*..... 19 —
Les pins ont *gagné*......... 71 —

Les trois rapports ci-dessus : 567 — 136 — 231 — doivent donc être modifiés selon ces nouvelles données, et remplacés par ceux-ci :

657 — 110 — 395.

D'où il suit, qu'en définitive le contingent de 422,008 fr. devrait se répartir ainsi :

Labourables.	238,603 fr.	au lieu de	279,724 fr.
Vignes......	39,964	—	66,396
Pins........	143,441	—	75,888

En d'autres termes, l'impôt est trop élevé :

Pour les labourables........ *d'un sixième.*
Pour les vignes............ *de plus d'un tiers.*
Celui des pins est atténué.. *de près de moitié.*

Je ne puis m'empêcher de soumettre au lecteur, en terminant, quelques réflexions qui ne s'écartent pas trop du sujet que je traite.

Une détresse effrayante s'est étendue sur une portion considérable de notre département et y a si profondément affecté les moyens d'existence, que les sources mêmes de la vie en ont été altérées. Nous n'avons pas la statistique de toutes les consommations de notre arrondissement, mais nous savons que la population ne consacre à ses aliments, que 54 fr. au lieu de 72 fr. qu'on y affecte ailleurs. Cependant les aliments sont la dernière chose sur laquelle on s'avise d'opérer des retranchements. Et comme, d'ailleurs, il existe parmi nous une classe aisée qui n'en est pas encore réduite à se priver de pain et de vin, il faut en conclure qu'autant cette classe dépasse la moyenne de 54 fr., autant les classes laborieuses sont éloignées de l'atteindre.

C'est ainsi que s'explique la dépopulation que constatent les dénombrements et les actes de l'état civil.

Ce lamentable phénomène se lie à une révolution agricole qui s'opère sous nos yeux et qu'on n'a pas assez remarquée.

La superficie des métairies s'était naturellement proportionnée à ce qui était nécessaire, pour que la *part colone* pût faire vivre une famille de cultivateurs.

Lorsque, par suite de la dépréciation des produits, cette part est devenue insuffisante, le métayer est tombé à la charge du propriétaire ; et celui-ci s'est vu dans l'alternative ou de laisser le domaine sans culture ou de prendre sur sa propre part, déjà réduite, de quoi suppléer à celle du colon.

Dès ce moment, l'aliment du métayer a été pesé, mesuré, restreint au strict nécessaire. De plus, une tendance prononcée s'est manifestée vers l'agrandissement des métairies. Ici des réunions se sont opérées ; là on a arraché des vignes pour agrandir les labourables. Tous ces expédients ont un résultat et même un but commun ; *diminuer le nombre d'hommes*, rétablir l'équilibre entre la population et les subsistances.

Si cette évolution, avec les conséquences qu'elle entraîne, avait pour cause quelque cataclysme physique, il faudrait gémir et baisser la tête. Mais il n'en est pas ainsi ; la Providence ne nous a pas retiré ses dons, le ciel de la Chalosse n'est pas devenu d'airain, le soleil et la rosée n'ont pas cessé de la féconder. Pourquoi donc ne peut-elle plus nourrir ses habitants ?

Il ne faut pas aller bien loin pour en trouver la raison. C'est qu'ils ont été dépouillés de la *liberté d'échanger*, la plus immédiatement utile à l'homme après la *liberté de travailler*.

C'est donc la *législation* qui est la cause de nos maux. Les manufacturiers nous ont dit : « Vous n'achèterez qu'à nous et à notre prix. » Le fisc : « Vous ne vendrez qu'après que j'aurai pris la moitié de votre produit. »

La législation nous tue, dans le sens le plus absolu du mot ; et si nous voulons vivre, il faut réformer la législation. (V. *le Discours sur l'impôt des boissons*, t. V, p. 468.)

Or une réforme dans la législation ne peut émaner que du corps électoral.

Mais comment remplit-il sa mission ?

En présence des maux sans nombre qui dépeuplent nos champs et nos villes, que fait-il pour modérer l'action du fisc, pour restituer aux hommes la faculté d'échanger entre eux, selon leurs intérêts, le fruit de leurs sueurs ?

Ce qu'il fait ? Il remet le mandat législatif à nos adversaires ; il va chercher des représentants dans les forges, dans les fabriques et jusque dans les antichambres.

On entend de toute part proclamer cette doctrine : « Les faveurs sont au pillage ; bien fou celui qui ne fait pas comme les autres. »

Parmi les hommes qui tiennent ce langage, il en est qui ne songent qu'à eux, — je n'ai rien à leur dire. Mais d'autres ne peuvent être soupçonnés d'un tel égoïsme ; leur fortune les met au-dessus des combinaisons d'une ambition mesquine. Une raison sans réplique constate, d'ailleurs, leur désintéressement personnel : s'ils cherchaient leur propre avancement, ce n'est pas du droit électoral, mais de la députation qu'ils se feraient un marchepied ; et on les voit décliner la candidature.

Ce n'est donc pas à eux-mêmes, mais à l'esprit de localité qu'ils sacrifient l'intérêt général. L'intérêt général est une chose inaccessible, disent-ils. La machine est montée pour épuiser nos malheureux compatriotes; il n'est pas en notre pouvoir de suspendre son action, faisons du moins retomber sur eux, sous forme de grâces, une partie de ce qu'elle leur arrache.

Mais, je le demande, ces grâces, ces faveurs, quelque multipliées qu'on les suppose, ont-elles aucune proportion avec les maux que je viens de décrire? Qu'importe à ces paysans que l'inanition décime, à ces artisans sans ouvrage, à ces propriétaires dont la plus âpre parcimonie peut à peine retarder la ruine, qu'importe à ces victimes du fisc et du monopole qu'une sous-préfecture, un siége au Palais, aillent payer à l'Électeur en évidence le salaire de son apostasie? — Rendez-leur *le droit d'échanger*, et vous aurez plus fait pour votre pays que si vous lui aviez concilié la faveur du duc de Nemours en personne, ou celle du Roi lui-même !

Vous vous proclamez conservateurs. Vous vous opposez à ce que le droit électoral pénètre jusqu'aux dernières couches sociales. Mais alors soyez donc les tuteurs intègres de ces hommes frappés d'interdiction. Vous ne voulez ni stipuler loyalement pour eux, ni qu'ils stipulent légalement pour eux-mêmes, ni qu'ils s'insurgent contre ce qui les blesse. Que voulez-vous donc?........... Il n'y a qu'un terme possible à leurs souffrances, — et ce terme, les tables de la mortalité le laissent assez entrevoir.

RÉGION DES PINS.

COMMUNES.	CULTURES.		POPULATION.	
	Labourables.	Pins.	1804.	1841.
	hect.	hect.	hab.	hab.
Mimizan.	278	1,322	479	852
Onesse	367	4,728	687	1,008
Lesperon.	670	5,190	683	1,060
Pontenx.	392	2,661	740	1,486
Mezos.	666	4,345	809	1,286
Saint-Paul en B.	259	1,736	348	772
Comenzacq.	321	1,595	522	663
Escource.	468	4,396	673	1,180
Pissos.	600	3,500	1,477	2,066
Parentis.	550	4,500	1,181	1,788
Sainte-Eulalie.	180	2,000	271	475
Ichoux.	300	4,000	542	841
Gourbera.	194	979	206	303
Labenne	297	1,215	392	526
Moliets.	154	1,643	293	404
Messange.	226	2,332	321	430
Magescq	847	4,113	923	1,606
Seignosse.	210	2,089	334	458
Léon.	620	2,750	931	1,402
Linx	750	4,050	650	1,074
Lit et Mix.	920	3,800	970	1,483
Vieille-Saint-Girons.	580	2,400	131	608
TOTAUX.	9,849	65,344	13,573	21,771

Rapport des cultures : 7/8 pins, 1/8 labourables.

Mouvement de la population : Augmentation, 60 p. 100.

RÉGION DES PINS.

COMMUNES.	CULTURES.		POPULATION.	
	Labourables.	Pins.	1801.	1841.
	hect.	hect.	hab.	hab.
Geloux	578	1,321	660	815
Aureilhan	116	388	217	305
Bias	74	281	107	169
Argelouse	160	1,000	329	396
Calen	320	2,000	533	600
Luxey	1,000	3,500	1,244	1,532
Sore	1,000	3,000	1,145	1,780
Sabres	1,042	2,705	1,679	2,524
Lue	314	2,103	503	790
Trenzacq	335	1,203	610	727
Belhade	200	1,200	384	518
Moussey	350	2,000	659	945
Sagnac	700	2,500	1,178	1,636
Richet	150	1,500	206	330
Biscarrosse	500	4,000	1,367	1,547
Gastes	70	800	211	259
Sanguinet	300	2,500	715	960
Saint-Yaguen	671	1,314	479	892
Rion	1,019	2,717	1,280	1,537
Laluque	596	1,227	560	698
Saint-Vincent de Tyrosse	385	466	558	754
Herm	558	2,578	783	851
Cap-Breton	182	793	586	968
Soustons	1,358	2,513	2,516	2,783
Azur	164	901	190	304
Saint-Geours	717	1,321	899	1,420
Tosse	316	752	493	698
Sorts	139	599	217	266
Castets	650	2,450	977	1,615
Lévignac	420	1,950	723	959
Saint-Julien	760	3,000	884	1,123
Saint-Michel	410	2,100	162	217
Taller	480	1,500	332	527
TOTAUX	16,034	60,879	23,416	31,405

Rapport des cultures : 4/5 pins, 1/5 labourables.
Mouvement de la population : Augmentation, 34 p. 100.

RÉGION DES LABOURABLES.

COMMUNES.	POPULATION. 1804.	POPULATION. 1841.
	hab.	hab.
Vielle-Soubiran	273	471
Grenade	1,368	1,500
Vignau	605	601
Cazères	1,026	948
Bordères	159	524
Losse	711	1,027
Estigarde	267	307
Lubbon	361	420
Cauna	695	674
Bas-Mauco	223	202
Renung	1,110	945
Duhort	1,067	1,129
Bahus	549	533
Latrille	257	307
Saint-Agnet	352	385
Lacajunte	301	339
Arboucave	306	394
Philondenx	503	604
Miramont	832	927
Samadet	1,370	1,456
Gouts	538	475
Pomarez	1,765	2,115
Saint-Martin-Juza	1,974	2,515
Saint-Larant	664	855
Biaudos	694	834
Orthevielle	698	869
Lannes	921	1,131
Saint-Martin	1,101	1,340
Onard	321	370
Lier	371	509
Vic	290	344
Saint-Cricq	825	1,119
Sainte-Colombe	729	791
TOTAUX	23,228	26,960

Rapport des cultures : Tout labourables.

Mouvement de la population : Augmentation, 16 p. 100.

RÉGION DES VIGNES.

COMMUNES.	CULTURES.		POPULATION.	
	Labourables.	Vignes.	1804.	1841.
	hect.	hect.	hab.	hab.
Bascons	409	290	1,067	1,033
Saint-Julien	278	192	398	446
Arthez	284	214	408	449
Fréche	726	349	894	929
Perquie	764	272	748	775
Audignon	408	98	617	578
Montgaillard	1,446	314	2,126	1,977
Larbey	202	116	383	508
Lahosse	276	107	583	613
Saint-Loubouer	883	232	1,321	1,267
Vielle	638	140	858	895
Urgons	504	62	695	703
Castelnau-Turs	472	99	505	590
Bastennes	200	100	512	482
Pouillon	1,520	506	3,060	3,163
Gibret	110	76	237	292
Poyartin	590	170	970	983
TOTAUX	9,710	3,337	15,382	15,683

Rapport des cultures : 2/3 labourables, 1/3 vignes.
Augmentation de la population : 2 p. 100.

RÉGION DES VIGNES.

COMMUNES.	CULTURES.		POPULATION.	
	Labourables.	Vignes.	1804.	1841.
	hect.	hect.	hab.	hab.
Banos	185	130	595	383
Montaut	470	274	1,060	1,180
Mugron	348	446	2,388	2,190
Hauriet	271	158	746	541
Nerbis	79	125	402	545
Saint-Aubin	317	240	930	809
Baigts	350	235	1,034	987
Donzacq	200	180	1,271	1,349
Montfort	190	350	1,574	1,644
Gamarde	480	310	1,194	1,336
Laurède	100	195	844	769
Lourquen	180	120	380	416
Nousse	80	110	390	393
Poyanne	100	140	563	558
Saint-Geours d'Auribat	240	310	773	849
Brassempouy	600	150	1,023	1,016
Momüy	528	103	700	792
Betbezer	118	248	401	355
Parleboscq	870	991	1,330	1,359
Lagrange	389	340	612	604
Mauvezin	148	132	287	290
Gaujacq	400	130	927	960
TOTAUX	6,643	5,417	20,224	19,325

Rapport des cultures : 1/2 labourables, 1/2 vignes.

Mouvement de la population : Diminution, 4 p. 100.

MÉLANGES

DE L'INFLUENCE DES TARIFS FRANÇAIS ET ANGLAIS SUR L'AVENIR DES DEUX PEUPLES (1).

> « Que si, pour démentir mes assertions, on les appelait du nom d'utopies, nom merveilleusement propre à faire reculer les esprits timides et à les enfoncer dans l'ornière de la routine, j'inviterais ceux qui me répondraient ainsi à considérer attentivement tout ce qui s'est fait depuis quelques années et ce qui se fait encore aujourd'hui en Angleterre, et à dire ensuite si, de bonne foi, on ne peut aussi bien le réaliser en France. » (Prince de Joinville, *Notes sur l'état des forces navales*, etc.)

La France s'engage chaque année davantage dans le régime protecteur.

L'Angleterre s'avance, de session en session, vers le régime de la liberté du commerce.

Je me pose cette question :

Quelles seront pour ces deux nations les conséquences de deux politiques si opposées?

Une explication préliminaire est nécessaire.

On verra, dans la suite de cet écrit, que je ne sépare pas le régime protecteur du système des *colonies à monopole réciproque*. Voici pourquoi :

La protection a pour objet d'assurer des consommateurs à l'industrie nationale. Or, « les gouvernements, disait M. de Saint-Cricq, alors ministre du commerce, ne pouvant *disposer que des consommateurs soumis à leurs lois*, ce sont

(1) Extrait du *Journal des Économistes*, nº d'octobre 1844.
(*Note de l'éditeur.*)

ceux-là qu'ils s'efforcent de réserver au travail de leurs producteurs. » Si, par la protection, les gouvernements entendent *disposer des consommateurs soumis à leurs lois*, par les colonies ils s'efforcent de *soumettre à leurs lois des consommateurs dont ils puissent disposer.* Une de ces politiques conduit à l'autre ; toutes deux émanent de la même idée, procèdent de la même théorie, et ne sont, si je puis le dire, que les deux aspects, intérieur et extérieur, d'une combinaison identique.

Cela posé, j'ai à établir deux faits.

1° La France s'engage de plus en plus dans la *vie artificielle* de la protection.

2° L'Angleterre s'avance graduellement vers la *vie naturelle* de la liberté.

J'aurai ensuite à résoudre cette question :

3° Quelles seront, sur la *prospérité*, la *sécurité* et la *moralité* des deux peuples, les conséquences de la situation dans laquelle ils aspirent à se placer?

§ I. — Que la France développe, à chaque session, le régime protecteur, c'est ce qui résulte surabondamment des dispositions qui viennent périodiquement prendre place dans le vaste Bulletin de ses lois.

Depuis deux ans, elle a exclu les tissus étrangers de l'Algérie, élevé les droits sur les fils anglais, renforcé le monopole du sucre au profit des Antilles, et la voilà sur le point de repousser, par aggravation de taxes, les machines et le sésame.

Un mot sur chacune de ces mesures.

On a repoussé de l'Algérie les produits étrangers. « C'est bien le moins, dit-on, que nous exploitions exclusivement une conquête qui nous coûte si cher. » Mais, en premier lieu, forcer la jeune colonie d'acheter cher ce qu'elle pourrait obtenir à bon marché, restreindre ses échanges et par suite ses exportations, est-ce bien là favoriser sa prospérité?

D'un autre côté, une telle mesure n'est-elle pas le germe du contrat colonial, de ce contrat que j'ai nommé *à monopole réciproque,* honte et fardeau des peuples modernes, si inférieurs à cet égard aux nations antiques ? Nous nous réservons le monopole en Algérie; c'est fort bien. Mais qu'aurons-nous à répondre aux colons, quand ils demanderont, par réciprocité, à exercer un semblable monopole chez nous? Manquaient-ils déjà de raisons spécieuses à faire valoir, et fallait-il leur en fournir d'irrécusables? Le jour n'est pas éloigné où ils nous diront : Vous nous forcez à acheter vos tissus; achetez donc nos laines, nos soies, nos cotons, Vous ne voulez pas que vos produits rencontrent chez nous de concurrence; éloignez donc la concurrence qui attend les nôtres sur vos marchés. Ne sommes-nous pas Français ? N'avons-nous pas autant de droits que les planteurs des Antilles à une juste réciprocité? Nous payons les capitaux à 10 pour 100 ; nous travaillons d'un bras et combattons de l'autre : comment pourrions-nous lutter contre des concurrences prospères et paisibles ? Prohibez donc les cotons des États-Unis, les soies d'Italie, les laines d'Espagne, si vous ne voulez étouffer dans son berceau une colonie arrosée de tant de sueurs, de tant de sang et de tant de larmes. — En vérité, j'ignore ce que la métropole aura à répondre. Sans cette malencontreuse ordonnance, nous aurions résisté à de telles exigences sans blesser la justice ni l'équité.

Vous êtes libres, dirions-nous aux colons, de porter ou de ne pas porter vos capitaux en Afrique ; c'est à vous de calculer les chances relatives de leur placement au delà ou en deçà de la Méditerranée. Libres d'acheter et de vendre selon vos convenances, vous êtes sans droit pour réclamer de notre part l'aliénation d'une semblable liberté.

Aujourd'hui de telles paroles ne seraient que mensonge et dérision.

Mais qu'ai-je besoin de prévoir l'avenir ? Il est si vrai que tout privilége métropolitain implique un privilége colonial correspondant, que l'ordonnance à laquelle je fais allusion nous a déjà engagés dans cette voie. Écoutons M. le ministre du commerce (*Exposé des motifs de la loi des douanes*, page 37 ; séance du 26 mars 1844).

« Pour nos produits, le régime de l'Algérie est la franchise entière de toute taxe d'importation. Pour les marchandises étrangères, le tarif était en général du quart du tarif métropolitain ; il a été élevé au tiers...... En outre, plusieurs produits fabriqués (étrangers)..... ont reçu des taxes particulières propres à donner une impulsion nouvelle à nos exportations. »

Voilà pour le privilége de la métropole à l'égard de la colonie. Voici maintenant pour le privilége de la colonie vis-à-vis de la métropole :

« Pour imprimer à nos transactions commerciales, en Afrique, l'activité qu'elles peuvent avoir, *il ne suffit pas d'y protéger nos produits, il faut encore que la consommation française s'ouvre* aux principales denrées que peuvent nous fournir et la colonisation européenne qui se développe, et la population indigène *rangée sous nos lois*. Nous avons, dans ce but, par une autre ordonnance, dégrévé de moitié la généralité des produits dont la culture et le commerce de l'Algérie sont en mesure de pourvoir la métropole. »

Ainsi la première mesure que j'examine, quoiqu'en elle-même elle puisse paraître de peu d'importance, a cependant une immense gravité ; car elle est la première pierre d'un édifice monstrueux qui, je le crains, prépare à la France un long avenir de difficultés et d'injustices.

On a élevé les droits sur les fils et tissus de lin de provenance anglaise. Ici c'est plus que de la protection, c'est de l'hostilité. Quelle arme dangereuse que celle des *droits différentiels !* quelle source de jalousies, de rancunes, de représailles ! quel arsenal de notes diplomatiques ! quel fardeau, quelle responsabilité pour les ministres ! Que dirions-nous si les Espagnols décrétaient que les draps du monde entier seront reçus chez eux au droit de 25 pour 100, *excepté les draps français,* qui payeront 50 pour 100?

Cette seconde mesure a donc, de même que la précédente, une haute portée comme doctrine, comme symptôme, à cause du nouveau droit public qu'elle introduit dans les relations internationales. Puisse-t-il n'être pas fécond en tempêtes !

Je ne reviendrai pas sur la lutte des deux sucres et sur la loi qui leur a imposé une trêve éphémère plutôt qu'une paix durable. Je dirai seulement que, puisqu'on trouvait que les prix du monopole étaient un trop puissant excitant pour le sucre indigène, une chaude atmosphère dans laquelle il se développait avec trop de rapidité, il y avait un moyen simple de faire rentrer la jeune industrie dans le droit commun et dans les conditions naturelles ; c'était d'abolir ou du moins d'amoindrir le monopole, c'est-à-dire de diminuer les droits sur les sucres coloniaux et étrangers. Par là, on aurait satisfait les colonies, étendu nos relations commerciales, favorisé la consommation et par suite le placement des sucres rivaux ; enfin, et par-dessus tout, on aurait fait justice au public, que malheureusement on oublie sans cesse dans ces sortes de questions, ou dont on ne se souvient que pour en *disposer*, selon l'heureuse expression de M. de Saint-Cricq, et *le réserver*, comme une proie, *aux producteurs.* Cette mesure n'aurait pas froissé les fabricants de sucre de betterave plus que celle qu'on a adoptée, et elle aurait eu l'avantage, comme tout ce qui porte un caractère évident de justice et d'utilité générale, d'arrêter la plainte sur les lèvres de ceux-là mêmes qu'elle aurait atteints. La nouvelle industrie se serait tenue pour avertie que le public n'avait pas d'engagement envers elle ;

et ayant en perspective le régime de la liberté, elle aurait su du moins dans quelles conditions elle devait vivre. C'eût été à elle à s'y renfermer; et il eût été bien entendu que s'il lui convenait de s'étendre au delà, c'était à ses périls et risques. L'État anéantissait ainsi toutes les difficultés ultérieures. Au lieu de cela, on a mieux aimé maintenir le monopole au sucre colonial et étouffer le sucre indigène sous le fardeau des taxes (1).

Bien plus, le gouvernement français n'a pas craint de proposer l'*interdiction absolue* de cette fabrication, principe monstrueux qui renferme virtuellement la mort légale de toute liberté industrielle et de tous les progrès de l'esprit humain. Je sais qu'on me dira que l'abaissement des droits sur les sucres étrangers et coloniaux eût laissé un vide au Trésor. J'en doute; mais, après tout, c'est précisément ce que je veux prouver, savoir : qu'en France, on fait si bon marché de la liberté du travail et de l'échange, qu'on la sacrifie en toute rencontre et à la plus frivole considération.

Voici maintenant qu'on propose d'augmenter les droits sur les machines. Sans doute on trouve que notre industrie manufacturière n'a pas assez de difficultés à vaincre, puisqu'on veut lui imposer des machines coûteuses et imparfaites? « Mais, dit-on, on fait en France des machines excellentes et à bon marché. » Alors, à quoi bon la protection? Messieurs les industriels ont double face, comme Janus. S'agit-il d'obtenir des médailles, des primes d'encouragement ou simplement de recruter des actionnaires, oh! alors ils sont magnifiques; ils ont poussé leurs procédés à un point de perfection inespéré; il n'y a pas de rivalité possible, et ils auront chaque année 100 pour 100 à donner à leurs bailleurs de fonds. Mais est-il question de monopole,

(1) V. *Deux modes d'égalisation des taxes*, t. II, p. 222.
(*Note de l'éditeur.*)

de protection, ils se font petits, malhabiles, inintelligents, toute concurrence les importune; et s'il fallait en croire leur modestie, il y aurait plus de science dans le petit doigt d'un ouvrier anglais que dans toutes les têtes du comité Mimerel.

Ce qui s'est passé à l'occasion des machines vaut la peine d'être raconté. Il y a trois ans, un membre du Parlement anglais vint à Paris pour négocier le traité de commerce. A cette époque, l'Angleterre prélevait des droits élevés sur l'exportation des machines. Le négociateur français vit là un obstacle au traité. On était d'accord sur le reste : l'Angleterre recevait nos vins; nous admettions sa poterie et sa coutellerie. « Mais, disait-on au député de la Grande-Bretagne, la France manque de machines, surtout de métiers à filer et à tisser le lin. Pour le coton, nous pourrions à la rigueur nous suffire; mais pour le lin, il est indispensable que vous nous laissiez arriver vos métiers francs de droits. » M. Bowring revint en Angleterre. On réunit les filateurs de lin, et on leur demanda s'ils renonceraient au monopole des machines anglaises. Ils y consentirent, et la difficulté était levée, lorsque, comme on le sait, le traité échoua devant la résistance des fabricants du Nord et par des considérations politiques qu'il est inutile de rappeler.

Qu'est-il arrivé cependant? La réforme commerciale de 1842 a balayé, en Angleterre, les droits d'exportation sur les machines. Nous voilà, sans condition, en possession de cet avantage que nous réclamions avec tant d'insistance. Nos filatures de lin et de coton vont avoir enfin des machines excellentes, franches de droit. Mais voici bien une autre affaire. M. Cunin-Gridaine réclame un droit prohibitif sur ces machines tant désirées, et, chose qui passe toute croyance, les métiers à filer le coton, dont on pouvait se passer, ne payeront que 30 francs par 100 kilogrammes, et les métiers à filer le lin, dont on était si envieux, auront à supporter un droit de 50 francs ! Mais telle est la nature de la protection ; elle laisse entrer ce dont nous n'avons que faire et repousse ce dont nous avons le plus besoin.

Je ne rappellerai ici la proposition faite par le ministre des finances, d'élever les droits sur le sésame, que parce que le génie de la protection, ou plutôt du monopole, s'y montre dans toute sa nudité. C'est lui sans doute qui a inspiré les mesures que je viens d'examiner, mais secrètement pour ainsi dire, en s'environnant de prétextes, en mettant ses intérêts et ses vues derrière des questions fiscales et coloniales. Mais quant au sésame, il n'y a pas moyen d'invoquer le patriotisme, l'orgueil national, les besoins de la navigation, la haine de l'étranger, etc., etc. Il faut bien avouer franchement qu'on élève le droit uniquement *parce que le sésame rend plus d'huile que le colza.* On avait cru que cette graine rendait 20 pour 100 d'huile, et on l'avait soumise à un droit égal à 1. On s'aperçoit que ce rendement est de 40 pour 100, et l'on élève le droit à 2. Si plus tard une autre plante se présente qui donne 60 pour 100, on portera le droit à 3 ou 4, et ainsi de suite, repoussant les produits en proportion de ce qu'ils sont riches et précisément parce qu'ils sont riches. C'est bien là le caractère de la protection dans toute sa sincérité, débarrassée des prétextes, des sophismes, des faux exposés sous lesquels elle se déguise quand elle le peut. Ici elle se présente toute franche et toute nue. Ici le monopole ne prend pas des voies tortueuses ; il dit : L'étranger possède un végétal riche et productif ; c'est un bienfait de la nature qu'il veut partager avec mon pays. Mais moi j'ai une plante relativement pauvre, inféconde, et je veux forcer mon pays à s'en contenter. Le consommateur est une matière inerte dont le gouvernement *dispose ;* j'entends qu'il le *réserve* à mes produits. — Et le gouvernement d'accéder à l'injonction.

J'ai examiné la politique du gouvernement français, en

matière de douanes et d'échanges internationaux, politique manifestée par une foule de mesures restrictives ; et comme, à ce que je crois, on ne pourrait pas en citer une seule prise par lui dans un sens libéral, je suis fondé à dire que *la France s'engage chaque année davantage dans le régime de la protection*. C'est la première proposition que j'avais à établir.

Toutefois ce n'est point en vue de ces modifications rétrogrades que j'énonce cette proposition, sous une forme aussi générale. Je ne suis pas de ceux qui pensent qu'on peut conclure de quelques actes du gouvernement à la persistance d'un système. Les gouvernements ne sont pas toujours l'expression de l'opinion publique. Souvent même ces deux puissances agissent momentanément en sens contraire ; et comme nos constitutions modernes ont pour objet de faire tôt ou tard triompher l'opinion, je ne me hasarderais pas à dire, en vue de quelques ordonnances restrictives, que la France tend à s'isoler des autres nations, si je pouvais penser que l'opinion désapprouve ces mesures.

Mais il n'en est pas ainsi. Loin que les mesures dont je viens de parler aient été prises contrairement au vœu public, je suis porté à croire qu'en les adoptant, l'administration a obéi, et peut-être avec répugnance, à la toute-puissance de l'opinion ; et puisque c'est à elle surtout qu'appartient l'avenir, il doit m'être permis d'étudier le rôle qu'elle joue dans la question qui nous occupe.

Les économistes se plaisent à représenter le système prohibitif comme un édifice antique, vermoulu, qui croule de toutes parts : « Soutenu, disent-ils, par quelques intérêts privilégiés, il pèse sur les masses, et il porte en lui-même tous les éléments d'une prochaine destruction. » Ils ont raison sans doute d'attribuer de grandes et générales souffrances à ce système ; mais ils me semblent se faire complétement illusion quand ils s'imaginent que ces souffrances sont clairement aperçues par les masses et distinctement rattachées à la cause qui les produit. Il n'est plus vrai de dire que le monopole ne rallie à lui que quelques intérêts isolés ; il est devenu malheureusement le patrimoine de toutes les grandes industries, et particulièrement de celles qui confèrent l'influence politique. « Protéger, disait encore M. de Saint-Cricq, dans l'exposé des motifs de la loi qui organisa et consolida définitivement le régime prohibitif en France ; protéger l'industrie agricole, toute l'industrie agricole, l'industrie manufacturière, toute l'industrie manufacturière, c'est le cri qui retentira toujours dans cette Chambre. » On ne sait pourquoi le ministre oublie de parler de l'industrie commerciale, puisque la navigation a aussi sa large part de protection.

Ainsi les agriculteurs, les propriétaires, les manufacturiers, les capitalistes qui leur font des avances, les armateurs, les ouvriers des fabriques, les fermiers et métayers, les marins, les classes les plus influentes et les plus nombreuses ont été rattachées au régime restrictif. Sans doute la protection, dont l'injustice est évidente quand elle est le privilége de quelques-uns, devient illusoire quand elle s'exerce *par tous sur tous.* Mais il arrive alors que, chacun fermant les yeux sur les monopoles qu'il subit pour conserver celui qu'il exerce, le système entier jette dans tous les esprits des racines profondes.

Sur quel fondement alléguerait-on que l'opinion publique est favorable en France à la liberté du commerce, quand on ne pourrait pas citer *une seule parole* prononcée dans l'une ou l'autre Chambre en faveur de cette liberté, si ce n'est peut-être l'exclamation d'un député ? De toutes les parties de l'enceinte législative, on réclamait des *représailles* contre le nouveau tarif des États-Unis : « Il n'est pas bien certain, dit un député, que les représailles ne soient aussi funestes à ceux qui s'en servent qu'à ceux contre qui on les dirige. » Ce député était sans doute de l'opposition dite *avancée?* Point du tout : c'était M. Guizot.

L'amour du monopole, le penchant à exploiter le public paraît être enfoncé si avant dans nos mœurs, qu'il se montre là où on s'attendrait le moins à le trouver. Les négociants, ne faisant de profits que sur les échanges et les transports, devraient, ce semble, être ennemis de tout ce qui tend à les restreindre. Eh bien, dans des pétitions émanées de Bordeaux, du Havre, de Nantes, pétitions dirigées contre les restrictions commerciales, après avoir fait parade des doctrines les plus larges, ils ont trouvé le moyen de réclamer pour eux un privilége, et sous une forme assurément peu déguisée. Ils demandaient que, par une combinaison de tarifs, les produits lointains fussent astreints à voyager *à l'état le plus grossier*, afin de fournir plus d'aliment à la navigation. (V. pages 240 et suiv.)

Aux causes générales qui tendent à perpétuer chez nous l'esprit de monopole, il faut en ajouter une particulière, qui agit avec tant d'efficacité qu'elle mérite d'être dévoilée.

Chez les peuples constitutionnels, la vraie mission de l'opposition est de propager, de populariser les idées progressives, de les faire pénétrer d'abord dans les intelligences, ensuite dans les mœurs, et enfin dans les lois. Ce n'est point là proprement l'œuvre du pouvoir. Celui-ci résiste au contraire ; il ne concède que ce qu'on lui arrache, il ne trouve jamais assez longue la quarantaine qu'il fait subir aux *innovations*, afin d'être assuré qu'elles sont des *améliorations*. Or, il est malheureusement entré dans les combinaisons des chefs de l'opposition de déserter les idées libérales, en matière de relations internationales, en sorte qu'on ne voit plus par quel côté pourrait nous arriver la liberté du commerce.

Cet état des choses politiques étant donné, il est aisé d'imaginer tout le parti qu'ont dû en tirer les industries privilégiées. Elles n'ont plus perdu leur temps à systématiser le monopole, à opposer *la théorie de la restriction à la théorie de l'échange*. Non, le privilége a compris ce qui pouvait prolonger son existence ; il a compris que, pour prévenir tout traité de commerce, toute union douanière, pour continuer à puiser paisiblement dans les poches du public, il fallait *irriter* les peuples les uns contre les autres, empêcher toute fusion, tout rapprochement, les tenir séparés par des difficultés politiques, et rendre une conflagration générale toujours imminente. Dès lors, au moyen de ses comités, de ses cotisations, il a porté toutes ses forces, toute son activité, toute son influence du côté *des haines nationales*. Il a soudoyé le journalisme parisien, lui créant ainsi un intérêt pécuniaire, outre l'intérêt de parti, à envenimer les questions extérieures ; et l'on peut dire que cette monstrueuse alliance a détourné notre pays des voies de la civilisation.

Au milieu de ces circonstances la presse départementale, la presse méridionale surtout, eût pu rendre de grands services ; mais soit qu'elle n'ait pas aperçu le mobile de ces machiavéliques intrigues, soit que tout cède en France à la crainte de *paraître* faiblir devant l'étranger, toujours est-il qu'elle a niaisement uni sa voix à celle des journaux stipendiés ; et aujourd'hui le privilége peut se croiser les bras en voyant les hommes du Midi, hommes spoliés et exploités, faire son œuvre comme il eût pu la faire lui-même, et consacrer toutes les ressources de leur intelligence, toute l'énergie de leurs sentiments à consolider les entraves, à perpétuer les extorsions qu'il lui plaît de nous infliger.

Cette faiblesse a porté ses fruits. Pour repousser les accusations dont il est accablé, le gouvernement n'avait qu'une chose à faire, et il l'a faite. Il a sacrifié une portion du pays.

Qu'on se rappelle le fameux discours de M. Guizot (29 février 1844). M. le ministre lui-même oserait-il dire qu'il y a injustice à le paraphraser ainsi :

« Vous dites que je soumets ma politique à la politique anglaise; mais voyez mes actes.

« Il était juste de rendre aux Français *le droit d'échanger* confisqué par quelques privilégiés; j'ai voulu entrer dans cette voie par des traités de commerce. Mais on a crié : *A la trahison!* et j'ai rompu les négociations.

« S'il faut que les Français achètent au dehors des fils et tissus de lin, je pensais qu'il valait mieux pour eux en obtenir *plus que moins*, pour un prix donné. Mais on a crié : *A la trahison!* et j'ai établi des droits différentiels.

« Il était de l'intérêt de notre jeune colonie africaine d'être pourvue, à bas prix, de toutes choses, afin de croître et prospérer. Mais on a crié : *A la trahison!* et j'ai livré l'Algérie au monopole.

« L'Espagne aspirait à secouer le joug d'une de ses provinces; c'était son intérêt, c'était le nôtre, mais c'était aussi celui des Anglais. On a crié : *A la trahison!* et pour étouffer ce cri importun, *j'ai maintenu ce que l'Angleterre voulait renverser*, à savoir l'exploitation de l'Espagne par la Catalogne. »

Voilà donc où nous en sommes. La machine de guerre de tous les partis, c'est *la haine de l'étranger*. A gauche, à droite, on s'en sert pour battre en brèche le ministère; au centre, on fait pis, on la traduit en actes pour faire preuve d'indépendance, et le monopole arrive à toutes ses fins avec ce seul mot : *A la trahison!*

Où tout cela nous mènera-t-il? je l'ignore. Mais je crois que ce jeu des partis recèle des dangers, et je m'explique pourquoi le général Cubière demandait que l'armée fût portée à 500,000 hommes; pourquoi l'opinion alarmée réclame une puissante marine; pourquoi la France fortifie la capitale et paye 1 milliard et demi d'impôts.

§ II. — Pendant que ces choses se passent en France, examinons les tendances de l'économie politique anglaise, manifestées d'abord par les actes législatifs, ensuite par les exigences de l'opinion.

On sait que, par son fameux acte de navigation, l'Angleterre entra dans les voies du monopole que lui avaient frayées les républiques italiennes et Charles-Quint. Mais tandis que cette politique égoïste et imprévoyante avait produit en Espagne et en Italie de si déplorables résultats, elle n'empêcha pas la Grande-Bretagne de s'élever à cette haute prospérité, qui a tant contribué à populariser en Europe le système auquel on s'est empressé de l'attribuer. Ce n'est que de nos jours, que l'Angleterre commence à comprendre qu'elle s'est enrichie non *par* les prohibitions, mais *malgré* les prohibitions. C'est de l'administration de M. Huskisson que date cette halte dans la politique de restriction.

Ce grand ministre, malgré le désavantage de lutter contre une opinion publique encore incertaine, voulut inaugurer la politique libérale par des résolutions décisives. Il s'attaqua aux monopoles des fabricants de soieries, des brasseurs, des producteurs de laines, et enfin au plus populaire, je dirai même au plus national de tous les monopoles, celui de la navigation. L'altération qu'il fit subir à l'acte de Cromwell fut si sérieuse et si profonde, qu'elle a amené ce fait que je trouve dans un journal anglais du 18 mai 1844 : « Du 10 avril au 9 mai, il est entré à Newcastle soixante-quatre bâtiments chargés de grains, dont soixante-un sont étrangers. »

On conçoit sans peine quelle lutte M. Huskisson eut à soutenir pour faire passer une réforme si dangereuse pour cette *suprématie navale*, si chère aux Anglais. *L'empire des mers !* tel était le cri de ralliement de ses adversaires, auquel il répondit par ces nobles paroles, que je ne puis m'empêcher de rappeler ici, parce qu'elles signalent l'heureuse incompatibilité qui existe entre la liberté commerciale et ces jalousies nationales, triste cortége du régime protecteur : « J'espère bien que je ne ferai plus partie des conseils de l'Angleterre, quand il y sera établi en principe qu'il y a une règle d'indépendance et de souveraineté pour le fort et une autre pour le faible, et lorsque l'Angleterre, abusant de sa supériorité navale, exigera pour elle soit dans la paix, soit dans la guerre, des droits maritimes qu'elle méconnaîtra pour les autres, dans les mêmes circonstances. De pareilles prétentions amèneraient la coalition de tous les peuples du monde pour les renverser. »

On n'a pas oublié la crise industrielle, commerciale et financière qui désola l'Angleterre, vers la fin de l'administration de lord John Russell. Au milieu d'une détresse générale, en face des guerres de la Chine et de l'Afghanistan, en présence du déficit, il semble que le moment était mal choisi pour développer la grande réforme douanière et coloniale essayée par Huskisson. C'est pourtant dans ces circonstances que le cabinet whig présenta un projet qui n'allait à rien moins qu'à détruire presque entièrement le régime de la protection et à révoquer le contrat de *monopole réciproque* qui lie l'Angleterre à ses colonies. C'est une chose étrange, pour une oreille française, qu'un langage ministériel semblable à celui que tenaient alors les chefs de l'administration britannique. « Les taxes n'emplissent plus le trésor, disaient-ils ; il faut se hâter *de les diminuer*, afin que le peuple vive mieux, ait plus de travail, consomme davantage et prépare ainsi, pour l'avenir, un aliment au revenu public. Laissons entrer le froment, le sucre, le café, à des droits modérés. Débarrassons-nous du monopole qu'exercent sur nous nos colonies, à la charge par nous de renoncer à celui que nous exerçons sur elles. Par là nous les appellerons à l'indépendance, à la prospérité ; et délivrés des dépenses et des dangers qu'elles entraînent, nous n'aurons avec elles et avec le monde que des relations libres et volontaires. »

Il est vrai de dire que cette foi entière dans la solidité des doctrines sociales, cette adhésion sans réserve à ce grand principe : *Il n'y a d'utile que ce qui est juste*, en un mot, cette politique audacieuse des whigs, rencontra une opposition énergique dans l'aristocratie, les fermiers et les planteurs des Antilles ; et l'on doit même avouer que cette opposition eut l'assentiment de l'opinion publique, puisqu'un appel au corps électoral eut pour résultat la chute du ministère Melbourne. Mais n'est-ce rien, au moins comme fait symptomatique, que cette tentative d'un parti influent, d'un parti toujours prêt à s'emparer du timon de l'État, que cet effort pour faire entrer immédiatement dans la pratique des affaires ces grands principes sociaux que nous devions croire relégués, pour longtemps encore, dans les écrits des publicistes et dans la poudre des bibliothèques? Et faut-il s'étonner si cette tentative radicale a échoué, sur la terre natale du monopole, dans ce pays où les priviléges aristocratiques, économiques, politiques, religieux, coloniaux sont si puissants et si étroitement unis?

Mais enfin, voilà la liberté condamnée ; voilà le privilége au pouvoir, dans la personne de sir Robert Peel, porté et soutenu par une majorité compacte de vieux torys. Voyons, étudions les doctrines, les actes de ce nouveau cabinet, qui a reçu mission expresse de maintenir intact l'édifice du monopole.

Son premier empressement est de proclamer son adhésion aux doctrines de la liberté commerciale. « Il faut arriver, dit sir Robert, à ce que tout Anglais puisse librement acheter et vendre partout où il pourra le faire avec le plus d'avantage. » Son collègue, sir James Graham, en citant ces paroles, devenues proverbiales en Angleterre, les caractérise ainsi : « C'est la politique du sens commun. »

Il ne faut pas croire que sir Robert, en ajournant la réalisation de la doctrine libérale, s'abrite, comme on devrait s'y attendre, derrière ce prétexte si spécieux et si répandu : le défaut de réciprocité de la part des autres nations. Non, il a dit encore : « Réglons nos tarifs selon nos intérêts, qui consistent à mettre les produits du monde à la portée de nos consommateurs ; et si les autres peuples veulent payer cher ce que nous pourrions leur donner à bon marché, libre à eux ! »

Comparons maintenant les actes à ces déclarations de principes, et si nous trouvons que la pratique n'est pas à la hauteur de la théorie, nous reconnaîtrons du moins que ces actes ont une signification à laquelle on ne saurait se méprendre, si l'on ne perd pas de vue que le ministère anglais agit au milieu d'immenses difficultés financières et sous l'influence du parti qui l'a porté au pouvoir.

La première mesure que prit sir Robert Peel, ce fut de faire un appel aux riches pour combler le déficit. Il soumit à une taxe de 3 pour 100 tout revenu dépassant 150 liv. sterl. (fr. 3,250), quelle qu'en fût la source, terres, industries, rentes sur l'État, traitements, etc. Cette taxe doit durer trois ou cinq ans.

Au moyen de cette taxe sur le revenu (*income-tax*), sir Robert Peel espérait non-seulement combler le déficit annuel, mais encore avoir, après chaque exercice, un excédant disponible.

A quoi fallait-il consacrer cet excédant? Évidemment à quelque mesure propre à relever les impôts ordinaires, de manière à pouvoir se passer, après trois ou cinq ans, de l'*income-tax*.

Je ne sais ce qu'on aurait imaginé, de ce côté-ci du détroit, en semblable conjoncture ; quoi qu'il en soit, le cabinet tory proposa d'abaisser le tarif des douanes de manière à produire, dans les revenus déjà en déficit, un nouveau vide égal à cet excédant attendu de l'*income-tax*. Il espérait qu'au bout des trois ou cinq années, cet allégement des droits favorisant la consommation, et par là le revenu public, l'équilibre des finances serait rétabli.

Faire monter les recettes par un dégrèvement de taxes, c'est, il faut l'avouer, un procédé hardi et encore inconnu chez un grand nombre de peuples.

Au reste, il est peut-être bon de remarquer ici que sir Robert Peel n'avait pas le mérite de l'invention. C'est une politique qui a été constamment suivie, depuis la paix, soit par les whigs, soit par les torys, que de chercher dans la diminution des taxes des ressources pour le trésor. Seulement, ce que les précédents cabinets avaient fait pour les taxes intérieures (et je citerai entre autres la réforme postale), sir Robert l'a appliqué aux droits de douane. Par là, il a introduit un germe de mort au cœur du régime prohibitif.

M. Dussard a déjà fait connaître dans ce journal les réductions opérées à cette époque sur les tarifs anglais. Je rappellerai ici les principales.

DÉNOMINATIONS.	DROITS ANCIENS.						DROITS NOUVEAUX.					
	D'ORIGINE étrangère.			des COLONIES.			D'ORIGINE étrangère.			des COLONIES.		
				liv.	sch.	d.	liv.	sch.	d.	liv.	sch.	d.
Bœufs	Prohibé.			»	»	»	1	»	»	»	10	»
Veaux	—			»	»	»	»	10	»	»	5	»
Moutons	—			»	»	»	»	3	»	»	1	6
Cochons	—			»	»	»	»	5	»	»	2	6
Viande de bœuf... le quintal	—			»	»	»	»	8	»	»	2	»
Viande de porc.... le quintal	—			»	»	»	»	8	»	»	2	»
Bière... 32 litres	3 liv.	6 sch.	» d.	»	»	»	2	»	»	1	»	»
Bœuf salé	»	12	»	»	»	»	»	8	»	»	2	»
Farine	»	3	»	»	»	»	»	»	6	»	»	3
Huile d'olives	4	4	»	»	»	»	2	»	»	1	»	»
Huile de baleine	26	12	»	»	»	»	6	»	»	»	»	»
Bois de construction	3	»	»	»	10	»	1	5	»	»	»	1
Cuirs... le quintal	»	4	8	»	»	»	»	2	»	»	1	»
Souliers de femmes la douzaine	»	18	»	»	»	»	»	8	»	»	4	»
Bottes	2	14	»	»	»	»	1	5	»	»	12	»
Souliers d'hommes	1	4	»	»	»	»	»	12	»	»	6	»
Gants, réduction 50 p. 100	»	»	»	»	»	»	»	»	»	»	»	»
Goudron... 12 barils	»	15	»	»	»	»	»	6	»	»	3	»
Térébenthine	»	4	4	»	»	»	»	1	»	»	»	6
Café	»	1	3	»	6	»	»	8	»	»	»	4
Suif... le quintal	»	3	2	»	1	»	»	3	2	»	»	3
Riz... 3 hectolitres	1	»	»	»	»	»	»	3	»	»	»	1

Voici comment fut modifiée l'échelle progressive (*sliding scale*) des droits sur les céréales :

PRIX DU FROMENT.	NOUVELLE ÉCHELLE.	ANCIENNE ÉCHELLE.
sch. le quarter.	sch.	sch. d.
73	1	1 »
72	2	2 8
71	3	6 8
70	4	10 8
69	5	13 8
68		16 8
67	6	18 8
66		20 8
65	7	21 8
64	8	22 8
63	9	23 8
62	10	24 8
61	11	25 8
60	12	26 8
59	13	27 8
58	14	28 8
57	15	29 8
56	16	30 8
55	17	31 8
54	18	32 8
53		33 8
52	19	34 8
51	20	35 8

Le ministère Peel ne s'est pas arrêté dans cette voie.

Dans la séance du 1er mai 1844, le chancelier de l'Échiquier a annoncé que le but immédiat qu'on s'était proposé, celui de rétablir l'équilibre des finances, avait été atteint. Les recettes du dernier exercice ont dépassé les prévisions ; les dépenses, au contraire, sont demeurées au-dessous, en sorte que l'administration peut disposer d'un boni de 2,370,600 liv. sterl.

En conséquence il propose :

1° D'abolir intégralement les droits sur les laines étrangères ;

2° D'abolir intégralement les droits sur les vinaigres ;

3° De réduire les droits sur les cafés étrangers de 8 à 6 d., le droit sur le café colonial restant à 4 d. — La *protection* tombe ainsi de 2 d. ;

4° De réduire les droits sur les sucres étrangers provenant du travail libre (*foreign free-grown sugar*) de 63 à 34 sch. le quintal, le droit sur le sucre colonial restant à 24 sch. — La prime en faveur des colonies, ou la protection, tombe ainsi de 39 à 10 sch., ou des trois quarts ;

5° D'abaisser les droits sur plusieurs autres articles, verrerie, raisins de Corinthe, et les taxes sur les primes d'assurances maritimes. Ces diverses réductions doivent laisser un déficit au trésor de 400,000 liv. sterl., et réduire par conséquent le boni de 2,400,000 liv. sterl. à 2 millions.

Si l'on ajoute à cela la réforme de la Banque et la conversion des rentes, on reconnaîtra que la présente session du Parlement n'a pas été tout à fait perdue pour l'avenir économique de la Grande-Bretagne, même sous l'administration qui n'est arrivée au pouvoir que pour modérer l'esprit de réforme.

Et si l'on veut bien se rappeler que, contrairement à tous les précédents, les vainqueurs de la Chine et du Scind n'ont stipulé pour eux, dans ces pays, aucun avantage commercial qui ne s'étende à toutes les nations du monde, il faudra bien convenir que la doctrine de la liberté des échanges a dû faire des progrès en Angleterre pour amener de tels résultats.

On est surpris, il est vrai, que le gouvernement anglais pouvant disposer d'un excédant de recettes de 2,400,000 liv. sterl., il n'accorde des modérations de droits que jusqu'à concurrence de 400,000 liv. sterl. Voici comment M. Goulburn s'exprime à ce sujet :

« Je n'hésite pas à dire que, dans le moment actuel, je ne suis pas encore fixé sur les résultats de la réduction de droits opérée en 1842. Il est hors de doute que lorsque l'on considère la liste des articles et la consommation croissante, qui s'est manifestée sur presque tous, on est fondé à concevoir les plus grandes espérances. Sur les trente-trois principaux articles qui ont été réduits, il n'y en a que cinq dont la consommation a diminué. Sur tous les autres, il y a eu une augmentation plus ou moins prononcée. J'espère donc dans l'issue de cette expérience ; mais la Chambre ne doit pas perdre de vue que la nécessité de donner aux approvisionnements le temps de s'écouler n'a permis au nouveau tarif d'entrer en plein exercice que vers le milieu de l'année dernière. L'expérience n'est donc pas complète, et je ne saurais prendre sur moi, d'après un essai d'aussi courte durée, de préjuger les vues du Parlement dans le cours de la prochaine session, surtout alors que la taxe sur le revenu (*income-tax*) devra être prise en considération. Dans de telles circonstances, je pense qu'il sera évident pour tous que j'aurais agi d'une manière inconsidérée et même déloyale, si j'avais engagé la Chambre à voter, dès aujourd'hui, de plus fortes réductions, qui n'auraient eu d'autre résultat que de l'empêcher d'agir, l'année prochaine, en parfaite connaissance de cause. »

Ainsi le cabinet réserve 2 millions sterling, sur l'excédant de revenu déjà réalisé, pour les réunir à l'excédant prévu du présent exercice, afin de pouvoir, dès la prochaine session, soit supprimer l'*income-tax*, soit marcher résolûment dans la carrière de la réforme commerciale. Je dois ajouter que c'est l'opinion générale, en Angleterre, que le ministre usera de la faculté qui lui a été accordée de prélever l'*income-tax* pendant cinq ans au lieu de trois, et qu'il mettra ce délai à profit pour achever, autant du moins que cela entre dans ses vues, l'œuvre qu'il a entreprise.

De l'examen que je viens de faire de la politique suivie en Angleterre, depuis Huskisson jusqu'à ce moment, et de l'espèce d'engagement contracté le 1er mai dernier par le chancelier de l'Echiquier, je crois qu'on peut conclure que le Royaume-Uni *s'avance d'année en année vers le régime de la liberté*. C'est la seconde proposition que j'avais à établir ;

mais afin qu'on ne soit pas porté à s'exagérer la libéralité de l'œuvre des torys, non plus qu'à en méconnaître l'importance, je crois devoir faire suivre cet exposé de quelques réflexions.

Quelle différence caractérise la politique de Peel et celle de Russell? Comment le ministère whig est-il tombé pour avoir proposé une réforme qu'accomplissent ceux qui l'ont renversé? C'est une question qui se présentera naturellement à l'esprit, dans l'état d'ignorance où la presse tient systématiquement le public français sur les affaires de l'Angleterre.

Le plan adopté par sir R. Peel répond à deux pensées : la première, c'est de relever le revenu public par l'accroissement de la consommation; la seconde, de ménager, autant que possible, les intérêts aristocratiques et coloniaux. Soulager les masses, dans la mesure nécessaire pour rétablir l'équilibre des finances, n'abandonner du monopole que ce qui est indispensable pour atteindre ce but; telle est la tâche que le ministère accomplit du consentement des torys. On conçoit que la situation de la Grande-Bretagne commandait si impérieusement de mettre un terme au déficit annuel du budget, que les torys eux-mêmes se soient vus forcés de laisser entamer le monopole.

Mais naturellement ils ont exigé du ministère qu'il en retînt tout ce qu'il est possible d'en retenir. Aussi sir R. Peel n'a pas songé à établir l'*impôt foncier;* et il n'a touché que d'une manière illusoire à la protection dont jouissent les céréales, c'est-à-dire les seigneurs terriens.

Quant aux colonies, la protection leur est continuée et semble même leur promettre un nouvel avenir. Il est vrai que le *nivellement* tend à s'établir pour le sucre, le café et ce qu'on nomme les denrées tropicales; il est vrai encore que les droits ont été abaissés sur une foule d'objets de provenance étrangère et dans une forte proportion ; mais ils ont été abaissés, pour les objets similaires provenant des colonies, dans une proportion encore plus forte, en sorte que la protection subsiste toujours en principe et en fait. Un exemple fera comprendre ce mécanisme.

BOIS DE CONSTRUCTION

Du Canada.		De la Baltique.	Proportion.
Tarif ancien.	10 sch.	55 sch.	1 contre 5 1/2.
Tarif Russell.	20	50	1 contre 2 1/2.
Tarif Peel.	1	25	1 contre 25.

Ainsi, quoique le bois de la Baltique ait subi une réduction plus forte même que celle que proposait lord John Russell, cependant la protection en faveur du Canada n'en est pas altérée; bien au contraire, car sir Robert a en même temps dégrévé le bois colonial, tandis que lord Russell voulait l'élever. Cet exemple montre clairement par quel artifice le cabinet tory a su concilier l'intérêt du consommateur et celui des colons.

Il suit de là que sir Robert Peel est en mesure de refuser aux colonies la liberté du commerce. « Nous vous conservons la protection, leur dit-il, par d'autres chiffres, mais d'une manière tout aussi efficace. » Les whigs, au contraire, entraient dans la voie de l'affranchissement. Ils disaient aux colonies : « Le Royaume-Uni cesse d'être votre acheteur forcé, mais aussi il ne prétend plus être votre vendeur exclusif; que chacun de nous se pourvoie selon ses intérêts et ses convenances. » Il est clair que c'était la rupture du contrat social. La métropole devenait libre de recevoir du bois, du sucre, du café d'ailleurs que des colonies; les colonies devenaient libres de recevoir de la farine, des draps, des toiles, du papier, des soieries d'ailleurs que de l'Angleterre.

Le projet des whigs renfermait donc une pensée grande, féconde, humanitaire, qu'on regrette de ne pas retrouver, du moins au même degré, dans la réforme exécutée par les torys, d'autant que sir Robert Peel avait fait pressentir qu'il s'emparait de cette pensée, quand il avait placé son système sous le patronage de ces mémorables paroles : « Il faut arriver à ce que tout Anglais soit libre d'acheter et de vendre au marché le plus avantageux! » « *Every Englishman must be allowed to buy in the cheapest market, and to sell in the dearest.* » (*Speech on the tariff*, 10 mai 1842.) Principe dont il s'écarte, puisqu'il oblige les Anglais et leurs colons d'acheter et de vendre dans des marchés *forcés*.

Telle est la différence qui signale les deux réformes que nous comparons; mais quoique celle des torys soit moins radicale et sociale que celle des whigs, il est pourtant certain qu'elle procède constamment *par voie de dégrèvement*, et c'en est assez pour justifier la proposition que j'avais à établir.

Quand j'ai parlé de la France, j'ai dit que ce n'est pas par quelques actes du gouvernement, mais par les exigences de l'opinion publique qu'il fallait surtout apprécier les tendances des peuples et l'avenir qu'ils se préparent. Or, en matière de douanes, de l'autre côté comme de ce côté du détroit, il est facile de voir que l'initiative ministérielle est forcée par la puissance de l'opinion. Ici, elle réclame des protections, et le pouvoir rend des ordonnances restrictives. Là, elle demande la liberté, et le pouvoir opère les réformes du 26 juin 1842 et du 1er mai 1844; mais il s'en faut bien que ces mesures incomplètes satisfassent le vœu public, et comme il y a en France des comités manufacturiers qui tiennent les ministres sous leur joug, il y a en Angleterre des associations qui entraînent l'administration dans la voie de la liberté. Les manœuvres secrètes et corruptrices de comités, organisés pour le triomphe d'intérêts particuliers, ne peuvent nous donner aucune idée de l'action franche et loyale qu'exerce en Angleterre l'*association pour la liberté du commerce* [1], cette association puissante qui dispose d'un budget de 3 millions, qui, par la presse et la parole, fait pénétrer dans toutes les classes de la communauté les connaissances économiques, qui ne laisse ignorer à personne le mal ni le remède, et qui néanmoins paralyse entre les mains des opprimés toute arme que n'autorisent pas l'humanité et la religion. — Je n'entrerai pas ici dans des détails sur cette association dont la presse parisienne nous a à peine révélé l'existence. Je me contenterai de dire que son but est l'abolition complète, immédiate de tous les monopoles, « de toute protection en faveur de la propriété, de l'agriculture, des manufactures, du commerce et de la navigation, en un mot, la liberté illimitée des échanges, en tant que cela dépend de la législation anglaise et sans avoir égard à la législation des autres peuples! » — Pour faire connaître l'esprit qui l'anime, je traduirai un passage d'un discours prononcé à la séance du 20 mai dernier par M. George Thompson.

« C'est un beau spectacle que de voir une grande nation presque unanime poursuivant un but tel que celui que nous avons en vue, par des moyens aussi parfaitement conformes à la justice universelle que ceux qu'emploie l'*Association*. En 1826, le secrétaire d'État, qui occupe aujourd'hui le ministère de l'intérieur, fit un livre pour persuader aux monopoleurs de renoncer à leurs priviléges, et il les avertissait que s'ils ne s'empressaient de céder et de sacrifier leurs intérêts privés à la cause des masses, le temps viendrait où, dans ce pays, comme dans un pays voisin, le peuple se lèverait dans sa force et dans sa majesté, et balayerait, de dessus le sol de la patrie, et leurs honneurs, et leurs titres,

(1) Cette association s'intitule *Anti-corn law-league*, parce qu'elle s'attaque principalement à la loi des céréales, qui est la clef de voûte du système protecteur. Mais je ne crains pas qu'aucune personne connaissant le but de cette société m'accuse d'avoir mal traduit ce titre par ces mots : *Association pour l'affranchissement du commerce.*

et leurs distinctions, et leurs richesses mal acquises. Qu'est-ce qui a détourné, qu'est-ce qui détourne encore cette catastrophe dont l'idée seule fait reculer d'horreur? qu'est-ce qui en préservera notre pays, quelque longue que soit la lutte actuelle? C'est l'*intervention de l'Association pour la liberté du commerce*, avec son action purement morale, intellectuelle et pacifique, rassemblant autour d'elle et accueillant dans son sein les hommes de la moralité la plus pure, non moins attachés aux principes du christianisme qu'à ceux de la liberté, et décidés à ne poursuivre leur but, quelque glorieux qu'il soit, que par des moyens dont la droiture soit en harmonie avec la cause qu'ils ont embrassée. Si l'ignorance, l'avarice et l'orgueil se sont unis pour retarder le triomphe de cette cause sacrée, une chose du moins a lieu de nous consoler et de soutenir notre courage, c'est que chaque heure de retard est employée par dix mille de nos associés à répandre les connaissances les plus utiles dans toutes les classes de la communauté. Je ne sais vraiment pas, s'il était possible de supputer le bien qui résulte de l'*agitation* actuelle, je ne sais pas, dis-je, s'il ne présenterait pas une ample compensation au mal que peuvent produire, dans le même espace de temps, les lois qu'elle a pour objet de combattre. — Le peuple a été éclairé, la science et la moralité ont pénétré dans la multitude; et si le monopole a empiré la condition physique des hommes, l'association a élevé leur esprit et donné de la vigueur à leur intelligence. Il semble qu'après tant d'années de discussion, les faits et les arguments doivent être épuisés. Cependant nos auditeurs sont toujours plus nombreux, nos orateurs plus féconds, et tous les jours ils exposent les principes les plus abstraits de la science sous les formes les plus variées et les plus attrayantes. Quel homme, attiré dans ces meetings par la curiosité, n'en sort pas meilleur et plus éclairé? Quel immense bienfait pour le pays que cette association ! Pour moi, je suis le premier à reconnaître tout ce que je lui dois, et je suppose qu'il n'est personne qui ne se sente sous le poids des mêmes obligations. Avant l'existence de la *Ligue*, avais-je l'idée de l'importance du grand principe de la liberté des échanges ? l'avais-je considéré sous tous ses aspects ? avais-je reconnu aussi distinctement les causes qui ont fait peser la misère, répandu le crime, propagé l'immoralité parmi tant de millions de nos frères ? Savais-je apprécier, comme je le fais aujourd'hui, toute l'influence de la libre communication des peuples sur leur union et leur fraternité ? Avais-je reconnu le grand obstacle au progrès et à la diffusion par toute la terre de ces principes moraux et religieux, qui font tout à la fois la gloire, l'orgueil et la stabilité de ce pays ? Non, certainement non ! D'où est sorti ce torrent de lumière ? de l'*association pour la liberté du commerce*. Ah ! c'est avec raison que les amis de l'ignorance et de la compression des forces populaires s'efforcent de renverser la *Ligue*, car sa durée est le gage de son triomphe, et plus ce triomphe est retardé, plus la vérité descend dans tous les rangs et s'imprime dans tous les cœurs. Quand l'heure du succès sera arrivée, il sera démontré qu'il est dû tout entier à la puissance morale du peuple. Alors ces vivaces énergies, devenues inutiles à notre cause, ne seront point perdues, disséminées ou inertes ; mais, j'en ai la confiance, elles seront convoquées de nouveau, consolidées et dirigées vers l'accomplissement de quelque autre glorieuse entreprise. Il me tarde de voir ce jour, par cette raison entre autres que la lumière, qui a été si abondamment répandue dans le pays, a révélé d'autres maux et d'autres griefs que ceux qui nous occupent aujourd'hui..... Hâtons donc le moment où, vainqueurs dans cette lutte, sans que notre victoire ait coûté une larme à la veuve et à l'orphelin, nous pourrons diriger vers un autre objet cette puissante armée, qui s'est levée contre le monopole, et conduire à de nouveaux triomphes un peuple qui aura tout à la fois obtenu le juste salaire de son travail et fait l'épreuve de sa force morale. Nous faisons une expérience dont le monde entier profitera. Nous enseignons aux hommes civilisés de tous les pays comment on triomphe sans intrigue, sans transaction, sans crime et sans remords, sans verser le sang humain, sans enfreindre les lois de la société et encore moins les commandements de Dieu. »

Tel est le but, tel est l'esprit de l'association. On ne sera pas surpris des vives lumières qu'elle a répandues en Angleterre, si l'on veut bien se rappeler que la question de la liberté du commerce touche à tous les grands problèmes de la science économique : distribution des richesses, paupérisme, colonies, et à un grand nombre de difficultés politiques ; car c'est le monopole qui sert de base à l'influence aristocratique, à la prépondérance de l'Église établie, au système de conquêtes et d'envahissements qui a prévalu dans les conseils de la Grande-Bretagne, au développement exagéré de forces navales que cette politique exige, enfin à la haine et à la méfiance des peuples qu'elle ne peut manquer de susciter.

Je crois avoir établi que la France et l'Angleterre suivent, en matière de douanes, une politique opposée. C'est le moment d'examiner la question que je posais en commençant :

Quelles seront, sur la prospérité, la sécurité et la moralité des deux nations, les conséquences logiques de l'état de choses dans lequel chacune d'elles aspire à se placer ?

§ III. — Je n'examinerai pas longuement les effets comparés de la liberté et du monopole sur la *prospérité* des nations. Les écoles politiques modernes paraissent se préoccuper beaucoup moins de *prospérité* que de *prépondérance*, comme si la prépondérance pouvait être considérée comme autre chose qu'un moyen (et souvent un moyen trompeur).

de prospérité, et comme si la prospérité d'un peuple n'était pas un des fondements de sa prépondérance. D'ailleurs, à quoi bon démontrer ce qui est évident de soi? Que l'isolement commercial de la France doive la placer, sous le rapport des richesses, dans des conditions d'infériorité vis-à-vis de l'Angleterre, cela peut-il être l'objet d'un doute?

L'Angleterre, on le sait, a des capitaux abondants que l'industrie emprunte à un taux très-modéré; elle possède les deux principaux instruments du travail, la houille et le fer, des ports nombreux, des moyens de communication rapides, de puissantes institutions de crédit, une race d'entrepreneurs pleins d'audace, de prudence et de ténacité; un nombre immense d'ouvriers habiles dans tous les genres; un gouvernement qui procure au travail la plus complète sécurité, un climat tempéré, favorable au développement des forces humaines. La seule chose qui neutralise tant et de si puissants avantages, c'est, d'une part, la cherté des subsistances, et par suite l'élévation du prix de la main-d'œuvre, et d'autre part, l'irritation, la haine sourde qui existe entre les diverses classes, conséquence du monopole que les unes exercent sur les autres.

Mais quand l'Angleterre aura achevé sa réforme commerciale, quand ses douanes, au lieu d'être un instrument de protection, ne seront plus qu'un moyen de prélever l'impôt, quand elle aura renversé la barrière qui la sépare des nations, alors les moyens d'existence afflueront de tous les points du globe vers cette île privilégiée, pour s'y échanger contre du travail manufacturier. Les froments de la mer Noire, de la Baltique et des États-Unis s'y vendront à 12 ou 14 fr. l'hectolitre; le sucre du Brésil et de Cuba à 15 ou 20 centimes la livre, et ainsi du reste. Alors l'ouvrier pourra bien vivre en Angleterre avec un salaire égal et même inférieur, dans un cas urgent, à celui que recevront les ouvriers du continent, et particulièrement les ouvriers français forcés, par notre législation, de distribuer en primes aux monopoleurs la moitié peut-être de leurs modiques profits. Quel moyen nous restera-t-il de soutenir la lutte, alors que capitaux, houille, fer, transports, impôts, main-d'œuvre, tout reviendra plus cher au fabricant français ; alors que les navires étrangers, soumis à des droits protecteurs de navigation, seront réduits à venir *sur lest* chercher nos produits dans nos ports, et que nos propres bâtiments, privés, par la prohibition, de tous moyens de faire des chargements de retour, seront forcés de faire supporter *double fret* à nos exportations ?

En même temps que, par le bon marché des subsistances, les classes ouvrières d'Angleterre seront mises à même d'étendre le cercle de leurs consommations, on verra s'apaiser le sentiment d'irritation qui les anime, d'abord parce qu'elles jouiront de plus de bien-être, ensuite parce qu'elles n'auront plus de griefs raisonnables contre les autres classes de la société.

Les choses suivront chez nous une marche diamétralement opposée.

Le but immédiat de la *protection* est de favoriser le *producteur*. — Ce que celui-ci demande, c'est le *placement avantageux* de son produit. — Le placement avantageux d'un produit dépend de sa *cherté*, — et la *cherté* provient de la *rareté*. — Donc la protection aspire à opérer la rareté. — C'est sur la *disette des choses* qu'elle prétend fonder le *bien-être des hommes*. — *Abondance* et *richesse* sont à ses yeux deux choses qui s'excluent, car l'abondance fait le bon marché, et le bon marché, s'il profite au consommateur, importune le producteur dont la protection se préoccupe exclusivement.

En persévérant dans ce système, nous arrivons donc à *élever le prix* de toutes choses. Dira-t-on que le *bon marché* peut revenir par la seule concurrence des producteurs nationaux? Ce serait supposer qu'ils travaillent dans des conditions aussi favorables que les producteurs étrangers ; ce serait déclarer l'inutilité de la protection. Mais le régime restrictif, loin de présupposer cette *égalité de conditions*, aspire à la produire, et ici je dois faire remarquer un abus de mots qui conduit à de graves erreurs. — Ce ne sont pas les *conditions de production*, mais les *conditions de placement* que la protection égalise. Un droit élevé peut bien faire que les oranges mûries par la chaleur artificielle de nos serres *se vendent* au même prix que les oranges mûries par le soleil de Lisbonne. Mais il ne peut pas faire que les conditions de production soient égales en France et en Portugal. — Ainsi, *cherté*, *rareté*, sont les conséquences nécessaires de la protection, toutes les fois que la protection a des conséquences quelconques.

Partant de ces données, il est facile de voir ce qui arrivera si la France persévère dans le régime restrictif, pendant que l'Angleterre s'avance vers la liberté des échanges.

Déjà une foule de produits anglais sont à plus bas prix que les nôtres, puisque nous sommes réduits à les exclure. A mesure que la liberté produira en Angleterre ses effets naturels, le *bon marché* de tous les objets de consommation ; à mesure que la restriction produira en France ses conséquences nécessaires, la *rareté*, la *cherté* des moyens de subsistance, cette distance entre les prix des produits similaires ira toujours s'agrandissant, et il viendra un moment où les droits actuels seront insuffisants pour *réserver* à nos producteurs le marché national. Il faudra donc les élever, c'est-à-dire chercher le remède dans l'aggravation du mal. — Mais en admettant que la législation puisse toujours défendre notre marché, elle est au moins impuissante sur les marchés étrangers, et nous en serons infailliblement évincés, le jour, peu éloigné, je le crois, où les Iles Britanniques se seront déclarées *port franc* dans toute la force du mot.

Alors, à beaucoup d'avantages naturels sous le rapport manufacturier, les Anglais joindront celui d'avoir la main-d'œuvre à bas prix, car le pain, la viande, le combustible, le sucre, les étoffes et tout ce que consomme la classe ouvrière, se vendra en Angleterre à peu près au même taux que dans les divers pays du globe où ces objets sont au moindre prix. Nos produits fabriqués, chassés de partout par cette concurrence invincible, seront donc refoulés dans nos ports et nos magasins; il faudra les laisser pourrir ou les *vendre à perte.* Mais vendre à perte ne peut être l'état permanent de l'industrie. Il faudra donc opter : ou arrêter la fabrication, ou réduire le taux des salaires. L'un de ces partis facilitera l'autre. Plus il se fermera d'ateliers, plus la place regorgera d'ouvriers sans pain et sans emploi, qui se feront concurrence les uns aux autres, et loueront leurs bras au rabais, jusqu'à ce que soit atteinte cette dernière limite de privations et de souffrances au delà de laquelle il n'est plus possible à l'homme de subsister. — Je ne veux pas m'étendre ici sur les dangers d'un tel état de choses, au point de vue de l'ordre, de la sécurité intérieure, non plus que sous le rapport de la criminalité toujours si étroitement liée à la misère; je me borne à la question économique. — La classe laborieuse sera donc réduite à retrancher sur toutes ses consommations déjà si restreintes; dès lors, et je prie de remarquer ceci, ce ne sont plus les débouchés extérieurs que nous aurons perdus, mais encore ces débouchés réciproques que nos industries s'ouvrent les unes aux autres. Les classes manufacturières ne feront aucun retranchement sur le pain, la viande, le vêtement, qui ne nuise aux classes agricoles; et celles-ci ne sauraient souffrir sans que la réaction soit sentie par les classes manufacturières. Le Nord ruiné demandera moins de vins et de soieries au Midi; le Midi appauvri se passera dans une forte proportion des draps et des cotonnades du Nord. C'est ainsi que le dénûment, la privation, et sans doute aussi les passions mauvaises et dangereuses, s'étendront sur tous les points du territoire et sur toutes les classes de la société.

Je ne doute pas qu'on ne s'efforce de jeter du ridicule sur ces tristes prévisions. Mais peut-on raisonnablement accuser d'aspirer au rôle de *prophète* l'écrivain qui se borne à exposer les conséquences nécessaires du fait sur lequel il raisonne? — Et après tout, quelle est ma conclusion? que nous marchons vers le *dénûment*. Or, c'est là non-seulement l'*effet*, mais encore, nous l'avons vu, le *but avoué* de la protection, car elle ne prétend pas aspirer à autre chose qu'à favoriser le producteur, c'est-à-dire à produire législativement la *cherté*. Or, cherté, c'est rareté; rareté, c'est l'opposé d'abondance; et l'opposé d'abondance, c'est le *dénûment*.

Et puis, est-il vrai ou n'est-il pas vrai que, même en ce moment où une législation vicieuse tient en Angleterre les moyens de subsistance à haut prix, notre industrie lutte péniblement contre celle des Anglais? Si cela est vrai, que sera-ce donc quand cette législation réformée aura fait disparaître, de leur côté, cette cause d'infériorité relative? Si cela n'est pas vrai, si nous sommes sans rivaux, si nous jouissons des conditions de production les plus favorables, sur quoi se fonde la protection? qu'a-t-elle à dire pour sa justification?

§ IV. — *Sécurité*. — On peut dire qu'un peuple dont l'existence repose sur le système colonial et sur des possessions lointaines n'a qu'une prospérité précaire et toujours menacée, comme tout ce qui est fondé sur l'injustice. Une conquête excite naturellement contre le vainqueur la *haine* du peuple conquis, l'*alarme* chez ceux qui sont exposés au même sort, et la *jalousie* parmi les nations indépendantes. Lors donc que, pour se créer des débouchés, une nation a recours à la violence, elle ne doit point s'aveugler; il faut qu'elle sache qu'elle soulève au dehors toutes les énergies sociales, et elle doit être préparée à être toujours et partout la plus forte, car le jour où cette supériorité serait seulement incertaine, ce jour-là serait celui de la réaction. — En relâchant le lien colonial, l'Angleterre ne travaille donc pas moins pour sa sécurité que pour sa prospérité, et (c'est là du moins ma ferme conviction) elle donne au monde un exemple de modération et de bon sens politique qui n'a guère de précédent dans l'histoire. Cette nation a longtemps cherché la grandeur dans des envahissements successifs, et elle a possédé jusqu'ici la condition essentielle de cette politique, la supériorité navale. Pour qu'elle pût être justifiée de persévérer dans ce système, il faudrait deux choses : la première, qu'il fût favorable à ses vrais intérêts ; la seconde, que la suprématie des mers ne pût jamais lui être arrachée. Mais, d'une part, les connaissances économiques ont fait assez de progrès en Angleterre pour que le système colonial y soit jugé, au point de vue de la prospérité de la métropole ; et il est peu d'Anglais qui ne sachent fort bien que le commerce avec les États libres est plus avantageux que les échanges avec les colonies. D'une autre part, être toujours le plus fort est une lourde obligation. A mesure que les autres peuples grandissent, il faut que l'Angleterre accroisse la masse de forces vives, de capitaux, de travail humain qu'elle soustrait à l'industrie pour les consacrer à la marine, et il doit arriver un moment où l'emploi improductif de tant de ressources dépasse de beaucoup les profits du commerce colonial, en les supposant même tels qu'on se plaît à les imaginer. — Il y a donc, de la part de l'Angleterre, une sagesse profonde, une prudence consommée à dissoudre graduellement le contrat colonial, à rendre et à recouvrer l'indépendance, à se retirer à temps d'un ordre de choses violent et par cela même dangereux, précaire, gros d'orages et de tempêtes, et qui, après tout, détruit et prévient plus de richesses qu'il n'en crée. Sans doute, il en coûtera à l'orgueil britannique de se dépouiller de cette ceinture de possessions échelonnées sur toutes les grandes routes du monde. Il en coûtera surtout à l'aristocratie, qui, par les places qu'elle occupe dans les colonies, dans les armées et dans la marine, recueille cette large moisson d'impôts, qu'un tel système oblige à faire peser sur les classes laborieuses. Mais derrière les torys, il y a les whigs; derrière les whigs, il y a le peuple qui paye et qui souffre; il y a la *Ligue* qui lui apprend pourquoi il souffre et pourquoi il paye; il y a le cœur humain qui, pour faire triompher le *juste*, n'a besoin que d'apercevoir sa connexité avec l'*utile*; et il est permis d'espérer qu'un faux orgueil national, une prospérité factice et inégale ne lutteront pas longtemps contre les forces combinées de l'intérêt, de la justice et de la vérité. La *Ligue* le proclame tous les jours et sous toutes les formes, ce qu'on nomme la puissance britannique, en tant qu'elle repose sur la violence, l'oppression et l'envahissement, outre les périls qu'elle tient suspendus sur l'empire, ne lui donne pas ces richesses qu'elle semble promettre et qu'il trouvera dans la liberté des relations internationales, si du moins on appelle richesses l'abondance des choses et leur équitable répartition.

Ainsi, en se délivrant du gigantesque fardeau de ses colonies, non point en ce qui touche des relations de libre échange, de fraternité, de communauté de race et de langage, mais en tant que possessions courbées avec la métropole sous le joug d'un monopole réciproque, l'Angleterre, je le répète, travaille autant pour sa sécurité que pour sa prospérité. Aux sentiments de haine, d'envie, de méfiance et d'hostilité que son ancienne politique avait semés parmi les nations, elle substitue l'amitié, la bienveillance et cet inextricable réseau de liens commerciaux qui rend les guerres à la fois inutiles et impossibles. Elle se replace dans une situation naturelle, stable, qui, en favorisant le développement de ses ressources industrielles, lui permettra d'alléger le faix des taxes publiques.

N'est-il pas à craindre que le régime protecteur n'engage la France dans cette voie dangereuse d'où l'Angleterre s'efforce de sortir? — Je l'ai déjà dit en commençant, il y a connexité nécessaire entre la protection et les colonies. Établir cette connexité, exposer toutes les conséquences qui en dérivent, au point de vue de la sécurité, ce serait dépasser de beaucoup les limites dans lesquelles je suis forcé de me renfermer; je me bornerai à quelques aperçus.

A mesure que nos débouchés se fermeront au dehors, par l'effet de notre législation restrictive, nous nous attacherons plus fortement aux débouchés coloniaux. Nous renforcerons autant que possible notre monopole à la Martinique, à la Guadeloupe, en Algérie; nous suivrons la politique dont le germe est contenu dans l'ordonnance qui exclut les tissus anglais de l'Afrique française. Mais, sous peine de n'être que les oppresseurs de nos colons, de n'exciter en eux que le mécontentement et la haine, il faudra bien que les faveurs soient réciproques; il faudra bien que nous repoussions aussi de nos marchés toute production du dehors qui pourra nous être fournie, *à quelque prix que ce soit*, par l'Algérie; et nous serons ainsi amenés à rompre le peu de relations qui nous lient encore avec les nations étrangères.

Dans cette substitution de *marchés réservés* à des *marchés libres*, la perte sera évidente. Nos Antilles ne sauraient nous offrir un débouché égal à celui de tous les pays où croît la canne à sucre. Quand nous aurons exclu le coton, les soies, les laines étrangères, pour protéger l'Algérie, le débouché que nous nous serons réservé en Afrique sera loin, bien loin de compenser celui que nous aurons perdu aux États-Unis, en Italie, en Espagne; et nous serons plus engorgés que jamais. Il faudra donc marcher à la conquête de débouchés nouveaux, de *débouchés réservés*, c'est-à-dire de nouvelles colonies. Nous convoitons Haïti, Madagascar, que sais-je ?

Ainsi, nous cimenterons, nous élargirons le système des colonies *à monopoles réciproques*, au moment même où il sera rejeté par le pays qui l'a le plus expérimenté. Mais on ne fait pas de conquêtes sans provoquer des haines. Après avoir prélevé sur nous-mêmes d'immenses capitaux, pour solder au loin des consommateurs, il nous faudra en prélever de plus immenses encore pour nous prémunir contre l'esprit d'hostilité que nous aurons fait naître. Jamais nous ne saurons augmenter assez nos forces de terre et de mer, et plus nous aurons anéanti, au sein de notre population, la faculté de produire, plus nous serons forcés de l'accabler de tributs et d'entraves. Se peut-il concevoir une politique plus insensée? Quoi ! lorsque l'Angleterre s'effraye de sa puissance coloniale, elle qui a tant de vaisseaux pour la maintenir, lorsqu'elle reconnaît que cette puissance est artificielle, injuste, pleine de périls, quand elle comprend que ce système d'envahissement compromet la paix du monde, provoque des réactions, force tous les peuples à se tenir toujours prêts à prendre part à une conflagration générale, et tout cela, non-seulement sans profit pour elle, mais encore au détriment de son industrie et du bien-être de ses citoyens, quand enfin elle se dégage volontairement, librement, par prudence pure et après mûre réflexion, de ces liens dangereux, pour se replacer dans une situation naturelle, stable, sûre et équitable, c'est alors que nous voulons entrer dans cette voie funeste, nous qui proclamons tout haut notre pénurie de vaisseaux et de marins ; c'est alors que nous prétendons créer de toutes pièces et le système colonial et le développement des forces navales qu'il exige ! Et pourquoi ? pour substituer au marché universel, qui serait à nous par la liberté, le débouché de quelques îles lointaines, débouché forcé, illusoire, *acheté deux fois* par le double sacrifice que nous nous imposons comme consommateurs et comme contribuables !

Ainsi le régime prohibitif et le système colonial, qui en est le complément nécessaire, menacent notre indépendance nationale. — Un peuple sans possessions au delà de ses frontières a pour colonies le monde entier, et cette colonie, il en jouit sans frais, sans violence et sans danger. Mais lorsqu'il veut s'approprier des terres lointaines, en réduire les habitants sous son joug, il s'impose la nécessité d'être partout le plus fort. S'il réussit, il s'épuise en impôts, se charge de dettes, s'entoure d'ennemis, jusqu'à ce qu'il renonce à sa folie, pourvu qu'on lui en donne le temps ; c'est l'histoire de l'Angleterre. S'il ne réussit pas, il est battu, envahi, dépouillé de ses conquêtes, chargé de tributs ; heureux s'il n'est pas morcelé et rayé de la liste des nations !

On dira sans doute que j'ai fait intervenir les colonies pour détourner sur le régime prohibitif des dangers dont il n'est pas responsable. Mais ce régime, considéré en lui-même, en dehors de tout envahissement, ne suffit-il pas pour mettre les peuples en état d'hostilité permanente ? Quel est le principe sur lequel il repose ? le voici : *Le proufict de l'un est le doumage de l'autre* (Montaigne). Or, si la prospérité de chaque nation est fondée sur la décadence de toutes les autres, la guerre n'est-elle pas *l'état naturel* de l'homme ?

Si la *Balance du commerce* est vraie en théorie ; si, dans l'échange international, un peuple perd nécessairement ce que l'autre gagne ; s'ils s'enrichissent aux dépens les uns des autres, si le bénéfice de chacun est l'excédant de ses ventes sur ses achats, je comprends qu'ils s'efforcent tous à la fois de mettre de leur côté la bonne chance, *l'exportation* ; je conçois leur ardente rivalité, je m'explique *les guerres de débouchés*. Prohiber *par la force* le produit étranger, imposer à l'étranger *par la force* le produit national, c'est la politique qui découle logiquement du principe. Il y a plus, le bien-être des nations étant à ce prix, et l'homme étant invinciblement poussé à rechercher le bien-être, on peut gémir de ce qu'il a plu à la Providence de faire entrer dans le plan de la création deux lois discordantes qui se heurtent avec tant de violence; mais on ne saurait raisonnablement reprocher au fort d'obéir à ces lois en opprimant le faible, puisque l'oppression, dans cette hypothèse, est *de droit divin* et qu'il est contre nature, impossible, contradictoire que ce soit le faible qui opprime le fort.

Aussi, s'il est quelque chose de vain et de ridicule dans le monde, ce sont les déclamations, si communes dans nos journaux, contre le despotisme commercial d'un pays voisin, lorsque nous agissons, autant qu'il est en nous, d'après les mêmes doctrines. Il n'y a que les peuples qui reconnaissent le principe de la liberté commerciale qui soient en droit de s'élever contre tout ce qui porte atteinte à cette liberté.

Ce n'est pas la seule contradiction où nous entraîne la doctrine restrictive. Voyez les journaux parisiens. Sur deux phrases consacrées à ces matières, il y en a une pour prouver à la France qu'elle a tout à *gagner* à repousser les produits étrangers, et une autre pour démontrer aux étrangers qu'ils ont tout à *perdre* à repousser nos produits, prêchant ainsi la prohibition à leurs concitoyens et la liberté à la Belgique, aux États-Unis, au Mexique. Comment des écrivains qui se respectent peuvent-ils se ravaler à de tels enfantillages? et n'est-ce pas le cas de leur demander avec Basile : *Qui donc est-ce que l'on trompe en tout ceci?*

J'ai nommé le Mexique. Cette république est un exemple du danger auquel la prohibition expose la sécurité et l'indépendance des peuples. Pour avoir voulu *protéger le travail national*, la voilà en ce moment en état d'hostilité ouverte avec la France, l'Angleterre et l'Union américaine. —

Elle a exagéré le principe, dit-on. — Que signifie cela ? Si le principe est bon, on n'en saurait faire une application trop absolue.

Si je voulais démontrer par les faits la connexité qui existe entre l'antagonisme commercial et l'antagonisme militaire, il me faudrait rappeler l'histoire moderne tout entière. Qu'il me soit permis d'en citer l'exemple contemporain le plus remarquable.

Écoutons Napoléon. Ses paroles, ses actes, le souvenir des résultats qu'ils ont amenés nous en apprendront plus que bien des volumes.

« On me proposa le blocus continental ; il me parut *bon* et je l'acceptai ; il devait ruiner le commerce anglais. *En cela*, il a mal fait son devoir, parce qu'il a produit, *comme toutes les prohibitions*, un renchérissement, ce qui est toujours à l'avantage du commerce. »

Voilà donc un système qui est *bon* parce qu'il *doit ruiner* nos rivaux ; qui fait mal son devoir précisément *en cela* ; qui est par sa nature tout *à l'avantage* du commerce qu'il a pour objet de ruiner ; qui agit donc contrairement à son but. Quelle logomachie !

« Les ports de mer (français) étaient ruinés. Aucune force humaine ne pouvait leur rendre ce que la Révolution avait anéanti. Il fallait *donner une autre impulsion à l'esprit de trafic*. Il n'y avait pas d'autre moyen que d'enlever aux Anglais le monopole de l'industrie manufacturière, pour faire de cette industrie *la tendance générale* de l'économie de l'État. Il fallait créer le système continental ; il fallait ce système et rien de moins, parce qu'il fallait donner *une prime énorme* aux fabriques. »

Voilà bien le régime prohibitif. Il aspire à donner *à l'esprit de trafic* (*travail* eût été une expression moins dédaigneuse et plus juste) *une impulsion* différente de celle qu'il reçoit de son propre intérêt ; et il ne veut pas voir que *la prime énorme* donnée au travail privilégié se prélève, non sur l'étranger, mais sur le consommateur national.

« Le fait a prouvé en ma faveur. — (C'est un peu fort!) *J'ai déplacé* le siége de l'industrie, etc. — *J'ai été forcé* de porter le blocus continental à l'extrême, parce qu'il avait pour but de faire non-seulement du bien à la France, mais encore du mal à l'Angleterre. »

On voit ici le principe : *le bien de l'un, c'est le mal de l'autre.* Mais on ne prétend pas sans doute l'appliquer sans résistance de la part de celui dont on veut faire le mal. Donc ce principe contient la guerre. Voyez en effet :

« Il fallait affermir le système. Cette nécessité a influé sur la politique de l'Europe, en ce qu'*elle a fait à l'Angleterre une nécessité de poursuivre l'état de guerre.* Dès ce moment aussi la guerre a pris en Angleterre un caractère plus sérieux. Il s'agissait pour elle de la fortune publique, c'est-à-dire de son existence ; la guerre se popularisa... La lutte n'est devenue périlleuse que depuis lors. J'en reçus l'impression en signant le décret. Je soupçonnai qu'*il n'y aurait plus de repos pour moi* et que ma vie se passerait à combattre des résistances ! !..... » Bonaparte aurait pu *soupçonner* aussi qu'il *n'y aurait plus de repos* pour la France.

Non-seulement ce principe conduit à la guerre avec la nation qu'on veut ruiner, mais avec toutes celles qu'on a besoin d'entraîner dans le système pour le faire réussir, bien qu'il soit dans sa nature, nous l'avons vu, de mal faire son devoir *en cela*, c'est-à-dire de ne pouvoir réussir. Écoutons encore Napoléon.

« Pour que le système continental fût bon à quelque chose, il fallait qu'il fût complet. Je l'avais établi, à peu de chose près, dans le Nord. Le Nord était soumis *à mes garnisons;* il fallait le faire respecter dans le Midi. Je demandai à l'Espagne un passage pour un corps d'armée que je voulais envoyer en Portugal. Cette route nous mit en rapport avec l'Espagne. Jusqu'alors je n'avais jamais songé à ce pays-là, à cause de sa nullité. » Voilà l'origine de la guerre de la Péninsule.

« L'obligation de maintenir le système continental amenait *seule* des difficultés avec les gouvernements dont le littoral facilitait la contrebande. Entre ces États, la Russie se trouvait dans une situation embarrassante. Sa civilisation n'était pas assez avancée *pour lui permettre de se passer des produits de l'Angleterre*. J'avais *exigé* pourtant qu'ils fussent prohibés. C'était une *absurdité;* mais elle était indispensable *pour compléter le système prohibitif*. La contrebande se faisait ; je m'en plaignis; on se justifia; on recommença; nous nous irritions. Cette manière d'être ne pouvait durer. » Voilà l'origine de la guerre de Russie.

Et c'est là ce que l'école moderne nous donne pour de la politique profonde! Certes, je n'ai pas la folle présomption de contester le génie de l'Empereur; mais enfin, faut-il abjurer le sens commun et humilier sa raison devant ce tissu d'absurdités monstrueuses? Bonaparte imagine que l'industrie manufacturière doit être la *tendance générale* de l'État; qu'il doit, par ses décrets, détourner les capitaux et le travail de leur pente naturelle pour donner *une autre impulsion à l'esprit de trafic*. Pour cela, il organise un système de *primes énormes* en faveur des fabricants et fonde le *régime prohibitif*. Il reconnaît que ce régime *fait mal son devoir;* qu'il produit un renchérissement qui *tourne à l'avantage* du commerce anglais, qu'il a pour but de ruiner. Alors il songe à le compléter. Il menace l'*existence* de l'Angleterre; guerre à mort avec l'Angleterre. Il veut faire respecter son système dans le Midi; guerre à mort avec l'Espagne. Il *exige* que la Russie se passe de ce dont *elle ne peut se passer;* guerre à mort avec la Russie. Enfin la France est envahie deux fois, humiliée, chargée de tributs; Bonaparte est attaché à un rocher, et il s'écrie : « *Le fait a prouvé en ma faveur !* » Poursuivre un but qu'on déclare *impossible* par des moyens qu'on reconnaît *absurdes*, tomber dans l'abîme, y entraîner le pays et s'écrier : « Les faits m'ont donné raison, » c'est donner au monde le scandale d'un excès d'impéritie, en même temps que d'immoralité, dont l'histoire des plus affreux tyrans ne fournirait pas un autre exemple [1].

Donc le régime prohibitif est une cause permanente de guerre ; je dirai plus, de nos jours c'est à peu près *la seule*. Les guerres de spoliation directe, comme celles des Romains, celles qui ont pour objet de procurer des esclaves et d'imposer des croyances religieuses, d'augmenter le patrimoine d'une famille princière, ne sont plus de notre siècle. Aujourd'hui on se bat pour des *débouchés*, et si ce but n'est pas aussi naïvement odieux, il est certes plus puéril que les autres. On déteste, mais on comprend l'emploi de la force pour acquérir du butin, des esclaves, des vassaux, du territoire. Mais pour ouvrir des débouchés, ce n'est pas de la force, c'est de la liberté qu'il faut ; et cela est si vrai, que, de l'aveu même des partisans du système exclusif, le triomphe absolu d'une nation, s'il était possible, n'aurait pour résultat commercial que de lui assimiler toutes les autres et par conséquent de réaliser la *liberté absolue* du commerce.

Un nouveau Cinéas serait bien plus fondé à dire au peuple qui aspirerait, par la conquête, au monopole universel, ce que le Cinéas ancien disait à Pyrrhus : « Que ferez-vous quand vous aurez vaincu l'Italie ? — Je la forcerai à recevoir mes produits en échange des siens. — Et ensuite ? — La Sicile touche à l'Italie ; je la soumettrai. — Et après ? — Je rangerai sous mes lois l'Afrique, l'Inde, la Chine, les îles de la mer du Sud. — Mais enfin que ferez-vous quand le monde entier sera votre colonie ? — Oh ! alors j'échangerai librement, et je jouirai du repos. — Et que n'échan-

[1] V. au t. IV, les pages 379 et 380.

(*Note de l'éditeur.*)

gez-vous d'ores et déjà, et ne jouissez du repos en proclamant la liberté ? »

Je reviens, un peu tard peut-être, à l'objet de ce paragraphe, qui n'est pas tant de montrer la liaison entre l'état de guerre et le système restrictif, que de faire voir combien, dans les luttes que l'avenir peut réserver aux nations, celles qui seront les dernières à s'affranchir de ce régime auront assumé de chances défavorables.

D'abord j'ai déjà prouvé que le peuple qui jouira de la liberté du commerce nous écrasera de sa concurrence, ce qui ne veut pas dire autre chose, sinon qu'il deviendra *plus riche*. A moins donc de soutenir que la richesse est indifférente au succès d'une guerre, il faut avouer que, sous ce rapport, la nation dont le travail languira dans les étreintes de la *protection*, sera, vis-à-vis de sa rivale, dans des conditions évidentes d'infériorité.

Ensuite, de nos jours, une guerre entre deux grands peuples entraîne bientôt tous les autres. Sous ce rapport encore, tout l'avantage sera du côté de la partie belligérante qui aura le plus d'alliances. Or, une nation qui s'isole n'a pas d'alliances nécessaires ; on peut rompre avec elle sans souffrances ni déchirements. Si l'Angleterre consomme les produits agricoles de la Baltique, de la mer Noire, de l'Amérique ; si la Russie, les États-Unis, la Prusse, consomment le travail manufacturier des Anglais ; si de part et d'autre la production s'est constituée de longue main selon cette donnée, il sera impossible à la France de désunir politiquement ce qui sera commercialement uni. « Le commerce, dit Montesquieu, tend à unir les nations. Si l'une a besoin de vendre, l'autre a besoin d'acheter, et toutes les unions sont fondées sur des besoins mutuels. » La France courra donc le risque d'avoir, à chaque guerre, toute l'Europe sur les bras, par ce double motif que l'Europe ne tiendra à nous par aucun lien *fondé sur des besoins mutuels*, et qu'elle tiendra à notre rivale par les liens les plus étroits. Il est vrai, il faut le dire pour être impartial et pour qu'on ne m'accuse pas de ne considérer les questions que sous un aspect, que la France pourra tirer quelques avantages, en cas de guerre, de son isolement commercial, de l'extinction de ses rapports extérieurs, de la nullité de sa marine marchande, toutes conséquences du système économique qu'elle a adopté. Elle sera redoutable, comme l'est dans la société un ennemi qui, n'ayant rien à perdre, peut faire beaucoup plus de mal qu'il n'est possible de lui en rendre. L'absence de liens a été souvent prise, en politique comme en morale, pour de l'indépendance. Sous l'influence de cette idée, Rousseau, qui aimait à poursuivre un principe dans toutes ses conséquences, avait été amené à proscrire, comme autant de liens par lesquels on peut nous atteindre, d'abord la *richesse*, ensuite la *science*, puis la *propriété*, et enfin la *société* elle-même. Logicien inflexible, à ses yeux le négociant était le type de la dégradation humaine, « parce que, disait-il, *on peut le faire crier à Paris en le touchant dans l'Inde*; » au contraire, le type de la perfection était le sauvage : il n'est assujetti qu'à la force brute, « et après tout, disait Rousseau, *si on le chasse d'un arbre, il peut se réfugier sous un autre.* » Le philosophe n'a pas vu que, à ce compte, la perfection est dans le néant.

Le système qui a pour objet de restreindre l'échange, et par conséquent le travail et le bien-être, procède de la même doctrine. Il invoque sans cesse l'indépendance nationale. Mais l'indépendance fondée sur ce qu'on n'a rien à perdre, sur ce qu'on a rompu tous les liens par lesquels on pourrait nous atteindre, c'est l'indépendance du sauvage, c'est l'invulnérabilité du néant. Si un peuple, adoptant la liberté du commerce, parsemait de ses vaisseaux toutes les mers, pendant qu'un autre, obéissant au régime restrictif, concentrerait toute sa vitalité dans les limites de ses frontières, il n'est pas douteux qu'en cas de guerre le premier ne fût plus vulnérable que le second. Et qui sait si le sentiment confus de cette différence de situation ne nous inspirera pas la funeste pensée de faire rétrograder vers la barbarie notre système d'agression et de défense? S'il est une chose qui puisse consoler les âmes chrétiennes et généreuses des obstacles que rencontre l'établissement parmi les hommes de la paix universelle, c'est assurément la tendance, qu'on peut remarquer dans la guerre moderne, à restreindre ses fléaux sur les armées et tout au plus sur les nations prises en corps collectif. Sans doute le sang humain coule encore, des peuples ont été soumis à des tributs et quelquefois morcelés; mais la propriété privée est en général respectée, on laisse aux hommes de travail le fruit de leurs sueurs et leurs moyens d'existence; on a vu des armées passer et repasser, tantôt vaincues, tantôt victorieuses, sur le théâtre de ces luttes sanglantes, sans que le sort des habitants paisibles fût complétement bouleversé. Le même progrès tend à se réaliser sur mer : « La France légitime, dit M. de Chateaubriand, conservera éternellement la gloire d'avoir interdit l'armement en course, d'avoir la première rétabli, sur mer, ce droit de propriété respecté dans toutes les guerres sur terre par les nations civilisées, et dont la violation, dans le droit maritime, est un reste de la piraterie des temps barbares. » (*Mélanges politiques*, tome XXV, page 375.)

Mais n'est-il pas à craindre qu'une puissance belligérante qui n'aurait plus de commerce ne refusât d'accéder à une stipulation qui, sans pouvoir lui profiter, amoindrirait ses moyens d'agression! La guerre à la propriété privée, aux matelots, aux passagers de tout âge et de tout sexe, semble donc être encore une des déplorables nécessités du régime prohibitif. N'avons-nous pas vu dernièrement, dans une brochure célèbre, recommander, systématiser cette guerre barbare?

Mais ce n'est pas à l'auteur que le reproche doit s'adresser : il est marin, et il ne saurait conseiller à son pays une autre tactique navale que celle qui est indiquée par la nature des choses. C'est, nous le répétons, au régime prohibitif qu'il faut s'en prendre. C'est ce régime qui, nous plaçant dans cette situation de n'avoir bientôt plus rien à perdre sur mer, nous montre par où nous pouvons attaquer les peuples commerçants, sans avoir à craindre de représailles.

En 1823, la France avait interdit l'armement en course. A Dieu ne plaise que je veuille atténuer la gloire qui lui en revient! Mais elle était alors en guerre avec une puissance plus dénuée que nous de propriété navale, et qui, par ce motif, n'accepta pas ce nouveau droit maritime. Au moment d'entrer en lutte, aucun peuple ne se soumet à une convention, quelque philanthrope qu'il soit, qui lui profite moins qu'à son ennemi. Raison de plus pour combattre ces lois restrictives, puisqu'elles sont inconciliables avec le progrès social dont la guerre même est susceptible.

Je laisse aux hommes spéciaux le soin d'examiner si la tactique proposée par le prince ne recèle pas de graves dangers : « Il faut agir sur le commerce anglais, » dit-il. Mais le commerce suppose deux intéressés. En agissant sur l'un, vous nuisez à l'autre, et vous vous faites autant d'ennemis qu'il y a de peuples dont vous interrompez les transactions.

Et puis, en admettant un plein succès, vous arriverez tout au plus à forcer les produits anglais à emprunter des navires neutres. Vous serez donc entraînés, comme Bonaparte, à imposer votre politique à toute l'Europe civilisée.

N'oublions pas ces paroles : « La Russie ne pouvait se passer des produits anglais. J'exigeai pourtant qu'elle les prohibât. C'était une absurdité ; mais elle était nécessaire pour compléter le système. La contrebande se faisait ; je m'en plaignis ; on se justifia ; on recommença ; nous nous irritions. Cette manière d'être ne pouvait durer. »

Ai-je besoin, après ce qui précède, de faire voir la liaison qui existe entre le régime protecteur et la démoralisation des peuples ? — Mais sous quelque aspect que l'on considère ce régime, il n'est tout entier qu'une immoralité. C'est l'injustice organisée ; c'est *le vol* généralisé, légalisé, mis à la portée de tout le monde, et surtout des plus influents et des plus habiles. Je hais autant que qui que ce soit l'exagération et l'abus des termes, mais je ne puis consciencieusement rétracter celui qui s'est présenté sous ma plume. Oui, *protection, c'est spoliation*, car c'est le privilége d'opérer législativement la rareté, la disette, pour être en mesure de surfaire à l'acheteur. Si, dans ce moment, moi, propriétaire, j'étais assez influent pour obtenir une loi qui forçât le public à me payer mon froment à 30 fr. l'hectolitre, n'est-ce pas comme si j'exerçais une déprédation égale à toute la différence de ce prix au prix naturel du froment ? Quand mon voisin me fait payer son drap, un autre son fer, un troisième son sucre, à un taux plus élevé que celui auquel j'achèterais ces choses *si j'étais libre*, ne suis-je pas du même coup dépouillé de mon argent et de ma liberté ? Et pense-t-on que les hommes puissent se familiariser ainsi avec des habitudes d'extorsion, sans fausser leur jugement et ternir leurs qualités morales ? Pour avoir une telle pensée, pour croire à la moralité des quêteurs de monopole, il faudrait n'avoir jamais lu un journal subventionné par les comités manufacturiers, il faudrait n'avoir jamais assisté à une séance de la Chambre ou du Parlement, quand il y est question de priviléges.

Je ne veux cependant pas dire que la spoliation, sous cette forme, ait un caractère aussi odieux que le vol proprement dit. Mais pourquoi? uniquement parce que l'opinion porte encore un jugement différent sur ces deux manières de s'emparer du bien d'autrui.

Il a été un temps où une nation pouvait en dépouiller une autre, non-seulement sans tomber dans le mépris public, mais encore en se conciliant l'admiration du monde. L'opinion ne flétrissait pas alors le vol, pratiqué sur une grande échelle sous le nom de *conquête*; et il est même remarquable que, bien loin de considérer l'abus de la force comme incompatible avec la vraie gloire, c'est précisément pour la force, en ce qu'elle a de plus abusif, qu'étaient réservés les lauriers, les chants des poëtes et les applaudissements de la foule.

Depuis que la *conquête* devient plus difficile et plus dangereuse, elle devient aussi moins populaire; et l'on commence à la juger pour ce qu'elle est. Il en sera de même de la *protection*; et si la déprédation, de peuple à peuple, est tombée en discrédit, malgré toutes les forces qui ont été de tout temps employées pour l'environner d'éclat et de lustre, il faut croire qu'il ne sera pas moins honteux, pour les habitants d'un même pays, de se dépouiller les uns les autres par la prosaïque opération des tarifs.

Si même l'on appréciait les actions humaines par leurs résultats, ce genre d'extorsion ne tarderait pas à être plus méprisé que le simple vol. Celui-ci déplace la richesse; il la fait passer, des mains qui l'ont créée, à celles qui s'en emparent. L'autre la déplace aussi, et de plus il la détruit. La protection ne donne aux exploitants qu'une faible partie de ce qu'elle arrache aux exploités.

Si le régime restrictif place sous la sauvegarde des lois des actions criminelles, et présente comme légitime une manière de s'enrichir qui a, avec la spoliation, la plus parfaite analogie, par une suite nécessaire, il transforme en crimes fictifs les actions les plus innocentes, et attache des peines afflictives et infamantes aux efforts que font naturellement les hommes pour échapper aux extorsions, bouleversant ainsi toutes les notions du juste et de l'injuste. Un Français et un Espagnol se réunissent pour échanger une pièce d'étoffe contre une balle de laine. L'un et l'autre disposent d'une propriété acquise par le travail. Aux yeux de la conscience et du sens commun, cette transaction est innocente et même utile. Cependant, dans les deux pays, la loi la réprouve, et à tel point qu'elle aposte des agents de la force publique pour saisir les deux échangistes et pour les tuer sûr place au besoin.

Qu'on ne dise pas que je cherche à innocenter la fraude et la contrebande. Si les droits d'entrée n'avaient qu'un but fiscal, s'ils avaient pour objet de faire rentrer dans les coffres de l'État les fonds nécessaires pour assurer tous les services, payer l'armée, la marine, la magistrature, et procurer enfin aux contribuables le bon ordre et la sûreté, oui, il serait criminel de se soustraire à un impôt dont on recueille les bénéfices; mais les *droits protecteurs* ne sont pas établis pour le public, mais contre le public; ils aspirent à constituer le privilége de quelques-uns aux dépens de tous. Obéissons à la loi tant qu'elle existe; nommons même, si on le veut, contravention, délit, crime, la violation de la loi; mais sachons bien que ce sont là des crimes, des délits, des contraventions *fictives;* et faisons nos efforts pour faire rentrer, dans la classe des actions innocentes, des transactions de droit naturel, qui ne sont point criminelles en elles-mêmes, mais seulement parce que la loi l'a arbitrairement voulu ainsi.

Lorsque nous avons considéré les prohibitions dans leurs rapports avec la prospérité des peuples, nous avons vu qu'elles avaient pour résultat infaillible de fermer les débouchés extérieurs, de mettre les entrepreneurs hors d'état de soutenir la concurrence étrangère, de les forcer à renvoyer une partie de leurs ouvriers et à baisser le salaire de ceux qu'ils continuent à employer, enfin de réduire les profits de la classe laborieuse, en même temps que d'élever le prix des moyens de subsistance. Tous ces effets se résument en un seul mot : *misère*, et je n'ai pas besoin de dire la connexité qui existe entre la misère des hommes et leur dégradation morale. Le penchant au vol et à l'ivrognerie, la haine des institutions sociales, le recours aux moyens violents de se soustraire à la souffrance, la révolte des âmes fortes, l'abattement, l'abrutissement des âmes faibles, tels sont donc les effets d'une législation qui oblige les classes les plus nombreuses à demander à la violence, à la ruse, à la mendicité, ce que le travail honnête ne peut plus leur donner. Faire l'histoire de cette législation, ce serait faire l'histoire du chartisme, du rébeccaïsme, de l'agitation irlandaise et de tous ces symptômes anarchiques qui désolent l'Angleterre, parce que c'est le pays du monde qui a poussé le plus loin l'abus de la spoliation sous forme de protection.

L'esprit de monopole étant étroitement lié à l'esprit de conquête, cela suffit pour qu'on doive lui attribuer une influence pernicieuse sur les mœurs d'un peuple considéré dans ses rapports avec l'étranger. Une nation avide de conquêtes ne saurait inspirer d'autres sentiments que la défiance, la haine et l'effroi. Et ces sentiments qu'elle inspire, elle les éprouve, ou du moins, pour apaiser sa conscience, elle s'efforce de les éprouver, et souvent elle y parvient. Quoi de plus déplorable et de plus abject à la fois que cet effort dépravé, auquel on voit quelquefois un peuple se soumettre, pour s'inoculer à lui-même des instincts haineux, sous le voile d'un faux patriotisme, afin de justifier à ses propres yeux des entreprises et des agressions, dont au fond il ne peut méconnaître l'injustice? On verra ces nations envahir des tribus paisibles, sous le prétexte le plus frivole, porter le fer et le feu dans les pays dont elles veulent s'emparer, brûler les maisons, couper les arbres, ravir les propriétés, violer les lois, les usages, les mœurs et la religion des habitants; on les verra chercher à corrompre avec de l'or ceux que le fer n'aura pas abattus; décerner des récompenses et des honneurs à ceux de leurs ennemis qui auront trahi la patrie, et vouer une haine implacable à ceux qui, pour la défendre, se dévouent à toutes les horreurs d'une lutte sanglante et inégale. Quelle école! quelle morale! quelle appréciation des hommes et des choses! et se peut-il qu'au XIXe siècle un tel exemple soit donné, dans l'Inde et en Afrique, par les deux peuples qui se prétendent les dépositaires de la loi évangélique et les gardiens du feu sacré de la civilisation!

J'appelle l'attention de mon pays sur une situation qui me paraît ne pas le préoccuper assez. Le système prohibitif est mauvais, c'est ma conviction. Cependant, tant qu'il a été général, il enfantait partout des maux *absolus* sans altérer profondément la grandeur et la puissance *relatives* des peuples. L'affranchissement commercial d'une des nations les plus avancées du globe nous place au commencement d'une ère toute nouvelle. Il ne se peut pas que ce *grand fait* ne bouleverse toutes les conditions du travail, au sein de notre patrie; et si j'ai osé essayer de décrire les changements qu'il semble préparer, c'est que l'indifférence du public à cet égard me paraît aussi dangereuse qu'inexplicable.

DE L'AVENIR DU COMMERCE DES VINS

ENTRE LA FRANCE ET LA GRANDE-BRETAGNE [1].

Aux membres de la Ligue, *aux officiers du* Board of trade, *aux ministres du gouvernement anglais.*

La *Ligue* provoque les réformes commerciales, le *Board of trade* les élabore, le ministre les convertit en lois : c'est donc à ces trois degrés de juridiction que j'adresse les réflexions qui suivent.

L'Angleterre ne produisant pas de vins, les droits de douane qui frappent ce liquide ne peuvent être considérés comme *protecteurs.* Par ce motif, ils ne suscitent pas les réclamations de la *Ligue.* Aussi voit-on les vins figurer parmi les huit articles auxquels paraît devoir se restreindre l'action du tarif anglais.

Cependant un droit, même fiscal, est contraire à la liberté du commerce, si, par son exagération, il prévient des échanges internationaux, s'il interdit au peuple des satisfactions qui n'ont en elles-mêmes rien d'immoral, s'il va jusqu'à lui ravir le choix de ses habitudes [2], si même, sacrifiant ce revenu public, qui lui sert de prétexte, on s'en sert comme d'un acte de représailles contre des tarifs étrangers, ou qu'on le réserve comme moyen d'agir sur ces tarifs [3]. C'est parce que l'administration anglaise est décidée

[1] Extrait du *Journal des Économistes*, n° d'août 1845.
(*Note de l'éditeur.*)

[2] J'ai souvent entendu dire, en Angleterre, que l'élévation des droits sur les vins de basse qualité était sans importance, parce qu'en aucun cas le peuple ne buvait de vin, dont il n'a pas l'*habitude*. Mais ne sont-ce pas ces droits qui ont créé ces habitudes ?

[3] Sir Robert Peel, en présentant son plan financier, a dit qu'il « réservait les droits sur les vins comme moyen d'amener la France à un traité de commerce. » Mais il a dit aussi que « si cette politique ne réussissait pas, y persévérer serait léser les intérêts du peuple anglais. »

à mettre enfin la justice au-dessus de ces vaines considérations d'une fausse et étroite politique, qu'elle se propose, si je suis bien informé, de substituer au droit fixe actuel de 5 sch. 6 d. par gallon une taxe fixe d'un schilling, plus un droit de 20 pour 100.

Cependant, en laissant subsister ce droit fixe d'un schilling, faites-vous réellement *justice* au peuple anglais, d'une part, de l'autre, entrez-vous franchement dans la voie d'une saine *politique* à l'égard des autres peuples? — Ce sont deux points sur lesquels je vous prie de me permettre d'appeler votre attention.

Mais quel droit a un étranger de s'immiscer dans une telle question? Le droit que je tiens de votre principe : *liberté de commerce* n'implique-t-elle pas entre les nations *communauté d'intérêts?* En m'occupant de votre pays, je travaille pour le mien, ou, si vous l'aimez mieux, en m'occupant du mien, je travaille pour le vôtre.

Qu'un droit uniforme appliqué à des valeurs différentes soit *injuste*, c'est ce qui n'a pas besoin de démonstration. Je me bornerai donc, sur ce point, à montrer en chiffres les résultats des trois systèmes, en supposant que les prix maximum et minimum des vins pouvant donner lieu à un commerce important soient de 28 sch. et 3 sch. le gallon.

VIN DU RICHE.

Système actuel, droit fixe de 5 sch. 6 d.	Prix d'achat......	28 sch.		
	Droit............	5	6 d.	ou 20 p. 100.
		33	6	
Système projeté, droit mixte.	Prix d'achat......	28 sch.		
	Droit fixe.........	1		ou 23 p. 100
	Droit graduel à 20 p. 100.........	5	6 d.	
Système du droit *ad valorem*.	Prix d'achat......	28 sch.		
	Droit à 20 p. 100...	5	6 d.	ou 20 p. 100.
		33	6	

VIN DU PAUVRE.

Prix d'achat...............	3 sch.		
Droit..........................	5	6 d.	ou 183 p. 100
	8	6	
Prix d'achat..............	3 sch.		
Droit fixe....................	1		50 p. 100.
Droit graduel à 20 p. 100..	0	6 d.	
	4	6	
Prix d'achat..................	3 sch.		
Droit à 20 p. 100.........	0	6 d.	ou 20 p. 100.
	3	6	

Ces chiffres approximatifs n'ont pas besoin de commentaires.

Aujourd'hui, *pour une dépense égale*, le pauvre paye *huit fois* la taxe du riche.

Dans le système projeté, il payerait encore une *taxe double*.

Le droit *ad valorem* est seul équitable.

J'ai eu l'honneur de soumettre verbalement cette observation à quelques-uns de vos plus célèbres économistes, à des membres du Parlement, à des hommes d'État : ils sont loin d'en contester la justesse; mais, disent-ils, le droit *ad valorem* est d'une perception coûteuse et difficile.

Mais une difficulté d'exécution suffit-elle pour justifier la perpétration d'une injustice? En France, l'administration aurait trouvé commode de frapper chaque hectare de terre d'un impôt uniforme, sans égard à sa force contributive; elle n'y a pas songé, cependant, et n'a pas reculé devant les complications du cadastre. La raison en est simple : quand la nation en masse rencontre un obstacle, c'est à la nation en masse à le vaincre; et elle ne peut sans iniquité s'en débarrasser aux dépens d'une classe, et précisément de la classe la plus malheureuse.

L'objection, d'ailleurs, perd toute sa force en présence du système *mixte*. Il implique la possibilité de prélever le droit graduel.

On ajoute, il est vrai, que sans le droit fixe il faudrait, sous peine de compromettre le revenu de l'État, porter plus haut le droit *ad valorem*, qui, dans ce cas, offrirait un trop fort appât à la fraude.

Mais sont-ce les réformateurs auxquels je m'adresse qui plaideront la cause des droits exagérés, au point de vue fiscal? Quand vous voulez grossir votre revenu, quel est depuis longtemps tout votre secret? C'est justement de modérer les taxes. Cette politique ne vous a jamais failli ; et, en ce moment même, les résultats de l'abaissement des droits sur le sucre lui donnent une éclatante consécration.

On peut, je crois, tenir pour certain qu'avec un droit modéré de 20 pour 100, l'Angletere fera sur les vins un commerce immense et constamment progressif. La France consomme 40 millions d'hectolitres de vins, malgré les taxes et les entraves par lesquelles il semble qu'elle cherche à détruire cette branche d'industrie ; y a-t-il exagération à établir que la Grande-Bretagne, avec ses puissantes ressources de consommation, achètera *le dixième* de ce qu'achète la France, ou 4 millions d'hectolitres, dont 7/8 de vins ordinaires à 3 sch. et 1/8 de vins fins à 28 sch. en moyenne? Or, dans cette hypothèse, le Trésor recouvrerait de 3 à 4 millions sterling. Il ne perçoit aujourd'hui que 2 millions.

J'ai dit, en second lieu, que le droit uniforme me semble *impolitique*.

L'Angleterre s'étant assurée que la prospérité d'un peuple se mesure mieux par ses importations que par ses exportations, a pris le parti d'ouvrir ses ports aux produits des autres nations, sans attendre d'elles *réciprocité*, et sans même la leur demander. Son but principal est de mettre sa législation commerciale en harmonie avec la saine économie politique; mais, accessoirement, elle espère agir au dehors par son exemple, car, jusqu'à ce que la liberté soit universelle, elle ne lui cédera que la moitié de ses fruits.

Or, au point de vue de l'influence que peut exercer sur les nations cette initiative de la grande réforme commerciale, quelle différence immense sépare le *droit fixe* du droit *ad valorem*!

Avec le droit uniforme, vous continuerez, comme aujourd'hui, à recevoir quelques vins de Xérès et des bons crûs de la Champagne et du Bordelais. L'Angleterre et la France se toucheront encore par leurs sommités aristocratiques, et vos riches seigneurs donneront la main, par-dessus la Manche et à travers les tarifs, à nos grands propriétaires. Mais voulez-vous que votre population et la nôtre soient mises en contact sur tous les points; qu'un commerce actif et régulier entre les deux peuples pénètre dans tous les districts, dans toutes les communes, dans toutes les familles? Tenez-vous à voir l'Angleterre passer le détroit et enfoncer dans notre sol de profondes racines? Renoncez à ce droit *fixe*, et laissez l'infinie variété de nos produits aller satisfaire l'infinie variété de vos goûts et de vos fortunes. Alors les avocats du *free-trade*, en France, auront une large base d'opérations; car la connaissance, l'amour, le besoin du *libre-échange* descendront jusque dans nos chaumières, et il n'y aura pas un de nos foyers qui ne suscite quelque défenseur à ce principe d'éternelle justice. Et ai-je besoin de vous dire les conséquences?... La puissance de consommation s'élargira tellement, en France comme en Angleterre, qu'il y aura des débouchés pour vos manufactures comme pour nos fabriques, pour nos champs comme pour les vôtres; et le temps arrivera, je l'espère, où vous pourrez transformer en navires marchands vos vaisseaux de guerre, comme nous pourrons rendre nos jeunes soldats à l'industrie.

Paix au dehors, justice au dedans, prospérité partout, —

de tels résultats pourraient-ils être balancés dans votre esprit par une simple difficulté d'exécution, qui ne vous a pas arrêtés pour le thé, et que d'ailleurs vous n'évitez pas par le système mixte ?

UNE QUESTION SOUMISE AUX CONSEILS GÉNÉRAUX

DE L'AGRICULTURE, DES MANUFACTURES ET DU COMMERCE [1].

Faut-il, dans l'intérêt de notre marine, admettre en franchise de droits les fers destinés à la construction des navires engagés dans la navigation internationale?

Cette question n'aurait-elle pas été convenablement suivie de cette autre :

Faut-il, *dans l'intérêt de nos voies de communication*, admettre en franchise de droits les fers destinés à la construction des railways ?

Et de cette autre encore :

Faut-il, *dans l'intérêt de nos estomacs*, admettre en franchise de droits les fers destinés au labourage des terres, et par là à la production des subsistances?

Quoi qu'il en soit, restreignons-nous à la proposition du ministre.

Remarquons d'abord comment elle est posée.

Il ne s'agit pas de recevoir du fer étranger pour construire toute sorte de navires, mais seulement les navires destinés à la navigation internationale. Pourquoi cela? La raison en est simple. Il y a deux sortes de navigation, celle qui se fait

[1] Par une circulaire de 1845, M. Cunin-Gridaine, ministre du commerce, interrogeait les Conseils généraux sur diverses modifications à introduire dans nos lois. L'une des questions posées était relative à l'importation du fer. C'est à l'occasion de celle-ci que F. Bastiat publia les réflexions suivantes dans le nº de décembre 1845 du *Journal des Économistes*. (*Note de l'éditeur.*)

de France à France, ou de métropole à colonie et réciproquement. Cela s'appelle la *navigation réservée.* Ici on tient le consommateur à la gorge, et il faut qu'il paye. Que le navire soit lourd, mauvais marcheur, qu'il revienne à un prix exorbitant, et grève inutilement les objets transportés d'un fret onéreux, c'est ce dont notre législation ne se met pas en peine, ou plutôt c'est ce qu'elle cherche. Le consommateur est là, tout disposé à se laisser exploiter, et l'on n'y fait pas faute.

Mais la *navigation internationale* est soumise, dans une certaine mesure, à la concurrence extérieure. Il arrive généralement que les armateurs et marins étrangers se contentent d'un moindre fret que les nôtres, et ils ont l'audace de rendre les marchandises dans nos magasins avec une grande économie, *à notre profit*.

Comme il est de principe, chez nous, que le public, en tant que consommateur, ne doit jamais être compté pour rien, si ce n'est pour être rançonné, et que ce n'est qu'en qualité de producteur que chaque travailleur doit être *protégé*, c'est-à-dire mis à même de tirer sa part de la curée, on conçoit aisément que le législateur a dû se préoccuper des moyens de soutenir notre marine nationale, en faisant retomber sur les masses les pertes que lui occasionne son impuissance ou son incapacité.

C'est ce qui a été fait. On s'est dit : L'étranger porte en France telle marchandise pour 20 francs; nos armateurs ne peuvent la porter que pour 25 francs. Mettons une taxe de 5 francs sur cette marchandise, quand c'est l'étranger qui la porte, et il sera exclu de nos ports. Dès lors, nos armateurs feront la loi et hausseront leur fret à 25 francs. — C'est là l'origine de la surtaxe consignée dans nos tarifs à la colonne qui a pour titre : *Par navires étrangers.*

En thèse générale, le calcul était mauvais. En effet, il est incontestable qu'à ce système l'acheteur *perd cinq francs*, tandis que l'armateur ne les gagne pas, puisque, d'après l'hypothèse, il ne peut opérer le transport même à 24 francs. Mais enfin on était autorisé à penser qu'au moyen de cette surtaxe, au préjudice du public, le but immédiat de la mesure serait atteint, et que notre marine serait en mesure de lutter contre la concurrence étrangère.

Il n'en a pas été ainsi. Malgré le doux oreiller de la surtaxe, on a pu voir, dans un article de la *Presse*, et d'après des chiffres soigneusement relevés de documents officiels, qu'il n'est pas une peuplade sur la surface du globe qui n'envahisse et ne restreigne, d'année en année, notre modeste part de l'*intercourse*.

J'ai dit ailleurs : *Protection, c'est spoliation.* C'est là son côté odieux.

J'aurais pu dire aussi : *Protection, c'est déception.* C'est son côté ridicule.

Car si la protection pèse sur le public, au moins devraitelle soutenir l'industrie qu'elle prétend favoriser. Comment donc se fait-il que notre marine ne puisse opérer les transports quand la France lui paye pour cela, outre le prix naturel du fret, une prime énorme, cachée sous la surtaxe?

On ne prend pas garde à une chose, c'est que la protection a deux tranchants. Chacun de nous regarde avec cupidité la part qu'elle lui permet de puiser dans le fonds commun de la spoliation; mais nous fermons les yeux sur la part qu'elle nous force d'y verser. Le marin français a pour lui les droits différentiels, sa liste civile, cela est vrai. Mais il n'y a pas une planche, un clou, un bout de corde, un lambeau de toile, une tache de goudron qu'il n'ait surpayés en vertu du régime protecteur. Le biscuit qui le nourrit, le paletot qui le couvre, le soulier qui le chausse ont payé la taxe au monopole; en sorte que ce que la protection lui a injustement conféré en gros, elle le reprend injustement et amplement en détail. Voilà pourquoi notre marine est aux abois.

Maintenant il se présente plusieurs moyens de la relever. Le plus efficace, le seul efficace selon nos principes, serait de détruire ce régime sous lequel elle succombe. Nous savons qu'il n'y faut pas songer de longtemps. Aussi nous nous proposons de n'examiner que les moyens qui sont en harmonie avec les principes qui dominent notre législation commerciale, principes d'après lesquels le sacrifice des intérêts généraux est toujours de droit.

Dans le sens de cette théorie, le moyen le plus sûr, le plus décisif, le plus logique, serait de faire entrer tous les transports par mer dans la navigation réservée; de remplacer la surtaxe par la prohibition, et de déclarer qu'à l'avenir la France ne recevra plus rien dans ses ports qui n'y arrive par navires français. Je m'étonne que M. le ministre n'y ait pas songé; et j'espère qu'il me saura gré de lui avoir suggéré cette idée, quoique, à vrai dire, je n'aie pas le mérite de l'invention. Les journaux ne se font pas faute de le pousser dans cette voie. Avons-nous besoin de charbons anglais? Accordez, disent-ils, le privilége du transport aux navires nationaux. — Mais ce sera plus cher! — Qu'importe? c'est l'affaire du public, qui ne s'en soucie guère.

Après ce moyen héroïque, celui qui se présente le plus naturellement, c'est, sinon de convertir la surtaxe en prohibition, du moins de la renforcer. Si la surtaxe est bonne en principe, elle n'a pu faillir que parce qu'elle est trop modérée. Ne pas la relever, c'est en nier implicitement la justice ou l'efficacité; c'est rejeter le principe même de la protection. Pourquoi donc M. le ministre n'a-t-il pas recours à ce moyen, qui n'est pas nouveau, qui n'est que le développement et le complément d'une mesure universellement adoptée? Pourquoi? parce que, sans doute, il entrevoit plus ou moins confusément la *déception* qui est au bout de ces expédients, comme je le disais tout à l'heure. Voyez en effet dans quel cercle vicieux on s'engagerait! — Élever la surtaxe, c'est renchérir le fret; renchérir le fret, c'est grever la marchandise; grever la marchandise, c'est rompre l'équilibre que la protection a voulu fonder entre notre industrie et l'industrie étrangère. Rompre cet équilibre, c'est se condamner à le rétablir par l'exhaussement du tarif général; exhausser le tarif, c'est renchérir les armements; c'est provoquer de nouvelles surtaxes, lesquelles auront les mêmes effets, deviendront causes à leur tour, et ainsi de suite à l'infini.

Ce second moyen ayant été jugé inexécutable, il paraît que M. le ministre s'est enfin avisé que l'on devrait demander à la liberté ce qu'on n'a pu obtenir de l'arbitraire. Il s'est dit : La France, sans doute, naviguerait au même prix que les autres nations, si les matériaux qui entrent dans la construction de ses vaisseaux n'étaient pas grevés de droits qui en élèvent démesurément le prix.

En conséquence, il consulte les Conseils pour savoir s'il ne conviendrait pas d'admettre en franchise les fers qui entrent dans la construction de nos navires.

Évidemment, cette mesure serait par elle-même inefficace, et il faut la considérer comme un premier et timide essai dans la voie de la liberté commerciale. Le raisonnement de M. le ministre doit le conduire à adopter la même politique pour le bois, le cuivre, le chanvre, la toile, etc., etc.

Le fer, en effet, est de si peu d'importance dans un bâtiment en bois doublé, cloué et chevillé en cuivre, que la mesure que médite M. le ministre ne peut pas affecter sensiblement le cours du fret. Cela est si évident qu'on est porté à croire, quoique M. le ministre ne le dise pas, qu'il a eu en vue les navires et surtout les bateaux à vapeur entièrement construits en fer.

Mais alors pourquoi ne pas admettre en franchise de

droits; les navires en fer eux-mêmes de construction étrangère?

Oh! dit-on, c'est que nos constructeurs veulent être protégés. — Mais si vous voulez écouter tous les quêteurs de monopole, vous ne pourrez pas admettre le fer; car nos propriétaires de forêts, nos maîtres de forges, nos actionnaires de mines ne sont pas très-disposés à abandonner leur part de protection. — Vous ne pouvez servir deux maîtres, il faut opter. Est-ce pour le public ou pour les constructeurs que vous êtes ministre?

Examinons donc la question en elle-même. Elle est bien restreinte, comme on le voit. Les navires en bois, c'est-à-dire la marine actuelle tout entière est hors de cause. Il s'agit de navires en fer, d'une marine future et éventuelle. La question que nous avons à résoudre est celle-ci :

« Vaut-il mieux admettre, en franchise de droits, le fer étranger destiné à la construction des navires, ou les navires en fer eux-mêmes de construction étrangère? »

Il serait assez curieux de voir d'abord comment elle a été traitée, au point de vue du principe prohibitif, par un journal spécial fort accrédité en ces matières, le *Moniteur industriel*. La libre admission du fer, pour la destination dont il s'agit, a été insinuée pour la première fois, à ma connaissance, dans un article récent de ce journal.

Il n'est pas possible de faire du régime prohibitif une satire plus naïve à la fois et plus sanglante; et il semble que le but secret de l'auteur de cet article est de confondre et de ridiculiser ce système, en le montrant sous un aspect vraiment burlesque. Quoi! vous convenez que notre marine marchande est chassée de tous les ports de l'Océan par la marine étrangère! Vous en cherchez la cause; vous trouvez que les matériaux qui entrent dans la construction de nos navires nous coûtent, dans la proportion de 300 pour 100, plus cher qu'aux Anglais; vous établissez vous-même qu'à cette cause d'infériorité viennent s'ajouter le haut prix du combustible, l'insuffisance de l'outillage, l'inexpérience des constructeurs et des ouvriers; vous ne disconvenez pas que c'est le régime de la prohibition qui a placé notre marine dans cette situation humiliante et ridicule; et, après tout cela, vous concluez... au maintien de ce régime !

Et remarquez comme la rapacité du monopole est habile à faire argument de tout, même des données les plus contradictoires ! Lorsque, délivré de toute concurrence, il est parvenu à créer dans le pays une industrie factice, à détourner vers un emploi onéreux les capitaux et les bras, et à couvrir ses pertes par des taxes déguisées mais réelles, quelle est la raison sur laquelle il s'appuie pour prolonger et perpétuer son existence? Il montre ces capitaux que la liberté va détruire, ces bras qu'elle va paralyser; et cet argument a tant de puissance qu'il n'est pas encore de ministère ou de législature qui ait osé l'affronter. « C'est un malheur, disent humblement les intérêts privilégiés, que la protection nous ait jamais été accordée. Nous comprenons qu'elle pèse lourdement sur le public. Nous avons cru, que, grâce à cette protection dont la loi a entouré notre enfance, nous parviendrions bientôt à voler de nos propres ailes, *à marcher dans notre force et notre liberté*. Nous nous sommes trompés. La société a partagé notre erreur. C'est elle, pour ainsi dire, qui nous a appelés à l'existence. Elle ne peut plus maintenant nous laisser mourir. Nous avons des *droits acquis*.

Aujourd'hui ce terrible argument est pris à rebours. « Nous n'avons pas encore employé le fer à la construction des navires. Il n'y a ni bras ni capitaux engagés dans cette voie. D'ailleurs, les matériaux, le combustible, les outils, les entrepreneurs, les ouvriers nous manquent. En outre, cette branche d'industrie exige des connaissances spéciales dans les procédés de fabrication que nul ne possède, et *bien peu de personnes sont en état de la naturaliser chez nous.* Donc, pour l'implanter dans le pays, pour lui donner l'être, la protection est loin de suffire, c'est la prohibition absolue qu'il nous faut. »

Dites donc que ce n'est pas notre marine qui vous préoccupe, mais vos priviléges. Si sérieusement vous vouliez une marine marchande, vous laisseriez la France échanger avec l'Angleterre des vins contre des navires en fer. Ils ne reviendraient pas plus cher aux armateurs de Bordeaux qu'à ceux de Liverpool, et la concurrence serait possible.

Il est vrai que l'auteur de l'article insinue ici le moyen proposé par M. le ministre, la libre introduction du fer destiné à la construction.

Mais n'a-t-il pas lui-même prouvé d'avance l'inefficacité de ce moyen quand il a dit, avec raison, que ce n'est pas seulement le prix de la matière qui renchérit nos navires, mais encore et surtout l'infériorité de notre mise en œuvre; quand il a fait observer que notre pays n'était pas disposé pour ce genre d'industrie, qu'il ne le serait pas de longtemps, que les établissements, les machines, le charbon, tout lui manque à la fois?

Au mois de juillet dernier, j'étais à Liverpool. Un honnête quaker, M. Baines, de la maison Hodgson et compagnie, me fit visiter ses ateliers de construction. Je vis sur le chantier un immense navire tout en fer, quille, membrures, bordages, etc. Après avoir examiné d'innombrables machines que je ne décrirai pas (et pour cause, car je n'en sais guère plus là-dessus que ce pauvre Tristram qui ne put jamais comprendre le mécanisme d'un tourne-broche); après avoir vu d'énormes poinçons, de gigantesques ciseaux trouer, tailler, festonner des planches de fer de 2 centimètres d'épaisseur, comme si c'eût été de la pâte de jujube, j'eus avec M. Baines la conversation suivante :

« Ces navires en fer reviennent-ils plus cher que les navires en bois? — A peu près. La matière est, il est vrai, plus chère; mais on la travaille avec une telle facilité, une telle précision, le système de l'étalonnage présente tant d'avantages, que cela compense bien et au delà le prix du fer. — En quoi donc consiste la supériorité de ce nouveau mode de construction? — Le navire dure plus, les pièces qui le composent se changent plus facilement, il a moins de tirant d'eau, il est plus léger; et comme le tonnage se calcule par les trois dimensions, il porte plus, à tonnage égal, et économise les taxes à la marchandise. — En sorte, lui dis-je, que, la concurrence s'en mêlant, c'est le consommateur qui profitera de ces avantages; vos armateurs baisseront le prix du fret, et nous, Français, qui avons déjà tant de mal à lutter contre vos navires en bois, nous serons tout à fait évincés par vos navires en fer. — Cela est probable, me dit-il, à moins que vous ne fassiez comme nous, ou, si vous ne pouvez, que vous n'achetiez nos bâtiments. — Pourriez-vous me démontrer par des chiffres ces deux points décisifs : 1° les navires en fer ne reviennent pas plus cher que les navires en bois; 2° ils portent plus, à tonnage égal? — Venez chez moi; tous mes livres sont à votre disposition. — Est-ce que vous ne craignez pas de divulguer des secrets qui font votre fortune? — Ce n'est pas le secret, mais la publicité qui fera ma fortune. Plus on sera convaincu de la supériorité des navires en fer, plus je recevrai des ordres de construction. D'ailleurs, si mes procédés sont bons, comme je le crois, je ne demande pas mieux que l'humanité en profite; et, quant à moi, quel que soit le sort de cette industrie, j'ai la confiance d'utiliser toujours l'amour du travail et le peu de connaissances qu'il a plu à la Providence de me donner. »

Je regrettai, on le croira sans peine, que le temps ne me permît pas de compulser les livres que l'honnête quaker mettait si loyalement à ma disposition. Si j'avais pu prolonger mon séjour à Liverpool, je serais sans doute en mesure de soumettre aujourd'hui aux Conseils des documents précieux sur la question dont ils sont saisis.

Quoi qu'il en soit, le premier moyen de relever notre marine, l'admission des bâtiments en fer de construction étrangère, est d'une efficacité incontestable, puisqu'il donnerait aux armateurs de Bordeaux, de Nantes et du Havre des navires qui leur reviendraient au même prix qu'aux armateurs de Liverpool, de Londres et de Bristol.

Il est d'une exécution facile. Il ne complique en rien les opérations de la douane; il ne blesse pas ce qu'on nomme les *droits acquis*, ni ceux des constructeurs, puisque ce genre d'industrie n'a pour ainsi dire pas encore chez nous d'existence sérieuse; ni ceux des maîtres de forges, puisque le fer ainsi introduit ne ferme aucun débouché à notre production métallurgique, n'en diminue pas l'emploi actuel et ne peut par conséquent en affecter le prix.

Le second moyen, l'admission en franchise de droits du fer destiné à la construction, a-t-il les mêmes avantages? ne présente-t-il pas de graves inconvénients?

On a déjà vu que, tout en le proposant, le *Moniteur* s'était chargé de démontrer sa disproportion avec le but qu'on a en vue.

Non-seulement il est illusoire, mais il ouvre à l'industrie un avenir si effrayant, que je me vois forcé, afin que le public ne soit pas pris au dépourvu, d'invoquer encore un moment son attention.

Je suis surpris qu'on ne soit pas frappé, comme je le suis moi-même, des tendances vraiment exorbitantes et dangereuses dans lesquelles la France laisse s'engager l'administration des douanes.

Certes, c'était bien assez que cette institution, d'abord purement fiscale, se fût convertie en un instrument soi-disant de protection, en réalité de priviléges et de monopoles. Dès lors les travailleurs se sont aussi transformés en solliciteurs; ils ont assailli le gouvernement pour lui arracher la faculté de rançonner la nation, comme les quêteurs de places l'assiégent pour acquérir le droit d'exploiter le budget. Et le pouvoir, détourné de sa véritable et simple mission, qui est de garantir à chacun sa liberté, sa sûreté et sa propriété, s'est vu chargé encore de l'effroyable tâche de satisfaire à toutes les prétentions des classes laborieuses, d'assurer à chaque industrie les moyens de se soutenir et de se développer, et cela par le jeu des tarifs, par des combinaisons de taxes, par l'octroi à quelques-uns de ce qu'il parvient à arracher à tous.

Cependant la douane, obéissant à de fausses notions dont elle n'est pas responsable, puisqu'elle les reçoit du public, procédait au moins à son œuvre nouvelle par mesures générales et uniformes, lorsqu'il y a trois ans, elle déposa dans le traité belge le funeste germe des *droits différentiels*. A partir de cette époque, il fut établi en principe que les taxes d'importation pourraient varier selon les pays de provenance, selon le cours des denrées dans chacun de ces pays, selon leur distance, ou même, qu'on me passe l'expression, selon la température des passions, des animosités et des jalousies nationales. Ainsi la douane n'a plus borné ses prétentions à être un instrument de protection, elle est devenue une arme offensive, un moyen politique d'agression. Elle a dit à un peuple : « Tu es ami, nous admettrons tes produits à des conditions modérées, » à un autre : « Nous te haïssons, notre marché te sera fermé. » Qui ne voit combien ce caractère hostile imprimé à la douane augmente les chances de guerre, déjà si nombreuses, que les tarifs recèlent dans leur sein? Qui ne comprend que ce sont les factions désormais qui se combattront sur le terrain des questions douanières? Qui ne s'aperçoit avec effroi qu'un nouvel horizon a été ouvert à de diaboliques alliances entre les cupidités industrielles et les intrigues politiques?

Voici maintenant que les droits de douane varieront, non plus seulement selon les pays de provenance, mais encore suivant la destination de la marchandise.

Voyez comme s'élargit insensiblement le rôle du douanier!

D'abord, il n'avait qu'une question à adresser à la marchandise : « Qu'es-tu? » Sur la réponse il prélevait la taxe, et tout était dit.

Plus tard, le dialogue s'est étendu à deux questions : « Qu'es-tu? — Du fil. — D'où viens-tu? — Que t'importe? — Il m'importe que si tu viens de Bruxelles, tu payeras *dix;* et si tu arrives de Manchester, tu payeras *trente.* » C'était bien le moins qu'on pût accorder à la ligue du monopole avec l'anglophobie.

Maintenant voici que le douanier aura droit à trois interrogations : « Qu'es-tu? — Du fer. — D'où viens-tu? car le droit varie selon que la nature t'avait déposé dans les mines du Westergothland ou dans celles du Cornouailles. — Je viens du Cornouailles. — A quoi es-tu destiné? car le droit varie encore suivant que tu vas devenir navire ou charrue. »

Ainsi la douane gagne tous les jours du terrain. De *fiscale* qu'elle était, elle s'est faite protectrice, puis diplomate, ensuite industrielle. La voilà qui va s'immiscer dans tous nos travaux, se faire juge de leur importance relative; non plus par des mesures générales, mais par une inquisition de détails qui ira jusqu'à nous demander compte de l'emploi de tous les matériaux que nous aurons à mettre en œuvre.

Mais laissons de côté ce principe exorbitant et nouveau qu'on veut introduire dans nos tarifs; fermons les yeux au vaste horizon qu'il ouvre à la douane. A-t-on du moins songé aux difficultés de l'exécution? Si les droits d'entrée varient pour chaque marchandise, en raison de l'infinie variété de ses usages, il faudra donc que la douane ait l'œil sur elle dans toutes ses transformations. Il faudra donc qu'elle pénètre dans le chantier du constructeur, qu'elle s'y installe jour et nuit, qu'elle y dresse sa tente, qu'elle constate les *déchets* et les *manquants*, en un mot, il faudra qu'elle soit armée de l'*exercice* avec son cortége d'entraves, de mesures préventives, d'acquits-à-caution, de laissez-passer, de passavants, de passe-debout, que sais-je? Pour peu que le principe s'étende à d'autres matériaux, nos ateliers, nos magasins, nos bureaux, nos livres même ne devront plus avoir de secrets pour MM. les employés ; nos maisons, nos armoires, nos chambres n'auront plus pour eux de verrous ni de serrures; une autre institution méritant bien le titre énergique de *droits-réunis* pèsera sur la France; la législation qui régit les débitants de boissons, de spéciale qu'elle est, deviendra générale, et nous serons tous ainsi ramenés à cette *égalité devant la loi* si chère au prédécesseur du ministre actuel des finances, laquelle aura pour niveau commun la *condition du cabaretier* (1). (V. p. 243.)

Qu'on ne dise pas que ces craintes sont exagérées. Je défie qu'on me prouve que l'on peut faire pénétrer dans les tarifs le principe des *droits variables selon la destination de la marchandise*, sans investir aussitôt la douane de l'*exercice*, ou de quelque chose de semblable sous un autre nom.

Messieurs les conseillers *généraux* des manufactures et du commerce, messieurs les simples conseillers de l'agriculture, vous êtes presque tous des hommes du Nord ; vous n'avez guère à vous débattre sous l'inquisition des *droits*

(1) Lorsque M. Humann empirait d'année en année le sort des propriétaires de vignes, il disait : « De quoi se plaignent ces messieurs? relativement à celle des cabaretiers, leur condition est *privilégiée*, et la Charte me fait un devoir de faire triompher le principe de l'*égalité*. »

réunis; vous savez à peine ce que c'est. Prenez garde que la douane ne se charge un jour de vous l'apprendre, et ne méprisez pas ce cri d'alarme qui s'élève dans un pays parfaitement instruit par l'expérience.

Je conclus, 1° que ce qu'il y aurait de mieux à faire, sans se préoccuper des intérêts de la marine plus que de ceux de l'agriculture et des fabriques, ce serait d'abaisser les droits sur le fer étranger quelle que fût sa destination. Ce n'est pas à la douane, c'est à l'industrie de demander, comme le statuaire de la fable :

Sera-t-il dieu, table ou cuvette ?

2° Que si l'on veut favoriser notre marine marchande, le moyen le plus simple est de permettre à nos armateurs d'acheter des navires en fer et même en bois, au meilleur marché possible, dans tous les chantiers du monde.

3° Que la libre admission du fer destiné à la construction est une mesure qui n'a qu'un bon côté, qui est d'être la plus sanglante satire que l'on puisse faire du régime prohibitif; car elle implique l'aveu que ce régime a paralysé notre marine, et il n'y a aucune raison pour ne pas reconnaître qu'il a exercé la même influence sur l'ensemble de toutes nos industries. Mais, relativement au but cherché, cette mesure est complétement inefficace; elle a en outre l'immense inconvénient de compliquer nos tarifs, et de déposer dans le terrain de la douane le germe dangereux de l'exercice, germe que l'atmosphère bureaucratique ne manquera pas de développer rapidement.

UN ÉCONOMISTE A M. DE LAMARTINE.

A L'OCCASION DE SON ÉCRIT INTITULÉ :

DU DROIT AU TRAVAIL [1].

MONSIEUR,

Le talent prodigieux dont vous a doué la nature, talent que rehausse une réputation sans tache, après avoir fait de vous le point de mire des partis, vous a signalé comme l'attente des doctrines. Vos opinions, à demi voilées, laissaient à chaque école l'espoir de vous rallier. Le catholicisme, le néo-christianisme, la liberté, et même ces modernes excentricités qu'on nomme saint-simonisme, fouriérisme, communisme, comptaient sur vous, espéraient en vous. Le système qui se résume par le mot *concentration forcée*, celui qui se formule par le mot *libre concurrence*, la théorie qui veut imposer au travail, aux facultés, aux capitaux une *organisation artificielle*, celle qui ne voit pas de meilleure organisation des forces sociales que leur *naturelle gravitation*, toutes les écoles, en un mot, vous désiraient pour auxiliaire et vous eussent accepté pour chef.

Car il n'en est pas dont vous n'eussiez été le plus puissant interprète. Que faut-il à une idée qui porte en elle-même l'élément du triomphe, la vérité? Être connue, être comprise, être vulgarisée ; et, pour cela, il lui faut des expressions saisissantes, des formules lumineuses qui, par leur clarté soudaine, aillent réveiller dans tous les cœurs cette sympathie innée pour le vrai et le juste que la libéralité de la Providence y a déposée. Voilà pourquoi les hommes de labeur, de veille et d'étude auraient confié à

[1] Extrait du *Journal des Économistes*, nº de février 1845.

votre parole le travail des années et des siècles, les investigations de la science, les rectifications de l'expérience, en un mot, tout le mouvement intellectuel de leur école, afin que vous le manifestassiez au monde. Par cette heureuse combinaison de fortes pensées et de vives images, dont vous seul possédez le secret, par le privilége inouï, qui n'a été dévolu qu'à vous, de faire pénétrer la logique dans la poésie et la poésie dans la logique, vous eussiez fait briller la vérité dans le cabinet du savant, dans l'atelier de l'artiste, dans le salon et le boudoir, dans le palais et la chaumière ; vous lui eussiez frayé une voie vers la chaire et vers la tribune.

Et moi aussi, monsieur, parce que j'ai dans l'esprit une conviction entière, parce que je porte au cœur une foi inébranlable, combien de fois n'ai-je pas tourné mes regards vers vous ! combien de fois n'ai-je pas demandé aux paroles tombées de vos lèvres, aux écrits échappés à votre plume, s'ils ne m'apportaient pas enfin le secret de vos opinions, s'ils ne recélaient point votre vague et mystérieux symbole ! Car comprenant ou du moins croyant sincèrement comprendre le mécanisme des forces sociales, je me disais : « Cette lumière n'est rien tant qu'elle est sous le boisseau ; et elle n'en sortira qu'à la voix puissante de l'homme capable de fondre dans sa parole la dialectique du métaphysicien, l'expérience de l'homme d'État, l'éloquence du tribun, l'ardente charité du chrétien et l'accent délicieux du poëte. »

Vous vous êtes prononcé enfin. Mais, hélas ! l'attente des écoles économiques a été trompée. Vous n'en reconnaissez que deux, et vous déclarez n'appartenir ni à l'une ni à l'autre. Tel est l'écueil du génie. Il dédaigne les voies explorées et le trésor des connaissances accumulé par les siècles. Il cherche son trésor en lui-même ; il veut se frayer sa propre voie.

Comme vous le dites, il y a deux écoles en économie politique. Permettez-moi de les caractériser, afin d'apprécier ensuite l'amère critique que, par une inexplicable contradiction, vous faites de celle dont en définitive vous adoptez le principe, et les emphatiques éloges que vous décernez, par une autre contradiction non moins inexplicable, à celle dont vous repoussez les vaines et subversives théories.

La première procède d'une manière scientifique. Elle constate, étudie, groupe et classe les faits et les phénomènes, elle cherche leurs rapports de cause à effet; et de l'ensemble de ses observations, elle déduit les *lois générales et providentielles* selon lesquelles les hommes prospèrent ou dépérissent. Elle pense que l'action de la science, en tant que science, sur l'espèce humaine, se borne à exposer et divulguer ces *lois*, afin que chacun sache la récompense qui est attachée à leur observation et la peine dont leur violation est suivie, elle s'en rapporte au cœur humain pour le reste, sachant bien qu'il aspire invinciblement à l'une et a pour l'autre un éloignement inévitable; et parce que ce double mobile, le désir du bien, l'horreur du mal, est la plus puissante des forces qui ramènent l'homme sous l'empire des lois sociales, elle repousse comme un fléau l'intervention de forces arbitraires qui tendent à altérer la juste distribution naturelle des plaisirs et des peines. De là ce fameux axiome : « *Laissez faire, laissez passer,* » contre lequel vous manifestez tant d'indignation, — qui n'est cependant que la périphrase servile du mot *liberté*, que vous inscrivez sur votre bannière comme le principe de votre doctrine.

L'autre école, ou plutôt l'autre méthode, qui a enfanté et devait enfanter des sectes innombrables, procède par l'*imagination*. La société n'est pas pour elle un sujet d'observations, mais une matière à expériences; elle n'est pas un *corps vivant* dont il s'agit d'étudier les organes, mais une *matière inerte* que le législateur soumet à un arrangement artificiel. Cette école ne suppose pas que le corps social soit assujetti à des lois providentielles ; elle prétend lui imposer des lois de son invention. *La République* de Platon, *l'Utopie* de Thomas Morus, *l'Oceana* de Harrington, *le Salente* de Fénelon, le régime protecteur, le saint-simonisme, le fouriérisme, l'owenisme et mille autres combinaisons bizarres, quelquefois appliquées, pour le malheur de l'espèce humaine, presque toujours à l'état de rêve pour servir de pâture aux enfants à cheveux blancs, telles sont quelques-unes des manifestations infinies de cette école.

La méthode *analytique* devait nécessairement conduire à l'unité de doctrine, car il n'y a pas de raison pour que les mêmes faits ne présentent les mêmes aspects à tous les observateurs. Voilà pourquoi, sauf quelques légères nuances que des observations rectifiées tendent incessamment à faire disparaître, elle a rallié autour de la même foi Smith, Ricardo, Malthus, Mill, Jefferson, Bentham, Senior, Cobden, Thompson, Huskisson, Peel, Destutt de Tracy, Say, Comte, Dunoyer, Droz et bien d'autres hommes illustres, dont la vie s'est passée non point à arranger dans leur tête une société de leur invention avec des hommes de leur invention, mais à étudier les hommes et les choses et leur action réciproque, afin de reconnaître et de formuler les lois auxquelles il a plu à Dieu de soumettre la société.

La méthode *inventive* devait de toute nécessité amener l'anarchie des intelligences, parce qu'il y a l'infini à parier contre un qu'une infinité de rêveurs ne feront pas le même rêve. Aussi voyons-nous que, pour se mettre à l'aise dans leur monde imaginaire, l'un en a banni la propriété, l'autre l'hérédité, celui-ci la famille, celui-là la liberté ; en voici qui ne tiennent aucun compte de la loi de la population, en voilà qui font abstraction du principe de la solidarité humaine, car il fallait mettre en œuvre des êtres chimériques pour faire une société chimérique.

Ainsi la première *observe l'arrangement* naturel des choses, et sa conclusion est *liberté* (1). La seconde *arrange* une société artificielle, et son point de départ est *contrainte*. C'est pourquoi, et pour abréger, j'appellerai l'une *école économiste ou libérale*, et l'autre *école arbitraire*.

Voyons maintenant le jugement que vous portez sur ces deux doctrines :

« Il y a en économie politique deux écoles : une école « anglaise et matérialiste (c'est l'école *libérale* que vous « voulez décrire dans ces lignes) qui traite les hommes « comme des quantités inertes ; qui parle en chiffres de « peur qu'il ne se glisse un sentiment ou une idée dans ses « systèmes ; qui fait de la société industrielle une espèce « d'arithmétique impassible et de mécanisme sans cœur, où « l'humanité n'est qu'une société en commandite, où les « travailleurs ne sont que des rouages à user et à dépenser « au plus bas prix possible, où tout se résout par perte ou « gain au bas d'une colonne de chiffres, sans considérer « que ces quantités sont des hommes, que ces rouages sont « des intelligences, que ces chiffres sont la vie, la mora- « lité, la sueur, le corps, l'âme de millions d'êtres sembla- « bles à nous et créés par Dieu pour les mêmes destinées. « C'est cette école qui règne en France, depuis l'impor- « tation de la science économique née en Angleterre. C'est « celle qui a écrit, professé et gouverné jusqu'ici, sauf « quelques grandes exceptions ; c'est celle qui a proscrit « l'aumône, incriminé la mendicité sans pourvoir aux men- « diants, blâmé les hôpitaux, condamné les hospices, raillé

(1) En disant que les hommes doivent jouir du libre exercice de leurs facultés, il demeure bien entendu que je n'entends point dénier au gouvernement le droit et le devoir de réprimer l'abus qu'ils en peuvent faire. Bien au contraire, les économistes pensent que c'est là sa principale et presque sa seule mission.

« la charité, mis la misère hors la loi, maudit l'excès de la « population, interdit les mariages, conseillé la stérilité, « fermé les tours des enfants trouvés, et qui, livrant tout « sans miséricorde et sans entrailles à la concurrence, cette « providence de l'égoïsme, a dit aux prolétaires : « Tra- « vaillez. — Mais nous ne trouvons pas de travail. — Eh « bien ! mourez. Si vous ne rapportez rien, vous n'avez pas « le droit de vivre ; la société est un compte bien fait. »

« Il y a une autre école qui est née en France, dans ces « dernières années, des souffrances du prolétaire, des « égoïsmes du manufacturier, de la dureté du capitaliste, « de l'agitation des temps, des souvenirs de la Convention, « des entrailles de la philanthropie et des rêves anticipés « d'une époque entièrement idéale. C'est celle qui, prophé- « tisant aux masses l'avénement du Christ industriel (Fou- « rier), les appelle à la religion de l'association, substitue ce « principe de l'association par le travail à tous les autres « principes, à tous les autres instincts, à tous les autres sen- « timents dont Dieu a pétri la nature humaine, croit avoir « trouvé le moyen d'organiser le travail sans intervertir les « rapports libres du producteur et du consommateur, de « violenter le capital sans l'anéantir, de régler les salaires « et de les distribuer arbitrairement avec l'infaillibilité et la « toute-justice de Dieu. Cette école, qui compte parmi ses « maîtres et ses adeptes tant d'hommes de lumière et de foi, « porte en soi deux grands trésors : un principe, l'associa- « tion ; une vertu, la charité des masses. Mais elle nous « semble pousser son principe jusqu'à l'excès et la vertu « jusqu'à la chimère. Le fouriérisme est jusqu'ici une su- « blime exagération de l'espérance. — Nous n'appartenons « ni à l'une ni à l'autre de ces écoles. Nous les croyons « toutes deux dans le faux. Mais l'une manque d'âme, et « l'autre manque *seulement* de mesure dans la passion du « bien. Nous faisons entre elles la différence qu'il y a entre

« une cruauté et une illusion, et nous empruntons, pour la « solution de la question des salaires, à l'une la lumière des « calculs, à l'autre la chaleur de la charité. »

Je ne m'arrêterai pas à relever les expressions vagues et fausses, les assertions hasardées qui fourmillent dans ce passage, où il semble que votre plume vous a maîtrisé plus que vous n'avez maîtrisé votre plume. Où avez-vous vu que les économistes traitent les hommes comme des *quantités inertes*, eux qui voient précisément l'harmonie du monde social dans la liberté de leur action? Où avez-vous vu que cette école gouverne en France, quand elle ne compte pas un seul organe, du moins avoué, au ministère ou au Parlement? Qu'est-ce que ce dédain pour les chiffres, les calculs, l'arithmétique, comme si les chiffres servaient à autre chose qu'à constater des résultats, et comme si le bien et le mal pouvaient s'apprécier autrement que par des résultats constatés? Quelle valeur scientifique est-il possible de reconnaître dans votre indignation contre la *dureté du capitaliste*, l'*égoïsme du manufacturier*, en tant que tels, comme si les services industriels et les capitaux pouvaient échapper, plus que les salaires, aux lois de l'offre et de la demande qui les gouvernent, pour se soumettre aux lois du sentiment et de la philanthropie?

Mais je sens le besoin de protester de toutes mes forces contre les imputations odieuses que vous faites peser sur la tête de tous ces savants illustres, dont je rappelais tout à l'heure les noms vénérés. Non, la postérité ne ratifiera pas votre arrêt. Elle ne mettra pas, comme vous le faites, entre Smith et Fourier, entre Say et Enfantin l'abîme qui sépare la *cruauté* de la simple *illusion*. Elle ne conviendra pas que le seul tort de Fourier ait été de pousser « un grand principe jusqu'à l'excès et une grande vertu jusqu'à la chimère. » Elle ne verra pas dans la *promiscuité* des sexes une *sublime exagération de l'espérance*. Elle ne croira pas la science sociale redevable au fouriérisme de ces trois grandes *innovations* : « la foi à l'amélioration indéfinie de l'espèce humaine, le principe de l'association et la charité des masses; » — parce que la perfectibilité de l'homme, conséquence de son principe intelligent, a été reconnue longtemps avant Fourier; — parce que l'association est aussi ancienne que la famille; — parce que la charité des masses, de quelque manière qu'on veuille la considérer, au point de vue théorique ou au point de vue pratique, dans l'individu ou dans la société, a été formellement promulguée par le christianisme et partout mise en œuvre, du moins à quelque degré. Mais la postérité s'étonnera que vous assigniez une place si élevée, que vous prodiguiez tant d'encens à une école que vous flétrissez en même temps par ces paroles éloquentes : C'est un monastère où « la mère « n'est qu'une femme enceinte, le père un homme qui en- « gendre, et l'enfant un produit des deux sexes. »

Mais que blâmez-vous dans les économistes? Seraient-ce les formes parfois arides dont ils ont revêtu leurs idées? C'est là de la critique littéraire. En ce cas il fallait reconnaître les services qu'ils ont rendus à la science, et vous borner à les accuser d'être de froids écrivains. Sur ce terrain encore, on pourrait répondre que si le langage sévère et précis de la science a l'inconvénient de n'en pas hâter assez la propagation, le style chaleureux et imagé du poëte, transporté dans le domaine didactique, a l'inconvénient bien plus grave d'égarer souvent le lecteur après avoir égaré l'écrivain. Mais ce n'est pas la forme que vous attaquez, c'est la pensée et même l'intention.

La pensée! mais comment l'accuser? Elle peut bien être fausse; elle ne saurait être blâmable, car elle se résume ainsi : « *Il y a plus d'harmonie dans les lois divines que dans les combinaisons humaines.* » Permis à vous de dire comme Alphonse : « Ces lois seraient meilleures si j'eusse été appelé dans les conseils de Dieu. » Mais non, vous ne tenez point ce langage impie. Vous laissez de tels blasphèmes aux utopistes. Pour vous, vous vous emparez de la doctrine même dont vous essayez de flétrir les révélateurs, et dans tout votre écrit, sauf quelques vues exceptionnelles que je discuterai tout à l'heure, domine le grand principe de la liberté, qui suppose de votre part la reconnaissance de l'harmonie des lois divines, puisqu'il serait puéril d'adhérer à la liberté, non parce qu'elle est la vraie condition de l'ordre et du bonheur social, mais par un platonique amour pour la liberté elle-même, abstraction faite des résultats qu'il est dans sa nature de produire.

L'intention! mais quelle perversité peut-on apercevoir dans l'intention de ceux qui se bornent à dire à l'arbitraire : « L'équilibre des forces sociales s'établit de lui-même; n'y touchez pas? »

Pour arriver jusqu'aux intentions des économistes, il faudrait prouver trois choses :

1° Que le libre jeu des forces sociales providentielles est funeste à l'humanité;

2° Qu'il est possible d'en paralyser l'action par la substitution de forces arbitraires;

3° Que les économistes repoussent celles-ci en parfaite connaissance de leur prétendue supériorité sur celles-là.

En dehors de ces trois démonstrations, vos attaques, si vous pensiez à les faire remonter jusqu'à l'intention des écrivains dont je parle, ne seraient ni justifiées ni justifiables.

Mais je ne croirai jamais que vous, dont personne ne soupçonne l'honneur et la loyauté, vous ayez voulu incriminer jusqu'à la moralité des savants illustres qui vous ont précédé dans la carrière, qui vous ont légué leurs doctrines et que l'humanité a absous d'avance par la vénération et le respect dont elle environne leur mémoire.

Y a-t-il d'ailleurs, dans ce qu'il vous plaît d'appeler l'école anglaise, comme si une science qui se borne à décrire les faits et leur enchaînement pouvait être d'un pays plutôt que d'un autre, comme s'il pouvait y avoir une géométrie russe, une mécanique hollandaise, une anatomie espagnole et une économie française ou anglaise; y a-t-il, dis-je, dans cette école, des hommes qui, comme les *prohibitionnistes*, aient proclamé leurs doctrines pour abuser les esprits et bénéficier par l'erreur commune sciemment et volontairement répandue ? Non, vous n'en citeriez pas un seul. Aucune secte philosophique peut-être n'a offert le spectacle d'autant de dignité, de modération, de dévouement au bien public; et si vous voulez y réfléchir, vous comprendrez qu'il devait en être ainsi.

Dans le XVIIIe siècle, quand l'astronomie n'était pas parvenue au point où elle est arrivée de nos jours, on avait remarqué une sorte d'aberration dans la marche des planètes. On avait constaté que les unes se rapprochaient, que les autres s'éloignaient du centre du mouvement ; et l'on se hâta de conclure que les premières s'enfonçaient de plus en plus dans les profondeurs glacées de l'espace, que les secondes allaient s'engloutir dans la matière incandescente du soleil. Laplace vint, il soumit ces prétendues aberrations au calcul, il démontra que si les planètes s'écartaient de leur orbite, la force qui les y rappelait s'augmentait en raison de cet éloignement même : « Par la toute-puissance « d'une formule mathématique, dit M. Arago, le monde « matériel se trouva raffermi sur ses fondements. » Pense-t-on que celui qui découvrit et mesura cette belle harmonie eût volontiers consenti, dans un intérêt personnel, à troubler ces admirables lois de la gravitation ?

L'économie des sociétés a eu aussi ses Laplace. S'il y a des perturbations sociales, ils ont aussi constaté l'existence de forces providentielles qui ramènent tout à l'équilibre, et ils ont trouvé que ces forces réparatrices se proportionnent aux forces perturbatrices, parce qu'elles en proviennent. Ravis d'admiration devant cette harmonie du monde moral, ils ont dû se passionner pour l'œuvre divine et répugner plus que les autres hommes à tout ce qui peut la troubler. Aussi n'a-t-on jamais vu, que je sache, les séductions de l'intérêt privé balancer dans leur cœur cet éternel objet de leur admiration et de leur amour. Bonaparte s'en étonna. Peu habitué à de telles résistances, il les honora du titre de *niais*, parce qu'ils refusaient leur concours à sa mission d'arbitraire, la regardant comme incompatible avec les grandes lois sociales qu'ils avaient découvertes et proclamées. Et ce titre glorieux, ils le portent encore, — et on n'en voit aucun aux affaires, car ils n'y veulent entrer qu'avec leur principe.

Je le dis avec regret mais avec franchise, monsieur, je crois que vous avez fait une chose funeste et de nature à égarer les premiers pas d'une jeunesse pleine de confiance dans l'autorité de vos paroles, lorsque, distribuant sans mesure le blâme et l'éloge, vous avez violemment assailli l'école la plus consciencieuse, la plus pratiquement chrétienne qui se soit jamais élevée à l'horizon des sciences morales, réservant votre enthousiasme, votre sympathie et, pardonnez-moi le mot, vos coquettes câlineries pour ces autres écoles qui ne sont, selon vous-même, que la négation de la liberté, de l'ordre, de la propriété, de la famille, de l'amour, des affections domestiques et *de tous les sentiments dont Dieu a pétri la nature humaine.*

Et ce qui achève de rendre cette injuste appréciation des hommes tout à fait inexplicable, c'est que vous adoptez, ainsi que je l'ai dit, le principe des économistes, la liberté des transactions, la libre concurrence, *cette providence de l'égoïsme.*

« Il n'y a d'autre organisation du travail, dites-vous,

« que sa liberté; il n'y a d'autre distribution des salaires « que le travail lui-même se rétribuant par ses œuvres et se « faisant à lui-même une justice que vos *systèmes arbitrai-* « *res* ne lui feraient pas. Le libre arbitre du travail dans le « producteur, dans le consommateur, dans le salaire, dans « l'ouvrier, est aussi sacré que le libre arbitre de la con- « science dans l'homme. En touchant à l'un, on tue le mou- « vement; en touchant à l'autre, on tue la moralité. Les « meilleurs gouvernements sont ceux qui n'y touchent pas. »

Et ailleurs : « Nous ne connaissons d'autre organisation « *possible* du travail dans un pays libre que la liberté se « rétribuant elle-même par la *concurrence*, par la capacité, « par la moralité. »

Ce n'est pas assez de dire que ces paroles coïncident avec les idées des économistes; elles embrassent et résument leur doctrine tout entière. Elles supposent en vous la pleine connaissance, la claire vue de cette grande loi de la concurrence qui porte en elle-même le remède général aux maux inévitables qu'elle peut produire dans des cas particuliers.

Et cependant, comment croire que votre vue embrasse l'ensemble des faits et des forces sociales qui découlent du principe de la liberté, quand on vous voit décliner le dogme de la responsabilité des agents intelligents et libres!

Car en parlant des deux grandes écoles, celle de la *liberté* et celle de la *contrainte*, vous dites : « J'emprunte à l'une « la lumière de ses calculs, à l'autre la chaleur de sa cha- « rité. » Pour parler avec précision, vous deviez dire : « J'emprunte à l'une le principe de la *liberté*, à l'autre celui de l'*irresponsabilité*. »

En effet, il résulte des citations que je viens de produire que ce que vous avez pris aux économistes, ce n'est point des calculs seulement, c'est un principe, à savoir : « *La liberté est la meilleure des organisations sociales.* »

Mais ce n'est qu'à une condition : c'est que la loi de la responsabilité sortisse son plein, entier et naturel effet. Que si la loi humaine intervient et fait dévier les conséquences des actions, de telle sorte qu'elles ne retombent pas sur ceux à qui elles étaient destinées, non-seulement la liberté n'est plus une bonne organisation, mais elle n'existe pas.

C'est donc une grave contradiction de dire qu'on emprunte là la liberté et ici la contrainte, pour en faire un monstrueux ou plutôt un impossible mélange.

Je me ferai mieux comprendre en abordant quelques détails.

Vous reprochez à l'école *libérale* d'être cruelle, et dès lors vous empruntez à l'école arbitraire la « chaleur de sa charité. » — Voilà la généralité, voici l'application.

Vous accusez les économistes d'*interdire le mariage*, de *conseiller la stérilité*, — et par opposition, vous voulez que *l'État adopte les enfants orphelins ou trop nombreux*.

Vous accusez les économistes de *proscrire et de railler l'aumône*, — et par opposition, vous voulez que *l'État s'interpose entre les masses et leurs misères*.

Vous accusez les économistes de dire aux prolétaires : « *Travaillez ou mourez*, » — et par opposition, vous voulez que la société proclame le *droit au travail*, le *droit de vivre*.

Examinons ces trois antithèses, que j'aurais pu multiplier; cela suffira pour reconnaître s'il est possible de ramasser ainsi des dogmes dans des écoles opposées et d'accomplir entre eux une solide alliance.

Je ne veux point encombrer par des discussions de détail le terrain des principes sur lequel j'entends me maintenir. Je ferai cependant une remarque préliminaire. Il y a longtemps qu'on a dit que le moyen le plus sûr, mais certainement le moins loyal, de combattre son adversaire, c'était de lui prêter des sentiments outrés, des idées fausses et des paroles qu'il n'a jamais prononcées. Je vous crois incapable de recourir sciemment à un tel artifice; mais, soit entraînement de la phrase à effet, soit exigence de concision, il est certain que vous attribuez aux économistes un langage qui ne fut jamais le leur.

Jamais ils n'ont *conseillé la stérilité, interdit le mariage.* — Ce reproche pourrait être adressé avec plus de raison et vous l'adressez en effet au *fouriérisme.* — S'ils ont, non pas *maudit*, mais déploré l'*excès* de la population, ce mot même «*excès* » que vous employez les justifie.

Ce qu'ils ont dit sur ce grave sujet, le voici : « L'homme est un être libre, responsable et intelligent. Parce qu'il est libre, il dirige ses actions par sa volonté; — parce qu'il est responsable, il recueille la récompense ou le châtiment de ses actions, selon qu'elles sont ou ne sont pas conformes aux lois de son être; — parce qu'il est intelligent, sa volonté et par suite ses actes se perfectionnent sans cesse, ou par la lumière de la prévoyance ou par les leçons fatales de l'expérience. — C'est un *fait* que les hommes, comme tous les êtres qui ont vie, peuvent se multiplier au delà de leurs moyens actuels de subsistance. C'est un autre *fait* que lorsque l'équilibre est rompu entre le nombre des hommes et les ressources qui font vivre, il y a malaise et *souffrance* dans la société. — Donc, il n'y a pas d'autre alternative : il faut *prévoir* pour que l'équilibre se maintienne ; ou *souffrir* pour qu'il se rétablisse. Nous concluons qu'il est à désirer que la population, prise en masse, ne suive pas une progression trop rapide, et pour cela, que les individus qui la composent n'entrent dans l'état du mariage qu'autant qu'ils ont la chance probable de pouvoir entretenir une famille. — Et comme les hommes sont libres, comme nous n'admettons pas de législation coercitive ou restrictive en cette matière, nous nous adressons à leur raison, à leurs sentiments, à leur bon sens. Le langage que nous leur faisons entendre n'a rien d'utopique ou d'abstrait. Nous leur disons avec la sagesse des siècles et ce sens si commun qu'il est presque de l'instinct : — « C'est donner la vie à des malheureux, c'est se rendre malheureux soi-même que de se charger imprudemment ou prématurément d'une famille qu'on n'a pas encore les moyens d'élever. » Nous ajoutons : « Si ces actes individuels d'imprévoyance sont trop multipliés, la société a plus d'enfants qu'elle n'en peut nourrir : elle *souffre*, car l'homme n'est pas seulement soumis à la loi de la *responsabilité*, mais encore à celle de la *solidarité* ; et c'est pour cela que les économistes s'attachent à exposer toutes les conséquences fatales de la multiplication désordonnée des êtres humains, afin que l'opinion intervienne avec son action toute-puissante, car ils croient sincèrement que, contre ce terrible phénomène, la société n'a que cette alternative, la prévoyance ou la souffrance.

Mais vous, monsieur, vous lui apportez un expédient. Vous ne pensez pas qu'elle doit prévoir pour ne pas souffrir, et vous ne voulez pas qu'elle souffre pour n'avoir pas prévu. Vous dites : « *Que l'État adopte les enfants trop nombreux.* »

Voilà certes qui est bientôt décrété. Mais avec quoi, s'il vous plaît, les entretiendra-t-il? Sans doute avec des aliments, des vêtements, des produits prélevés sur la masse sous forme d'impôts, car l'*État*, que je sache, n'a pas de ressources à lui, indépendantes du travail national. — Ainsi la grande loi de la *responsabilité* sera éludée. Ceux qui, dans des vues personnelles peut-être, mais parfaitement conformes à l'intérêt public, se seront conduits d'après les règles de la prudence, de l'honnêteté et de la raison, se seront abstenus ou auront retardé le moment de s'entourer d'une famille, se verront *contraints* de nourrir les enfants de ceux qui se seront abandonnés à la brutalité de leurs instincts. — Mais le mal sera-t-il guéri au moins? Bien au contraire, il s'aggravera sans cesse, car en même temps qu'on ne pourra plus compter sur la prévoyance qui n'aura plus rien de rationnel, la souffrance elle-même, sans cesser d'agir, n'agira plus comme châtiment, comme frein, comme leçon, comme force équilibrante ; elle perdra sa moralité, il n'y aura plus rien en elle qui l'explique et la justifie, et c'est alors que l'homme pourra sans blasphémer dire à l'auteur des choses : « A quoi sert le mal sur la terre, puisqu'il n'a pas de cause finale? »

On peut faire sur la charité les mêmes remarques. D'abord, jamais la science économique n'a *proscrit* ni *raillé* l'aumône. La science ne raille pas et ne proscrit rien ; elle observe, déduit et expose.

Ensuite, l'économie politique distingue la charité volontaire de la charité légale ou forcée. L'une, par cela même qu'elle est *volontaire*, se rattache au principe de la liberté et entre comme élément harmonique dans le jeu des lois sociales ; l'autre, parce qu'elle est *forcée*, appartient aux écoles qui ont adopté la doctrine de la *contrainte*, et inflige au corps social des maux inévitables. La misère est méritée ou imméritée, et il n'y a que la charité libre et spontanée qui puisse faire cette distinction essentielle. Si elle a des secours même pour l'être dégradé qui a encouru son malheur par sa faute, elle les distribue d'une main parcimonieuse, justement dans la mesure nécessaire pour que la punition ne soit pas trop sévère ; et elle n'encourage pas, par d'inopportunes délicatesses, des sentiments abjects et méprisables, qui, dans l'intérêt général, ne doivent pas être encouragés. Elle réserve, pour les infortunes imméritées et cachées, la libéralité de ses dons et ce secret, cette ombre, ces ménagements auxquels a droit le malheur, au nom de la dignité humaine.

Mais la charité légale, contrainte, organisée, décrétée comme une *dette* du côté du donateur et une *créance* positive du côté du donataire, ne fait ni ne peut faire une telle distinction. Permettez-moi d'invoquer ici l'autorité d'un auteur trop peu connu et trop peu consulté en ces matières :

« Il est plusieurs genres de vices, dit M. Charles Comte, « dont le principal effet est de produire la misère pour celui « qui les a contractés. Une institution qui a pour objet de « mettre à l'abri de la misère toute sorte de personnes, sans « distinction des causes qui l'ont produite, a donc pour ré- « sultat d'encourager tous les vices qui conduisent à la pau- « vreté. Les tribunaux ne peuvent condamner à l'amende « les individus qui sont coupables de paresse, d'intempé- « rance, d'imprévoyance et d'autres vices de ce genre ; « mais la nature, qui a fait à l'homme une loi du travail, « de la tempérance, de la modération, de la prévoyance, « *a pris sur elle d'infliger aux coupables les châtiments qu'ils* « *encourent*. Rendre ces châtiments vains en donnant *droit* « à des secours à ceux qui les ont encourus, c'est laisser au « vice tous les attraits qu'il a ; c'est laisser agir, de plus, « les maux qu'il produit pour les individus auxquels il est « étranger, et affaiblir ou détruire les seules peines qui « peuvent le réprimer. »

Ainsi la charité gouvernementale, indépendamment de ce qu'elle viole les principes de la liberté et de la propriété, intervertit encore les lois de la responsabilité ; et en établissant une sorte de communauté de droit entre les classes aisées et les classes pauvres, elle ôte à l'aisance le caractère de récompense, à la misère le caractère de châtiment que la nature des choses leur avait imprimé.

Vous voulez que l'*Etat s'interpose entre les masses et leur misère*. — Mais avec quoi ? — Avec des capitaux. — Et d'où les tirera-t-il ? — De l'impôt ; il aura un *budget des pauvres*. — Il faudra donc que, soutirant ces capitaux à la circulation générale, il fasse retomber sur les masses, sous forme d'aumônes, ce qui leur arrivait sous forme de salaires !

Enfin vous proclamez le *droit* du prolétaire au travail,

au salaire, à la subsistance. Et qui jamais a contesté à qui que ce soit le *droit de travailler*, et par conséquent le droit à une juste rémunération? Est-ce sous le régime de la liberté qu'un tel droit peut être dénié? Mais, dites-vous, en nous plaçant dans une terrible hypothèse, « si la société n'a pas du travail pour tous ses membres, si son capital ne suffit pas pour donner à tous de l'occupation? » Eh bien! cette supposition extrême implique que la population a dépassé ses moyens de subsistance. Je vois bien alors par quels procédés la liberté tend à rétablir l'équilibre; je vois les salaires et les profits baisser, c'est-à-dire je vois diminuer la part de chacun à la masse commune; je vois les encouragements au mariage s'affaiblir, les naissances diminuer, peut-être la mortalité augmenter jusqu'à ce que le niveau soit rétabli. Je vois que ce sont là des maux, des souffrances; je le vois et je le déplore. Mais ce que je ne vois pas, c'est que la société puisse éviter ces maux en proclamant le *droit au travail*, en décrétant que l'État prendra sur les capitaux insuffisants de quoi fournir du travail à ceux qui en manquent; car il me semble que c'est faire le plein d'une part en faisant le vide de l'autre. C'est agir comme cet homme simple qui, voulant remplir un tonneau, puisait par-dessous de quoi verser par-dessus; ou comme un médecin qui, pour donner des forces au malade, introduirait dans le bras droit le sang qu'il aurait tiré au bras gauche.

A nos yeux, dans l'hypothèse extrême où l'on nous force de raisonner, de tels expédients ne sont pas seulement inefficaces, ils sont essentiellement nuisibles. L'État ne déplace pas seulement les capitaux, il retient une partie de ceux auxquels il touche, et trouble l'action de ceux qu'il ne touche pas. De plus, la nouvelle distribution des salaires est moins équitable que celle à laquelle présidait la liberté, et ne se proportionne pas, comme celle-ci, aux justes droits de la capacité et de la moralité. Enfin, loin de diminuer les souffrances sociales, elle les aggrave au contraire. Ces expédients ne font rien pour rétablir l'équilibre rompu entre le nombre des hommes et leurs moyens d'exister; bien loin de là, ils tendent à déranger de plus en plus cet équilibre.

Mais si nous pensons que la société peut être placée dans une situation telle qu'elle n'a que le choix des maux, si nous pensons qu'en ce cas la liberté lui apporte les remèdes les plus efficaces et les moins douloureux, prenez garde que nous croyons aussi qu'elle agit surtout comme moyen préventif. Avant de rétablir l'équilibre entre les hommes et les subsistances, elle agit pour empêcher que cet équilibre ne soit rompu, parce qu'elle laisse toute leur influence aux motifs qu'ont les hommes d'être moraux, actifs, tempérants et prévoyants. Nous ne nions pas que ce qui suit l'oubli de ces vertus, c'est la souffrance; mais vouloir qu'il n'en soit pas ainsi, c'est vouloir qu'un peuple ignorant et vicieux jouisse du même degré de bien-être et de bonheur qu'un peuple moral et éclairé.

Il est si vrai que la liberté prévient les maux dont vous cherchez le remède dans le *droit au travail*, que vous reconnaissez vous-même que ce droit est sans application aux industries qui jouissent d'une entière liberté : « Laissons de « côté, dites-vous, le cordonnier, le tailleur, le maréchal, « le charron, le tonnelier, le serrurier, le maçon, le char- « pentier, le menuisier..... Le sort de tous ceux-là est hors « de cause. » Mais le sort des ouvriers des fabriques serait aussi hors de cause si l'industrie manufacturière vivait d'une vie naturelle, ne posait le pied que sur un terrain solide, ne progressait qu'à mesure des besoins, ne comptait pas sur les prix factices et variables de la *protection*, une des formes émanées de la théorie de l'*arbitraire*.

Vous proclamez le *droit au travail*, vous l'érigez en *principe;* mais, en même temps, vous montrez peu de foi dans ce principe. Voyez en effet dans quelles étroites limites vous circonscrivez son action. Ce droit au travail ne pourra être invoqué que *dans des cas rares, dans des cas extrêmes, pour cause de vie seulement* (*propter vitam*), et à la condition que son application ne créera jamais, *contre le travail des industries libres et le tarif des salaires volontaires, la concurrence meurtrière de l'État.*

Réduites à ces termes, les mesures que vous annoncez sont du domaine de la police plutôt que de l'économie sociale. Je crois pouvoir affirmer, au nom des économistes, qu'ils n'ont pas d'objections sérieuses à faire contre l'intervention de l'État dans des cas rares, extrêmes, où, sans nuire aux industries libres, sans altérer le tarif des salaires volontaires, il serait possible de venir, *propter vitam*, au secours d'ouvriers momentanément, brusquement déplacés, sous le coup de crises industrielles imprévues. — Mais, je vous le demande, pour aboutir à ces mesures d'*exception*, fallait-il remuer toutes les théories des écoles les plus opposées? fallait-il élever drapeau contre drapeau, principe contre principe, et faire retentir aux oreilles des masses ces mots trompeurs : *droit au travail, droit de vivre!* Je vous dirai, en empruntant vos propres expressions : « Ces idées ne sont si sonores que parce qu'il n'y a rien dedans que du vent et des tempêtes. »

Monsieur, je ne pense pas que le Ciel ait jamais accordé à un homme des dons plus précieux que ceux qu'il vous a prodigués. Il y a assez de chaleur dans votre âme, assez de puissance dans votre génie pour que le siècle subisse votre influence et fasse, à votre voix, un pas de plus dans la carrière de la civilisation. Mais pour cela, il ne faut pas que vous alliez butiner d'ici, de là, dans les écoles les plus opposées, des principes qui s'excluent. Votre prodigieux talent est un puissant levier; mais ce levier est sans force s'il n'a pour point d'appui *un principe*. — Naguère vous vous présentâtes devant l'opposition, la bonne foi au cœur et l'éloquence sur les lèvres. Quel résultat avez-vous obtenu? Aucun, parce que vous ne lui portiez pas *un principe*. Oh! si vous adhériez fortement à la liberté! Si vous la montriez faisant progresser le monde social par l'action de ces deux grandes lois corollaires : responsabilité, solidarité! Si vous ralliiez les esprits autour de cette vérité : « En économie politique, il y a beaucoup à apprendre et peu à faire! » On comprendrait alors que la liberté porte en elle-même la solution de tous les grands problèmes sociaux que notre époque agite, et « qu'elle fait aux hommes une justice que les systèmes arbitraires ne leur feraient pas. » Comment avez-vous rencontré des vérités si fécondes pour les abandonner l'instant d'après? — Ne voyez-vous pas que la conséquence rationnelle et pratique de cette doctrine c'est la *simplification du gouvernement?* Courage donc, suivez cette voie lumineuse! Dédaignez la vaine popularité qu'on vous promet ailleurs. Vous ne pouvez servir deux maîtres. Vous ne pouvez travailler à la simplification du pouvoir, demander qu'il ne touche « ni au travail ni à la conscience, » et exiger en même temps « qu'il prodique l'instruction, qu'il colonise, qu'il adopte les enfants trop nombreux, qu'il s'interpose entre les masses et leurs misères. » Si vous lui confiez ces tâches multipliées et délicates, vous l'agrandissez outre mesure; vous lui conférez une mission qui n'est pas la sienne; vous substituez ses combinaisons à l'économie des lois sociales; vous le transformez en « Providence qui ne voit pas seulement, mais qui prévoit; » vous le mettez à même de prélever et de distribuer d'énormes impôts; vous le rendez l'objet de toutes les ambitions, de toutes les espérances, de toutes les déceptions, de toutes les intrigues; vous agrandissez démesurément ses cadres, vous transformez la nation en employés; en un mot vous êtes sur la voie d'un fouriérisme bâtard, incomplet et illogique.

Ce ne sont pas là les doctrines que vous devez promulguer en France. Repoussez leurs trompeuses séductions. Rattachez-vous au principe sévère, mais vrai, mais le seul vrai, de la Liberté. Embrassez dans votre vaste intelligence et ses lois, et son action, et ses phénomènes, et les causes qui la troublent, et les forces réparatrices qui sont en elle. Inscrivez sur votre bannière : « *Société libre, gouvernement simple,* » — idées corrélatives et pour ainsi dire consubstantielles. Cette bannière, les partis la repousseront peut-être ; mais la nation l'embrassera avec transport. Mais effacez-y jusqu'à la dernière trace de cette devise : « *Société contrainte, gouvernement compliqué.* » — Des mesures exceptionnelles, applicables dans des circonstances rares, dans des cas extrêmes et d'une utilité après tout fort contestable, ne sauraient longtemps contre-balancer dans votre esprit la valeur et l'autorité d'un *principe*. Un principe est de tous les temps, de tous les lieux, de tous les climats et de toutes les circonstances. Proclamez donc la liberté : liberté de travail, liberté d'échanges, liberté de transactions pour ce pays et pour tous les pays, pour cette époque et pour toutes les époques. A ce prix, j'ose vous promettre sinon la popularité du jour, du moins la popularité et les bénédictions des siècles. — Un grand homme s'est emparé de ce rôle en Angleterre. Il n'y a pas de jour dans l'année, il n'y a pas d'heure dans le jour où on ne le voie exposer aux yeux des masses les grandes lois de la *mécanique sociale*. Il a réuni autour de lui une université mouvante, un apostolat du XIXe siècle ; et la parole de vie pénétrant dans toutes les couches de la société en a fait surgir une opinion publique puissante, éclairée, pacifique, mais indomptable, qui sous peu présidera aux destinées de la Grande-Bretagne. Car savez-vous ce qui arrive ? Plus de cinquante mille Anglais se seront mis, d'ici à la fin du mois, en possession du droit électoral pour balancer l'influence des écoles arbitraires et neutraliser les efforts des prohibitionnistes, des faux philanthropes et de l'aristocratie. — La liberté! — voilà le principe qui va régner à nos portes; et un homme, M. Cobden, aura été l'instrument de cette grande et paisible révolution. Oh! puisse vous être réservée une semblable destinée, dont vous êtes si digne!

Mugron (Landes)... janvier 1845.

SUR L'OUVRAGE DE M. DUNOYER.

DE LA LIBERTÉ DU TRAVAIL.

ÉBAUCHE INÉDITE. (1845.)

« Il y a vingt ans, dit M. Dunoyer, que j'ai conçu la « pensée de ce livre. » Certes, pendant ces vingt années, il n'en est pas une où cet important ouvrage eût pu avec plus d'à-propos être livré au public, et j'ose croire qu'il est dans sa destinée de faire rentrer la science dans sa voie. Un système funeste semble prendre sur les esprits un dangereux ascendant. Émané de l'imagination, accueilli par la paresse, propagé par la mode, flattant chez les uns des instincts louables mais irréfléchis de philanthropie, séduisant les autres par l'appât trompeur de jouissances prochaines et faciles, ce système est devenu épidémique; on le respire avec l'air, on le gagne au contact du monde; la science même n'a plus le courage de lui résister; elle se range devant lui; elle le salue, elle lui sourit, elle le flatte, et pourtant elle sait bien qu'il ne peut soutenir un moment le sévère et impartial examen de la raison. On le nomme *socialisme*. Il consiste à rejeter du gouvernement du monde moral tout dessein providentiel; à supposer que du jeu des organes sociaux, de l'action et de la réaction libres des intérêts humains, ne résulte pas une organisation merveilleuse, harmonique et progressive, et à imaginer des combinaisons artificielles qui n'attendent pour se réaliser que le consentement du genre humain. Nous ferons-nous tous *Moraves?* nous enfermerons-nous dans un phalanstère? N'abolirons-nous que l'hérédité, ou bien nous débarrasserons-nous aussi de la propriété et de la famille? On n'est pas encore fixé à cet égard; et, pour le moment, il n'est qu'une chose dont l'exclusion soit unanimement résolue, la liberté:

Fi de la liberté!
A bas la liberté!

On est d'accord sur ce point. Il ne reste plus au milliard d'hommes qui peuplent notre globe qu'à faire choix, parmi les mille plans qui ont vu le jour, de celui auquel ils préfèrent se soumettre, à moins cependant qu'il n'y en ait un meilleur parmi ceux que chaque matin voit éclore. Ce choix, il est vrai, offrira quelques difficultés, car messieurs les socialistes, quoiqu'ils prennent le même nom, sont loin d'avoir les mêmes *projets sociaux*. Voici M. Jobard qui pense que la propriété a encore la moitié de son domaine à acquérir, et qui veut y soumettre jusqu'à la plus fugitive pensée littéraire ou artistique; mais voilà Saint-Simon qui n'admet pas même la propriété matérielle; et entre eux se pose M. Blanc, qui reconnaît bien la propriété des produits du travail (sauf un partage de son invention), mais qui flétrit comme impie et sacrilége quiconque tire quelque avantage de son livre, de son tableau ou de sa partition, heureux pourtant M. Blanc de savoir se soumettre à la vulgaire pratique, en attendant le triomphe de sa théorie!

Au milieu de ces innombrables enfantements de *Plans sociaux*, nés de l'imagination échauffée de nos modernes *Instituteurs de nations*, la raison éprouve un charme indicible à se sentir ramenée, par le livre de M. Dunoyer, à l'étude d'un *plan social* aussi, mais d'un plan créé par la

Providence elle-même; à voir se développer ces belles harmonies qu'elle a gravées dans le cœur de l'homme, dans son organisation, dans les lois de sa nature intellectuelle et morale. On a beau dire qu'il n'y a pas de poésie dans les sciences expérimentales, cela n'est pas vrai; car cela reviendrait à dire qu'il n'y a pas de poésie dans l'œuvre de Dieu.

Pense-t-on que les découvertes géologiques de Cuvier, parce qu'elles étaient dues à une laborieuse et patiente observation, parce qu'elles étaient conformes à la réalité des faits, ne nous font pas admirer ce qu'elles nous laissent entrevoir des desseins de la création, autant que les inventions les plus ingénieuses?

Le point de départ obligé des réformateurs modernes (qu'ils en conviennent ou non) est que la société se détériore sous l'empire des lois naturelles, et qu'elles tendent à introduire de plus en plus la misère et l'inégalité parmi les hommes; aussi par quels tristes tableaux n'assombrissent-ils pas les premières pages de leurs livres! Avouer le principe de la perfectibilité, ce serait créer d'avance une fin de non-recevoir contre leur prétention à refaire le monde. S'ils reconnaissaient qu'il y a, dans les lois de la Responsabilité et de la Solidarité, une force qui tend invinciblement à améliorer et à égaliser les hommes, pourquoi s'élèveraient-ils contre ces lois, eux qui font profession d'aspirer à ce résultat? Leur tâche se bornerait à les étudier, à en découvrir les harmonies, à les divulguer, à signaler et à combattre les obstacles qu'elles rencontrent encore dans les erreurs de l'esprit, les vices du cœur, les préjugés populaires, les abus de la force et de l'autorité.

Ce qu'il y a de mieux à opposer aux socialistes, c'est donc la simple description de ces lois. C'est ce que fait M. Dunoyer. Mais comme après tout on ne diffère souvent sur les choses que parce qu'on n'est pas d'accord sur le sens des mots, M. Dunoyer commence par définir ce qu'il entend par *liberté*.

Liberté, c'est *puissance d'action*. Donc chaque obstacle qui s'abaisse, chaque restriction qui tombe, chaque expérience qui s'acquiert, toute lumière qui éclaire l'intelligence, toute vertu qui accroît la confiance, la sympathie et resserre les liens sociaux, c'est une *liberté* conquise au monde ; car il n'y a rien en toutes ces choses qui ne soit une *puissance d'action*, une puissance pacifique, bienfaisante et civilisatrice.

Le premier volume de M. Dunoyer est consacré à la solution de cette question de fait : Le monde a-t-il ou n'a-t-il pas progressé sous l'empire de la loi de liberté ? Il étudie successivement les divers états sociaux par lesquels il a été dans la destinée de l'homme de passer, l'état des peuples chasseurs, pasteurs, agricoles, industriels, auxquels correspondent l'anthropophagie, l'esclavage, le servage, le monopole. Il montre l'espèce humaine s'élevant vers le bien-être et la moralité, à mesure qu'elle devient *libre*; il prouve qu'à chaque phase de son existence les maux qu'elle a endurés ont eu pour cause les obstacles qu'elle a rencontrés dans son ignorance, ses erreurs et ses vices ; il signale le principe qui les lui fait surmonter, et, tournant enfin vers l'avenir le flambeau qui vient de lui montrer le passé, il voit la société progresser et progresser indéfiniment, sans qu'elle ait à se soumettre à des organisations récemment inventées, — à la seule condition de combattre sans cesse et les liens qui gênent encore le travail des hommes, et l'ignorance qui obstrue leur esprit, et ce qu'il reste d'imprévoyance, d'injustice et de passions mauvaises dans leurs habitudes.

C'est ainsi que l'auteur fait justice de ce vieux sophisme, indigne de la science et récemment renouvelé des âges les plus barbares, qui consiste à s'étayer de faits isolés, malheureusement trop nombreux encore, pour en induire la détérioration de l'espèce humaine. Fidèle à sa méthode, il suppute les progrès acquis, les rattache à leurs véritables causes, et démontre que c'est en développant ces causes, en détruisant et non en ressuscitant des obstacles, en étendant et non en restreignant le principe de la responsabilité, en renforçant et non en affaiblissant le ressort de la solidarité, en nous éclairant, en nous amendant, en devenant libres, que nous marcherons vers des progrès nouveaux.

Après avoir étudié l'humanité dans ses divers âges, M. Dunoyer la considère dans ses diverses fonctions.

Mais ici il avait à faire la nomenclature de ces fonctions. Nous n'hésitons pas à dire que celle de l'auteur est plus rationnelle, plus méthodique et surtout plus complète que celle qu'avait traditionnellement adoptée la science économique.

Soit que l'on divise l'industrie en agricole, manufacturière et commerciale, soit que, comme M. de Tracy, on la réduise à deux branches, le travail qui *transforme* et celui qui *transporte*, il est évident qu'on laisse, en dehors de la science, une multitude de fonctions sociales et notamment toutes celles qui s'exercent sur les hommes. La société, au point de vue économique, est un échange de services rémunérés ; et sous ce rapport l'avocat, le médecin, le militaire, le magistrat, le professeur, le prêtre, le fonctionnaire public appartiennent à la science économique aussi bien que le négociant et le cultivateur.

Nous travaillons tous les uns pour les autres, nous faisons tous entre nous échange de services, et la science est incomplète si elle n'embrasse pas tous les services et tous les travaux.

Nous croyons donc que l'économie politique est redevable à M. Dunoyer d'une classification, qui, sans la faire sortir de ses limites naturelles, a le mérite de lui ouvrir de nouvelles perspectives, de nouveaux champs de recherches, surtout dans l'ordre intellectuel et moral, et de l'arracher à ce cercle matériel où les esprits supérieurs n'aiment pas à se laisser longtemps renfermer.

Aussi, lorsque M. Dunoyer, après avoir recherché quels sont les états sociaux qui ont été les plus favorables à l'humanité, examine les conditions dans lesquelles chaque fonction se développe avec le plus de puissance et de liberté, on sent qu'un principe moral est venu prendre place dans la science. Il prouve que les forces intellectuelles et les vertus privées ou de relation ne sont pas moins nécessaires aux succès de nos travaux que les forces industrielles. Le choix des lieux et des temps, la connaissance du marché, l'ordre, la prévoyance, l'esprit de suite, la probité, l'épargne concourent tout aussi réellement à la prompte formation, à l'équitable distribution, à la judicieuse consommation des richesses que le capital, l'habileté et l'activité.

Nous n'oserions pas dire que, dans le cadre immense qu'embrasse l'auteur, il ne s'est pas glissé quelques observations de détail qu'on pourrait contester; encore moins qu'il a épuisé son inépuisable sujet. Mais sa méthode est bonne; les limites de la science bien posées, le principe qui la domine clairement défini. Dans ce vaste champ, il y a place pour bien des ouvriers; et, s'il faut dire toute notre pensée, nous croyons que là est le terrain où pourront désormais se rencontrer et ces esprits exacts que leur irrésistible soumission aux exigences de la logique retenait dans cette partie de l'économie politique qui est susceptible de démonstrations rigoureuses, et ces esprits ardents que l'idolâtrie du beau et du bien entraînait dans la région des utopies et des chimères.

SUR L'ÉLOGE DE M. CHARLES COMTE.

PAR M. MIGNET (1).

La vie, a-t-on dit, est un tissu d'illusions et de déceptions. — Oui, mais il s'y mêle quelques souvenirs qui l'imprègnent comme d'un parfum délicieux.

Telle fut pour moi la journée du 30 mai 1846.

Arraché au fond de la province par un caprice inattendu de la fortune, j'assistais pour la première fois à une séance publique de l'Académie des sciences morales et politiques.

Autour du fauteuil du président, M. Dunoyer, se groupaient tous les membres de l'illustre compagnie. En face, les tribunes, les loges, l'amphithéâtre suffisaient à peine à contenir l'élite de la société parisienne.

Le secrétaire perpétuel devait prononcer l'éloge de son prédécesseur, M. Charles Comte.

On se demandait avec anxiété : Comment M. Mignet, quel que soit son talent, parviendra-t-il à intéresser l'auditoire? Que peut offrir de saisissant la vie d'un publiciste dont tous les jours furent absorbés par une polémique aujourd'hui oubliée et par des travaux approfondis sur la philosophie de la législation? d'un journaliste probe, consciencieux, sévère, dont la vertu fut poussée jusqu'à la rudesse? d'un écrivain laborieux et profond, mais qui semble avoir volontairement dédaigné, dans son œuvre, cette partie artistique qui, si elle n'ajoute rien, si elle nuit même quelquefois à la justesse des idées, peut seule néanmoins donner de l'éclat, de la popularité, de la puissance de propagation aux travaux de l'intelligence?

Cependant M. Mignet commence sa lecture. Sa parole, ni trop lente ni trop rapide, se propage sans effort jus-

(1) Extrait du journal *le Libre-Échange*, nº du 11 juillet 1847.
(*Note de l'éditeur.*)

qu'aux extrémités de la salle. Il varie son sujet par des réflexions pleines d'à-propos et de justesse ; il l'égaye en le parsemant avec sobriété de ce sel attique dont on prétend, bien à tort sans doute, que la tradition se perd en France. Un débit toujours clair, des intonations toujours justes ne laissent échapper aucune des finesses du discours, aucune des intentions de l'orateur. Pendant une heure, l'auditoire reste comme enchaîné à ce récit, si pauvre de faits éclatants, mais si riche de nobles et pures émotions.

Mais quoi ! est-ce la phrase correcte, élégante, incisive de l'orateur ; est-ce sa belle diction qui retiennent ainsi l'assemblée captive? qui font courir sur tous les bancs comme un frisson d'enthousiasme et unissent tous les cœurs dans un commun sentiment de pure joie et d'admiration passionnée?

Non. — Mais M. Mignet avait vu et montrait à tous les yeux le beau côté de son sujet. Il peignait l'homme de bien, l'homme aux mâles résolutions, l'athlète vigoureux, l'intrépide défenseur des libertés publiques, le publiciste inflexible que ni les tentations de la corruption, ni les menaces, ni la persécution, ni l'attrait de la popularité, ni le besoin du repos, ni aucune considération humaine, ne firent jamais dévier de cette ligne de rectitude tracée par sa profonde conviction à son opiniâtre vertu.

Il semblait que cette chaude peinture d'une si belle vie, faisant contraste avec l'égoïsme et l'indifférence qui caractérisent l'époque actuelle, pénétrait dans toutes les sympathies de l'assemblée, et les remuait avec d'autant plus de puissance qu'on aurait pu les croire depuis plus longtemps assoupies. On aurait dit un public, aux impressions encore fraîches et naïves, recueillant de la bouche de Plutarque le récit d'une des plus nobles vies des héros antiques. Avec quel discernement vraiment français l'auditoire ne saisissait-il pas, pour les applaudir, les traits de courage, d'abnégation, de fière indépendance, dont abonde la noble carrière du publiciste ! Chacun de nous se reportait au temps à jamais passé de notre jeunesse, quand l'orateur disait :

« Le temps où s'est distingué M. Comte est déjà loin de « nous. Ils sont loin de nous les souvenirs de ces convic- « tions généreuses, de ces luttes persévérantes, de ces intré- « pides dévouements qui animaient tant de fermes esprits, « qui inspiraient tant de nobles conduites. Alors on croyait « aux idées avec une foi vive, on aimait le bien public avec « une passion désintéressée. Ces belles croyances, qui sont « l'honneur de l'intelligence humaine, M. Comte les a eues « jusqu'à l'enthousiasme. Ces fortes vertus, qui sont aussi « nécessaires à un peuple pour rester libre que pour le de- « venir, M. Comte les a portées jusqu'à la rudesse. »

Ah ! malgré le triste et décourageant spectacle qui s'offre de toute part autour de nous, quoique l'on n'aperçoive plus ni convictions énergiques, ni courage civil, ni résistance à la corruption, on ne saurait désespérer d'un pays où le simple récit de la vie de M. Comte éveille une si vive et si unanime satisfaction ! Non, le scepticisme n'a pas tout envahi, tout altéré, tout dégradé là où se montre cette ancre de salut du peuple, — l'intelligence d'honorer ce qui est honorable, — là où la puissance d'admiration vit encore !

Deux circonstances concouraient à jeter un intérêt touchant et comme quelque chose de dramatique sur cette solennité littéraire. Derrière l'orateur, le fauteuil de la présidence était occupé par M. Dunoyer. Chacun sentait que l'éloge de M. Mignet et l'enthousiasme de l'assemblée s'adressaient indirectement au collaborateur, à l'ami de M. Comte, à celui qui avait partagé les mêmes travaux, essuyé les mêmes persécutions, montré le même dévouement. Au premier banc des spectateurs, on voyait vêtus de deuil les quatre enfants de M. Comte, qu'une mort hâtée par le travail et la persécution avait trop tôt privés de leur père.

Ils recueillent enfin, après dix longues années, le seul mais précieux héritage que puisse laisser un homme de cette trempe : un solennel hommage, un juste tribut d'admiration rendus à sa mémoire par une bouche éloquente, et sanctionnés par le sympathique et enthousiaste assentiment d'un public éclairé.

Je dois le dire cependant, si l'honorable secrétaire perpétuel fit une juste appréciation de l'homme en ce qui concerne ses actes, son caractère, son courage, ses vertus, il ne me parut pas placer le publiciste à sa véritable hauteur. Peut-être en cela son verdict a-t-il été trop influencé par celui de l'opinion publique, qui semble n'avoir pas suffisamment apprécié, de bien s'en faut, la valeur philosophique des ouvrages de M. Comte. Ce jugement, on pourrait le comprendre s'il se rapportait uniquement au style. Je l'ai déjà dit : dans un ouvrage qui traite, selon la méthode scientifique, ces vastes sujets sur lesquels Rousseau et Montesquieu ont répandu les couleurs de leur brillante imagination, M. Comte ne paraît pas s'être attaché à rendre à ses pensées saillantes par l'éclat de la forme, la variété des tons, l'imprévu des antithèses et toutes les ressources d'une rhétorique étudiée. On conçoit qu'un homme tel que l'a dépeint M. Mignet ait rejeté ces vains ornements qui, dans sa pensée, sont des piéges pour le lecteur quand ils ne le sont pas pour l'écrivain. Plus M. Comte atteignait à la simplicité de l'expression, plus il croyait éloigner de ses écrits les chances de l'erreur ; et la Vérité était le seul objet de son culte, celui auquel il était prêt à sacrifier, s'il l'eût fallu, bien plus que sa renommée littéraire.

Ne croyons pas néanmoins que ses ouvrages soient dépourvus d'éloquence. « Bien qu'il veuille, dit M. Mignet, « appliquer dans sa rigueur et sa sécheresse la méthode « analytique, M. Comte a l'esprit trop résolu et l'âme trop « bouillante pour exposer sans s'émouvoir les longues tra-

« verses de l'humanité ; je l'en loue. » Et ailleurs : « Sous « des formes un peu âpres et avec des apparences froides, « il avait cette bonté du cœur, cette chaleur de l'âme, cette « élévation des sentiments, cette verve de la conviction qui « se montrent à la fois dans ses écrits et dans sa vie. »

Mais si M. Comte s'élève souvent jusqu'à l'éloquence (en laissant à ce mot son acception reçue), lorsqu'il flétrit de sa parole énergique l'injustice et l'abus de la force, j'ose dire qu'une éloquence d'une autre nature et tout aussi vraie règne sur toutes les pages de ses écrits. En les lisant, le lecteur sent toujours comme une lumière qui se fait dans son intelligence. Il se sent épris d'admiration devant l'harmonieuse simplicité des lois que l'auteur expose, et ce sentiment est d'autant plus vif qu'il ne se sépare jamais de celui de la certitude. Je ne connais, quant à moi, aucun artifice de rhétorique capable de remplir l'âme d'aussi délicieuses émotions. N'y a-t-il pas de l'éloquence, la plus vraie de toutes les éloquences, dans la simple et claire exposition de l'harmonie qui préside aux mouvements des corps célestes? Quand il y a de la beauté et de la grandeur dans un sujet, plus l'auteur parvient à concentrer votre attention sur le tableau, en se faisant oublier lui-même, plus j'ose dire qu'il atteint aux pures sources de l'art.

M. Comte n'a qu'un but : *exposer*. Mais il expose avec tant de netteté les conséquences des actions humaines, qu'en ne s'adressant qu'à l'intelligence il parle au cœur. Peu d'écrivains communiquent à l'âme une admiration aussi sincère pour ce qui est bien, une haine aussi vigoureuse pour l'injustice et la tyrannie. Non qu'il déclame, il se borne à décrire; mais le sentiment qu'il ne conseille pas naît de la description, et je crois même, que si la vraie éloquence se fait sentir dans toutes ses pages, c'est que la déclamation en est sévèrement bannie. Quand le lecteur voit clairement l'enchaînement des causes et des effets, la sympathie et l'antipathie naissent à son insu dans son âme pour ne plus s'y éteindre, et sans qu'il soit nécessaire de lui dire ce qu'il faut haïr, ce qu'il faut aimer.

Je n'examinerai pas si le *Traité de législation* n'eût pas pu être conçu sur un plan plus méthodique ; quand on l'a lu, on comprend qu'il n'est que le frontispice d'une œuvre immense, interrompue par la mort et à jamais soustraite aux ardents désirs des amis de l'humanité.

Ce que je puis dire, c'est ceci : Je ne connais aucun livre qui fasse plus penser, qui jette sur l'homme et la société des aperçus plus neufs et plus féconds, qui produise au même degré le sentiment de l'évidence. Dans l'injuste abandon où la jeunesse studieuse semble laisser ce magnifique monument du génie, je n'aurais peut-être pas le courage de me prononcer ainsi, sachant combien je dois me défier de moi-même, si je ne pouvais mettre mon opinion sous le patronage de deux autorités : l'une est celle de l'Académie, qui a couronné l'ouvrage de M. Comte ; l'autre est celle d'un homme du plus haut mérite, à qui je faisais cette question que les bibliophiles s'adressent souvent : Si vous étiez condamné à la solitude et qu'on ne vous y permît qu'un ouvrage moderne, lequel choisiriez-vous ? Le *Traité de législation* de M. Comte, me dit-il ; car si ce n'est pas le livre qui dit le plus de choses, c'est celui qui fait le plus penser [1].

[1] Il est peu de personnes, ayant eu des relations avec l'auteur, qui ne l'aient entendu désigner Ch. Comte comme celui de ses initiateurs, de ses maîtres auquel il devait le plus. Voir la correspondance et notamment les pages 60 et 62. (*Note de l'éditeur.*)

DE LA RÉPARTITION DES RICHESSES.

PAR M. VIDAL [1].

Ce livre se présente sous de tristes auspices. Son apparition dans le monde a réveillé, au fond de ces cavernes littéraires,

Que la haine se creuse au bas des grands journaux,

un écho d'injures plus fait pour attrister que pour irriter ceux à qui elles s'adressent, et qui placent sous des préventions défavorables non-seulement le feuilletoniste, mais encore l'auteur qui a inspiré le feuilleton.

Par une coïncidence singulière, le jour même où je lisais dans la *Démocratie pacifique* ces épithètes accumulées sur la tête de nos plus illustres économistes : *ignorants*, *orgueilleux*, *hérétiques maudits*, *sots*, *impies*, *fatalistes*, *plagiaires*, *marionnettes*, *traîtres*, etc., etc., ce jour même, le hasard mettait sous mes yeux une galerie de lettres autographes, où l'on voit les plus grands hommes du siècle, les plus ardents amis de l'humanité, Jefferson, Maddison, Bentham, Bernadotte, Chateaubriand, B. Constant, et même Saint-Simon, venir rendre l'hommage le plus sincère et le plus spontané à la science et à la philanthropie de J. B. Say.

Mais ne cherchons pas une pénible solidarité entre M. Vidal et son compromettant commentateur, qui, je l'espère, rougira un jour de son injustice et de ses emportements.

Il me semble que c'est faire preuve d'un orgueil bien in-

[1] Extrait du *Journal des Économistes*, nº de juin 1846. (*Note de l'éditeur.*)

domptable, quand on aborde une science, que de débuter ainsi : « Mes devanciers n'ont rien su ni rien vu. Vainement des hommes tels que Smith, Malthus, Say, ont consacré toute leur vie et de puissantes facultés à l'étude d'un sujet; ils ne l'ont pas même entrevu. Moi, j'arrive, j'ai vingt ans, et j'ai fait la science. »

N'inspirerait-on pas plus de confiance au public, si l'on disait : La science est de sa nature progressive. Mes prédécesseurs l'ont avancée; mais, aidé de leurs travaux, j'aspire à l'avancer encore. Forcés de creuser les idées élémentaires, d'analyser les notions de *travail*, *utilité*, *valeur*, *capital*, *production*, etc., ils me semblent n'avoir pas assez approfondi le phénomène de la répartition des richesses; je viens après eux, et mettant à profit les connaissances qu'ils nous ont transmises, prenant la science où ils l'ont laissée, j'essaye de lui faire faire un pas de plus.

Mais, pour que M. Vidal pût tenir un tel langage, il aurait fallu qu'il s'astreignît à la méthode de ses devanciers, à l'observation de la manière dont les faits se passent et s'enchaînent. Cette méthode, il la repousse. Selon lui, la science, ainsi limitée, n'est qu'un objet de pure curiosité. Il pense que sa mission est de donner des conseils, d'enseigner, peut-être même d'*imposer* des règles de conduite. — « La belle science, s'écrie-t-il, qui se résume en une négation : *ne rien faire !* »

M. Vidal se méprend. La science ne fait à personne un devoir de l'inertie, ou, comme on dirait aujourd'hui, de l'immobilisme. Elle éclaire toutes les routes, celle qui conduit au bien, comme celle qui mène au mal, et croit que c'est à cela que se borne sa tâche, parce que le principe d'action n'est pas en elle, mais dans les hommes. Si le penchant naturel de l'homme le pousse vers ce qui nuit, il est certain que jeter la lumière sur les conséquences des habitudes, c'est seconder cette triste direction. Mais si l'homme est porté au bien, il suffit que la science le montre, et il n'est pas nécessaire, pour l'y déterminer, qu'elle invoque la contrainte ni même le devoir.

Ce qui nous sépare complétement des écoles dites socialistes, fouriéristes, communistes, saint-simoniennes, etc., c'est précisément cela. Elles placent le principe d'action dans l'observateur, et nous le laissons là où il est, dans le sujet observé, l'homme.

Ce qu'il y a de singulier, c'est qu'ils nous accusent de ne voir dans les hommes que des chiffres, des quantités abstraites. « Qu'ils cessent, dit M. Vidal, de faire abstraction de l'homme, dans une science qui a pour but le bonheur de l'homme. »

Mais c'est vous qui faites abstraction de l'homme, de ce qu'il y a en lui d'intelligence, de moralité, de vie, d'initiative, de perfectibilité ; car, pour vous, qu'est-ce que l'humanité, si ce n'est une matière inerte, une argile, que le savant, sous le nom de *réformateur*, *organisateur*, peut et doit pétrir à son gré ?

L'économie politique, ainsi que son nom même le témoigne, admet que l'homme est un être sentant et pensant ; que les facultés de comparer, de juger, de décider sont en lui ; que la prévoyance l'avertit, que l'expérience le rectifie, qu'il porte avec lui le principe progressif.

Voilà pourquoi elle se borne à décrire les phénomènes, leurs causes et leurs effets, — sûre que les hommes sauront choisir.

Voilà pourquoi, comme celui qui place des écriteaux à l'entrée de chaque route, elle se contente de dire : Voici où conduit l'une : voilà où mène l'autre.

Mais vous, vous ne voyez dans les hommes que de la matière expérimentale, des machines qui produisent et consomment ; et désirant, il faut vous rendre cette justice, que la richesse soit équitablement répartie entre eux, vous vous attribuez cette fonction, persuadé que vous êtes que la Providence n'y a pas pourvu.

« Suffira-t-il au mécanicien, dit M. Vidal, pour *inventer la machine*, d'observer, de recueillir des faits, puis de laisser faire les forces naturelles? Eh! non, sans doute, il faut encore qu'il trouve le moyen d'utiliser ces forces, qu'il *invente sa machine*... »

« De même, en économie..., on peut *inventer* un mode particulier de production et de consommation, un système économique. »

Ailleurs, il compare la société à un régiment :

« Faudra-t-il donc laisser chacun manœuvrer à sa guise, permettre à chaque officier, à chaque soldat de faire et de suivre son petit plan de campagne? etc. »

Ailleurs, à un orchestre :

« Comme les musiciens d'un orchestre discipliné, chacun de nous a un rôle utile, indispensable... ; mais pour qu'il y ait accord, unité, il faut que tous les exécutants obéissent à la pensée du compositeur et à la direction du chef d'orchestre. »

Mais quand un mécanicien a sous la main des rouages, des ressorts, il dispose d'une *matière inerte*, et son intervention est indispensable. Les hommes ne sont-ils donc que des rouages et des ressorts aux mains d'un socialiste?

Mais ces soldats, que vous nous proposez pour exemple, quoiqu'ils soient des hommes, en tant que soldats, ne sont plus hommes, ils ne sont que des machines. Le principe d'action n'est plus en eux. Soumis, selon cette énergique expression, à l'obéissance *passive*, ils ne s'appartiennent plus, ils tournent à droite et à gauche au moindre signe. Aussi faut-il tirer au sort à qui ne sera pas *soldat*. Croyez-moi, l'humanité ne se laissera pas aisément réduire à ce rôle *passif* que vous lui réservez.

Enfin, vos musiciens, nous en convenons volontiers, arriveront à l'accord, à l'harmonie, si la direction du chef d'orchestre est imposée.

Eh! mon Dieu, ce n'est pas en économie seulement; et qui ne sait qu'en toutes choses le despotisme infaillible serait la meilleure solution?

Mais où est-il ce chef d'orchestre social en mesure de faire reconnaître son titre d'infaillibilité et son droit à la domination?

En son absence, j'aime mieux laisser les musiciens eux-mêmes s'organiser entre eux, car, comme vous le dites, ils sont trop intelligents pour ne pas comprendre que sans cela l'harmonie serait impossible!

Vous voyez donc bien que nous commençons à nous entendre, et que vous êtes amené, comme nous, à laisser, bon gré mal gré, le principe d'action là où Dieu l'a placé, dans l'humanité et non dans celui qui l'étudie.

Quand nous exposons les phénomènes, leurs causes et leurs conséquences; quand nous nous contentons de montrer comment telle action vicieuse conduit inévitablement à telle conséquence funeste; quand, par exemple, nous disons : La paresse conduit à la misère, l'excès de population à une diminution et à une mauvaise répartition du bien-être, vous vous écriez que nous sommes *fatalistes*.

Entendons-nous. Oui, nous sommes fatalistes à la manière des physiciens, quand ils disent : « Si une pierre n'est pas soutenue, il est *fatal* qu'elle tombe. »

Nous sommes fatalistes à la manière des médecins, quand ils disent : « Si vous mangez outre mesure, *il est fatal* que vous ayez une indigestion. »

Mais reconnaître l'existence d'une loi fatale, est-ce bien du fatalisme? Après tout, avons-nous fait ces lois, comme vous nous en accusez, quand vous reprochez aux économistes tous les maux de la société, faisant abstraction des mauvaises habitudes, des préjugés, des erreurs et des vices par lesquels elle a pu se les attirer?

Le vrai *fatalisme*, ce me semble, est au fond de tous vos systèmes, qui, quelque opposés qu'ils soient entre eux, s'accordent seulement en ceci : le bonheur ou le malheur des hommes, indépendant de leurs vices et de leurs vertus, et sur lequel, par conséquent, ils ne peuvent rien, dépend exclusivement d'une invention contingente, d'une organisation imaginée, en l'an de grâce 1846, par M. Vidal.

Il est bien vrai qu'en l'an 1845 M. Blanc en avait imaginé une autre. Mais, heureusement, les trois milliards d'hommes qui couvrent la terre ne l'ont pas acceptée; sans cela ils ne seraient plus à temps d'essayer celle de M. Vidal.

Que serait-ce si l'humanité s'était pliée à l'organisation inventée par Fourier, qui offrait au capital 24 pour 100 de dividende au lieu des 5 pour 100 qu'assure la nouvelle invention?

Pour se faire une idée de l'esprit de despotisme qui fait la base de toutes ces rêveries, il suffit de voir combien on y est prodigue de formules comme celles-ci :

« *Il faudra* proportionner la production aux moyens de consommation.

« *Il faudra* organiser puissamment le travail.

« *Il faudra* appeler toutes les activités et toutes les intelligences, etc.

« *Il faudra* distribuer les produits d'après la justice.

« *Il faudra* élever chaque travailleur au rang de sociétaire.

« *Il faudra* lui fournir les moyens de satisfaire ses besoins, etc.

« *Il faudra* établir l'équilibre entre la production, la consommation et la population.

« *On peut* combiner un bon mécanisme industriel.

« *On peut* inventer un mode particulier de production et de consommation.

« *Il faut* constituer avant tout la solidarité effective. »

Tout cela est bientôt dit. Mais quand on demande aux socialistes : Qui donc fera toutes ces choses? qui donc, si l'humanité est passive, l'animera du souffle de vie? chacun d'eux se pose et répond : *Moi*.

Il faut être juste envers M. Vidal. Il ne dit pas *moi ;* il dit : *le pouvoir*, *l'autorité*.

Mais ce n'est là que reculer la difficulté ; car si tous les hommes sont des ressorts, des soldats, de la matière inerte; si toute pensée d'ordre et d'organisation émane d'une autorité, à quel signe pouvons-nous la reconnaître?

La difficulté est grande, et il fallait bien que M. Vidal se donnât la peine de la résoudre.

Voici comment il s'exprime :

« Nous supposons *à priori* un pouvoir normal régulièrement constitué. Nous laissons à chacun la faculté de comprendre sous ce nom le système qu'il préfère, qu'il désire, qu'il conçoit ou qu'il rêve. Le gouvernement, *quel qu'il soit*, c'est pour nous la protection, la prévoyance sociale, le représentant de l'ordre pour tous et dans l'intérêt de tous, etc. »

Si vous supposez *à priori* un pouvoir normal et infaillible, nous sommes d'accord. Seulement montrez-moi son certificat d'infaillibilité, et je suis prêt à me laisser organiser.

Mais si, dans l'embarras de trouver ce phénix, vous admettez une autorité quelconque, telle que chacun *la préfère*, *la désire*, *la conçoit ou la rêve*, je crains bien que nous n'ayons autant d'autorités qu'il y a d'hommes, ce qui nous replace justement au point de départ.

Ici, M. Vidal a recours à la grande ressource des socialistes, l'*organisation*. Il ne s'agit que d'organiser le pouvoir.

« Un mauvais gouvernement, dit-il, peut abuser de la

force ; cela est vrai. Mais un bon gouvernement, loin de gêner en rien la liberté véritable, peut en favoriser le développement... ; il ne s'agit donc pas d'amoindrir ou de supprimer le pouvoir, mais de lui donner *une bonne organisation.* »

C'est fort bien. Mais qui est-ce qui organisera le pouvoir ? La société sans doute. — Point du tout, puisque c'est le pouvoir qui doit organiser la société. — J'entends ; M. Vidal, ou tout autre socialiste qui *préfère, désire, conçoit ou rêve,* organisera le pouvoir, lequel organisera la société. Reste toujours à savoir comment est organisé le premier organisateur.

Il y a, dans le livre de M. Vidal, un chapitre vers lequel on se sent attiré par la séduction du titre : *Conclusion pratique.* Il y a si longtemps que nous désirons voir les socialistes formuler une *conclusion!* Enfin, me disais-je, la nouvelle invention sociale va nous être déroulée dans tous ses détails, avec les moyens d'exécution propres à faire fonctionner l'appareil.

Malheureusement M. Vidal, se fondant sur ce que nous ne sommes pas en état de le comprendre, ne nous dit rien.

La société actuelle *est une masure que nous refusons obstinément d'abandonner.* Il a bien dans sa poche le plan de *constructions nouvelles ;* mais à quoi bon nous les montrer, puisque *nous ne voulons pas en entendre parler, et que nous nous obstinons à maintenir la maison délabrée, l'édifice vermoulu? Il n'y a donc pas pour aujourd'hui de restauration possible. Reste tout au plus à placer des arcs-boutants au dehors et à gâcher du plâtre dans les crevasses.*

Notre obstination nous prive donc de l'avantage de connaître le nouvel appareil social imaginé par M. Vidal. Tout ce qu'il nous laissera voir, ce sont quelques étançons et un peu de plâtre, qu'il veut bien appliquer à retarder la chute du vieil édifice.

Le problème ainsi circonscrit, M. Vidal en revient à ses formules favorites :

« *Il faut organiser*, sur tous les points du royaume, dans chaque département, des ateliers où tout homme de bonne volonté puisse toujours trouver à gagner sa vie en travaillant ; où tout ouvrier inoccupé, déplacé par la mécanique, puisse utiliser ses bras ; des ateliers qui ne fassent point concurrence aux ateliers existants, car autrement on créerait autant de pauvres d'un côté qu'on en soulagerait de l'autre.

« Des ateliers *permanents*, qui soient à l'abri du chômage et des mortes-saisons, à l'abri des crises commerciales, industrielles et politiques.

« Des ateliers où l'introduction d'une machine perfectionnée profite aux travailleurs, sans pouvoir leur porter préjudice....

« Des ateliers où l'on *puisse* établir un équilibre constant entre la production et les besoins de la consommation ; des ateliers où la population surabondante des villes puisse se déverser.

« Des ateliers où le travailleur trouve le bien-être, l'indépendance et la sécurité ; une occupation permanente, une rétribution convenable et toujours assurée. »

Certes, nous rendons justice aux bonnes intentions de M. Vidal, et nous désirons que ses vues philanthropiques se réalisent. Comme lui, nous voudrions qu'il n'y eût pas un homme sur la terre qui ne trouvât toujours du travail assuré, du bien-être, de la sécurité, de l'indépendance ; qui ne fût à l'abri de toute crise commerciale, industrielle, politique et même atmosphérique ; qu'il y eût parfait équilibre entre la production, la consommation et la population.

Mais au lieu de penser, comme M. Vidal, qu'il y a un être abstrait qu'on appelle *l'Etat*, qui a les moyens de réaliser ces beaux rêves ; au lieu de faire dériver exclusivement le bonheur individuel d'une *organisation* inventée par un journaliste et imposée du dehors aux travailleurs, nous croyons qu'il dépend surtout des habitudes et des vertus des travailleurs eux-mêmes. Si les uns sont actifs et les autres paresseux ; s'il y a parmi eux des prodigues, des économes, des avares, des gens ordonnés et des gens débauchés ; si les uns se marient à seize ans, et sont chargés de famille à l'âge où les autres s'établissent, — nous ne voyons pas d'*organisation* qui puisse empêcher l'inégalité de s'introduire dans votre colonie.

S'il y a des hommes qui se livrent à des entreprises hasardeuses, des gens qui empruntent sans savoir comment ils pourront rendre, et d'autres qui prêtent sans savoir comment ils seront payés ; si la colonie est saisie, par exemple, de passions guerrières qui la mettent en hostilité avec le genre humain, — nous ne croyons pas que votre organisation la mette à l'abri de toute crise commerciale et politique.

Vous aurez beau nous dire que nous sommes *fatalistes* parce que nous croyons que le *mal* lui-même a sa mission, celle de réprimer le vice dont il est le produit ; oui, nous devons l'avouer, nous croyons à l'existence du *mal*. Nous n'y croyons pas seulement, nous le voyons ; et, au physique comme au moral, nous n'avons pas d'autre alternative à proposer à l'humanité que de l'éviter par la prévoyance ou de le subir par la douleur.

A moins donc que vous ne chargiez votre *organisateur* d'avoir de la prudence pour tout le monde, de l'ordre, de l'économie, de l'activité, des lumières et des vertus pour tout le monde, vous nous permettrez de continuer à croire que l'humanité ne peut être heureuse qu'autant que ces causes de bonheur soient en elle-même.

Et certes, si vous me permettez de supposer seulement

l'existence d'un vice dans la colonie dont vous tracez le plan ; si vous raisonnez dans l'hypothèse qu'elle est affectée de paresse, ou de débauche, ou de faste, ou d'ambition, ou d'humeur conquérante, vous arriverez à voir qu'elle suivra bientôt la destinée commune et qu'il n'est pas au pouvoir de l'organisation la plus ingénieuse d'empêcher l'effet de sortir de la cause.

Ainsi les ordres sociaux, que chacun de vous invente chaque jour, supposent la perfection dans l'inventeur d'abord, et ensuite dans l'humanité, cette même matière inerte dont s'amuse votre féconde imagination.

Eh ! monsieur, accordez-nous seulement la perfection de l'humanité, et croyez que les économistes feront des plans sociaux tout aussi séduisants que les vôtres.

Les socialistes nous reprochent de repousser l'*association*. Et nous, nous leur demandons : De quelle association voulez-vous parler? est-ce de l'*association volontaire* ou de l'*association forcée ?*

Si c'est de l'association volontaire, comment peut-on nous reprocher de la repousser, nous qui croyons que la société est une grande association, et que c'est pour cela qu'elle s'appelle *société?*

Veut-on parler seulement de quelques arrangements particuliers, que peuvent faire entre eux les ouvriers d'une même industrie? Eh ! mon Dieu, nous ne nous opposons à aucune de ces combinaisons : société simple, en commandite, anonyme, par actions et même en phalanstère. Associez-vous comme vous l'entendrez, qui vous en empêche? Nous savons fort bien qu'il y a des conventions plus ou moins favorables au progrès de l'humanité et à la bonne répartition des richesses. Pour l'exploitation des terres, par exemple, avons-nous jamais dit que le fermage et le métayage, par cela seul qu'ils existent, exercent pour toutes les classes agricoles des effets identiques? Mais nous pensons que la science a rempli sa tâche quand elle a exposé ces effets ; parce que, encore une fois, nous pensons que le principe d'action, l'aspiration vers le mieux n'est pas dans la science, mais dans l'humanité.

Mais vous, vous qui ne voyez dans l'espèce humaine qu'une cire molle aux mains d'un organisateur, c'est l'association forcée que vous proposez ; l'association qui ôte à tous les individus, hors un, toute moralité et toute initiative ; c'est-à-dire le despotisme le plus absolu qui ait jamais existé, je ne dis pas dans les annales, mais même dans l'imagination des hommes.

Je ne terminerai pas sans rendre à M. Vidal la justice qui lui est due. S'il a épousé les théories des *socialistes*, il n'a pas emprunté leur style. Son livre est écrit en français, et même en bon français. Le néologisme s'y montre, mais il n'y déborde pas. M. Vidal nous fait grâce du vocabulaire fouriériste, et des gammes et des pivots, et des amitiés en quinte superflue, et des amours en tierce diminuée. S'il voit la science sous un autre aspect que ses devanciers, il la prend du moins au sérieux, il ne méprise pas son public au point de vouloir lui en imposer par des phrases d'Apocalypse. C'est d'un bon augure, et si jamais il fait une seconde édition de son livre, je ne doute pas qu'il n'en retranche, sinon ce qu'il y a d'erroné dans la partie systématique, du moins ce que la partie critique offre d'exagéré et même d'injuste.

SECONDE LETTRE A M. DE LAMARTINE (1).

MONSIEUR,

Je viens de lire l'article qui, du *Bien public* de Mâcon, a passé dans tous les journaux de Paris ; vous dire combien cette lecture m'a surpris et affligé, cela me serait impossible. Il n'est donc que trop vrai! aucun homme sur la terre n'a le privilége de l'universalité intellectuelle. Il est même des facultés qui s'excluent, et il semble que l'aride domaine de l'économie politique vous soit d'autant plus interdit que vous possédez à un plus haut degré l'art enchanteur, l'art suprême

De penser par image ainsi que la nature.

Cet art, ou plutôt ce don divin, pourquoi l'avez-vous dédaigné? Ah! vous avez beau dire, vous aviez reçu la plus noble, la plus sainte mission du génie dans ce monde. Qu'est devenu le temps où, esprits froids et méthodiques, natures encore alourdies par le poids de la matérialité, nous nous arrachions avec délices à ce monde positif pour suivre votre vol dans la vague et poétique région de l'idéal? où vous nous révéliez des pensées, des doutes, des désirs et des espérances qui sommeillaient au fond de nos cœurs, comme ces échos qui dorment dans les grottes de nos Pyrénées tant que la voix du pâtre ne les réveille pas? Qui nous ouvrira désormais d'autres horizons et d'autres cieux, séjours adorés qu'habitent l'Amour, la Prière et l'Harmonie? Combien de fois, quand vous me faisiez entrevoir ces vaporeuses demeures, je me suis écrié : « Non, ce monde n'embrasse pas tout ; la science ne révèle pas tout ; il y a

(1) Extrait du *Journal des Économistes*, n° d'octobre 1846.
(*Note de l'éditeur.*)

l'infini au delà, et l'imagination a aussi son flambeau! »

Oh ! qu'elle est grande la puissance du poëte ! — Je ne dis pas du versificateur ; de quelle licence, de quelle tyrannie n'est-il pas le complaisant ? — Mais cette perception du Beau et du Sublime dans la nature, cette forte émotion éveillée dans l'âme à leur aspect, ce don de les revêtir d'un mélodieux langage pour y faire participer le vulgaire, voilà la Poésie. — Et à mesure qu'elle s'élève, elle se détache de tout élément égoïste ou pervers ; car elle ne saurait partager les tristes infirmités d'ici-bas sans perdre le sentiment de ce qui est vrai, aimable et grand, c'est-à-dire sans cesser d'être Poésie. Tant que le rayon divin luit sur son front, ses tendances sont de purifier, spiritualiser, illuminer, élever. Aussi le vrai poëte, qu'il en ait ou non la conscience, est par excellence l'ami de l'humanité, le défenseur de ses droits, de ses priviléges et de ses progrès. Que dis-je ? nul plus que lui ne l'entraîne dans la voie du progrès. N'est-ce pas lui en effet qui, en offrant sans cesse à notre contemplation la perfection idéale, nous la fait aimer, verse dans nos cœurs l'aspiration vers le Beau, et élève ainsi le diapason de notre âme jusqu'à ce qu'elle se sente en consonnance avec les types éternels dont il compose sa céleste harmonie ?

Cette mission sublime, vous la remplissiez dans toute son étendue, et voilà pourquoi, Lamartine, vous étiez notre poëte de prédilection. Et maintenant, serons-nous condamnés à être les témoins de votre déchéance, à vous voir descendre vivant du haut de votre gloire, et à douter si ces émotions délicieuses, dont vous berciez notre jeunesse, étaient autre chose que de trompeuses illusions ?

Car voilà qu'ambitionnant la royauté de la science, vous avez abdiqué votre royauté à vous, celle de la poésie. Vous avez voulu faire de la méthode avec l'imagination et de l'analyse avec des figures. Où cela vous a-t-il mené ? à réssusciter l'empirisme économique de la Rome impériale ; à exhumer des théories cent fois condamnées par l'expérience et qu'on croyait ensevelies pour toujours dans les profondeurs de l'oubli. — Au moment de succomber, quand il est naturel, pour me servir d'une expression vulgaire, de se prendre à toutes les branches, le monopole terrien, par l'organe des Bentinck et des Buckingham, n'a pas essayé de demander son salut ou un répit momentané à ces théories vermoulues ; et le monde s'étonnera que ce soit vous, le grand poëte du siècle, qui soyez allé les déterrer on ne sait où, pour les exposer encore une fois, revêtues d'un magnifique langage, à la risée publique.

Décidément, votre muse s'est faite économiste ; elle ne s'est pas effarouchée de cette bizarre transformation. Un moment j'ai cru que ce caprice allait lui réussir ; c'est quand vous avez dit : « Laissons les capitaux, les industries et les salaires se faire, par la liberté, une justice que nos lois arbitraires ne leur feraient pas. »

Il me semblait qu'on ne pouvait émettre une pensée si vraie, sous une forme si précise, sans avoir suivi des deux côtés, dans leur long enchaînement, les effets de l'arbitraire et de la liberté. Et je disais à mes graves collègues : Miracle ! triomphe ! le grand poëte est à nous !

Hélas ! je vois bien que vous deviez à vos puissants et généreux instincts cet éclair de vérité, et je serais tenté de vous demander :

> Si quand vous avez fait ce charmant *quoi qu'on die*,
> Vous avez bien senti toute son énergie ;

car voilà que, d'un trait de plume, vous renversez aujourd'hui vos doctrines économiques de l'an dernier.

Voyons, avec quelque détail, ce que vous y substituez cette année.

« La question des blés est une des plus délicates, nous dirons même des plus *insolubles* qui puissent se présenter aux économistes.

La question des blés *insoluble!* En ce cas, il ne faut pas plus s'en occuper que de la *quadrature du cercle.* Ce mot ne doit donc pas être pris à la rigueur, et vous avez voulu parler

D'un problème insolu, mais non pas insoluble.

Remarquez que, dès le début, vous vous ôtez à vous-même le droit de raisonner.

« Elle échappe par sa masse et sa pesanteur aux mains de la science.

Oui, si 200 et 200 ne font pas 400, aussi bien que 2 et 2 font 4 ; oui, si par sa masse et sa pesanteur, un quintal échappe aux lois de la gravitation plus qu'une livre.

« La *théorie* n'y peut évidemment rien. C'est une question *expérimentale.*

Il y a donc incompatibilité entre la théorie et l'expérience? Je croyais que la théorie n'était que l'expérience méthodiquement exposée.

Remarquez que c'est déjà la seconde fois que vous vous ôtez le droit de raisonner.

« La liberté complète du commerce est la vérité générale en matière de produit, de commerce et d'échange.

« *Laissez faire, laissez passer,* est devenu proverbe chez les écrivains.

Voilà une belle maxime. La tenez-vous de la *théorie* ou de l'expérience?

D'après la phrase qui précède, il semble que vous teniez ce proverbe pour vrai. D'après la phrase qui suit, il semble que vous le teniez pour faux.

« Mais quand il s'agit d'appliquer cette *prétendue* vérité à l'importation, à l'exportation et au commerce des grains, on s'aperçoit *à l'instant* que, si elle n'est pas un *mensonge,* elle est du moins un danger suprême, et la théorie recule devant l'application, car le blé c'est la vie du peuple ; or, on ne joue pas avec la vie. Vivre d'abord, voilà la vérité sans réplique. Les théories après le nécessaire, voilà le bon sens.

Voici, en effet, la *vérité générale* qui n'est plus qu'une *prétendue* vérité. Bientôt elle sera un *mensonge.*

Si la gravitation est la *vérité générale,* il importe de s'y conformer toujours, mais surtout quand il s'agit de la vie.

Je n'aurais pas été surpris que vous n'eussiez pas reconnu la liberté comme la vérité générale du commerce ; mais, cela une fois admis, votre déduction eût dû être, ce me semble, ainsi formulée :

« Or; pourquoi la VÉRITÉ du libre commerce, de la libre exportation et de la libre importation fait-elle trembler et reculer l'économiste? Le voici, quant à la France, par exemple :

« Premièrement, c'est que le blé étant la vie de tout un peuple, et la passion de vivre étant la plus légitime, et la plus terrible passion des hommes, la moindre faute de commerce, la moindre erreur de calcul dans les importations et les exportations de blé, la moindre inquiétude sérieuse de la population sur la vie, produirait des commotions et des pénuries telles qu'aucun législateur humain et sage ne pourrait y exposer son pays.

« Secondement, c'est que le blé

« Quand il s'agit de l'importation ou de l'exportation de quelque superfluité, on peut reculer devant l'application de la *vérité générale*. Mais en fait de blé, il ne faut pas hésiter, car le blé, c'est la vie du peuple. Or, on ne joue pas avec la vie; vivre d'abord, voilà la vérité sans réplique. Les expériences gouvernementales après le nécessaire, voilà le bon sens. »

Ou la liberté est le meilleur moyen d'assurer l'abondance et la bonne distribution des produits (ce n'est qu'à cette condition qu'elle est la *vérité générale*), et dans ce cas, il faut l'appliquer à tout et au blé *à fortiori;* ou il y a des moyens plus sûrs d'accomplir cette œuvre, et alors elle n'est pas la *vérité générale*, pas plus pour les joujoux que pour le blé.

Puisque le blé c'est la vie; puisque la moindre erreur de calcul dans l'importation ou l'exportation du blé peut produire la pénurie; puisque aucun législateur sage et humain ne peut prendre sur lui d'y exposer son pays, il faut donc laisser le commerce libre, la liberté étant d'ailleurs la *vérité générale*, c'est-à-dire le moyen le moins chanceux d'assurer l'abondance et la bonne distribution. N'est-il pas évident qu'une erreur de calcul, dont les conséquences peuvent être si terribles, est infiniment plus probable de la part d'un ministre, qui n'y a pas un intérêt direct, et qui a bien d'autres choses en tête, que de la part de cent mille négociants qui passent leur vie à faire ces calculs, de l'exactitude desquels dépend leur propre existence?

Si ce que vous dites de la libre

étant le produit agricole le plus immense, et se comptant par deux ou trois milliards de revenu dans les produits du pays, si l'importation libre des blés étrangers pouvait venir faire en tous temps aux blés français une concurrence sans limites qui serait, quant aux prix, comme *dix* est à *trente*, la France cesserait *à l'instant* de produire des blés que nul ne voudrait acheter à leur prix, et trois milliards de revenu national et dix millions de cultivateurs français seraient anéantis du même coup. Que deviendrait le revenu? que deviendrait l'impôt? que deviendrait le propriétaire? que deviendrait le laboureur? On frémit d'y penser. Ce serait le suicide de la terre française et de la population. Ce remède qu'on nous présente, n'est donc pas un remède, c'est un meurtre.

importation est vrai pour le blé, ce doit être vrai, dans une mesure quelconque, pour toute autre chose; car, monsieur, les négociants font bien venir le blé, quand on le leur permet, de là où il est à meilleur marché qu'en France, mais ils n'ont pas coutume d'agir sur un principe opposé à l'égard des autres produits, et d'aller les acheter cher pour venir les vendre à bas prix. — Donc, la libre importation du fer serait le suicide de nos forges et des ouvriers qu'elles occupent; la libre importation des tissus serait le suicide de nos fabriques et de la population qu'elles emploient. En un mot, la liberté serait le carnage universel ou, comme vous dites, le meurtre de tous les Français. En ce cas, je ne vois pas bien à quel titre vous l'appelez la *vérité générale*. Pour mettre quelque harmonie entre vos prémisses et vos conclusions, il aurait fallu commencer par établir que la liberté est *le mensonge général du commerce*. Mais alors, vous n'auriez pas eu un pied dans chaque camp, précaution que beaucoup de gens prennent par le temps qui court, mais qui est indigne de vous. J'ose vous le dire, cette tactique pusillanime a fini son temps. Que celui qui ne connaît pas les lois de l'échange les étudie, ou se taise, mais qu'il ne croie pas obtenir le double avantage de passer pour un grand esprit et de satisfaire tout le monde, en disant à l'un : « Vous êtes *pour*, c'est d'un bon logicien, » et à l'autre : « Vous êtes *contre*, c'est d'un bon praticien. » Trop de gens aujourd'hui voient l'inconséquence et la dénoncent.

« Troisièmement, c'est que le blé étant une des matières les plus encombrantes, il serait *physiquement impossible* au commerce d'importer et de distribuer dans tout l'empire les blés nécessaires à la consommation de la France. Des calculs faits en 1816, année de disette bien plus alarmante que celle-ci, révèlent en chiffres cette triste vérité : que tous les navires marchands de l'Europe, si, par impossible, ils étaient tous consacrés à importer des blés pour la France, ne pourraient en importer que pour une consommation de quinze ou dix-sept jours. Parlez donc de la liberté illimitée du commerce après cela ! »

Quant à réfuter votre triste tableau de l'agriculture libre, vous vous en êtes chargé vous-même dans le paragraphe suivant.

Craignez donc la liberté illimitée après cela ! dirai-je à mon tour. Venez donc nous dire que l'étranger vendra son blé sur nos marchés pour une bagatelle, pour presque rien, pour rien peut-être ! Venez donc nous peindre tous les Français mourant de faim, les bras croisés, laissant leurs bœufs ruminer, leurs charrues se rouiller, leurs capitaux oisifs et leur terre en friche, comptant sur des blés étrangers qu'il est *physiquement impossible* d'importer !

Oh ! bénissons le ciel de ce que parmi nos 34 millions de compatriotes, il s'en soit trouvé un qui ait prévu tout cela, que ce soit précisément un homme d'État, et qu'il ait su prévenir notre mort à tous, en fixant ce bienheureux *maximum* qu'on n'a jamais connu en Suisse et qu'on vient d'abolir en Angleterre.

Mais il serait peut-être inconvenant de prolonger cette discussion pied à pied. Je me demande quelquefois comment il est possible que deux esprits arrivent, sur la même question, à des solutions si opposées. Est-ce l'intérêt personnel qui m'aveugle? non, assurément. Je n'ai d'autres moyens d'existence qu'une terre, et cette terre ne produit que des céréales. Qu'on laisse entrer les céréales étrangères, et je ne crains pas que ma terre perde de sa valeur, je ne crains pas que mes bras restent oisifs. Non, je ne le crains pas, alors même que le blé étranger se vendrait, ainsi que vous le dites, relativement au nôtre, comme *dix* est à *trente*, alors même qu'il se donnerait POUR RIEN ; car dans cette supposition extrême, ce que le peuple dépense aujourd'hui en pain, il le dépenserait en viande, en beurre, en légumes, en fil, en laine et autres produits agricoles. Ma terre ne serait pas plus sans valeur, parce que chacun aurait gratuitement du pain pour son estomac, qu'elle n'est sans valeur aujourd'hui, parce que chacun a gratuitement de l'air pour ses poumons.

Et, après tout, quel droit avons-nous, nous propriétaires, sur les estomacs de ceux qui ne le sont pas? Leur faim est-elle faite pour notre blé, ou notre blé pour leur faim? Ne renversons pas le monde. *Vivre*, c'est le but, cultiver la terre, ce n'est que le moyen; c'est à nous de subordonner les convenances de notre production à la vie de nos frères, et il ne nous est pas permis de subordonner au contraire leur vie à nos convenances bien ou mal entendues. C'est pour moi une bien douce consolation que la doctrine de la liberté ne me montre qu'harmonie entre ces divers intérêts; et, avec votre âme, vous devez être bien malheureux, puisque vous ne voyez entre eux qu'une irrémédiable dissonance. Propriétaire, vous invoquez aujourd'hui la *générosité* des possesseurs du sol. Ah! c'est à leur *justice* qu'il fallait en appeler! Vous avez écrit sur la charité une page que j'admire comme tout le monde. Mais je l'admirerais bien davantage si je ne la voyais se terminer par cette amère conclusion : Le blé, c'est la vie; que la loi le maintienne à un *maximum* qui donne de la valeur à nos terres! — Et quelle est la main qui écrit ces lignes? C'est la même qui se lèvera à la Chambre pour le *maximum*, et qui s'ouvrira ensuite pour recevoir du pauvre l'injuste denier qui en est la conséquence. — Ah! croyez-moi, ainsi comprise, la charité perd bien de son prestige. Quand on demande l'exclusion du blé étranger pour mieux vendre le sien, on a beau parler de charité, on a beau porter ce mot devant soi comme une bannière, on n'a pas droit à la popularité, au moins à une popularité de bon aloi. Non, on n'y a pas droit, alors même qu'on ferait retentir, devant une population alarmée, de banales déclamations contre les doctrines *meurtrières* des amis de la liberté, contre les *fautes* et les *crimes* du gouvernement et des Chambres, contre la *cupidité des spéculateurs* et l'*égoïsme du commerce.* Avant de semer ainsi de dangereuses, et j'ose dire, injustes préventions populaires, il faudrait au moins ne pas venir dire : Que la loi irrite de quelques degrés la faim du peuple par l'exclusion du blé étranger, afin que nous, législateurs-propriétaires, tirions un meilleur parti de notre blé.

A Dieu ne plaise, monsieur, que je révoque en doute la pureté de vos intentions. Elle éclate dans tous vos écrits. En vous lisant, on sent que vous aimez le peuple. C'est vous, je crois, qui avez le premier employé cette expression : « la vie à bon marché, » qui pourrait être le titre de notre association du *Libre-Échange ;* car la *vie à bon marché*, c'est la vie plus facile, plus douce, moins traversée de fatigues et d'angoisses, plus digne, plus intellectuelle et plus morale. La *vie à bon marché*, c'est le résultat que l'échange, et surtout l'échange libre, tend à produire. Assez de monopoleurs cherchent, sur cette question, à égarer le peuple ; chose facile, car tout *obstacle* attirant à lui une portion de travail national, il est aisé de tourner contre le progrès, sous quelque forme qu'il se présente, — Liberté, Inventions, ou Épargnes, — le sentiment des masses. Vous, monsieur, qui savez leur parler, qu'elles écoutent et qu'elles aiment, aidez-nous à les dissuader. Mais ne soyez pas surpris que le zèle contre le monopole nous emporte, quand nous avons à craindre qu'il n'ait trouvé un champion tel que vous.

Je suis, monsieur, votre dévoué serviteur.

A MM. LES ÉLECTEURS

DE L'ARRONDISSEMENT DE SAINT-SÉVER (1846).

Mes chers Compatriotes,

Encouragé par quelques-uns d'entre vous à me présenter aux prochaines élections, et voulant pressentir le concours sur lequel je pouvais compter, je me suis adressé à quelques électeurs. Hélas! l'un me trouve trop *avancé*, l'autre pas assez; celui-ci rejette mes opinions anti-universitaires, celui-là mes répugnances algériennes, qui mes convictions économiques, qui mes vues de réforme parlementaire, etc.

Ceci prouve que la meilleure tactique, pour un candidat, c'est de cacher ses opinions, ou, pour plus de sûreté, de n'en point avoir, et de s'en tenir prudemment au banal programme : « Je veux la liberté sans licence, l'ordre sans tyrannie, la paix sans honte et l'économie sans compromettre aucun service. »

Comme je n'aspire nullement à surprendre votre mandat, je continuerai à vous exposer sincèrement mes pensées, dussé-je par là m'aliéner encore bien des suffrages. Veuillez m'excuser si le besoin d'épancher des convictions qui me pressent me fait dépasser les limites que l'usage assigne aux *professions de foi*.

J'ai vu beaucoup de conservateurs, je me suis entretenu avec beaucoup d'hommes de l'opposition, et je crois pouvoir affirmer que ni l'un ni l'autre de ces deux grands partis qui divisent le Parlement n'est satisfait de lui-même.

On combat à la Chambre avec des boules molles.

Les conservateurs ont la majorité officielle; ils règnent, ils gouvernent. Mais ils sentent confusément qu'ils perdent le pays et qu'ils se perdent eux-mêmes. Ils ont la majorité, mais le mensonge notoire des scrutins élève au fond de leur conscience une protestation qui les importune. Ils règnent, mais ils voient que, sous leur règne, le budget s'accroît d'année en année, que le présent est obéré, l'avenir engagé, que la première éventualité nous trouvera sans ressources, et ils n'ignorent pas que l'embarras des finances fut toujours l'occasion des explosions révolutionnaires. Ils gouvernent, mais ils ne peuvent pas nier qu'ils gouvernent les hommes par leurs mauvaises passions, et que la corruption politique pénètre dans toutes les veines du pays légal. Ils se demandent quelles seront les conséquences d'un fait aussi grave, et ce qui doit advenir d'une nation où l'immoralité est en honneur et où la foi politique est un objet de dérision et de mépris. Ils s'inquiètent de voir le régime constitutionnel faussé dans son essence, jusque-là que le pouvoir exécutif et l'assemblée nationale ont publiquement échangé leurs attributions, les ministres cédant aux députés la nomination à tous les emplois, les députés abandonnant aux ministres leur part du pouvoir législatif. Ils voient, par cet ordre, un profond découragement s'emparer des serviteurs de l'État, alors que la faveur et la docilité électorale sont les seuls titres à l'avancement, et que les plus longs et les plus dévoués services sont comptés absolument pour rien. Oui, l'avenir de la France trouble les conservateurs ; et combien n'y en a-t-il pas parmi eux qui passeraient à l'opposition, s'ils y trouvaient quelques garanties pour cette paix intérieure et extérieure qui est l'objet de leur prédilection !

D'un autre côté, l'opposition, comme parti, a-t-elle confiance dans la solidité du terrain où elle s'est placée ? Que demande-t-elle ? que veut-elle ? quel est son principe ? son programme ? Nul ne le sait. Son rôle naturel serait de veiller au dépôt sacré de ces trois grandes conquêtes de la civilisation : *paix*, *liberté*, *justice*. Et elle ne respire que guerres, prépondérance, idées napoléoniennes. Et elle déserte la liberté du travail et des échanges comme la liberté de l'intelligence et de l'enseignement. Et, dans son ardeur conquérante, à l'occasion de l'Afrique et de l'Océanie, il est sans exemple que le mot *justice* se soit jamais présenté sur ses lèvres. Elle sent qu'elle travaille pour des ambitieux et non pour le public ; que la multitude ne gagnera rien au succès de ses manœuvres. Nous avons vu une opposition de quinze membres soutenue autrefois par l'enthousiaste assentiment d'un grand peuple. Mais l'opposition de nos jours n'a point enfoncé ses racines dans les sympathies populaires; elle se sent séparée de ce principe de force et de vie, et, sauf l'ardeur que des vues personnelles inspirent à ses chefs, elle est pâle, confuse, découragée, et la plupart de ses membres sincères passeraient au parti conservateur, s'ils ne répugnaient à s'associer à la direction perverse qu'il a imprimée aux affaires.

Étrange spectacle ! D'où vient qu'au centre comme aux extrémités de la Chambre, les cœurs honnêtes se sentent mal à l'aise? Ne serait-ce pas que la conquête des portefeuilles, but plus ou moins avoué de la lutte où ils sont engagés, n'intéresse que quelques individualités et reste complétement étranger aux masses? Ne serait-ce point qu'un principe de ralliement leur manque? Peut-être suffirait-il de jeter au sein de cette assemblée une idée simple, vraie, claire, féconde, pratique, pour y voir surgir ce qu'on y cherche en vain, un parti représentant exclusivement, dans toute leur étendue et dans tout leur ensemble, les intérêts des *administrés*, des *contribuables*.

Cette féconde idée, je la vois dans le symbole politique d'illustres publicistes dont la voix n'a malheureusement pas été écoutée. J'essayerai de le résumer devant vous.

Il est des choses qui ne peuvent être faites que par la

force collective ou le *pouvoir*, et d'autres qui doivent être abandonnées à l'activité privée.

Le problème fondamental de la science politique est de faire la part de ces deux modes d'action.

La fonction publique, la fonction privée ont toutes deux en vue notre avantage. Mais leurs services diffèrent en ceci, que nous subissons forcément les uns et agréons volontairement les autres; d'où il suit qu'il est raisonnable de ne confier à la première que ce que la seconde ne peut absolument pas accomplir.

Pour moi, je pense que lorsque le pouvoir a garanti à chacun le libre exercice et le produit de ses facultés, réprimé l'abus qu'on en peut faire, maintenu l'ordre, assuré l'indépendance nationale et exécuté certains travaux d'utilité publique au-dessus des forces individuelles, il a rempli à peu près toute sa tâche.

En dehors de ce cercle, religion, éducation, association, travail, échanges, tout appartient au domaine de l'activité privée, sous l'œil de l'autorité publique, qui ne doit avoir qu'une mission de surveillance et de répression.

Si cette grande et fondamentale ligne de démarcation était ainsi établie, le pouvoir serait *fort*, il serait aimé, puisqu'il ne ferait jamais sentir qu'une action tutélaire.

Il serait *peu coûteux*, puisqu'il serait renfermé dans les plus étroites limites.

Il serait *libéral*, car, sous la seule condition de ne point froisser la liberté d'autrui, chaque citoyen jouirait, dans toute sa plénitude, du franc exercice de ses facultés industrielles, intellectuelles et morales.

J'ajoute que la puissance de perfectibilité qui est en elle étant dégagée de toute compression réglementaire, la société serait dans les meilleures conditions pour le développement de sa richesse, de son instruction et de sa moralité.

Mais, fût-on d'accord sur les limites de la puissance publique, ce n'est pas une chose aisée que de l'y faire rentrer et de l'y maintenir.

Le pouvoir, vaste corps organisé et vivant, tend naturellement à s'agrandir. Il se trouve à l'étroit dans sa mission de surveillance. Or, il n'y a pas pour lui d'agrandissements possibles en dehors d'empiétements successifs sur le domaine des facultés individuelles. Extension du pouvoir, cela signifie usurpation de quelque mode d'activité privée, transgression de la limite que je posais tout à l'heure entre ce qui est et ce qui n'est pas son attribution essentielle. Le pouvoir sort de sa mission quand, par exemple, il impose une forme de culte à nos consciences, une méthode d'enseignement à notre esprit, une direction à notre travail ou à nos capitaux, une impulsion envahissante à nos relations internationales, etc.

Et veuillez remarquer, messieurs, que le pouvoir devient coûteux à mesure qu'il devient oppressif. Car il n'y a pas d'usurpations qu'il puisse réaliser autrement que par des agents salariés. Chacun de ses envahissements implique donc la création d'une administration nouvelle, l'établissement d'un nouvel impôt; en sorte qu'il y a entre nos liberté et nos bourses une inévitable communauté de destinées.

Donc si le public comprend et veut défendre ses vrais intérêts, il arrêtera la puissance publique dès qu'elle essayera de sortir de sa sphère; et il a pour cela un moyen infaillible, c'est de lui refuser les fonds à l'aide desquels elle pourrait réaliser ses usurpations.

Ces principes posés, le rôle de l'opposition, et j'ose dire de la Chambre tout entière, est simple et bien défini.

Il ne consiste pas à embarrasser le pouvoir dans son action essentielle, à lui refuser les moyens de rendre la justice, de réprimer les crimes, de paver les routes, de repousser l'agression étrangère.

Il ne consiste pas à le décréditer, à l'avilir dans l'opinion, à le priver des forces dont il a besoin.

Il ne consiste pas à le faire passer de main en main, par des changements de ministères, et, encore moins, de dynasties.

Il ne consiste pas même à déclamer puérilement contre sa tendance envahissante; car cette tendance est fatale, irrémédiable, et se manifesterait sous un président comme sous un roi, dans une république comme dans une monarchie.

Il consiste uniquement *à le contenir dans ses limites;* à maintenir, dans toute son intégrité et aussi vaste que possible, le domaine de la liberté et de l'activité privée.

Si donc vous me demandiez : Que feriez-vous comme député? je répondrais : Eh! mon Dieu, ce que vous feriez vous-mêmes en tant que contribuables et administrés.

Je dirais au pouvoir : Manquez-vous de force pour maintenir l'ordre au dedans et l'indépendance au dehors? Voilà de l'argent et des hommes, car c'est au public et non au pouvoir que l'ordre et l'indépendance profitent.

Mais prétendez-vous nous imposer un symbole religieux, une théorie philosophique, un système d'enseignement, une méthode agricole, un courant commercial, une conquête militaire? Point d'argent ni d'agents; car ici, il nous faudrait payer non pour être servis mais asservis, non pour conserver notre liberté mais pour la perdre.

Cette doctrine se résume en ces simples mots : Tout pour la masse des citoyens grands et petits. Dans leur intérêt, bonne administration publique en ce qui, par malheur, ne se peut exécuter autrement. Dans leur intérêt encore, liberté pleine et entière pour tout le reste, sous la surveillance de l'autorité sociale.

Une chose vous frappera, messieurs, comme elle me frappe, et c'est celle-ci : pour qu'un député puisse tenir ce langage, il faut qu'il fasse partie de ce public pour qui l'administration est faite et qui le paye.

Il faut bien admettre qu'il appartient exclusivement au public de décider *comment, dans quelle mesure, à quel prix* il entend être administré, sans quoi le gouvernement représentatif ne serait qu'une déception, et la souveraineté nationale un non-sens. Or, la tendance du gouvernement à un accroissement indéfini étant admise, si, quand il vous interroge par l'élection, sur ses propres limites, vous lui laissez le soin de se faire lui-même la réponse, en chargeant ses propres agents de la formuler, autant vaudrait mettre vos fortunes et vos libertés à sa discrétion. Attendre qu'il puise en lui-même la résistance à sa naturelle expansion, c'est attendre de la pierre qui tombe une énergie qui suspende sa chute.

Si la loi d'élection portait : « Les contribuables se feront « représenter par les fonctionnaires; » vous trouveriez cela absurde et comprendriez qu'il n'y aurait plus aucune borne à l'extension du pouvoir, si ce n'est l'émeute, et à l'accroissement du budget, si ce n'est la banqueroute ; mais les résultats changent-ils parce que les électeurs suppléent bénévolement à une telle prescription?

Ici, messieurs, je dois aborder la grande question des *incompatibilités parlementaires*. J'en dirai peu de chose, me réservant d'adresser des observations plus étendues à M. Larnac. Mais je ne puis la passer entièrement sous silence, puisqu'il a jugé à propos de faire circuler parmi vous une lettre, dont je n'ai pas gardé copie, et qui, n'étant pas destinée à la publicité, ne faisait qu'effleurer ce vaste sujet.

Selon l'interprétation qu'on a donnée à cette lettre, je demanderais que tous les fonctionnaires fussent exclus de la Chambre.

J'ignore si ma lettre laisse apercevoir un sens aussi

absolu. En ce cas, l'expression aurait été au delà de ma pensée. Je n'ai jamais cru que l'assemblée où s'élaborent les lois pût se passer de magistrats ; qu'on y pût traiter avec avantage des questions maritimes en l'absence de marins ; des questions militaires en l'absence de militaires ; des questions de finances, en l'absence de financiers.

J'ai dit ceci et je le maintiens. Tant que la loi n'aura pas réglé la position des fonctionnaires à la Chambre, *tant que leurs intérêts de fonctionnaires ne seront pas, pour ainsi dire, effacés par leurs intérêts de contribuables*, ce que nous avons de mieux à faire, nous électeurs, c'est de n'en pas nommer ; et j'aimerais mieux, je l'avoue, qu'il n'y en eût pas un seul au Palais-Bourbon que de les y voir en majorité, sans que des mesures de prudence, réclamées par le bon sens public, *les* aient mis et *nous* aient mis à l'abri de l'influence que l'espoir et la crainte doivent exercer sur leurs votes.

On a voulu voir là une jalousie mesquine, une défiance presque haineuse contre les fonctionnaires.

Il n'en est rien. Je connais beaucoup de fonctionnaires, presque tous mes amis le sont (car qui ne l'est aujourd'hui ?), je le suis moi-même ; et, dans mes essais d'économie politique, j'ai soutenu, contre l'opinion de mon maître, M. Say, que leurs services étaient productifs au même titre que les services privés. Mais il n'en est pas moins vrai qu'ils en diffèrent en ce que nous ne prenons de ceux-ci que ce que nous voulons, et à prix débattu, tandis que ceux-là nous sont imposés ainsi que la rémunération qui y est afférente. Ou, si l'on prétend que les services publics et leur rémunération sont volontairement agréés par nous, parce que nos députés les stipulent, on conviendra que notre acquiescement ne résulte que de cette stipulation même. Ce n'est donc pas aux fonctionnaires de la faire. Il ne leur appartient pas plus de régler l'étendue du service et sa rémunération, qu'il n'appartient à mon fournisseur de vin de régler la quantité que j'en dois prendre et le prix que je dois y mettre. Ce n'est pas des fonctionnaires que je me défie; c'est du cœur humain ; et je puis estimer les hommes qui vivent sur les impôts tout en les croyant peu propres à les voter, tout comme M. Larnac estime probablement les juges, tout en regardant leurs fonctions comme incompatibles avec le service de la garde nationale.

On a aussi présenté ces vues de réforme parlementaire comme entachées d'un radicalisme outré.

J'avais cependant eu soin de préciser que, dans ma pensée, elle est plus nécessaire encore à la stabilité du pouvoir qu'à la sauvegarde de nos libertés. Les hommes les plus dangereux à la Chambre, disais-je, ne sont pas les fonctionnaires, mais ceux qui aspirent à le devenir. Ceux-là sont entraînés à faire au cabinet, quel qu'il soit, une guerre incessante, tracassière, factieuse, sans aucune utilité pour le pays; ceux-là exploitent les événements, faussent les questions, égarent l'esprit public, entravent les affaires, troublent le monde, car ils n'ont qu'une pensée : renverser les ministres pour se mettre à leur place. Pour nier cette vérité, il faudrait n'avoir jamais ouvert les yeux sur les annales de la Grande-Bretagne, il faudrait repousser volontairement les enseignements de notre histoire constitutionnelle tout entière.

Ceci me ramène à la pensée fondamentale de cette adresse, car vous voyez que l'*opposition* peut être conçue sous deux aspects très-différents.

L'opposition, telle qu'elle est, *résultat infaillible de l'admissibilité des députés au pouvoir*, c'est l'effort désordonné des ambitions. Elle attaque violemment les hommes et mollement les abus; c'est tout simple, puisque les abus composent la plus grande part de l'héritage qu'elle s'efforce de recueillir. Elle ne songe pas à circonscrire le domaine administratif. Elle se donnerait bien garde de supprimer quelques rouages à la vaste machine dont elle convoite la direction. Au reste, nous l'avons vue à l'œuvre. Son chef a été premier ministre ; le premier ministre a été son chef. Elle a gouverné sous l'une et l'autre bannière. Qu'y avons-nous gagné ? A travers ces évolutions, jamais le mouvement ascensionnel du budget a-t-il été suspendu une minute ?

L'opposition, telle que je la conçois, c'est la vigilance organisée du public. Elle est calme, impartiale, mais permanente comme la réaction du ressort sous la main qui le presse. Pour que l'équilibre ne soit pas rompu, ne faut-il pas que la force résistante des administrés soit égale à la force expansive des administrateurs ? Elle n'en veut point aux hommes, elle n'a que faire de les déplacer, elle les aide même dans le cercle de leurs légitimes fonctions ; mais elle les y renferme sans pitié.

Vous croyez peut-être que cette opposition naturelle, qui n'a rien de dangereux ni de subversif, qui n'attaque le pouvoir ni dans ses dépositaires, ni dans son principe, ni dans son action utile, mais seulement dans son exagération, est moins antipathique aux ministres que l'opposition factieuse. Détrompez-vous. C'est celle-là surtout qu'on craint, qu'on hait, qu'on fait avorter par la dérision, qu'on empêche de se produire au sein des colléges électoraux, parce qu'on voit bien qu'elle va au fond des choses et poursuit le mal dans sa racine. L'autre opposition, l'opposition personnelle, n'est pas aussi redoutable. Entre les hommes qui se disputent les portefeuilles, quelque acharnée que soit la lutte, il y a toujours un pacte tacite, en vertu duquel le vaste appareil gouvernemental doit être laissé intact. « Renversez-moi si vous pouvez, dit le ministre, je vous renverserai à votre tour ; seulement, ayons soin que l'enjeu reste sur le bureau, sous forme d'un budget de quinze cents millions. » Mais le jour où un député, parlant au nom des contribuables et comme contribuable, ayant donné des garanties qu'il ne veut et ne peut pas être autre chose, se lèvera à la Chambre pour dire soit aux ministres en titre, soit aux ministres en expectative : Messieurs, disputez-vous le pouvoir, je ne cherche qu'à le contenir; disputez-vous la manipulation du budget, je n'aspire qu'à le diminuer; ah ! soyez sûr que ces furieux athlètes, si acharnés en apparence, sauront fort bien s'entendre pour étouffer la voix du mandataire fidèle. Ils le traiteront d'utopiste, de théoricien, de réformateur dangereux, d'homme à idée fixe, sans valeur pratique ; ils l'accableront de leur mépris; ils tourneront contre lui la presse vénale. Mais si les contribuables l'abandonnent, tôt ou tard ils apprendront qu'ils se sont abandonnés eux-mêmes.

Voilà ma pensée tout entière, messieurs; je l'ai exposée sans déguisement, sans détour, tout en regrettant de ne pouvoir la corroborer de tous les développements qui auraient pu entraîner vos convictions. J'espère en avoir assez dit, cependant, pour que vous puissiez apprécier la ligne de conduite que je suivrais si j'étais votre mandataire, et il est à peine nécessaire d'ajouter que mon premier soin serait de me placer, à l'égard du pouvoir et de l'opposition ambitieuse, dans cette position d'indépendance qui seule peut donner des garanties, et qu'il faut bien s'imposer, puisque la loi n'y a pas pourvu.

Après avoir établi le principe qui doit, selon moi, dominer toute la carrière parlementaire de vos représentants, permettez-moi de dire quelque chose des objets principaux auxquels ce principe me semble devoir être appliqué.

Vous avez peut-être entendu dire que j'avais consacré quelques efforts à la cause de la liberté commerciale, et il est aisé de voir que ces efforts sont conséquents à la pensée fondamentale que je viens d'exposer sur les limites naturelles de la puissance publique. Selon moi, celui qui a créé un produit doit avoir la faculté de l'*échanger* comme de s'en servir. L'échange est donc partie intégrante du droit de propriété. Or, nous n'avons pas institué et nous ne payons pas une force publique pour nous priver de ce droit, mais au contraire pour nous le garantir dans toute son intégrité. Aucune usurpation du gouvernement, sur l'exercice de nos facultés et sur la libre disposition de leurs produits, n'a eu des conséquences plus fatales.

D'abord ce régime prétendu protecteur, examiné de près, est fondé sur la spoliation la plus flagrante. Lorsque, il y a deux ans, on a pris des mesures pour restreindre l'entrée des graines oléagineuses, on a bien pu augmenter les profits de certaines cultures, puisque immédiatement l'huile haussa de quelques sous par livre. Mais il est de toute évidence que ces excédants de profit n'ont pas été un gain pour la nation en masse, puisqu'ils ont été pris gratuitement et artificieusement dans la poche d'autres citoyens, de tous ceux qui ne cultivent ni le colza ni l'olivier. Il n'y a donc pas eu création, mais translation injuste de richesses. Dire que par là on a soutenu une branche d'agriculture, ce n'est rien dire, relativement au bien général, puisqu'on ne lui a donné qu'une séve qu'on enlevait aux autres branches. Et quelle est la folle industrie qu'on ne pourrait rendre lucrative à ce prix? Un cordonnier s'avisât-il de tailler des souliers dans des bottes, quelque mauvaise que fût l'opération, donnez-lui un privilége, et elle deviendra excellente. Si la culture du colza est bonne en elle-même, il n'est pas nécessaire que nous fassions un supplément de gain à ceux qui s'y livrent. Si elle est mauvaise, ce supplément ne la rend pas bonne. Seulement il rejette la perte sur le public.

La spoliation, en général, déplace la richesse, mais ne l'anéantit pas. La protection la déplace et en outre l'anéantit, et voici comment : les graines oléagineuses du Nord n'entrant plus en France, il n'y a plus moyen de produire chez nous les choses au moyen desquelles on les payait, par exemple, une certaine quantité de vins. Or, si, relativement à l'huile, les profits des producteurs et les pertes des consommateurs se balancent, les souffrances des vignerons sont un mal gratuit et sans compensation.

Il y a sans doute, parmi vous, beaucoup de personnes qui ne sont pas fixées sur les effets du régime protecteur. Qu'elles me permettent une observation.

Je suppose que ce régime ne nous soit pas imposé par la loi, mais par la volonté directe des monopoleurs. Je suppose que la loi nous laisse entièrement libres d'acheter du fer aux Belges ou aux Suédois, mais que les maîtres de forges aient assez de domestiques pour repousser le fer de nos frontières et nous forcer ainsi à nous pourvoir chez eux et à leur prix. Ne crierions-nous pas à l'oppression, à l'iniquité? L'iniquité, en effet, serait plus apparente; mais, quant aux effets économiques, on ne peut pas dire qu'ils seraient changés. Eh quoi! en sommes-nous beaucoup plus gras, parce que ces messieurs ont été assez habiles pour faire faire, par des douaniers, et *à nos frais*, cette police des frontières que nous ne tolérerions pas si elle se faisait à leurs propres dépens?

Le régime protecteur atteste cette vérité, qu'un gouvernement qui sort de ses attributions ne puise dans ses usurpations qu'une force dangereuse, même pour lui. Quand l'État se fait le distributeur et le régulateur des profits, toutes les industries le tiraillent en tous sens pour lui arracher un lambeau de monopole. A-t-on jamais vu le commerce intérieur et libre placer un cabinet dans la situation que le commerce extérieur et réglementé a faite à sir Robert Peel ? Et si nous regardons chez nous, n'est-ce pas un gouvernement bien fort que celui que nous voyons trembler devant M. Darblay ? Vous voyez donc bien que contenir le pouvoir, c'est le consolider et non le compromettre.

La liberté des échanges, la libre communication des peuples, les produits variés du globe mis à la portée de tous, les idées pénétrant avec les produits dans les régions qu'assombrit l'ignorance, l'État affranchi des prétentions opposées des travailleurs, la paix des nations fondée sur l'entrelacement de leurs intérêts, c'est sans doute une grande et noble cause. Je suis heureux de penser que cette cause, éminemment chrétienne et sociale, est en même temps celle de notre malheureuse contrée, qui languit et périt sous les étreintes des restrictions commerciales.

L'enseignement se rattache aussi à cette question fondamentale qui, en politique, précède toutes les autres. Est-il dans les attributions de l'État? est-il du domaine de l'activité privée ? Vous devinez ma réponse. Le gouvernement n'est pas institué pour asservir nos intelligences, pour absorber les droits de la famille. Assurément, messieurs, s'il vous plaît de résigner en ses mains vos plus nobles prérogatives, si vous voulez vous faire imposer par lui des théories, des systèmes, des méthodes, des principes, des livres et des professeurs, vous en êtes les maîtres ; mais ce n'est pas moi qui signerai en votre nom cette honteuse abdication de vous-mêmes. Ne vous en dissimulez pas d'ailleurs les conséquences. Leibnitz disait : « J'ai toujours pensé que si l'on était maître de l'éducation, on le serait de l'humanité. » C'est peut-être pour cela que le chef de l'enseignement par l'État, s'appelle *Grand Maître*. Le monopole de l'instruction ne saurait être raisonnablement confié qu'à une autorité reconnue infaillible. Hors de là, il y a des chances infinies pour que l'erreur soit uniformément enseignée à tout un peuple. « Nous avons fait la république, disait Robespierre, il nous reste à faire des républicains. » Bonaparte ne voulait faire que des soldats, Frayssinous que des dévots; M. Cousin ferait des philosophes, Fourier des harmoniens, et moi sans doute des économistes. L'unité est une belle chose; mais à la condition d'être dans le vrai. Ce qui revient toujours à dire que le monopole universitaire n'est compatible qu'avec l'infaillibilité. Laissons donc l'enseignement libre. Il se perfectionnera par les essais, les tâtonnements, les exemples, la rivalité, l'imitation, l'émulation. L'unité n'est pas au point de départ des efforts de l'esprit humain; elle est le résultat de la naturelle gravitation des intelligences libres vers le centre de toute attraction : la vérité.

Ce n'est pas à dire que l'autorité publique doit se renfermer dans une complète indifférence. Je l'ai déjà dit : sa mission est de surveiller l'usage et de réprimer l'abus de toutes nos facultés. J'admets qu'elle l'accomplisse dans toute son étendue, et avec plus de vigilance en matière d'enseignement qu'en toute autre; qu'elle exige des conditions de capacité, de moralité; qu'elle réprime l'enseignement immoral; qu'elle veille à la santé des élèves. J'admets tout cela, quoiqu'en restant convaincu que sa sollicitude la plus minutieuse n'est qu'une garantie imperceptible auprès de celle que la nature a mise dans le cœur des pères et dans l'intérêt des professeurs.

Je dois m'expliquer sur une question immense, d'autant que mes vues diffèrent probablement de celles de beaucoup d'entre vous : je veux parler de l'Algérie. Je n'hésite pas à dire que, sauf pour acquérir des frontières indépendantes, on ne me trouvera jamais, dans cette circonstance ni dans aucune autre, du côté des conquêtes.

Il m'est démontré, et j'ose dire scientifiquement démontré, que le système colonial est la plus funeste des illusions qui ait jamais égaré les peuples. Je n'en excepte pas le peuple anglais, malgré ce qu'il y a de spécieux dans le fameux argument : *post hoc, ergo propter hoc.*

Savez-vous ce que vous coûte l'Algérie? Du tiers aux deux cinquièmes de vos quatre contributions directes, centimes additionnels compris. Celui d'entre vous qui paye trois cents francs d'impôts, envoie chaque année cent francs se dissiper dans les nuages de l'Atlas et s'engloutir dans les sables du Sahara.

On nous dit que c'est là une avance que nous recouvrerons, dans quelques siècles, au centuple. Mais qui dit cela? Les *riz-pain-sel* qui exploitent notre argent. Tenez, messieurs, en fait d'espèces, il n'y a qu'une chose qui serve : c'est que chacun veille sur sa bourse... et sur ceux à qui il en remet les cordons.

On nous dit encore : « Ces dépenses font vivre du monde. » Oui, des espions kabyles, des usuriers maures, des colons maltais et des cheicks arabes. Si on en creusait le canal des Grandes-Landes, le lit de l'Adour et le port de Bayonne, elles feraient vivre du monde aussi autour de nous, et de plus elles doteraient le pays d'immenses forces de production.

J'ai parlé d'argent; j'aurais dû d'abord parler des hommes. Tous les ans, dix mille de nos jeunes concitoyens, la fleur de notre population, vont chercher la mort sur cette plage dévorante, sans autre utilité jusqu'ici que d'élargir, à nos dépens, le cadre de l'administration qui ne demande pas mieux. A cela, on oppose le prétendu avantage de débarrasser le pays de son *trop-plein*. Horrible prétexte, qui révolte tous les sentiments humains et n'a pas même le mérite de l'exactitude matérielle; car, à supposer que la population soit surabondante, lui enlever, avec chaque homme, deux ou trois fois le capital qui l'aurait fait vivre ici, ce n'est pas, il s'en faut, soulager ceux qui restent.

Il faut être juste. Malgré sa sympathie pour tout ce qui accroît ses dimensions, il paraît qu'à l'origine le pouvoir reculait devant ce gouffre de sang, d'iniquité et de misère. La France l'a voulu ; elle en portera longtemps la peine.

Ce qui l'entraîna, outre le mirage d'un *grand empire*, d'une *nouvelle civilisation*, etc., ce fut une énergique réaction du sentiment national contre les blessantes prétentions de l'oligarchie britannique. Il suffisait que l'Angleterre fît une sourde opposition à nos desseins pour nous décider à y persévérer. J'aime ce sentiment, et je préfère le voir s'égarer que s'éteindre. Mais ne risquons-nous pas qu'il nous place, par une autre extrémité, sous cette dépendance que nous détestons? Donnez-moi un homme docile et un homme contrariant, je les mènerai tous deux à la lisière. Si je les veux faire marcher, je dirai à l'un : Marche! à l'autre : Ne marche pas! et tous deux obéiront à ma volonté. Si le sentiment de notre dignité prenait cette forme, il suffirait à la *perfide Albion*, pour nous faire faire les plus grandes sottises, de paraître s'y opposer. Supposez, ce qui est certainement peu admissible, qu'elle voie dans l'Algérie le boulet qui nous enchaîne, l'abîme de notre puissance; elle n'aura donc qu'à froncer le sourcil, à se donner des airs hautains et courroucés pour nous retenir dans une politique dangereuse et insensée? Évitons cet écueil; jugeons par nous-mêmes et pour nous-mêmes; ne nous laissons faire la loi ni directement ni par voie détournée. La question d'Alger n'est malheureusement pas entière. Les précédents nous lient; le passé a engagé l'avenir, et il y a des précédents dont il est impossible de ne pas tenir compte. Restons cependant maîtres de nos résolutions ultérieures; pesons les avantages et les inconvénients; ne dédaignons pas de mettre aussi quelque peu la *justice*, même envers les Kabyles, dans la balance. Si nous ne regrettons pas l'argent, si nous ne *marchandons pas la gloire*, comptons pour quelque chose la douleur des familles, les souffrances de nos frères, le sort de ceux qui succombent et les funestes habitudes de ceux qui survivent.

Il est un autre sujet qui mérite toute l'attention de votre

mandataire. Je veux parler des *contributions indirectes*. Ici la distinction entre ce qui est ou n'est pas du ressort de l'État est sans application. Il appartient évidemment à l'État de recouvrer l'impôt. On peut dire cependant que c'est l'extension démesurée du pouvoir qui le fait avoir recours aux inventions fiscales les plus odieuses. Quand une nation, victime d'une timidité exagérée, n'ose rien faire par elle-même, et qu'elle sollicite à tout propos l'intervention de l'État, il faut bien qu'elle se résigne à être impitoyablement rançonnée; car l'État ne peut rien faire sans finances, et quand il a épuisé les sources ordinaires de l'impôt, force lui est d'en venir aux exactions les plus bizarres et les plus vexatoires. De là, les contributions indirectes sur les boissons. La suppression de ces taxes est donc subordonnée à la solution de cette éternelle question que je ne me lasse point de poser : Le peuple français veut-il être perpétuellement en tutelle et faire intervenir son gouvernement en toutes choses? alors qu'il ne se plaigne plus du fardeau qui l'accable, et qu'il s'attende même à le voir s'aggraver.

Mais, en supposant même que l'impôt sur les boissons ne pût pas être supprimé (ce que je suis loin d'accorder), il me paraît certain qu'il peut être profondément modifié, et qu'il est facile d'en élaguer les accessoires les plus odieux. Il ne faudrait pour cela qu'obtenir des propriétaires de vignes la renonciation à certaines idées exagérées sur l'étendue du droit de propriété et l'inviolabilité du domicile.

Permettez-moi, messieurs, de terminer par quelques considérations personnelles. Il faut bien me les passer. Je n'ai pas, moi, un agent actif et dévoué à 3,000 fr. d'appointements et 4,000 fr. de frais de bureau, pour s'occuper de faire valoir ma candidature d'une frontière à l'autre de l'arrondissement, d'un bout à l'autre de l'année.

Les uns disent : « M. Bastiat est un révolutionnaire. » Les autres : « M. Bastiat s'est rallié au pouvoir. »

Ce qui précède répond à cette double assertion.

Il y en a qui disent : « M. Bastiat peut être fort honnête, « mais ses opinions ont changé. »

Et moi, quand je considère ma persistance dans un principe qui ne fait en France aucun progrès, je me demande quelquefois si je ne suis pas un maniaque en proie à une idée fixe.

Pour vous mettre à même de juger si j'ai changé, laissez-moi placer sous vos yeux un extrait de la profession de foi que je publiai, en 1832, alors qu'un mot bienveillant du général Lamarque attira sur moi l'attention de quelques électeurs.

« *Dans ma pensée, les institutions que nous possédons et celles que nous pouvons obtenir par les voies légales suffisent, si nous en faisons un usage éclairé, pour porter notre patrie à un haut degré de liberté, de grandeur et de prospérité.*

« *Le droit de voter l'impôt, en donnant aux citoyens la faculté d'étendre ou de restreindre à leur gré l'action du pouvoir, n'est-il pas l'administration par le* public *de la* chose publique ? *Où ne pouvons-nous pas arriver par l'usage judicieux de ce droit ?*

« *Pensons-nous que l'ambition des places est la source de beaucoup de luttes, de brigues et de factions ? Il ne dépend que de nous de priver de son aliment cette passion funeste, en diminuant les profits et le nombre des fonctions salariées.*

« . . . .

« *L'industrie est-elle à nos yeux entravée, l'administration trop centralisée, l'enseignement gêné par le monopole universitaire ? Rien ne s'oppose à ce que nous refusions l'argent qui alimente ces entraves, cette centralisation, ces monopoles.*

« *Vous le voyez, messieurs, ce ne sera jamais d'un changement violent dans les formes où les dépositaires du pouvoir que j'attendrai le bonheur de ma patrie ; mais de notre bonne foi à le seconder dans l'exercice utile de ses attributions essentielles et de notre fermeté à l'y restreindre. Il faut que le gouvernement soit fort contre les ennemis du dedans et du dehors, car sa mission est de maintenir la paix intérieure et extérieure. Mais il faut qu'il abandonne à l'activité privée tout ce qui est de son domaine. L'ordre et la liberté sont à ce prix.* »

Ne sont-ce pas les mêmes principes, les mêmes sentiments, la même pensée fondamentale, les mêmes solutions des questions particulières, les mêmes moyens de réforme? On peut ne pas partager mes opinions; on ne peut pas dire qu'elles ont varié, et j'ose ajouter ceci : Elles sont invariables. C'est un système trop homogène pour admettre des modifications. Il s'écroulera ou il triomphera tout entier.

Mes chers compatriotes, pardonnez-moi la longueur et la forme inusitée de cette lettre. Si vous m'accordez vos suffrages, j'en serai profondément honoré. Si vous les reportez sur un autre, je servirai mon pays dans une sphère moins élevée et plus proportionnée à mes forces.

Mugron, le 1er juillet 1846.

DE LA RÉFORME PARLEMENTAIRE

(1846.)

A M. LARNAC, DÉPUTÉ DES LANDES.

MONSIEUR,

Vous avez jugé à propos de mettre en circulation une lettre que j'ai eu l'honneur de vous adresser et la réponse que vous avez bien voulu y faire. Je ne vous en fais pas de reproche. Vous prévoyiez sans doute que nous nous trouverions aux élections dans des camps opposés; et si ma correspondance vous révélait en moi un homme professant des opinions fausses et dangereuses, vous étiez en droit d'avertir le public. J'admets que vous vous êtes décidé sous l'influence de cette seule préoccupation d'intérêt général. Peut-être eût-il été plus convenable d'opter entre une réserve absolue et une publicité entière. Vous avez préféré quelque chose qui n'est ni l'un ni l'autre : le colportage officieux, insaisissable d'une lettre dont je n'ai pas gardé la minute et dont je ne puis par conséquent expliquer et défendre les expressions. Soit. Je n'ai pas le plus léger doute sur la fidélité du copiste qui a été chargé de la reproduire, et cela me suffit.

Mais, monsieur, cela suffit-il pour remplir votre but, qui est sans doute d'éclairer la religion de MM. les électeurs? Ma lettre a rapport à un fait particulier, ensuite à une doctrine politique. Le fait, je l'ai à peine indiqué, et cela est tout simple, puisque je m'adressais à quelqu'un qui en connaissait toutes les circonstances. La doctrine, je l'ai ébauchée comme on peut le faire en style épistolaire. Cela ne suffit pas pour le public; et puisque vous l'avez saisi, permettez-moi de le saisir à mon tour.

Je répugne trop à introduire des noms propres dans ce débat pour insister sur le fait particulier. Le besoin de ma défense personnelle pourrait seul m'y décider, et je me hâte d'en venir à la grande question politique qui fait le sujet de votre lettre : *l'incompatibilité du mandat législatif avec les fonctions publiques.*

Je le déclare d'avance : je ne demande pas précisément que les fonctionnaires soient exclus de la Chambre; ils sont citoyens et doivent jouir des droits de la cité; mais qu'ils n'y soient admis qu'à titre de citoyens et non à titre de fonctionnaires. Que s'ils veulent représenter la nation sur qui s'exécute la loi, ils ne peuvent pas être les exécuteurs de la loi. Que s'ils veulent représenter le public qui paye son gouvernement, ils ne peuvent pas être les agents salariés du gouvernement. Leur présence à la Chambre me semble devoir être subordonnée à une mesure indispensable, que j'indiquerai plus tard, et j'ajoute sans hésiter qu'il y a, à mes yeux du moins, cent fois plus d'inconvénients à les y admettre sans condition qu'à les en exclure sans rémission.

« Votre thèse est fort vaste (dites-vous); si je traitais *à priori* la « question des incompatibilités, je commencerais à blâmer cette tendance au soupçon qui me semble peu libérale. »

Mais, monsieur, qu'est-ce que l'ensemble de nos lois, sinon une série de précautions contre les dangereuses tendances du cœur humain? Qu'est-ce que la constitution? que sont toutes ces balances, équilibres, pondérations de pouvoirs, sinon un système de barrières opposées à leurs usurpations possibles et même fatales, en l'absence de tout frein? Qu'est-ce que la religion elle-même, au moins dans une de ses parties essentielles, sinon une source de grâces destinées par la Providence à porter remède à la faiblesse native et, par conséquent, *prévue* de notre nature? Si vous vouliez effacer de nos symboles, de nos chartes et de nos codes tout ce qu'y a déposé ce que vous appelez le *soupçon*, et que j'appelle la prudence, vous rendriez la tâche des légistes bien facile, mais le sort des hommes bien précaire. Si vous croyez l'homme infaillible, brûlez les lois et les chartes. Si vous le croyez faillible, alors, quand il s'agit d'une incompatibilité ou même d'une loi quelconque, la question n'est pas de savoir si elle est fondée sur le soupçon, mais sur un soupçon impartial, raisonnable, éclairé, ou plutôt sur une prévision malheureusement justifiée par l'indélébile infirmité du cœur de l'homme.

Ce reproche de tendances soupçonneuses a été si souvent dirigé contre quiconque réclame une réforme parlementaire, que je crois devoir mettre quelque insistance à le repousser. Dans l'extrême jeunesse, quand nous venons d'échapper à l'atmosphère de la Grèce et de Rome, où l'université nous force de recevoir nos premières impressions, il est vrai que l'amour de la liberté se confond trop souvent en nous avec l'impatience de toute règle, de tout gouvernement, et, par suite, avec une puérile aversion pour les fonctions et les fonctionnaires. Pour ce qui me regarde, l'âge et la méditation m'ont parfaitement guéri de ce travers. Je reconnais que, sauf le cas d'abus, dans la vie publique ou dans la vie privée, chacun rend à la société des services analogues. Dans celle-ci, on satisfait le besoin qu'elle a de nourriture et de vêtement; dans l'autre, le besoin qu'elle a d'ordre et de sécurité. Je ne m'élève donc pas en principe contre les fonctions publiques; je ne soupçonne individuellement aucun fonctionnaire; j'en estime un grand nombre, et je suis fonctionnaire moi-même quoiqu'à un rang fort modeste. Si d'autres ont plaidé la cause des *incompatibilités*, sous l'influence d'une étroite et chagrine jalousie ou des alarmes d'une démocratie ombrageuse, je puis poursuivre le même but sans m'associer à ces sentiments. Certes, sans franchir les limites d'une défiance raisonnable, il est permis de tenir compte des passions des hommes ou plutôt de la nature des choses.

Or, monsieur, quoique les fonctions publiques et les industries privées aient ceci de commun, que les unes et les autres rendent à la société des services analogues, on ne peut nier qu'elles diffèrent par une circonstance qu'il est essentiel de remarquer. Chacun est libre d'accepter ou de refuser les services de l'industrie privée, de les recevoir dans la mesure qui lui convient et d'en débattre le prix. Tout ce qui concerne les services publics, au contraire, est réglé d'avance par la loi; elle soustrait à notre libre arbitre, elle nous prescrit la quantité et la qualité que nous en devrons consommer (passez-moi ce langage un peu trop technique), ainsi que la rémunération qui y sera attachée. C'est pourquoi, à ce qu'il me semble, il appartient à ceux en faveur de qui et aux dépens de qui ce genre de services est établi, d'agréer au moins la loi qui en détermine l'objet, l'étendue et le salaire. Si le domaine de la coiffure était régi par la loi, et si nous laissions aux perruquiers le soin de la faire, il est à croire (sans vouloir froisser ici la susceptibilité de MM. les perruquiers, sans montrer une *tendance au soupçon* peu libérale, et raisonnant d'après la connaissance que l'on peut avoir du cœur humain), il est à croire, dis-je, que nous serions bientôt coiffés outre mesure, jusqu'à en être tyrannisés, jusqu'à épuisement de nos bourses. De même, lorsque MM. les électeurs font faire les lois qui règlent la production et la rémunération de la *sécurité* ou de tout autre produit gouvernemental, par les fonctionnaires qui vivent de ce travail, il me paraît incontestable qu'ils s'exposent à être *administrés* et *imposés* au delà de toute mesure raisonnable.

Poursuivi par l'idée que nous obéissons à une tendance au soupçon peu libérale, vous ajoutez :

« Dans des époques d'intolérance, on aurait dit aux candidats : Ne « sois ni protestant ni juif; aujourd'hui on dit : Ne sois pas fonction- « naire. »

Alors on aurait été absurde, aujourd'hui on est conséquent. Juifs, protestants et catholiques, régis par les mêmes lois, payant les mêmes impôts, nous les votons au même titre. Comment le symbole religieux serait-il un motif soutenable d'exclusion pour l'un d'entre nous? Mais quant à ceux qui appliquent la loi et vivent de l'impôt, l'interdiction de les voter n'a rien d'arbitraire. L'administration elle-même agit selon ce principe et témoigne ainsi qu'il est conforme au bon sens. M. Lacave-Laplagne ne fait pas inspecter la comptabilité par les comptables. Ce n'est pas lui, c'est la nature même de ces deux ordres de fonctions qui en fait l'incompatibilité. Ne trouveriez-vous pas plaisant que M. le Ministre la fondât sur le symbole religieux, la longueur du nez, ou la couleur des cheveux? L'analogie que vous me proposez est de cette force.

« Je trouve qu'il faut des motifs bien graves, bien patents, bien avérés « pour demander une exception contre quelqu'un. En général, cette « pensée est mauvaise et rétrograde. »

Entendez-vous faire la satire de la Charte? Elle prononce l'exclusion de quiconque ne paye pas 500 fr. d'impôts sur le simple *soupçon* que, qui n'a pas de fortune, n'a pas d'indépendance. Ne me conformé-je pas à son esprit, lorsque, n'ayant qu'un suffrage à donner et forcé d'*excepter* tous les candidats, hors un, je laisse dans l'*exception* celui qui, ayant de la fortune, peut-être, mais la tenant du ministre, me semble plus dépendant que s'il n'en avait pas?

« Je suis pour l'axiome progressif: *Sunt favores ampliandi, sunt odia* « *restringenda.* »

Sunt favores ampliandi! Ah! monsieur, je crains bien qu'il n'y ait que trop de gens de ce système. Quoi qu'il en soit, je demande si la députation est faite pour les députés ou pour le public. Si c'est pour le public, montrez-moi donc ce qu'il gagne à y envoyer des fonctionnaires. Je vois bien que cela tend à *élargir* le budget, mais non sans *restreindre* les ressources des contribuables.

Sunt odia restringenda! Les fonctions et les dépenses inutiles, voilà les *odia* qu'il s'agit de restreindre. Dites-moi donc comment on peut l'attendre de ceux qui remplissent les unes et engloutissent les autres?

Toutefois, il est un point sur lequel nous serons d'accord. C'est l'extension des droits électoraux. A moins que vous ne les rangiez parmi les *odia restringenda*, il faut bien que vous les mettiez au nombre des *favores ampliandi*, et votre généreux aphorisme nous répond que la réforme électorale peut compter sur vous.

« J'ai confiance dans le jeu de nos institutions (spécialement sans doute « de celle qui fait l'objet de cette correspondance). Je le crois propre à « produire la moralité. Cette condition des sociétés réside nécessaire- « ment dans les électeurs; elle se résume dans l'élu, elle passe dans le « vote des majorités, etc. »

Voilà, certes, un tableau fort touchant, et j'aime cette moralité qui s'élève de la base au sommet de l'édifice. J'en pourrais tracer un moins optimiste et montrer l'immoralité politique descendant du sommet à la base. Lequel des deux serait le plus vrai? Quoi! la confusion dans les mêmes mains du vote et de l'exécution des lois, du vote et du contrôle du budget produire la moralité! Si je consulte la logique, j'ai peine à le comprendre. Si je regarde les faits, j'ai encore plus de peine à le voir.

Vous invoquez la maxime: *Quid leges sine moribus?* Je ne fais pas autre chose. Je n'ai pas fait le procès à la loi, mais aux électeurs. J'ai émis le vœu qu'ils se fissent représenter par des députés dont les intérêts fussent en harmonie et non en opposition avec les leurs propres. C'est bien là une affaire de mœurs. La loi ne nous interdit pas de nommer des fonctionnaires, mais elle ne nous y oblige pas non plus. Je ne dissimule pas qu'il me semblerait raisonnable qu'elle contînt à cet égard quelques précautions. En attendant, prenons-les nous-mêmes: *Quid leges sine moribus?*

J'avais dit: « A tort ou à raison, c'est une idée très-arrêtée en moi que les députés sont les contrôleurs du *pouvoir*. »

Vous raillez sur les mots *à tort ou à raison*. Soit; je vous les abandonne. Substituez-y ceux-ci: Je puis me tromper, mais c'est en moi une idée arrêtée que les députés sont les contrôleurs du *pouvoir*.

De quel pouvoir? Demandez-vous. — Évidemment du *pou-*

voir exécutif. Vous dites : « Je ne reconnais que trois *pouvoirs* : le Roi, la Chambre des pairs et la Chambre des députés. » — Si nous remontons aux principes abstraits, je me verrai forcé de différer d'opinion avec vous, car je ne reconnais originairement qu'un pouvoir : LE POUVOIR NATIONAL. Tous les autres sont délégués; et c'est parce que le pouvoir exécutif est délégué que la nation a le droit de le contrôler. Et c'est pour que ce contrôle ne soit pas dérisoire que la nation, selon mon humble avis, ferait sagement de ne pas remettre aux mêmes mains et le pouvoir et le contrôle. Assurément, elle est maîtresse de le faire. Elle est maîtresse de s'attirer, comme elle le fait, des entraves et des taxes. En cela, elle me paraît inconséquente, et plus inconséquente encore de se plaindre du résultat. Vous croyez que j'en veux beaucoup à l'administration ; point du tout, je l'admire, je la trouve bien généreuse, quand le public lui fait la partie si belle, de se contenter d'un budget de 14 à 1,500 millions. Depuis trente ans, c'est à peine si les impôts ont doublé. Il y a là de quoi être surpris, et il faut bien reconnaître que l'avidité du fisc est restée fort au-dessous de l'imprudence des contribuables.

Vous trouvez vague cette pensée : « La mission des députés est de tracer le cercle où le pouvoir doit s'exercer. » — « Ce cercle, dites-vous, est tout tracé, c'est la Charte. » J'avoue que je ne sais pas, dans la Charte, une seule disposition qui ait rapport à la question. Il faut bien que nous ne nous entendions pas ; je vais tâcher d'expliquer ma pensée.

Une nation peut être plus ou moins administrée. En France et sous l'empire de la Charte, il est une foule de services qui peuvent sortir du domaine de l'industrie privée pour être confiés à la puissance publique et réciproquement. Naguère, on a disputé très-chaudement pour savoir auquel de ces deux modes d'activité resteraient les chemins de fer. On dispute plus chaudement encore la question de savoir auquel des deux doit appartenir l'éducation. Un jour, peut-être, le même doute s'élèvera au sujet des cultes. Il est tel pays, comme les États-Unis, où l'État ne s'en mêle pas et s'en trouve bien. Ailleurs, en Russie et en Turquie, par exemple, le système contraire a prévalu. Dans les Iles Britanniques, aussitôt que l'agitation pour l'affranchissement des échanges sera apaisée par son triomphe, une autre agitation se prépare pour faire prédominer, en matière de religion, le *voluntary system*, ou le renversement de l'Église établie. J'ai parlé de la liberté des échanges ; chez nous, le gouvernement s'est fait, par le jeu des tarifs, le régulateur de l'industrie. Tantôt il favorise l'agriculture aux dépens des fabriques, tantôt les fabriques aux dépens de l'agriculture ; et il a même la singulière prétention de faire prospérer toutes les branches de travail aux dépens les unes des autres. — C'est lui qui opère exclusivement le transport des lettres, la manutention des poudres et des tabacs, etc., etc.

Il y a donc un partage à faire entre l'activité privée et l'activité collective ou gouvernementale. D'un côté, beaucoup de gens sont enclins à accroître indéfiniment les attributions de l'État. Les visionnaires les plus excentriques, comme Fourier, se rencontrent sur ce point avec les hommes d'État les plus pratiques, comme M. Thiers. Suivant ces puissants génies, l'État doit être, bien entendu sous leur suprême direction, le grand justicier, le grand pontife, le grand instituteur, le grand ingénieur, le grand industriel, le grand bienfaiteur du peuple. D'un autre côté, beaucoup de bons esprits soutiennent la thèse contraire ; et il y en a qui vont même jusqu'à désirer que le gouvernement soit contenu dans ses attributions essentielles, qui sont de garantir la sécurité des personnes et des propriétés, de prévenir et réprimer la violence et le désordre, d'assurer à chacun le libre exercice de ses facultés et la naturelle récompense de ses efforts. Ce n'est déjà pas sans quelque danger, disent-ils, que la nation confie à un corps hiérarchiquement organisé le redoutable dépôt de la force publique. Il le faut bien; mais du moins qu'elle se garde de lui donner encore autorité sur les consciences, sur les intelligences, sur l'industrie, si elle ne veut être réduite à l'état de propriété, à l'état de chose.

Et c'est pour cela qu'il y a une Charte. Et c'est pour cela que dans cette Charte il y a un article 15 : « Toute loi d'impôt doit être d'abord votée par la Chambre des députés. » Car, remarquez-le bien, chaque invasion de la puissance publique, dans le domaine de l'activité privée, implique une taxe. Si le gouvernement prétend s'emparer de l'éducation, il lui faut des professeurs à gages et partant une taxe. S'il aspire à soumettre nos consciences à un symbole, il lui faut un clergé et partant une taxe. S'il doit exécuter les chemins de fer et les canaux, il lui faut un capital et partant une taxe. S'il doit faire des conquêtes en Afrique et dans l'Océanie, il lui faut des armées, une marine, et partant une taxe. S'il doit *pondérer* les profits des diverses industries par l'action des tarifs, il lui faut une douane et partant une taxe. S'il est chargé de fournir à tous du travail et du pain, il lui faut des taxes et toujours des taxes.

Or, par cela même que, selon notre droit public, la nation n'est pas la propriété de son gouvernement, que c'est pour elle et non pour lui qu'existent la religion, l'éducation, l'industrie, les chemins de fer, etc., c'est à elle et non à lui qu'il appartient de décider quels services lui seront confiés, quels lui seront retirés. Elle en a le moyen dans l'article 15 de la Charte. Il lui suffit de refuser une taxe pour acquérir par cela même une liberté.

Mais si elle abandonne à l'État et à ses agents, au pouvoir exécutif et à ses instruments, le soin de fixer ce grand départ entre le domaine de l'activité collective et celui de l'activité privée; si, de plus, elle leur livre l'article 15 de la Charte, n'est-il pas à croire qu'elle sera bientôt administrée à merci et à miséricorde? qu'on créera indéfiniment des fonctions pour substituer dans chaque branche le service forcé au service volontaire, et aussi des impôts pour alimenter ces fonctions? et est-il possible d'apercevoir un terme quelconque à cet enchaînement d'usurpations et de taxes qui se nécessitent les unes les autres? car, sans songer à attaquer les individus, ni à exagérer les penchants dangereux de l'homme, ne pouvons-nous pas affirmer qu'il est dans la nature de tout corps constitué et organisé de tendre à s'agrandir, à absorber toutes les influences, tous les pouvoirs, toutes les richesses?

Eh bien, monsieur, le sens de la phrase que vous avez trouvé vague est celui-ci : Lorsque la nation nomme des députés, elle leur donne pour mission, entre autres choses, de circonscrire la sphère d'action du gouvernement, de fixer les limites que cette action ne doit point dépasser; de lui ôter, par un judicieux usage de l'article 15 de la Charte, tout moyen de s'emparer de celles de ses libertés qu'elle entend conserver. Objet dans lequel elle échouera infailliblement, si elle abandonne cette force restrictive à ceux-là mêmes en qui réside la force expansive qu'il s'agit de contenir et de restreindre. Puissiez-vous, monsieur, ne pas trouver le commentaire plus vague encore que le texte.

Enfin, il y a dans ma lettre une autre phrase qui doit m'entraîner à de longues explications, car elle semble vous avoir particulièrement choqué, et c'est celle-ci :

« Dès l'instant que les députés peuvent devenir ministres, il est tout « simple que les ambitieux cherchent à se frayer une route vers le mi« nistère par l'opposition systématique. »

Ici, monsieur, je ne m'en prends plus aux personnes qui occupent les places, mais au contraire à celle qui les convoient, non plus aux fonctionnaires, mais bien à ceux qui veulent les supplanter. Ce sera à vos yeux, je l'espère, une preuve irrécusable que je ne suis animé d'aucune jalousie chagrine contre tel individu ou telle classe.

Jusqu'à présent j'ai traité la question de l'*admissibilité des fonctionnaires à la députation*, et me plaçant au point de vue des contribuables, j'ai essayé de prouver qu'ils ne pouvaient guère (pour revenir aux expressions que vous relevez avec tant d'insistance) remettre le contrôle aux mains des contrôlés, sans risquer à la fois leur fortune et leur liberté.

Le passage que je viens de rapporter me conduit à traiter de l'*admissibilité des députés aux fonctions publiques*, à envisager cette grande question dans ses rapports avec le pouvoir lui-même. Ainsi se trouvera parcouru le cercle des *incompatibilités*.

Oui, monsieur, je regarde l'admissibilité des députés aux fonctions publiques, et spécialement au ministère, comme essentiellement destructive de toute force, de toute stabilité, de toute suite dans l'action du gouvernement. Je ne pense pas qu'il fût possible d'imaginer une combinaison plus contraire aux intérêts du monarque et de ceux qui le représentent, un oreiller plus anguleux pour la tête du roi et des ministres. Rien au monde ne me semble plus propre à éveiller l'esprit de parti, à alimenter les factions, à corrompre toutes les sources d'information et de publicité, à dénaturer l'action de la tribune et de la presse, à égarer l'opinion après l'avoir passionnée, à entraver l'administration, à fomenter les haines nationales, à provoquer la guerre extérieure, à user et déconsidérer les gouvernants, à décourager et pervertir les gouvernés, à fausser, en un mot, tous les ressorts du régime représentatif. Pour ce qui me regarde, je ne connais aucune plaie sociale qui se puisse comparer à celle-là. Comme ce côté de la question n'a jamais été traité ni même aperçu, que je sache, par les partisans de la réforme parlementaire, puisque dans tous leurs projets de loi, si l'article 1er pose le principe des *incompatibilités,* l'article 2 se hâte de créer des exceptions en faveur des ministères, des ambassades, et de tout ce qu'on nomme *hautes situations politiques*, je me vois forcé de développer ma pensée avec quelque étendue.

Avant tout, je dois repousser une fin de non-recevoir. Vous dites que je suis en opposition avec la Charte. — Point du tout. — La Charte ne défend pas au député consciencieux de refuser un portefeuille, ni aux électeurs prudents de choisir parmi les candidats qui renoncent à cet illogique cumul. Si elle n'est pas prévoyante, elle ne nous interdit pas la prévoyance. Cela dit, je poursuis :

Un des prédécesseurs de M. le Préfet actuel des Landes me fit un jour l'honneur de me visiter. Les élections approchaient, et la conversation tomba naturellement sur les incompatibilités et spécialement sur l'admissibilité des députés au ministère. M. le Préfet s'étonnait, comme vous, que j'osasse professer une doctrine qui lui paraissait, comme à vous, exorbitamment rigide, impraticable, etc. Je lui dis :

Je pense, monsieur le Préfet, que vous rendrez cette justice au Conseil général des Landes, que vous y avez rencontré un grand esprit d'indépendance, mais jamais une opposition personnelle et systématique. Les mesures que vous proposez y sont examinées *en elles-mêmes*. Chaque membre vote pour ou contre, selon qu'il les juge bonnes ou mauvaises. Chacun consulte l'intérêt général tel qu'il le comprend, peut-être l'intérêt local, peut-être même l'intérêt personnel, mais il n'en est aucun que l'on puisse soupçonner de repousser une proposition utile émanée de vous, uniquement parce qu'elle émane de vous. — Jamais, dit M. le Préfet, la pensée ne m'est venue qu'il en pût être ainsi. —

Eh bien, je suppose que l'on introduise dans la loi qui organise ces conseils une disposition conçue en ces termes :

« Si une mesure proposée par le préfet est repoussée, il sera destitué. « Celui des membres du conseil qui aura soulevé l'opposition, sera nommé « préfet à sa place, et il pourra distribuer à ses compagnons de fortune « toutes les grandes places du département : recette générale, direction « des contributions directes et indirectes, etc. »

Je vous le demande, n'est-il pas probable, n'est-il pas même certain que cet article changerait complétement l'esprit du conseil? N'est-il pas certain que cette salle, où règnent aujourd'hui l'indépendance et l'impartialité, serait convertie en une arène de brigues et de factions? N'est-il pas à croire que l'ambition y serait fomentée en proportion de l'aliment qui lui serait offert? Et quelque bonne opinion que vous ayez de la vertu des conseillers, pensez-vous qu'elle ne succomberait pas à cette épreuve? Ne serait-il pas en tous cas bien imprudent de tenter cette dangereuse expérience? Peut-on douter que chacune de vos propositions ne devînt le champ de bataille d'une lutte de personnes? qu'on ne les étudierait plus dans leur rapport avec le bien public, mais au seul point de vue des chances qu'elles pourraient ouvrir aux partis? Et maintenant, admettez qu'il y a dans le département des journaux. Certes, les armées belligérantes ne manqueront pas de les attacher à leur sort, et toute leur polémique s'empreindra des passions qui agiteront le conseil. Et quand viendra le jour de l'élection, la corruption et l'intrigue, surexcitées par l'ardeur de l'attaque et de la défense, ne connaîtraient plus de bornes.

— « J'avoue, me dit M. le Préfet, que sous un tel état « de choses, je ne voudrais pas garder mes fonctions, « même vingt-quatre heures. »

Eh bien, monsieur, cette constitution fictive des conseils généraux qui effrayait un préfet, n'est-ce point la constitution réelle de la Chambre? Quelle différence y a-t-il? Une seule. L'arène est plus vaste, le théâtre plus élevé, le champ de bataille plus étendu, l'aliment des passions plus excitant, le prix de la lutte plus convoité, les questions qui servent de texte ou de prétexte au combat plus brûlantes, plus difficiles et partant plus propres à égarer le sentiment et le jugement de la multitude. C'est le désordre organisé sur le même modèle, mais sur une plus grande échelle.

Des hommes ont occupé leur esprit de politique, c'est-à-dire qu'ils ont rêvé de grandeur, d'influence, de fortune et de gloire. Tout à coup le vent de l'élection les jette dans l'enceinte législative; et que leur dit la constitution du pays? Elle dit à l'un : « Tu n'es pas riche; le ministre a besoin de grossir ses phalanges; il dispose de toutes les places, et la loi ne t'en interdit aucune. Conclus. » Elle dit à un autre : « Tu te sens du talent et de l'audace; voilà le banc des ministres; si tu les en chasses, ta place y est marquée. Conclus. » A un troisième : « Ton âme n'est pas à la hauteur d'une telle ambition, et pourtant tu as promis à tes électeurs de combattre le ministère; mais une voie vers la région du pouvoir te reste : voilà un chef de parti, attache-toi à sa fortune! »

Alors, et cela est infaillible, alors commence ce pêle-mêle d'accusations réciproques, ces efforts inouïs pour mettre de son côté la force d'une popularité éphémère, cet étalage fastueux de principes irréalisables, quand on attaque, et de concessions abjectes, quand on se défend. Ce n'est que piéges et contre-piéges, mines et contre-mines. On voit se liguer les éléments les plus hétérogènes et se dissoudre les plus naturelles alliances. On marchande, on stipule, on vend, on achète. Ici, l'esprit de parti forme une coalition; là, la souterraine habileté ministérielle en fait échouer une autre. Tout événement que le temps amène, portât-il dans ses flancs une conflagration générale, est toujours bien venu des assiégeants s'il présente un terrain où se puissent appuyer les échelles d'abordage. Le bien public, l'intérêt général, ce ne sont plus que mots, prétextes, moyens. L'essentiel est de faire sortir d'une question la force qui aidera un parti à renverser le ministère et à lui passer sur le ventre. Ancône, Taïti, Syrie, Maroc, fortifications, droit de visite, tout est bon. Il ne s'agit que d'arranger convenablement la mise en œuvre. Alors nous sommes saturés de ces éternelles lamentations dont la forme est stéréotypée : Au dedans, la France est souffrante, inquiète, etc., etc.; au dehors, la France est humiliée, méprisée, etc., etc. Cela est-il vrai, cela n'est-il pas vrai? on ne s'en met pas en peine. Cette mesure nous brouillera-t-elle avec l'Europe? Nous forcera-t-elle à maintenir éternellement 500 mille hommes sur pied? Arrêtera-t-elle la marche de la civilisation? Créera-t-elle des obstacles à toute administration future? Ce n'est pas ce dont il s'agit; une seule chose intéresse : la chute et le triomphe de deux noms propres.

Et ne croyez pas que cette sorte de perversité politique n'envahisse au sein de la Chambre que les âmes vulgaires, les cœurs dévorés d'une ambition de bas étage, les prosaïques amants des places bien rémunérées. Non; elle s'attaque encore, et surtout, aux âmes d'élite, aux nobles cœurs, aux intelligences puissantes. Pour les dompter, pour les soumettre, il lui suffit d'éveiller dans les secrètes profondeurs de leur conscience, au lieu de cette pensée triviale : *Tu réaliseras tes rêves de fortune*, cette autre pensée bien autrement séductrice : *Tu réaliseras tes rêves de bien public.*

Nous en avons un exemple remarquable. Il n'est pas en France une tête d'homme sur laquelle se soient accumulés autant d'accusations, d'invectives, d'outrages que sur celle de M. Guizot. Si le vocabulaire des partis contenait des épithètes plus sanglantes que celles de transfuge, traître, apostat, elles ne lui eussent pas été épargnées. Cependant il est un reproche que je n'ai jamais entendu formuler ni même insinuer contre lui : c'est celui d'avoir fait servir ses succès parlementaires à sa fortune personnelle. J'admets qu'il pousse la probité jusqu'à l'abnégation. J'accorde qu'il ne cherchera jamais le triomphe de sa personne que pour mieux assurer le triomphe de ses principes. C'est, d'ailleurs, un genre d'ambition qu'il a formellement avouée.

Eh bien, ce philosophe austère, cet homme à principes, nous l'avons vu dans l'opposition. Et qu'y faisait-il? Tout ce que peut suggérer la soif du pouvoir. Afficher des vues démocratiques qui ne sont pas les siennes, s'envelopper d'un patriotisme farouche qu'il n'approuve pas, susciter des embarras au gouvernement de son pays, entraver les négociations les plus importantes, fomenter la coalition, se liguer avec qui que ce soit, fût-ce l'ennemi du trône, pourvu qu'il le soit du ministre, combattre hors des affaires ce qu'aux affaires il eût soutenu, diriger contre M. Molé les batteries d'Ancône comme M. Thiers dirige contre lui les batteries du Maroc, enfin appeler de tous ses vœux et de tous ses efforts une crise ministérielle, et créer sciemment à son propre ministère futur les difficultés de tels précédents; voilà ce qu'il faisait, et pourquoi? Parce qu'il y a dans la Charte un article 46, un serpent tentateur qui lui disait :

« Vous serez égal aux Dieux; arrivez au pouvoir, n'importe la route, et vous serez la Providence du pays ! » Et le député, séduit, prononce des discours, expose des doctrines, se livre à des actes que sa conscience réprouve, mais il se dit : Il le faut bien pour arriver au ministère; que j'y parvienne enfin, et je saurai bien reprendre ma pensée réelle et mes vrais principes.

Est-il besoin de rappeler d'autres faits? Eh ! mon Dieu,

l'histoire de la guerre aux portefeuilles, c'est l'histoire tout entière du parlement.

Je ne m'en prends pas à tel ou tel homme; je m'en prends à l'institution. Que le pouvoir soit offert en perspective aux députés, et il est impossible que la Chambre soit autre chose qu'un champ de bataille.

Voyez ce qui se passe en Angleterre. En 1840, le ministère était sur le point de réaliser l'affranchissement du commerce. Mais il y avait un homme, dans l'opposition, imbu des doctrines de Smith, que la gloire des Canning et des Huskisson empêchait de dormir, et qui voulait à tout prix être l'instrument de cette immense révolution. Elle va s'accomplir sans lui. Que fait-il? Il se déclare le protecteur de la protection, Il remue tout ce qu'il y a d'ignorance, de préjugés et d'égoïsme dans le pays, il rallie l'aristocratie effrayée, il soulève les classes populaires faciles à égarer, il combat son propre principe au parlement et sur les *hustings*, il renverse le ministère réformateur, il arrive aux affaires avec mission expresse de fermer aux produits du dehors les ports de la Grande-Bretagne. Alors fond sur l'Angleterre ce déluge de maux inouïs dans les fastes de l'histoire, que les whigs avaient voulu conjurer. Le travail s'arrête, l'inanition désole les villes et les campagnes, escortée de ses deux satellites fidèles : le crime et la maladie. Toutes les intelligences, tous les cœurs se soulèvent contre cette affreuse oppression ; et M. Peel, trahissant son parti et la majorité, vient dire un jour au parlement : Je me trompais, j'étais dans l'erreur, j'abjure la protection; je donne à mon pays la liberté des échanges. Non, il ne se trompait pas. Il était économiste en 1840 comme en 1846. Mais il voulait de la gloire, et c'est pour cela qu'il a retardé de six ans, à travers des calamités sans nombre, le triomphe de la vérité.

Il est donc bien peu de députés que la perspective des

places et des portefeuilles ne fasse dévier de cette ligne de rectitude dans laquelle leurs commettants espéraient les voir marcher. Encore si le mal ne s'étendait pas au delà de l'enceinte du Palais-Bourbon ! Mais vous le savez, monsieur, les deux armées qui se disputent le pouvoir transportent leur champ de bataille au dehors. Les masses belligérantes sont partout, les chefs seuls sont dans la Chambre, et c'est de là qu'ils donnent le mot d'ordre. Ils savent bien que, pour arriver au corps de la place, il faut emporter les ouvrages extérieurs, les journaux, la popularité, l'opinion, les majorités électorales. Il est donc fatal que toutes ces forces, à mesure qu'elles viennent s'enrôler sous l'un des chefs de file, s'imprègnent et s'imbibent de la même insincérité. Le journalisme, d'un bout de la France à l'autre, ne discute plus les mesures, il les plaide, et il les plaide, non au point de vue de ce qu'elles ont en elles-mêmes de bon ou de mauvais, mais au seul point de vue de l'assistance qu'elles peuvent prêter momentanément à tel ou tel meneur. On sait bien qu'il n'y a guère de journaliste éminent dont l'avenir ne doive être affecté par l'issue de cette guerre de portefeuilles. Quelle politique le ministre suit-il au Texas, au Liban, à Taïti, au Maroc, à Madagascar ? N'importe. La presse ministérielle n'a qu'une devise : *È sempre bene ;* et celle de l'opposition, comme la vieille femme de la satire, laisse lire sur son jupon *Argumentabor.*

Il faudrait une plume plus exercée que la mienne pour retracer tout le mal que fait en France le journalisme propageant l'esprit de parti, et (notez bien ceci, c'est le cœur de ma thèse) le propageant uniquement pour servir *tel député qui veut être ministre.* Vous approchez de la personne du roi, monsieur, je n'aime guère à la faire intervenir dans ces discussions. Cependant je puis dire, puisque c'est l'opinion de l'Europe, qu'il a contribué à maintenir la paix du monde. Mais peut-être avez-vous été témoin des sueurs morales que lui a arrachées ce succès digne de la bénédiction des peuples. Et pourquoi ces sueurs, ces difficultés, ces résistances dans une si noble tâche? Parce qu'à un moment donné la paix n'avait pas pour elle l'opinion publique. Et pourquoi n'avait-elle pas l'opinion? Parce qu'elle ne convenait pas à certains journaux. Et pourquoi ne convenait-elle pas à certains journaux? Parce qu'elle était importune à tel député. Et pourquoi enfin était-elle importune à ce député? Parce que la paix était la politique des ministres, et qu'alors la guerre est nécessairement celle des députés qui aspirent à le devenir. Là est certainement la racine du mal.

Parlerai-je d'Ancône, des fortifications de Paris, d'Alger, des événements de 1840, du droit de visite, des tarifs, de l'anglophobie et de tant d'autres questions, où le journalisme égarait l'opinion, non qu'il s'égarât lui-même, mais parce que cela entrait dans ses plans froidement prémédités, dont le succès importait à quelque combinaison ministérielle.

J'aime mieux consigner ici les aveux du journalisme lui-même proclamés par le plus répandu de ses organes, la *Presse* (17 novembre 1845).

« M. Petetin décrit la presse comme il la comprend, comme il se plait à la rêver. De bonne foi, croit-il que lorsque le *Constitutionnel*, le *Siècle*, etc., s'attaquent à M. Guizot, que lorsqu'à son tour le *Journal des Débats* s'en prend à M. Thiers, ces feuilles combattent uniquement pour l'idée pure, pour la vérité, provoquées par le besoin intérieur de la conscience? Définir ainsi la presse, c'est la peindre telle qu'on l'imagine, ce n'est pas la peindre telle qu'elle est. Il ne nous en coûte aucunement de le déclarer, car si nous sommes journalistes, nous le sommes moins par vocation que par circonstance. Nous voyons tous les jours la presse au service des passions humaines, des ambitions rivales, des combinaisons ministérielles, des intrigues parlementaires, des calculs politiques les plus divers, les plus opposés, les moins nobles; nous la voyons s'y associer étroitement. Mais nous la voyons rarement au service des idées; et quand par hasard il arrive à un journal de s'emparer d'une idée, *ce n'est jamais pour elle-même, c'est toujours comme instrument de défense ou d'attaque* MINISTÉRIELLE. Celui qui écrit ces lignes parle ici avec expérience. Toutes les fois qu'il a essayé de faire sortir le journalisme de l'ornière des partis pour le faire entrer dans le champ des idées et des réformes, dans la voie des saines applications de la science économique à l'administration publique, il s'est trouvé tout seul, et il a dû reconnaître qu'en dehors du cercle étroit tracé par les lettres assemblées de quatre ou cinq noms propres, il n'y avait pas de discussion possible, il n'y avait pas de politique. A quoi sert de nier le mal ? Cela l'empêche-t-il d'exister ? Quand les journaux ne s'associent pas à des intérêts, ils s'associent à des passions ; et à les examiner elles-mêmes de près, ces passions ne sont le plus souvent que des intérêts égoïstes. Voilà la vérité. »

Quoi ! monsieur, vous n'êtes pas scandalisé, vous n'êtes pas épouvanté de cet effroyable aveu ? Ou peut-il vous rester aucun doute sur la cause d'une situation aussi pleine d'humiliations et de périls ? Ce n'est pas moi qui parle. Ce n'est pas un misanthrope, un républicain ou un factieux. C'est la presse elle-même qui dévoile son secret et qui vous dit où l'a réduite cette institution dont la moralité vous inspire tant de confiance. Depuis que l'enceinte, où l'on est censé discuter les lois, a été transformée en champ de bataille, les destins du pays, la paix et la guerre, la justice et l'iniquité, l'ordre et l'anarchie sont comptés pour rien, absolument pour rien en eux-mêmes ; ce sont les instruments du combat, qu'on prend et qu'on quitte selon ses exigences. Qu'importe qu'à chaque péripétie de cette lutte impie, la commotion se fasse sentir sur toute la surface du pays ? Elle est à peine apaisée que les armées changent de position, et que le combat recommence avec plus d'acharnement.

Enfin, l'esprit de parti, ce ver rongeur, ce cancer dévorant qui puise sa vie et sa force dans l'admissibilité des députés au pouvoir exécutif, faut-il que je le montre au sein des colléges électoraux ? Je ne parle pas ici des opinions, des passions, des erreurs politiques. Je ne parle pas même de la pusillanimité, de la vénalité de certaines consciences ; il n'est pas au pouvoir de la loi de rendre les hommes parfaits. Je n'ai en vue que les passions et les vices qui découlent directement de la cause dont je parle, qui se rattachent à la guerre des portefeuilles, engagée au sein des Chambres et propagée sur toute la ligne des journaux. Est-il donc si difficile d'en calculer les effets sur le corps électoral ? Et quand, jour après jour, la tribune et la presse s'appliquent à ne laisser arriver au public que de fausses lueurs, de faux jugements, de fausses citations et de fausses assertions, est-il possible d'avoir quelque confiance dans le verdict prononcé par le grand jury national, ainsi égaré, circonvenu, passionné ? Qu'est-il appelé à juger ? Ses intérêts. Jamais on ne lui en parle ; car la bataille ministérielle se livre à Ancône, à Taïti, en Syrie, partout où le public n'est pas. Et sur ce qui se passe dans ces régions lointaines, que sait-il ? Rien que ce que lui disent des orateurs et des écrivains, dont, de leur propre aveu, il n'est pas une parole articulée ou écrite qui ne leur soit inspirée par le désir furieux d'un succès personnel.

Et puis, si je voulais soulever le voile qui couvre non plus les erreurs, mais les turpitudes de l'urne électorale ! Pourquoi l'électeur fait-il tant valoir son suffrage, exige-t-il qu'on le mendie, et le considère-t-il comme un précieux objet de commerce ? Parce qu'il sait que ce suffrage contient la fortune de l'heureux candidat qui le sollicite. Pourquoi, de son côté, le candidat est-il si souple, si rampant, si prodigue de promesses, si peu soucieux de toute dignité ? Parce qu'il a des vues ultérieures ; parce que la députation est pour lui un moyen ; parce que la constitution du pays lui permet de voir dans le lointain, en cas de succès, des perspectives enivrantes, des places, des honneurs, des richesses, du pouvoir et ce manteau doré qui cache toutes les hontes et absout toutes les bassesses.

Aussi, où en sommes-nous ? Où en sont les électeurs ? Combien en est-il parmi eux qui osent rester et se montrer honnêtes ? qui déposent loyalement dans l'urne un bulletin, expression fidèle de leur foi politique ? Oh ! ils craindraient de passer pour des niais, pour des dupes. Ils ont soin de publier bien haut le trafic qu'ils ont fait de leur vote, et on les verrait placarder leur propre ignominie à la porte des églises plutôt que de laisser mettre en doute leur déplorable habileté. S'il est encore quelques vertus qui survivent à ce grand naufrage, ce sont des vertus négatives. On ne croit à rien, on n'espère en rien, on se préserve de la contagion, on dit avec je ne sais quel poëte :

> Une paisible indifférence
> Est la plus sûre des vertus.

On laisse faire et voilà tout. En attendant, ministres, députés, candidats succombent sous le faix des promesses et des engagements. Et quel en est le résultat? Le voici. Le gouvernement et la Chambre changent de rôles. « Voulez-vous me laisser disposer de tous les emplois? » disent les députés. « Voulez-vous me laisser décider des lois et du budget ? » répondent les ministres. Et chacun abandonne l'office dont il est responsable pour celui qui ne le regarde pas. Je le demande : Est-ce là le gouvernement représentatif ?

Mais tout ne s'arrête pas là. Il y a autre chose en France que des ministres, des députés, des candidats, des journalistes et des électeurs. Il y a un public, il y a trente millions d'hommes qu'on s'accoutume à ne compter pour rien. Ils ne voient pas, direz-vous, et leur indifférence en est la preuve. Ah ! ne prenez pas confiance dans ce prétendu aveuglement. S'ils ne voient pas la cause du mal, ils en voient les effets, le budget grossir sans cesse, leurs droits et leurs titres foulés aux pieds, et toutes les faveurs devenir le prix de marchés électoraux dont ils sont exclus. Plût à Dieu qu'ils apprissent à rattacher leurs souffrances à la vraie cause, car l'irritation s'amasse dans leur cœur ; ils cherchent ce qui pourra les affranchir, et malheur au pays s'ils se trompent. Ils cherchent, et le *suffrage universel* s'empare de tous les esprits ; ils cherchent, et le *communisme* se propage comme un incendie ; ils cherchent, et, pendant que vous jetez un voile sur la plaie hideuse, qui peut compter les erreurs, les systèmes, les illusions dans lesquels ils croiront trouver un remède à leurs maux et un frein à vos injustices ?

Ainsi, tout le monde souffre d'un état de choses si profondément illogique et vicieux. Mais si toute l'étendue du mal est appréciée quelque part, ce doit être au sommet de l'échelle sociale. Je ne puis pas croire que des hommes d'État comme M. Guizot, M. Thiers, M. Molé, soient depuis si longtemps en contact avec toutes ces turpitudes, sans avoir appris à les connaître et à en calculer les effrayantes conséquences. Il n'est pas possible qu'ils se soient trouvés tantôt dans les rangs, tantôt en face d'une opposition systématique, qu'ils aient été assaillis par des rivalités personnelles, qu'ils aient eu à lutter contre les obstacles factices que la fureur de les déplacer suscita sous leurs pas, sans qu'ils se soient dit quelquefois : Les choses iraient autrement ; l'administration serait bien plus régulière et la tâche du gouvernement bien moins lourde, *si les députés ne pouvaient devenir ministres.*

Oh ! si les ministres étaient en face des députés ce que sont les préfets en présence des conseillers généraux ; si la loi supprimait dans la Chambre ces perspectives qui fomentent l'ambition, il me semble qu'une paisible et fructueuse destinée serait ouverte à tous les organes du corps social. Les dépositaires du pouvoir pourraient bien rencontrer encore des erreurs et des passions ; mais jamais de ces coalitions subversives à qui tous les moyens sont bons, et qui n'aspirent qu'à renverser cabinets sur cabinets, sous les coups d'une impopularité momentanément et intentionnellement égarée. Les députés ne pourraient avoir d'autres intérêts que ceux de leurs commettants; les électeurs ne seraient pas mis à même de prostituer leurs votes à des vues égoïstes; la presse, dégagée de tous liens avec des chefs de parti qui n'existeraient plus, remplirait son vrai rôle qui est d'éclairer l'opinion et de lui servir d'organe; le peuple, administré avec sagesse, avec suite, avec économie, heureux, ou ne pouvant s'en prendre au pouvoir de ses souffrances, ne se laisserait point séduire par les utopies les plus dangereuses, et le roi enfin, dont la pensée ne saurait plus être méconnue, entendrait prononcer de son vivant le jugement que lui réserve l'histoire.

Je n'ignore pas, monsieur, les objections que l'on peut opposer à la réforme parlementaire. On y trouve des inconvénients. Eh, mon Dieu! il y en a dans tout. La presse, la liberté civile, le jury, la monarchie ont les leurs. La question n'est jamais de savoir si une institution réformée aura des inconvénients, mais si l'institution non réformée n'en a pas de plus grands encore. Et quelles calamités pourront jamais découler d'une Chambre de contribuables, égales à celles que verse sur le pays une Chambre d'ambitieux qui se battent pour la possession du pouvoir?

On dit qu'une telle Chambre serait trop démocratique, animée de passions trop populaires. — Elle représenterait la nation. Est-ce que la nation a intérêt à être mal administrée, à être envahie par l'étranger, à ce que la justice ne soit pas rendue?

La plus forte objection, celle qu'on renouvelle sans cesse, c'est que la Chambre manquerait de lumières et d'expérience.

Il y aurait fort à dire là-dessus. Mais enfin, si l'exclusion des fonctionnaires offre des dangers, si elle semble violer les droits d'hommes honorables qui sont citoyens aussi, si elle circonscrit la liberté des électeurs, ne serait-il pas possible, en ouvrant aux agents du pouvoir les portes du Palais-Bourbon, d'y environner leur présence de précautions dictées par la plus simple prudence?

Vous ne vous attendez pas à ce que je formule ici un projet de loi. Mais il me semble que le bon sens public sanctionnerait une mesure conçue à peu près en ces termes :

« Tous les Français, sans distinction de profession, sont éligibles (sauf les cas exceptionnels où une position officielle élevée fait supposer une influence directe sur les suffrages : préfets, etc.).

« Tous les députés reçoivent une indemnité convenable et uniforme.

« Les fonctionnaires nommés députés résigneront leurs fonctions, pour tout le temps que durera leur mandat. Ils ne recevront pas de traitement; ils ne pourront être ni destitués ni avancés. En un mot, leur vie administrative sera entièrement suspendue pour ne recommencer qu'après l'expiration de leur mission législative.

« Aucun député ne pourra être appelé à une fonction publique. »

Et enfin, bien loin d'admettre, comme MM. Gauguier, Rumilly, Thiers et autres, qu'une exception sera faite au principe de l'incompatibilité, en faveur des ministères, des ambassades et de tout ce que l'on nomme *situations politiques*, ce sont celles-là surtout que je voudrais exclure, sans pitié et en première ligne ; car il est évident pour moi que ce sont les aspirants ambassadeurs et les aspirants ministres qui troublent le monde. Sans vouloir le moins du monde offenser les coryphées de la réforme parlementaire, qui ont proposé une telle exception, j'ose dire qu'ils n'aperçoivent pas ou ne veulent pas apercevoir la millionième partie des maux qui résultent de l'*admissibilité des députés aux fonctions publiques* ; que leur prétendue réforme ne réforme rien, et qu'elle n'est qu'une mesure mesquine, étriquée, sans portée sociale, dictée par un sentiment étroit de basse et injuste jalousie.

Mais l'article 46 de la Charte, dites-vous. — A cela je n'ai rien à répondre. La Charte est-elle faite pour nous, ou sommes-nous faits pour la Charte ? La Charte est-elle la dernière expression de l'humaine sagesse ? Est-ce un Alcoran sacré descendu du ciel, dont il ne soit pas permis d'examiner les effets, quelque désastreux qu'ils puissent être ? Faut-il dire : Périsse le pays plutôt qu'une virgule de la Charte ? S'il en est ainsi, je n'ai rien à dire, si ce n'est : Électeurs ! la Charte ne vous défend pas de faire de vos suffrages un usage déplorable, mais elle ne vous l'ordonne pas non plus. *Quid leges sine moribus ?*

En terminant cette trop longue lettre, je devrais répondre à ce que vous me dites de votre position personnelle. Je m'en abstiendrai. Vous pensez que la réforme, si elle a lieu, ne pourra vous atteindre, parce que vous ne dépendez pas du pouvoir responsable, mais bien du pouvoir irresponsable. A la bonne heure. La législature a décidé que cette position n'entraîne pas une incapacité légale. Il appartient aux électeurs de décider si elle ne constitue pas l'incapacité morale la plus évidente qui se puisse imaginer.

Je suis, monsieur, votre serviteur.

AUX ÉLECTEURS DES LANDES.

Mugron, 22 mars 1848.

MES CHERS CONCITOYENS,

Vous allez confier à des représentants de votre choix les destinées de la France, celles du monde peut-être, et je n'ai pas besoin de dire combien je me trouverai honoré si vous me jugez digne de votre confiance.

Vous ne pouvez attendre que j'expose ici mes vues sur les travaux si nombreux et si graves qui doivent occuper l'assemblée nationale; vous trouverez, j'espère, dans mon passé, quelques garanties de l'avenir. Je suis prêt d'ailleurs à répondre, par la voie des journaux ou dans des réunions publiques, aux questions qui me seraient adressées.

Voici dans quel esprit j'appuierai de tout mon dévouement la République :

Guerre à tous les abus : un peuple enlacé dans les liens du privilége, de la bureaucratie et de la fiscalité, est comme un arbre rongé de plantes parasites.

Protection à tous les droits : ceux de la Conscience comme ceux de l'Intelligence; ceux de la Propriété comme ceux du Travail; ceux de la Famille comme ceux de la Commune; ceux de la Patrie comme ceux de l'Humanité. Je n'ai d'autre idéal que la Justice universelle; d'autre devise que celle de notre drapeau : Liberté, Égalité, Fraternité.

Votre dévoué compatriote.....

A MESSIEURS

TONNELIER, DEGOS, BERGERON, CAMORS, DUBROCA, POMEDE, FAURET, ETC.

1849.

Mes Amis,

Merci pour votre bonne lettre. Le pays peut disposer de moi comme il l'entendra; votre persévérante confiance me sera un encouragement... ou une consolation.

Vous me dites qu'on me fait passer pour *socialiste.* Que puis-je répondre? Mes écrits sont là. A la doctrine Louis Blanc n'ai-je pas opposé *Propriété et Loi ;* à la doctrine Considérant, *Propriété et Spoliation ;* à la doctrine Leroux,

Justice et Fraternité; à la doctrine Proudhon, *Capital et Rente;* au comité Mimerel, *Protectionnisme et Communisme;* au papier-monnaie, *Maudit Argent;* au Manifeste Montagnard, *L'État?* — Je passe ma vie à combattre le *socialisme.* Il serait bien douloureux pour moi qu'on me rendît cette justice partout, excepté dans le département des Landes.

On a rapproché mes votes de ceux de l'*extrême gauche.* Pourquoi n'a-t-on pas signalé aussi les occasions où j'ai voté avec la *droite?*

Mais, me direz-vous, comment avez-vous pu vous trouver alternativement dans deux camps si opposés? Je vais m'expliquer.

Depuis un siècle, les partis prennent beaucoup de noms, beaucoup de prétextes; au fond, il s'agit toujours de la même chose : la lutte des pauvres contre les riches.

Or, les pauvres demandent *plus* que ce qui est juste, et les riches refusent *même* ce qui est juste. Si cela continue, la *guerre sociale,* dont nos pères ont vu le premier acte en 93, dont nous avons vu le second acte en juin, — cette guerre affreuse et fratricide n'est pas près de finir. Il n'y a de conciliation possible que sur le terrain de la *justice,* en tout et pour tous.

Après février, le peuple a mis en avant une foule de prétentions iniques et absurdes, mêlées à des réclamations fondées.

Que fallait-il pour conjurer la guerre sociale?

Deux choses :

1° Réfuter comme écrivain, repousser comme législateur les prétentions iniques;

2° Appuyer comme écrivain, admettre comme législateur les réclamations fondées.

C'est la clef de ma conduite.

Au premier moment de la Révolution, les espérances populaires étaient très-exaltées et ne connaissaient pas de limites, même dans notre département; et rappelez-vous qu'on ne me trouvait pas assez *rouge*. C'était bien pis à Paris; les ouvriers étaient organisés, armés, maîtres du terrain, à la merci des plus fougueux démagogues. . . .

Le début de l'Assemblée nationale dut être une œuvre de résistance. Elle se concentra surtout dans le *Comité des finances*, composé d'hommes appartenant à la classe riche. Résister aux exigences folles et subversives, repousser l'impôt progressif, le papier-monnaie, l'accaparement de l'industrie privée par l'État, la suspension des dettes nationales, telle fut sa laborieuse tâche. J'y ai pris ma part; et, je vous le demande, Citoyens, si j'avais été *socialiste*, ce comité m'aurait-il appelé huit fois de suite à la vice-présidence? . . . .

Une fois l'œuvre de *résistance* accomplie, restait à réaliser l'œuvre de *réforme*, à l'occasion du budget de 1849. Que de taxes mal réparties à modifier! que d'entraves à supprimer! Car, enfin, cette *conscription* (appelée depuis recrutement), impôt de sept ans de vie, *tiré au sort!* ces *droits réunis* (appelés aujourd'hui contributions indirectes), impôt *progressif à rebours*, puisqu'il frappe en proportion de la misère; ne sont-ce pas là des *griefs fondés* de la part du peuple? Après les journées de juin, quand l'anarchie a été vaincue, l'Assemblée nationale a pensé que le temps était venu d'entrer résolûment, spontanément, dans cette voie de réparation commandée par l'équité et même par la prudence. . . . .

Le *Comité des finances*, par sa composition, était moins disposé à cette seconde tâche qu'à la première. De nouveaux éléments s'y étaient introduits par les élections partielles, et l'on y entendait dire à chaque instant: Loin de modifier les taxes, nous serions bien heureux, si nous pouvions rétablir les choses absolument comme elles étaient avant février.

C'est pourquoi l'Assemblée confia à une commission de trente membres le soin de préparer le budget. Elle chargea une autre commission de mettre l'impôt des boissons en harmonie avec les principes de liberté et d'égalité inscrits dans la Constitution. J'ai fait partie des deux; et autant j'avais été ardent à repousser les exigences utopiques, autant je l'ai été à réaliser de justes réformes.

Il serait trop long de raconter ici comment les bonnes intentions de l'Assemblée ont été paralysées. L'histoire le dira. Mais vous pouvez comprendre ma ligne de conduite. Ce qu'on me reproche, c'est précisément ce dont je m'honore. Oui, j'ai voté avec la droite contre la gauche, quand il s'est agi de résister au débordement des fausses idées populaires. Oui, j'ai voté avec la gauche contre la droite, quand les légitimes griefs de la classe pauvre et souffrante ont été méconnus.

Il se peut que, par là, je me sois aliéné les deux partis, et que je reste écrasé au milieu. N'importe. J'ai la conscience d'avoir été fidèle à mes engagements, logique, impartial, juste, prudent, maître de moi-même. Ceux qui m'accusent se sentent, sans doute, la force de mieux faire. S'il en est ainsi, que le pays les nomme à ma place. Je m'efforcerai d'oublier que j'ai perdu sa confiance, en me rappelant que je l'ai obtenue une fois; et ce n'est pas un léger froissement d'amour-propre qui effacera la profonde reconnaissance que je lui dois.

Je suis, mes chers Compatriotes, votre dévoué.

FIN DU PREMIER VOLUME.

TABLE DES MATIÈRES

DU PREMIER VOLUME.

Pages.

PRÉFACE v

NOTICE sur la vie et les écrits de Frédéric Bastiat IX

Correspondance.

LETTRE à M. Victor Calmètes 1
— à M. Félix Coudroy 14
— à Richard Cobden 106
— à M. Alcide Fonteyraud 194
— au président du Congrès de la paix 197
— à M. Horace Say 200
— à M. de Fontenay 204
— à M. Paillottet 205
— au *Journal des Économistes* 209

Premiers écrits.

Aux électeurs du département des Landes .... (1830). 217
Réflexions sur les pétitions de Bordeaux, etc .... (1834). 231
Le fisc et la vigne .... (1841). 243
Mémoire sur la question vinicole .... (1843). 261
Mémoire sur la répartition de l'impôt foncier dans les Landes .... (1844). 283

Mélanges.

De l'influence des tarifs français et anglais sur l'avenir des deux peuples .... (1844). 334

Pages.

De l'avenir du commerce des vins entre la France et la Grande-Bretagne .... (1845). 387
Une question soumise aux conseils généraux .... (1845). 392
Un Économiste à M. de Lamartine .... (1845). 406
Sur un livre de M. Dunoyer .... (1845). 428
Sur l'éloge de Ch. Comte .... (1847). 434
Sur un livre de M. Vidal .... (1846). 440
Seconde lettre à M. de Lamartine .... (1846). 452
Aux électeurs de l'arrondissement de Saint-Sever .... (1846). 461
A M. de Larnac, député des Landes .... (1846). 480
Profession de foi électorale de 1848 506
— — de 1849 507

FIN DE LA TABLE.

Corbeil. — Typ. et stér. de Crété.

www.ingramcontent.com/pod-product-compliance
Lightning Source LLC
Chambersburg PA
CBHW031351210326
41599CB00019B/2723

* 9 7 8 2 0 1 2 5 9 4 7 1 5 *